RECUEIL COMPLET

DES

TRAVAUX PRÉPARATOIRES

DU

CODE CIVIL.

IMPRIMERIE D'HIPPOLYTE TILLIARD,
RUE SAINT-HYACINTHE-SAINT-MICHEL, N° 30.

RECUEIL COMPLET

DES

TRAVAUX PRÉPARATOIRES

DU

CODE CIVIL

COMPRENANT SANS MORCELLEMENT ; 1° LE TEXTE DES DIVERS PROJETS ; 2° CELUI DES OBSERVATIONS DU TRIBUNAL DE CASSATION ET DES TRIBUNAUX D'APPEL ; 3° TOUTES LES DISCUSSIONS PUISÉES LITTÉRALEMENT TANT DANS LES PROCÈS-VERBAUX DU CONSEIL-D'ÉTAT QUE DANS CEUX DU TRIBUNAT, ET 4° LES EXPOSÉS DE MOTIFS, RAPPORTS, OPINIONS ET DISCOURS TELS QU'ILS ONT ÉTÉ PRONONCÉS AU CORPS LÉGISLATIF ET AU TRIBUNAT ;

Par P. A. FENET,

AVOCAT A LA COUR ROYALE DE PARIS.

TOME NEUVIÈME.

PARIS,

VIDECOQ, LIBRAIRE, PLACE DU PANTHÉON, 6,
PRÈS L'ÉCOLE DE DROIT.

1836.

DISCUSSIONS,
MOTIFS,
RAPPORTS ET DISCOURS

TOME QUATRIÈME.

DISCUSSIONS,

MOTIFS,

RAPPORTS ET DISCOURS

TOME QUATRIÈME.

RECUEIL COMPLET

DES

TRAVAUX PRÉPARATOIRES

DU

CODE CIVIL.

DISCUSSIONS,
MOTIFS, RAPPORTS ET DISCOURS.

LIVRE PREMIER.

DES PERSONNES.

TITRE CINQUIÈME.

Du Mariage (*).

DISCUSSION DU CONSEIL D'ÉTAT.

(Procès-verbal de la séance du 26 fructidor an IX.—13 septembre 1801.)

M. Réal présente le titre *du Mariage*.

L'article 1er (**) est soumis à la discussion ; il est ainsi conçu : com. du tit. 5

(*) Les articles concernant les *Actes respectueux* ayant été présentés dans un projet de loi séparé de celui-ci, tous les travaux préparatoires qui ont eu lieu sur cet objet se trouvent à la suite de ceux du mariage.

(**) Cet article formait à lui seul le chapitre premier, qui était intitulé *Dispositions générales*.

« La loi ne considère le mariage que sous ses rapports
« civils. »

M. Réal dit que le projet des rédacteurs présentait, sous le titre de *dispositions générales*, trois articles ainsi conçus :

Art. 1er. « La loi ne considère le mariage que sous ses rap-
« ports civils et politiques. »

Art. 2. « Elle ne reconnaît que le mariage contracté con-
« formément à ce qu'elle prescrit. »

Art. 3. « Le mariage est un contrat dont la durée est, dans
« l'intention des époux, celle de la vie de l'un d'eux; ce
« contrat peut néanmoins être résolu avant la mort de l'un
« des époux, dans les cas ou pour les causes déterminées par
« la loi. »

La section, partageant l'opinion de la cour de cassation et du tribunal d'appel de Paris, a cru devoir supprimer l'article 2, comme énonçant une règle qui n'est point rigoureusement exacte. En effet, on verra la loi reconnaître des mariages qui n'ont point été contractés conformément à tout ce qu'elle prescrit.

La section a cru devoir aussi supprimer l'article 3. En thèse générale, elle respecte la règle *omnis definitio in jure periculosa*; et, dans l'espèce particulière, elle a cru que la définition n'était pas d'absolue nécessité. Elle a d'ailleurs pensé, avec le tribunal de Paris, que la définition que donnait le projet n'était pas complète. Il est bien vrai que la durée de ce contrat est, dans l'intention des époux, celle de la vie de l'un d'eux; mais il a cela de commun avec d'autres contrats, et ce caractère ne le distingue pas suffisamment.

Enfin, la section aurait même proposé la suppression de l'article 1er, bien convaincue que, si la loi ne considère le mariage que sous ses rapports civils et politiques, ce n'est pas en vertu d'une disposition qui lui soit particulière; mais que, suivant l'observation du tribunal de Paris, c'est par une conséquence nécessaire du pacte social, qui, n'excluant pas de culte, n'en reconnaît cependant aucun.

Cependant elle l'a conservé, comme renfermant une déclaration solennelle qu'il est encore utile de proclamer.

Le Consul Cambacérès dit que cet article peut être supprimé, parce qu'il est évident que le Code civil ne considère le mariage que sous ses rapports civils.

L'article est retranché.

M. Bigot-Préameneu demande qu'on conserve le second des articles que les rédacteurs du projet de Code civil avaient proposés, attendu qu'il exclut l'idée que le mariage qui n'est consacré que par le culte est aussi reconnu par la loi.

Le Consul Cambacérès propose de renvoyer cette disposition au chapitre *des Nullités*.

Cette proposition est adoptée.

Le chapitre II, intitulé, *des Qualités et Conditions requises pour pouvoir contracter mariage*, est soumis à la discussion.

L'article 2 porte :

« L'homme ne peut se marier avant l'âge de quinze ans
« révolus, et la femme avant celui de treize ans aussi ré-
« volus. »

M. Réal dit que notre ancien droit français, conforme au droit romain, fixait la puberté à quatorze ans pour les hommes, et à douze pour les femmes. Les auteurs du projet ont suivi les dispositions de la loi de 1792, conformes aux constitutions de l'empereur *Léon*. Mais puisqu'on consacre une innovation, faut-il se borner à exiger une seule année de plus? Pourquoi ne pas exiger que la femme ne puisse se marier avant quinze ans, et l'homme avant dix-huit? Des motifs puisés dans l'ordre moral aussi bien que dans l'ordre physique, approuveraient cette innovation. Celle qui est proposée est sans utilité.

En fixant la puberté présumée à douze ans et à quatorze ans, ou à treize et à quinze, les Romains, les empereurs *Justinien* et *Léon*, faisaient une chose raisonnable, et obéissaient à la nature, qui, dans les climats brûlans de l'Italie et de la Grèce, de Rome et de Constantinople, donne une puberté très-précoce. Devons-nous suivre en ce point leurs lois, nous, habitans de pays froids ou tempérés, où la nature est plus tardive? On serait plus près de la nature et de la raison, en fixant la puberté présumée pour l'homme à dix-huit ans, et pour la femme à quinze. C'est le vœu des tribunaux de Paris, de Bourges, de Lyon, et d'un des membres de la commission du tribunal de cassation.

M. Maleville appuie cette proposition. Il observe que des époux trop jeunes n'ont pas la maturité d'esprit et l'expérience nécessaires pour conduire leur maison et élever des enfans; que, d'ailleurs, ces enfans sont ordinairement d'une constitution faible, et que la femme elle-même, dont le corps n'est pas encore formé, est en danger de périr aux premières couches.

La loi qui fixait la nubilité à douze ans pour les filles, et à quatorze pour les mâles, a été originairement portée pour Athènes, plus méridionale que Paris d'environ six degrés : elle n'aurait jamais dû être reçue en France; mais elle lui serait surtout nuisible, maintenant qu'elle a considérablement reculé ses limites au nord. En Prusse, les hommes ne peuvent se marier avant dix-huit ans, et les filles avant quatorze ans accomplis.

Le Consul Cambacérès dit que la question de l'âge ne doit être envisagée que sous le rapport du consentement réfléchi que les personnes qui se marient doivent donner à leur mariage. Les suites physiques du mariage sont trop incertaines pour devenir les bases de la loi.

M. Maleville observe qu'en effet c'est le consentement des parens qui forme le mariage, lorsque les époux n'ont pas assez de discernement pour donner un consentement réfléchi; mais que cette considération n'est pas la seule qu'il faille envisager dans la question actuelle; qu'il importe certainement à l'État que les mariages lui donnent des enfans robustes et bien conformés, et que les parens de ceux-ci aient la capacité nécessaire pour les conserver et en diriger la conduite.

M. BERLIER dit que l'article proposé est en harmonie avec les usages reçus; que la puberté, à laquelle on a toujours attaché la capacité du mariage, est ici à considérer principalement; qu'il s'agit d'une simple faculté dont, comme par le passé, l'on n'usera sans doute que bien rarement; qu'il est pourtant des individus chez lesquels les développemens de la nature précèdent ceux de la raison ou d'un discernement parfait, et qu'il importe de laisser aux familles le soin d'en prévenir ou d'en réparer les effets prématurés ; qu'enfin, le consentement des parens, condition sans laquelle le mariage du mineur est invalide, offre une garantie suffisante contre les abus qu'on paraît craindre.

LE PREMIER CONSUL dit (*) que, s'il ne serait pas avantageux que la génération toute entière se mariât à treize et à quatorze ans, il ne faut donc pas l'y autoriser par une règle générale ; mais qu'il est préférable d'ériger en règle ce qui est conforme à l'intérêt public, et de ne permettre que par une exception, dont l'autorité publique serait juge, ce qui ne sert que l'intérêt particulier.

M. ROEDERER dit que l'usage des dispenses, loin de sauver l'honneur des familles, le compromettrait. Plusieurs causes morales préviendront ordinairement l'abus qu'on peut faire de la faculté de former des mariages entre des individus trop jeunes. Les parens tendent naturellement à conserver le plus long-temps possible leur autorité; ils veulent que l'éducation de leurs enfans s'achève, ils diffèrent de les doter.

LE PREMIER CONSUL dit que, dans un pays où le divorce

(*) « Est-il à désirer que l'on puisse se marier à treize et à quinze ans?

« On répond : non; et on propose dix-huit ans pour les hommes et quatorze pour les femmes.

« Pourquoi mettre une aussi grande différence entre les hommes et les femmes? est-ce pour remédier à quelques accidens? Mais l'intérêt est bien plus important. Je verrais moins d'inconvéniens à fixer l'âge à quinze ans pour les hommes qu'à treize pour les femmes; car, que peut-il sortir d'une fille de cet âge qui a neuf mois de grossesse à supporter ? On cite les Juifs : à Jérusalem, une fille est nubile à dix ans, vieille à seize, et non touchable à vingt. » (*Paroles de Bonaparte, tirées des Mémoires sur le Consulat, pages* 428 *et* 429.)

est reçu, on ne peut espérer la durée des mariages si on permet de les contracter presqu'au sortir de l'enfance. Même avant que le divorce fût usité en France, on mariait rarement des enfans de treize à quatorze ans; ou si de grands intérêts déterminaient à former de telles unions, on séparait les époux jusqu'à ce qu'ils eussent atteint l'âge d'une maturité plus avancée. Il (*) serait bizarre que la loi autorisât des individus à se marier avant l'âge où elle permet de les entendre comme témoins, ou de leur infliger les peines destinées aux crimes commis avec un entier discernement.

M. Roederer observe que l'extrême liberté du divorce sera probablement restreinte; et que, quand elle existerait, elle deviendrait pour beaucoup de familles un motif de ne pas consentir à des mariages prématurés; que, d'un autre côté, les principes religieux seront un frein contre les abus.

Le Premier Consul dit que ce système serait peut-être le plus sage, qui n'autoriserait le mariage qu'à vingt-un ans pour les hommes, et à quinze pour les filles.

M. Tronchet dit que la loi pourra, sans inconvénient, différer le mariage jusqu'à ces âges, si, d'ailleurs, elle établit un moyen de faire des exceptions à la règle générale.

L'article est rejeté; et le Conseil adopte en principe que le mariage ne sera permis qu'à dix-huit ans aux hommes, et à quinze ans aux femmes, à moins qu'ils n'obtiennent des dispenses pour le contracter plus tôt.

av. 146   L'article 3 est soumis à la discussion; il est ainsi conçu :
« Sont incapables de contracter mariage,
« 1°. L'interdit pour cause de démence ou de fureur;
« 2°. Les sourds-muets de naissance, à moins qu'il ne soit

(*) « Vous ne donnez pas à des enfans de quinze ans la capacité de faire des contrats ordinaires; comment leur permettre de faire, à cet âge, le contrat le plus solennel? Il est à désirer que les hommes ne puissent se marier avant vingt ans, ni les filles avant dix-huit. Sans cela nous n'aurons pas une bonne race. » (*Paroles de Bonaparte, tirées des Mémoires de Thibaudeau*, pages 429.)

« constaté qu'ils sont capables de manifester leur volonté ;

« 3°. L'individu frappé d'une condamnation emportant « mort civile, même pendant la durée de temps qui lui est « accordée pour purger la contumace. »

Le Premier Consul demande pourquoi le mariage serait interdit au sourd-muet.

M. Réal répond qu'il est admis à se marier lorsqu'il est capable de donner un consentement.

M. Defermon observe que la section exclut, par une disposition générale, le sourd-muet de naissance, et ne l'admet que par exception, quoique tous les sourds-muets sachent exprimer leur volonté.

Le Premier Consul dit que le mariage étant un contrat, et tout contrat se formant par le consentement, on conçoit que celui qui ne peut exprimer son consentement ne peut pas se marier ; mais le sourd-muet de naissance, en voyant son père et sa mère, a connu la société du mariage ; il est toujours capable de manifester la volonté de vivre comme eux ; et alors, pourquoi aggraver son malheur en ajoutant des privations à celles que lui a imposées la nature?

Le Consul Cambacérès dit que, puisque l'article n'a pour objet que d'expliquer que les sourds-muets ne peuvent se marier que lorsqu'ils peuvent consentir, sa disposition se confond avec celle de l'article 4. On peut donc se borner à ce dernier.

M. Regnaud (de Saint-Jean-d'Angely) dit que l'article est devenu encore plus inutile, depuis que l'on a découvert l'art de faire expliquer les sourds-muets.

Le Premier Consul demande pourquoi la privation de l'ouïe et de la parole serait un empêchement au mariage plutôt que d'autres infirmités qui peuvent également y avoir rapport.

M. Fourcroy dit qu'il y aurait plus de motifs de déclarer incapables de mariage ceux qui sont atteints de maladies héréditaires ou de vices de conformation, à l'instar de quelques législateurs anciens qui défendaient le mariage aux infirmes, aux hommes contrefaits, de peur qu'il n'en provînt des enfans faibles, malades, à charge à eux-mêmes et à la société.

M. Réal répond que la section a suivi la déclaration de 1736, qui parle des sourds-muets de naissance.

M. Bigot-Préameneu dit que l'article est inutile, s'il n'explique le mode suivant lequel le sourd-muet pourra donner son consentement.

M. Réal répond que la disposition qui réglera ce mode pourra être placée parmi les dispositions qui déterminent la forme de la célébration des mariages.

M. Portalis dit que la rédaction de l'article doit être renversée; qu'au lieu d'établir en principe général que les sourds-muets ne pourront pas se marier, et de ne leur en donner la capacité que par voie d'exception, il conviendrait, au contraire, de poser la règle générale que les sourds-muets sont capables de se marier, et de convertir ensuite en exceptions les incapacités particulières où ils peuvent se trouver.

Au surplus, la jurisprudence n'a jamais eu de difficultés à lever que par rapport à la comparution des sourds-muets en justice. Leur mariage n'a pas causé d'embarras. Ils sont entourés d'une famille, d'amis, qui attestent le consentement qu'ils expriment par leurs signes.

M. Réal dit qu'on ne pourra se dispenser de régler la manière dont ils devront exprimer leur consentement.

M. Regnaud (de Saint-Jean-d'Angely) observe que, depuis la découverte de l'art de faire expliquer les sourds-muets, on suppose tellement la possibilité de les comprendre, qu'on ne leur nomme plus de curateurs lorsqu'ils sont traduits en justice, mais seulement un interprète pour expliquer aux juges les signes qui suppléent en eux à l'organe de la parole.

M. Portalis blâme cet usage, parce que, dit-il, il importe de maintenir les formes instituées pour la sûreté des accusés. Mais il serait injuste de frapper les sourds-muets d'interdiction dans les facultés que leur a laissées la nature : il vaudrait mieux que la loi gardât le silence sur leur mariage.

M. Tronchet dit que la loi ne peut se dispenser de s'en expliquer. Les sourds-muets ne pouvant être admis indistinctement à contracter, il est impossible de leur donner, pour le plus important des contrats, la capacité indéfinie qu'on ne peut leur laisser à l'égard des autres. Et même, si on suivait rigoureusement les principes, il faudrait, pour les y admettre, exiger la preuve qu'ils connaissent les suites que doit avoir, par rapport à la femme, aux enfans, à la société, l'engagement qu'ils contractent, et qu'ils se soumettent à toutes ces obligations. Les sourds-muets éduqués ont sans doute ce degré d'intelligence ; mais tous doivent manifester qu'ils sont instruits de la nature de l'engagement qu'ils contractent; car l'intérêt détermine plus souvent que le goût à épouser un individu affecté d'une infirmité aussi gênante : on doit donc être en garde contre cet intérêt, et contre les séductions qu'il essaie pour extorquer un consentement dont les conséquences ne sont pas aperçues par celui qui le donne.

Le Premier Consul dit qu'il ne suffit pas d'être en garde contre l'intérêt que des étrangers peuvent avoir de séduire le sourd-muet; qu'il convient également de ne pas perdre de vue l'intérêt que peut avoir sa famille à l'empêcher de se marier.

M. Portalis dit que la loi n'a pas le pouvoir de changer la nature ni la destinée des hommes. Celle du sourd-muet l'expose inévitablement, par rapport au mariage, à divers dangers dont la loi ne l'affranchira jamais. Elle doit donc se borner à le déclarer incapable de se marier, lorsqu'il ne peut manifester son consentement : si elle se rend plus difficile, elle met le sourd-muet dans un état d'interdiction plus pénible même qu'un mariage hasardé.

M. Roederer dit qu'un sourd-muet qui serait privé de sa famille se trouverait trop heureux d'avoir le secours d'une compagne : elle l'abandonnera toujours moins que des mercenaires.

Le Premier Consul dit que l'article pourrait se taire sur les sourds-muets, puisqu'ils sont capables de se marier sous la condition commune à tous de donner leur consentement ; qu'il pourrait se borner à dire comment ils exprimeront qu'ils consentent au mariage.

Le Consul Cambacérès propose de supprimer l'article. Les dispositions qu'il contient ne sont que des conséquences naturelles de la règle générale, qui exige pour le mariage un consentement valable.

L'article est retranché. Il sera remplacé par une disposition sur la manière dont les sourds-muets de naissance exprimeront leur consentement.

Cette disposition sera placée au chapitre relatif à la célébration des mariages.

146   L'article 4 est soumis à la discussion ; il est ainsi conçu :

« Le mariage n'est pas valable, si les deux époux n'y ont
« pas donné un consentement libre.

« Il n'y a point de consentement,

« 1°. S'il y a eu violence ;

« 2°. S'il y a eu erreur dans la personne que l'une des
« parties avait eu intention d'épouser ;

« 3°. S'il y a eu rapt, à moins que le consentement n'ait
« été donné par la personne ravie, après qu'elle a recouvré
« sa pleine liberté. »

M. Roederer observe que les lois anciennes ne donnaient au consentement de la personne ravie l'effet de valider son mariage, que dix ans après qu'elle avait recouvré sa pleine liberté.

Cette disposition était sage. Le mot *rapt* est générique ; il désigne également le rapt de violence et le rapt de séduction. L'un et l'autre, tant qu'ils durent, doivent être un empêchement au mariage ; mais le rapt de violence est le seul dont on puisse reconnaître la cessation d'une manière certaine.

M. Réal répond que, depuis cinq ans, on ne reconnaît plus en France le rapt de séduction.

Le Consul Cambacérès dit qu'il faudra examiner s'il ne convient pas de rendre leur force aux anciennes lois relatives à ce délit.

M. Portalis convient de la distinction établie par M. Rœderer ; mais, ajoute-t-il, le rapt de séduction ne peut avoir lieu qu'à l'égard du mineur. Il est commis contre la famille de la personne séduite. Le rapt de violence est donc le seul que la loi doive reconnaître d'une manière absolue ; elle ne doit voir le rapt de séduction que par rapport à la famille : or, comme il ne peut avoir lieu qu'en la personne d'un mineur, la loi a pourvu à l'intérêt de la famille, en décidant que le consentement du mineur ne suffit pas pour valider son mariage. La disposition de l'article a donc toute l'étendue qu'elle doit avoir ; elle ne doit s'appliquer qu'au rapt proprement dit.

Un motif politique a été le principe de la disposition qui ne permettait le mariage entre le ravisseur et la personne ravie que dix ans après la cessation du rapt ; on a voulu empêcher ce qu'on nommait alors des *mésalliances*. Cette incapacité avait été substituée, par le chancelier *d'Aguesseau*, à la jurisprudence vicieuse qui, laissant au ravisseur l'option entre le mariage et l'échafaud, le favorisait par cette alternative même. La peine de mort était trop forte : cependant, comme il était nécessaire de conserver la terreur qu'elle inspirait, M. *d'Aguesseau* la laissa subsister, en déclarant seulement qu'elle n'était point applicable au simple commerce illicite, qu'il distingua du rapt ; et il donna au rapt l'effet d'annuler le mariage. Le motif d'empêcher les mésalliances, telles qu'on les concevait alors, ne subsiste plus ; mais il est encore nécessaire d'empêcher que des aventuriers ne viennent troubler les familles honnêtes : or, la loi veille autant qu'elle le doit à l'intérêt des familles ; elle prévient le vol qui leur est fait par la séduction d'un mineur, lorsqu'elle déclare nul le mariage que ce mineur a contracté sans l'aveu de ses parens. L'article que l'on discute ne devait donc plus s'occuper que du rapt proprement dit.

M. Roederer dit que, puisque l'intérêt de s'introduire dans une famille opulente est encore aujourd'hui un appât pour les intrigans, il convient de leur opposer une barrière plus forte que la nécessité d'obtenir le consentement du tuteur. Ce tuteur peut se laisser corrompre.

M. Réal observe que le consentement du tuteur seul ne suffit pas pour valider le mariage du mineur.

M. Roederer se rend à cette observation.

Le Premier Consul dit que la rédaction de l'article n'est pas exacte. Il n'y a pas de mariage où il n'y a pas de consentement libre; l'article semble cependant supposer qu'il y a, en ce cas, un mariage, mais qu'il n'est pas valable.

M. Boulay propose de rédiger ainsi : « Il n'y a pas de ma-« riage, si les deux époux n'y ont pas donné un consente-« ment libre. »

M. Portalis observe qu'il y a un consentement apparent toutes les fois que les parties ont contracté en présence de l'officier public; que, si ce consentement se soutient après que la personne ravie a recouvré sa liberté, il valide le mariage; qu'il ne serait donc pas exact de dire que, dans ce cas, il n'y a pas de mariage, puisqu'il y a un principe de mariage qui rend le mariage valable après un certain temps.

Le Premier Consul dit que la rédaction semble ne concerner que les mariages faits hors de la présence de l'officier civil; que cependant il est possible que le consentement donné devant cet officier n'ait pas été libre.

Le Ministre de la Justice dit que cette considération avait porté les rédacteurs du projet de code à employer l'expression *consentement libre et formel.*

M. Tronchet dit qu'en effet les menaces faites par des

parens, avant qu'on se présente à l'officier civil, ont pu forcer le consentement de l'un des époux : c'est ainsi qu'autrefois on ne laissait à une jeune fille que l'option entre un couvent et la personne qu'on lui offrait pour époux.

Le Premier Consul dit que l'article devrait être rédigé de manière à prévenir ces sortes de violences. Quand elles ont eu lieu, il y a un acte civil ; mais il est nul, car il n'y a pas de mariage là où il n'y a pas de consentement libre ; et l'on ne peut pas regarder comme tel le consentement d'un individu violenté par sa famille : il faudrait même chercher une expression qui rendît mieux cette idée que l'expression *consentement libre*.

Le Consul Cambacérès préfère l'expression des rédacteurs du projet de Code civil à celle qui a été employée par la section.

M. Réal dit que le mot *formel* est inutile, parce que l'officier de l'état civil ne célébrerait pas le mariage si le consentement n'était exprimé dans la forme établie par la loi ; et que c'est là tout ce que signifie le mot *formel*.

M. Portalis dit que la nécessité du consentement formel est déjà établie par le titre relatif aux actes de l'état civil ; mais qu'un consentement formel n'étant pas toujours un consentement libre, le mot *formel* ne rendrait pas l'idée qu'on veut exprimer.

Le Premier Consul dit qu'on pourrait décider d'abord qu'il n'y a pas de mariage quand le consentement n'a pas été donné dans les formes prescrites par le titre relatif aux actes de l'état civil ; ensuite, qu'il n'y a pas de consentement lorsqu'il y a violence, séduction ou erreur.

M. Réal observe que, dans la jurisprudence actuelle, l'erreur ne vicie le mariage que lorsqu'elle porte sur l'individu, et non quand elle ne tombe que sur le nom ou sur les qualités.

Le Premier Consul dit que le nom, les qualités, la fortune, entrent dans les motifs qui déterminent le choix d'un époux ou d'une épouse. L'erreur sur ces circonstances détruit donc le consentement, quoiqu'il n'y ait pas d'erreur sur l'individu.

Ainsi, tout se réduit à ceci :

Le mariage est valable lorsque les formes ont été observées, et qu'il n'y a eu violence ni erreur sur la personne.

Le mariage doit être cassé si les formes n'ont pas été observées, ou s'il y a eu violence ou erreur.

M. Tronchet dit que les tribunaux ont pensé qu'une loi qui déclarerait nuls les mariages pour l'inobservation de toute forme quelconque serait trop générale, parce que toutes les formes n'étant pas également essentielles, elles ne doivent pas être également prescrites sous peine de nullité.

Le Premier Consul partage cette opinion. La loi, dit-il, doit spécifier les formes dont l'inobservation entraîne la nullité du mariage, et les distinguer de celles qui ne produisent pas le même effet.

M. Tronchet propose de placer le chapitre IV à la tête du projet de loi, et d'y placer l'article en discussion, ou de rédiger dans cet ordre : « Il n'y a pas de mariage quand les
« formes n'ont pas été remplies, sauf les exceptions ci-
« après. »

Le Premier Consul dit que, placer l'article en discussion dans le chapitre IV, ce serait mêler ensemble les cas où il n'y a pas de mariage et les cas où le mariage peut être cassé.

M. Berlier propose de dire que le consentement donné devant l'officier civil ne suffit pas pour former le mariage, toutes les fois qu'il y a violence, erreur ou séduction.

M. Réal observe que, n'y ayant pas de consentement lorsqu'il y a erreur, séduction ou violence, on peut se réduire à la disposition qui exige le consentement.

M. Bigot-Préameneu propose la rédaction suivante : « Il
« n'y a pas de mariage lorsqu'il n'y a pas de consentement ;
« il n'y a pas de consentement lorsqu'il y a violence, séduc-
« tion ou erreur sur la personne. »

Cette proposition est adoptée, et l'article 4 rejeté.

L'article 5 est adopté; il est ainsi conçu :
« Avant la dissolution légale du premier mariage, on ne
« peut en contracter un second. »

L'article 6 est soumis à la discussion ; il est ainsi conçu :
« Le fils de famille qui n'a pas atteint l'âge de vingt-cinq
« ans accomplis, la fille de famille qui n'a pas atteint l'âge de
« vingt-un ans accomplis, ne peuvent contracter mariage
« sans le consentement de leur père et de leur mère ; en cas
« de dissentiment, le consentement du père suffit. »

LE CONSUL CAMBACÉRÈS demande qu'on ne se serve pas de l'expression inusitée *fille de famille*, mais qu'on emploie cette expression générique, *ceux qui sont en puissance paternelle*.

M. RÉAL observe que l'expression proposée ne s'étendrait pas aux enfans nés hors mariage.

LE CONSUL CAMBACÉRÈS dit qu'on pourrait décider en général que le mariage du mineur n'est valable que lorsque son père y a donné son consentement.

M. TRONCHET dit que cette rédaction ne serait pas parfaitement exacte, attendu que le défaut de consentement du père n'empêche pas qu'il y ait un mariage, mais qu'il donne seulement au père le droit de le faire casser.

LE CONSUL CAMBACÉRÈS dit que c'est là le sens de la disposition qu'il propose.

M. BOULAY dit qu'il existe d'autres articles sur le consentement des parens, et que celui-ci n'en doit pas être séparé.

LE CONSUL CAMBACÉRÈS y consent, pourvu qu'on retranche l'expression *fille de famille*.

M. BOULAY dit que la section n'a pas cru devoir se servir, avec les rédacteurs du projet de Code, du mot générique *enfans*, parce qu'il établit, entre les mâles et les filles, une différence quant à l'âge où le consentement de la famille cesse de leur être nécessaire.

M. Réal dit que cette distinction est demandée par presque tous les tribunaux.

M. Portalis ajoute qu'elle est dans le vœu de la nature, qui a rendu les filles plus précoces que les garçons.

L'article est adopté, sauf rédaction.

L'article 7 est soumis à la discussion ; il porte :

« Si l'un des deux est mort, ou s'il est dans l'impossibilité
« de manifester sa volonté, le consentement de l'autre suffit,
« encore qu'il ait contracté un second mariage. »

M. Defermon demande que la disposition ne soit pas étendue au père ou à la mère qui a contracté un second mariage.

M. Réal dit qu'en thèse générale, un père qui contracte un second mariage ne doit perdre aucun des droits que la nature et la loi lui donnent sur ses enfans ; que s'il peut y avoir des circonstances où cette règle doive fléchir, le juge en décidera, mais qu'il y aurait de l'inconvénient à ne pas présenter la règle dans toute sa pureté ; qu'au reste, il croit que cette disposition pourrait être retranchée, comme répétant inutilement une disposition que la règle générale énonce formellement.

M. Regnaud (de Saint-Jean-d'Angely) ajoute que si l'on ne laisse au père qui s'est remarié tous les droits qu'il tient de la nature, on sera fort embarrassé de régler, dans le même cas, les effets de la puissance paternelle.

Le Consul Cambacérès dit que toutes ces questions sont naturellement subordonnées aux dispositions qu'on adoptera sur le divorce.

L'article est adopté, avec le retranchement demandé par M. *Defermon*.

L'article 8 est ajourné jusqu'après la discussion du divorce ; cet article est ainsi conçu :

« Néanmoins, si l'époux a contracté un second mariage
« après un divorce prononcé contre lui ; si le divorce a été
« prononcé pour cause déterminée et prouvée, ou obtenu par

« lui sans cause déterminée, le conseil de famille sera léga-
« lement assemblé pour délibérer sur le consentement à don-
« ner au mariage de l'enfant qui n'a pas l'âge ci-dessus dé-
« terminé. »

L'article 9 est soumis à la discussion ; il est ainsi conçu :
« Si le père et la mère sont morts, ou s'ils sont dans l'im-
« possibilité de manifester leur volonté, les aïeuls et aïeules
« les remplacent : s'il y a dissentiment entre eux, la majorité
« ou le partage des voix emporte consentement. »

M. RÉAL dit que la section a voulu prévenir tous les doutes, en décidant positivement que les autres parens ne seraient pas admis à délibérer avec les pères, mères, aïeuls et aïeules.

L'article est adopté.

L'article 10 porte : « Les enfans de famille majeurs ne sont
« point dispensés de demander, par un acte respectueux et
« formel, le conseil de leur père et de leur mère, ou celui de
« leurs aïeuls et aïeules, lorsque leur père et leur mère sont
« décédés, ou dans l'impossibilité de manifester leur vo-
« lonté. »

LE CONSUL CAMBACÉRÈS demande qu'on ne se serve pas de cette expression, *ne sont point dispensés* : ce n'est pas là le langage des lois.

M. TRONCHET demande qu'on dise : « Les enfans de famille
« majeurs par rapport au mariage. »

LE CONSUL CAMBACÉRÈS propose de dire : « Les enfans de
« famille, quoiqu'ils aient atteint l'âge où il leur est permis
« de se marier sans le consentement de leur père, sont tenus
« de demander, etc..... »

L'article est adopté, sauf rédaction.

L'article 11 est soumis à la discussion, et adopté ainsi qu'il suit :
« Les dispositions contenues aux articles 6, 7, 8, 9 et 10,
« sont applicables aux enfans naturels légalement reconnus. »

2.

159. M. Réal, au nom de la section de législation, propose l'article additionnel suivant :

« L'enfant naturel qui n'a point été reconnu, et celui qui, après l'avoir été, a perdu ses père et mère, ou dont les père et mère ne peuvent manifester leur volonté, ne pourra, avant l'âge de vingt-un ans révolus, se marier qu'après avoir obtenu le consentement du tuteur *ad hoc* qui lui sera nommé dans les formes ci-après établies. »

M. Réal dit que la section a cru moral de donner un tuteur au mineur né hors mariage, qui veut se marier et dont le père est inconnu. Ce mode couvre la trace de l'illégitimité de sa naissance, et appelle ses amis à délibérer sur son mariage.

M. Defermon dit que l'intérêt de la société n'exigeant pas qu'elle s'occupe du mariage de l'individu né hors mariage, elle doit le laisser user librement des droits que lui donne sa position. Il n'appartient à personne.

M. Tronchet répond que c'est pour l'intérêt du mineur lui-même qu'on lui nomme un tuteur. Il ne peut ni contracter ni disposer sans autorisation ; comment pourrait-il se marier sans y être autorisé ?

M. Réal ajoute que tout mineur, pour se marier, devant représenter le consentement de son père, la dispense accordée à l'enfant illégitime faciliterait la fraude aux mineurs nés d'une union légale : pour ne pas représenter le consentement de leur père, ils se supposeraient nés hors mariage.

M. Boulay dit que le consentement des pères et des tuteurs n'est pas moins exigé pour l'intérêt du mineur que pour l'intérêt des familles ; que la société doit à l'enfant illégitime une protection plus spéciale, parce qu'il est privé de tout autre appui.

M. Réal dit qu'il serait toujours nécessaire de lui donner un tuteur pour régler les conventions matrimoniales.

M. Defermon dit qu'il est rare qu'un enfant illégitime ait quelques biens lorsque son père est inconnu.

M. Emmery répond qu'un père avantage souvent ses enfans illégitimes, sans cependant les reconnaître ; qu'il en est même qu'on ne peut reconnaître ; tels sont les adultérins.

L'article est adopté.

L'article 13 est adopté ; il est ainsi conçu (*) :
« S'il n'y a ni père ni mère, ni aïeuls ni aïeules, ou s'ils se « trouvaient tous dans l'impossibilité de manifester leur vo-« lonté, les mineurs de vingt-un ans ne peuvent se marier « que sur le consentement donné par le conseil de famille. »

L'article 14 est ainsi conçu :
« En ligne directe, le mariage est prohibé entre les parens « légitimes ou naturels et les alliés au même degré. »

M. Regnaud (de Saint-Jean-d'Angely) dit que l'article n'indique pas assez clairement entre quels alliés le mariage est défendu. Il demande que, pour faire cesser l'équivoque, on ajoute à ces mots *en ligne directe*, ceux-ci, *ascendante et descendante*.

L'article est adopté avec cet amendement.

L'article 15 est soumis à la discussion ; il porte :
« En collatérale, le mariage est prohibé entre le frère et la « sœur légitimes ou naturels. »

Le Consul Cambacérès demande si la prohibition établie par cet article doit être étendue aux alliés.

M. Réal dit que cette extension est dans le vœu de la minorité de la section.

M. Portalis expose les motifs de la minorité de la section.

Il dit que les prohibitions civiles des mariages entre collatéraux et entre alliés sont fondées,

1°. Sur l'intérêt de multiplier les alliances ;

2°. Sur la nécessité de prévenir la corruption de mœurs qui se glisse facilement à la suite des communications familières, lorsque le mariage peut en effacer la honte ;

(*) Cet article portait le n° 12, et il a pris le n° 13 par suite de l'adoption du précédent.

3°. Sur l'intérêt de ne pas laisser dégénérer les races : car l'expérience a prouvé que cet effet suit ordinairement les mariages entre individus de la même famille; les mariages des princes en ont fourni des exemples.

Les prohibitions ne viennent pas des lois ecclésiastiques ; on retrouve les plus anciennes dans les lois grecques et romaines : celle du mariage entre la tante et le neveu a été faite par *Théodose*. Les lois ecclésiastiques ne les ont adoptées que fort tard, et quand elles se mêlèrent des mariages : jusque là les souverains seuls en accordaient les dispenses. La première dispense qui a été donnée par l'autorité ecclésiastique, fut celle que *Pascal II* accorda au roi de France sur la fin du onzième siècle. Les princes n'eurent recours au pape que parce qu'il leur parut inconvenant de se dispenser eux-mêmes des lois qu'ils avaient établies; mais ils n'en conservèrent pas moins leurs droits. On trouve encore dans *Cassiodore* et dans *Marculfe* les formules dont ils se servaient. Les prohibitions et les dispenses appartiennent donc en entier au droit civil : or, la minorité de la section n'a vu aucun intérêt à limiter des prohibitions consacrées par l'assentiment de tant de siècles, et fondées sur des motifs puissans, ni à priver le gouvernement du droit d'en dispenser.

M. EMMERY répond que la majorité de la section ne conteste pas le droit qu'a le gouvernement d'accorder des dispenses; mais elle a cru que la législation relative aux prohibitions devait rester dans l'état où elle est aujourd'hui, pour ne jeter ni défaveur ni inquiétude sur les mariages actuellement contractés entre des personnes auxquelles s'étendrait la prohibition. Elle pense néanmoins que le mariage doit être défendu entre le neveu et la tante, parce que celle-ci suppléant en quelque sorte la mère, il est difficile de concilier le respect que le neveu doit à la tante avec le respect que la tante devrait au neveu s'il devenait son mari. La même raison n'existe pas à l'égard de l'oncle et de la nièce. Il n'y a aucune raison de défendre aux beaux-frères et aux belles-sœurs de s'épouser ; et même l'intérêt des enfans demande qu'on autorise ces unions : ils retrouvent dans le frère ou dans la sœur de leur père ou de leur mère, l'affection et les soins de ces derniers. Quant à ce qu'on a dit de la nécessité de prévenir les effets des fréquentations trop faciles, si l'on adoptait cette considération, il faudrait aller jusqu'à interdire le mariage entre cousin et cousine.

Le Consul Cambacérès dit que, quoique la section appuie son système sur ce qu'elle trouve de l'inconvénient à changer la législation actuelle, elle y déroge cependant elle-même en défendant le mariage entre la tante et le neveu.

M. Boulay dit qu'il peut y avoir des circonstances particulières qui justifient le mariage entre beaux-frères et belles-sœurs ; mais que leur en donner en général la faculté, c'est jeter un levain de discorde dans les familles, et créer un intérêt, pour ces sortes d'alliés, de provoquer le divorce de leurs frères ou sœurs.

M. Cretet dit que la question des dispenses n'est pas encore suffisamment examinée. Les dispenses ne seront qu'une vaine formalité si la loi ne détermine les cas où elles pourront être obtenues : au lieu d'être des exceptions, elles deviendront bientôt la règle.

La loi doit défendre absolument ce qui est nuisible, et abandonner l'usage de ce qui ne l'est pas à la discrétion des particuliers.

M. Réal dit que la majorité ne consent à la prohibition du mariage entre les tantes et les neveux, que sous la condition qu'il pourra leur être accordé des dispenses : elle observe que le Code prussien restreint cette prohibition aux tantes plus âgées que les neveux, et qu'encore il admet des dispenses pour ce cas ; qu'il avoue que ce n'est pas l'église qui a introduit la prohibition, mais qu'on ne peut nier que ses ministres s'en sont par la suite emparés, en ont fait une propriété dont ils ont chassé la puissance civile, et qu'aujourd'hui encore ils prétendent y dominer exclusivement à toute autre puissance.

M. Boulay dit que les prohibitions et les dispenses sont tellement des institutions civiles, que *Claude* fut obligé d'obtenir un décret du sénat pour épouser sa nièce *Agrippine*. Les historiens remarquent que cet exemple ne fut pas suivi.

Le Consul Cambacérès dit qu'il s'agit principalement des mariages entre beaux-frères et belles-sœurs, et que la question est de savoir s'il y a plus d'inconvéniens à étendre jusqu'à eux les prohibitions, qu'à les laisser dans les limites qu'elles ont, suivant la législation actuelle.

Les mariages qui peuvent avoir été contractés d'après les dispositions de la loi de 1792, ne sont pas des obstacles à l'extension; il ne faut pas craindre qu'ils soient vus de mauvais œil : chacun sait que la loi ne rétroagit pas ; et c'est par cette raison qu'elle parle au futur. Ce qu'on a dit de l'intérêt des enfans, qu'on suppose retrouver une seconde mère dans leur tante, n'est exact que dans des cas fort rares : des motifs beaucoup moins respectables déterminent ordinairement ces sortes de mariages ; et, dans un pays où le divorce est admis, on doit craindre que la possibilité de rompre le mariage existant, jointe à la faculté de s'épouser, ne porte les beaux-frères et les belles-sœurs au concubinage, et ne trouble l'intérieur des familles. Du moins faudrait-il ne permettre à ces alliés de s'épouser que lorsque leur premier mariage a été dissous par la mort de leur époux ou de leur épouse; mais rien ne serait plus scandaleux que de leur permettre de s'en dégager par le divorce, pour voler ensuite dans les bras de leur beau-frère ou de leur belle-sœur. D'ailleurs, avec l'usage des dispenses, tous les inconvéniens de la prohibition disparaissent. Au surplus, si on ne veut pas admettre de prohibition absolue, qu'on distingue les cas et les hypothèses où elle aura lieu.

Le Ministre de la Justice affirme que la faculté donnée

par la loi de 1792 aux beaux-frères et aux belles-sœurs, porte en effet le trouble dans les familles, et est le principe de demandes en divorce dont les tribunaux sont actuellement saisis.

M. Berlier admet la prohibition du mariage entre beaux-frères et belles-sœurs, dans le cas où le premier mariage a été rompu par un divorce ; mais il pense que cette prohibition ne doit pas être étendue plus loin. Il repousse le moyen subsidiaire des dispenses : l'on sait qu'elles n'étaient autrefois qu'une vaine formalité, et s'obtenaient facilement par quiconque pouvait les acheter.

L'opinant ne doute pas que le gouvernement actuel ne parvînt à les rendre moins abusives ; mais dans les matières qui tiennent à l'honnêteté publique, il n'y a pas de transaction. Ainsi, il faut permettre le mariage entre beaux-frères et belles-sœurs, si les mœurs ne s'y opposent point ; autrement, il faut le rejeter, sans admettre d'exceptions ni de dispenses.

M. *Berlier* vote pour l'admission absolue, et rejette celle qui ne serait qu'exceptionnelle et fondée sur des dispenses. Quel serait en effet le motif apparent de ces dispenses ? Comme autrefois, on alléguerait une grossesse, et la permission serait accordée ; mais ce motif même appellerait le dérèglement, puisqu'un commerce illicite deviendrait un moyen d'obtenir des dispenses. Or, il vaut mieux que la loi permette ouvertement une chose qui n'est pas essentiellement mauvaise, que de dire que l'honnêteté publique la défend, et de placer cependant à côté du précepte un moyen légal de le violer.

Au reste, c'est le dernier état de la législation, et il est bon.

M. Tronchet dit que la prohibition des mariages entre beaux-frères et belles-sœurs est réclamée par les mœurs, parce qu'elle prévient les inconvéniens de la familiarité ; que cependant il ne l'adopte qu'autant qu'elle pourra être levée par dispenses ; que, dans le cas contraire, il préfère qu'on permette indistinctement le mariage.

M. Maleville dit que tous les tribunaux s'élèvent contre ces sortes de mariages.

Le Premier Consul résume les diverses propositions, et les met aux voix.

Le Conseil adopte,

1°. Que les mariages entre beaux-frères et belles-sœurs seront prohibés ;

2°. Qu'il n'y aura pas de dispenses pour ces mariages ;

3°. Que les mariages entre oncles et nièces seront prohibés ;

4°. Qu'il pourra être accordé des dispenses pour ces mariages ;

5°. Que les mariages entre tantes et neveux seront prohibés ;

6°. Qu'il pourra être accordé des dispenses pour ces mariages.

(Procès-verbal de la séance du 4 vendémiaire an X. — 26 septembre 1801.)

M. Réal présente le chapitre II du titre *du Mariage*, intitulé, *des Formalités relatives à la célébration du Mariage.*

L'article 1er est adopté ; il est ainsi conçu :

« Le mariage sera célébré publiquement, dans les formes
« ci-après établies. »

L'article 2 est soumis à la discussion ; il porte :

« Il sera célébré dans la commune où l'un des deux époux
« aura son domicile.

« Ce domicile, quant au mariage, s'établira par six mois
« d'habitation continue dans la même commune. »

Le Premier Consul demande pourquoi ce chapitre parle du domicile, puisque cette matière est réglée par un autre titre.

M. Tronchet répond qu'il s'agit ici de la simple habitation, qui n'est pas toujours le domicile.

Le Premier Consul dit qu'il faut donc changer la rédaction, et ne parler que d'une habitation de six mois, afin que l'article n'apporte aucune modification aux dispositions sur le domicile.

M. Maleville dit qu'il est nécessaire d'expliquer que la loi entend parler de la dernière résidence, et d'une résidence continue.

M. Tronchet répond que la rédaction ne laisse aucun doute à cet égard.

Le Consul Cambacérès propose de réunir les articles 1er et 2, en supprimant dans le premier ces mots, *dans les formes ci-après établies*.

M. Tronchet adopte cette proposition; il préférerait cependant que l'article 1er se bornât à dire que le mariage sera célébré publiquement, et que l'article 2 indiquât le lieu où il sera célébré; ce sont en effet deux règles différentes.

M. Réal propose de rédiger ainsi :

« Le mariage sera célébré dans la commune où l'un des « époux aura son domicile; il pourra l'être également dans « la commune où l'un des époux aura six mois d'habitation. »

M. Bigot-Préameneu demande qu'on ne se serve pas du mot *pourra*, pour ne pas paraître déroger à la règle générale.

Le Premier Consul demande si une personne pourra célébrer son mariage dans le lieu de son domicile, quoique depuis six mois elle ait résidé ailleurs.

M. Tronchet répond qu'elle le pourra, parce qu'on ne perd pas le droit de célébrer son mariage dans le lieu de son domicile, pour avoir acquis le droit de le célébrer ailleurs.

M. Bigot-Préameneu observe que la célébration du mariage est entourée d'une plus grande publicité, lorsqu'elle est faite dans le lieu de la résidence.

M. Tronchet répond que la publicité du mariage a pour objet de donner aux personnes intéressées à l'empêcher le moyen de former leur opposition : or, le domicile d'un homme est toujours plus certain et plus connu que sa résidence. La disposition qui permet de célébrer le mariage dans le lieu de la résidence n'est qu'une exception à la règle générale : d'ailleurs, les publications sont faites et au lieu de la résidence et au lieu du domicile.

M. Réal observe que si l'on substitue dans l'article le mot *habitation* au mot *domicile*, on renverse la jurisprudence reçue, parce qu'il est de principe que le domicile, par rapport au mariage, s'établit par six mois de résidence.

M. Tronchet répond que ce principe n'a été introduit que pour garantir que le mariage serait célébré en présence du propre curé. Cette raison ne subsiste plus; les six mois de résidence ne sont exigés maintenant que pour empêcher les mariages clandestins, faciliter les oppositions, et donner aux parens le temps de ramener des jeunes gens que la passion égare.

Le Premier Consul dit que ce but ne serait atteint qu'autant qu'on mettrait un intervalle d'un mois entre la publication au lieu du domicile et le mariage; car il est possible, par exemple, qu'un jeune homme domicilié à Lyon forme une inclination à Paris; et qu'après y être resté six mois, il envoie à Lyon la publication du mariage qu'il projette, dans un temps tellement mesuré, qu'aucune opposition ne puisse arriver à Paris avant qu'il soit marié.

M. Tronchet observe que les publications entraînent nécessairement un délai de treize jours; mais que d'ailleurs le terme de six mois permet aux parens de suivre la conduite de leurs enfans.

M. Regnaud (de Saint-Jean-d'Angely) dit qu'en autorisant les oppositions à la délivrance des certificats de publication, on forcerait le fils à venir plaider en main-levée au lieu où est le domicile du père, avant de passer outre au mariage.

M. Réal dit que le mariage n'a une véritable publicité que dans le lieu où il est célébré.

M. Regnaud (de Saint-Jean-d'Angely) répond que, par le fait, cette publicité n'existe plus, puisqu'on peut se présenter devant l'officier de l'état civil à toutes les heures; que le public ne va pas voir célébrer les mariages, et que la célébration ne demande qu'un moment.

Le Premier Consul dit que les oppositions sont trop tardives si elles arrivent après le mariage ; qu'il est donc très-important de placer un délai entre les publications et la célébration.

M. Tronchet dit qu'en effet un délai de treize jours n'est pas suffisant. Il voudrait qu'on fixât un délai plus long lorsque le mariage est célébré hors du lieu du domicile.

L'article est adopté, sauf rédaction, et renvoyé au titre *des Actes destinés à constater l'État civil.*

L'article 3 est soumis à la discussion ; il porte :
« La célébration du mariage sera précédée de deux publi-
« cations. »

M. Berlier demande la suppression de cet article : ses dispositions se trouvent avec plus de détails dans le titre *des Actes de l'État civil;* il suffit donc de dire au commencement de l'article 4 : « Les deux publications ordonnées par l'ar-
« ticle. . . . . du titre *des Actes de l'état civil*, seront faites, etc. »

Cette proposition est adoptée.

L'article 4 est adopté, sauf rédaction ; il est ainsi conçu :
« Les publications seront faites dans la commune où cha-
« cune des parties contractantes aura son domicile.

« Néanmoins, si le domicile actuel n'est établi que par six
« mois de résidence, les publications seront faites en outre
« dans la commune du dernier domicile.

« Si les parties contractantes, ou l'une d'elles, sont, rela-
« tivement au mariage, sous la puissance d'autrui, les publi-
« cations seront encore faites au domicile de ceux sous la
« puissance desquels elles se trouvent. »

On passe à la discussion de l'article 5 ; il porte :
« Le gouvernement, ou ceux qu'il préposera à cet effet,
« pourront, pour des causes graves, dispenser desdites pu-
« blications. »

M. Berlier combat en général le système des dispenses; il y a, selon lui, plus d'abus à craindre que d'avantages à espérer de la faculté accordée même aux magistrats les plus éminens, de déroger aux dispositions d'une loi : depuis dix ans, l'on n'accorde plus de dispenses, et l'on n'a ouï ni plaintes, ni réclamations à ce sujet; on n'en trouve même aucune dans le travail des tribunaux consultés sur le projet de Code civil, projet qui ne ressuscitait point ce dangereux système.

M. *Berlier* ajoute que si, comme cela est probable, le gouvernement, occupé des grands intérêts de l'État, délègue la faculté dont il s'agit, on doit craindre que ces préposés n'en abusent pour accorder indéfiniment des dispenses à tous ceux qui en solliciteront, et que par là la plupart des mariages ne deviennent clandestins.

M. Boulay dit qu'on préviendra cet abus par un règlement, lequel réservera au gouvernement le pouvoir de dispenser des deux publications.

M. Tronchet dit qu'autrefois l'on prenait des dispenses par un sentiment d'orgueil; on dédaignait de laisser prononcer publiquement son nom.

Ces motifs avaient rendu très-ordinaires les dispenses de deux publications au moins : mais ils n'existent plus; et d'ailleurs, le projet exige des causes réelles et puissantes, lorsqu'il dit, *pour causes graves.*

Les dispenses sont surtout nécessaires pour les mariages *in extremis.* On ne s'est pas encore prononcé sur ces sortes de mariages : or, la question de leur validité se lie à celles des dispenses.

Le projet devrait au surplus constituer le gouvernement seul juge de la nécessité de dispenser des deux publications. La dispense de la seconde publication pourrait être abandonnée au préfet; et ce serait ordinairement la seule qu'on solliciterait : car rarement le mariage est assez pressé pour qu'on ne puisse pas faire une publication.

M. Réal dit que ce cas est rare, sans doute, mais qu'il

suffit qu'il soit possible, pour que la loi doive y pourvoir.

Quant aux mariages *in extremis*, l'avis unanime de la section est qu'ils doivent être déclaré valables toutes les fois qu'ils n'ont pas été précédés de concubinage. Il y a différence d'opinion, entre les membres de la section, sur la validité des mariages *in extremis* que le concubinage aurait précédés.

Mais il y a d'autres cas d'urgence dont on a déjà parlé. On a cité l'exemple d'un militaire, d'un ambassadeur, d'autres fonctionnaires qu'un ordre du gouvernement force à partir sans délai, lorsqu'ils sont près de se marier.

La section, en rédigeant cet article, avait le projet de proposer un règlement qui établit d'abord quelles dispenses seraient délivrées immédiatement par le gouvernement, quelles dispenses seraient délivrées par ses agens; ce règlement aurait ensuite fixé les causes pour lesquelles les dispenses pourraient être obtenues.

M. Tronchet dit que la loi doit déclarer qu'au gouvernement seul appartient de délivrer des dispenses dans tous les cas; mais qu'il peut déléguer à des agens le pouvoir de dispenser de la seconde publication.

M. Portalis dit que, si le gouvernement seul délivre des dispenses, elles ne seront obtenues que par ceux qui l'approchent : cependant elles peuvent être nécessaires à toutes les classes de citoyens; elles le sont partout où il y a urgence. L'opinion a fait justice de la manie de prendre des dispenses par ton; mais il faut favoriser les mariages, et ne pas rendre l'obtention des dispenses impossible au plus grand nombre de ceux qui en ont besoin. Par exemple, les marins doivent trouver dans les ports la facilité de contracter mariage avant un départ précipité : les mœurs et l'honnêteté publique exigent aussi quelquefois qu'un mariage accéléré prévienne des scandales.

M. Tronchet observe qu'il ne réserve au gouvernement que la dispense des deux publications, parce qu'elle ne doit être accordée que dans des cas très-rares, et pour les plus puissantes considérations ; mais que la dispense de la seconde publication pouvant être souvent nécessaire, elle serait accordée par des agens plus rapprochés de ceux qui ont besoin de l'obtenir.

M. Berlier trouve, dans la réserve même proposée par M. *Tronchet*, un exemple frappant de l'inégalité qu'une telle disposition placera parmi les citoyens.

La dispense des deux publications n'existera réellement que pour les citoyens résidant près du lieu où siége le gouvernement ; les délais ordinaires seront moindres pour les autres que le temps nécessaire pour obtenir des dispenses à Paris : tout cela ne prouve-t-il pas que le système des dispenses est vicieux en lui-même ?

M. Regnaud (de Saint-Jean-d'Angely) doute que les dispenses soient nécessaires. Depuis plusieurs années, on n'en accorde plus, et cependant personne ne réclame.

Le Premier Consul dit que la loi ne peut vouloir que les femmes soient victimes des formalités, et qu'elles perdent l'occasion de contracter un mariage convenable, parce que le temps manque pour remplir les formes. Il est assez dans les habitudes des hommes de ne terminer leurs affaires qu'au dernier moment. Ainsi, pour se régler sur ces habitudes, on doit établir que la dispense de la seconde publication sera accordée toutes les fois qu'on le jugera nécessaire ; elle réduit le délai du mariage à trois jours, ce qui suffit ordinairement. A l'égard de la dispense des deux publications, il importe de déterminer les causes qui pourront la faire obtenir.

M. Tronchet dit qu'elle n'est nécessaire que dans le cas d'un ordre subit de départ.

Le Premier Consul ajoute que, cependant, par l'effet de l'éloignement du domicile, la dispense de la seconde publication pourrait différer le mariage de plus de trois jours ; qu'ainsi il y a un motif de donner plus de facilité pour l'obtention de la dispense des deux publications.

Le Consul Cambacérès dit que la question est de savoir

s'il est utile que la loi ne donne qu'au gouvernement seul le pouvoir de dispenser des deux publications.

M. Boulay dit que la section propose de décider que le pouvoir d'accorder des dispenses n'appartient qu'au gouvernement; mais qu'il peut déléguer le pouvoir de dispenser de la seconde publication.

M. Berlier craint que la faculté d'obtenir la dispense des deux publications ne favorise les mariages clandestins.

M. Portalis dit que le gouvernement ne peut être que difficilement trompé dans la concession des dispenses, depuis que les causes d'opposition sont réduites à deux, qu'il lui est aisé de vérifier.

L'utilité des dispenses a été universellement reconnue dans tous les temps, dans tous les pays, dans tous les cultes : il faut donc en maintenir l'usage. Le gouvernement doit avoir à cet égard une certaine latitude. Ce pouvoir ne lui serait pas nécessaire si les lois pouvaient statuer matériellement sur tous les cas ; mais comme jamais la loi ne pourra se plier à toutes les circonstances, il faut bien une main qui l'assouplisse.

M. Berlier dit que la loi doit régler seule tout ce qui concerne l'état civil, sans la coopération de l'homme, autrement que pour appliquer ce qu'elle a prescrit.

M. Portalis dit que la loi, qui n'a ni yeux ni oreilles, doit pouvoir être modifiée d'après ce que l'équité exige, suivant les circonstances et suivant les inconvéniens qu'elle produit dans les cas particuliers. On a vu des pays bien gouvernés par des hommes sans l'intervention des lois; on n'en a jamais vu régis par les lois sans le concours des hommes.

Le Conseil adopte en principe,

1°. Qu'il y aura des dispenses ;

2°. Qu'elles pourront être accordées pour la seconde publication ;

3°. Qu'elles ne le seront jamais pour la première.

M. Boulay dit que, d'après cette décision, la loi peut dire

réside depuis long-temps dans l'étranger envoie publier son mariage à son domicile en France.

M. Réal dit que le dispenser de cette formalité, ce serait le dispenser aussi de prendre le consentement de sa famille lorsqu'il est mineur.

M. Portalis ajoute qu'on a l'exemple de doubles mariages contractés, l'un en France, l'autre dans l'étranger.

M. Tronchet dit que dispenser le Français résidant dans l'étranger de faire publier son mariage en France, ce ne serait point violer la disposition relative au consentement de la famille. Il faut en effet saisir l'ensemble du projet de loi. Or, on verra par la suite que le défaut de consentement de la famille n'annulle absolument le mariage que lorsqu'il y a d'autres vices.

Le Premier Consul demande s'il est permis à un Français de prendre domicile en pays étranger.

M. Tronchet pense qu'un Français établi chez l'étranger, et qui ne s'est pas réservé d'habitation en France, n'y a pas de domicile ; qu'il devient donc impossible alors de publier son mariage en France, à moins qu'on ne décide que la publication se fera au dernier domicile connu.

Le Premier Consul dit qu'il faut aller plus loin, et voir les Français qui, sans cesser de l'être, sont établis dans le Levant depuis plus de trente années.

M. Portalis dit que, d'après la raison alléguée par M. *Tronchet*, ils ne sont pas obligés de faire publier leur mariage en France.

Le Premier Consul demande pourquoi on ne laisserait pas les Français suivre, à l'égard de leur mariage, les lois du pays où ils se trouvent.

M. Réal répond qu'avec cette faculté ils pourraient se marier au degré prohibé et sans le consentement de leur père.

M. Tronchet rappelle que la formalité de la publication est fondée sur le principe qu'il vaut mieux prévenir un mariage vicieux que de l'annuller après qu'il est contracté : ainsi la publicité des mariages se lie à l'intérêt public.

Le Premier Consul dit que c'est aussi pour que l'omission des publications ne prépare pas une nullité, qu'il convient de ne les pas ordonner lorsqu'elles sont impossibles, et qu'évidemment elles ne seraient pas faites : il faut donc se borner à exiger les conditions prescrites par le chapitre Ier.

M. Tronchet dit que la formalité des publications est établie précisément pour empêcher les contraventions aux dispositions de ce chapitre.

Le Premier Consul demande pourquoi le projet ne s'explique pas sur les mariages contractés en France par des étrangers.

M. Réal répond que c'est parce qu'un article déjà adopté par le Conseil décide en général que les étrangers résidant en France sont soumis aux lois françaises.

Le Premier Consul dit que la seconde partie de l'article est inutile, puisque l'article 3 exige en général que les publications soient faites au lieu du domicile, indépendamment du lieu où l'individu a six mois de résidence.

Le Conseil adopte la première partie de l'article.

La seconde est retranchée, d'après la réflexion faite par le Premier Consul.

L'article 9 est soumis à la discussion ; il est ainsi conçu :

« Trois mois après le retour du Français sur le territoire
« de la République, l'acte de célébration du mariage con-
« tracté en pays étranger sera transcrit sur le registre public
« des mariages du lieu de son domicile. »

M. Defermon demande pourquoi l'exécution de cet article n'est pas assurée par une disposition pénale.

M. Réal répond que cette disposition pénale n'appartient pas au Code civil, et que sa place naturelle est dans les lois sur l'enregistrement, où déjà elle se trouve.

M. Tronchet voudrait que la peine de la contravention fût une amende, indépendamment du double droit.

L'article est adopté.

M. Réal présente le chapitre III, intitulé *des Oppositions aux mariages, et des Demandes en nullité.*

La discussion est ouverte sur la section Ire, intitulée *des Oppositions des mariages.*

173 L'article 1er est ainsi conçu :

« Le père, et à son défaut la mère, et à leur défaut les
« aïeuls et aïeules, peuvent former opposition au mariage de
« leurs enfans et descendans, encore que ceux-ci aient vingt-
« cinq ans accomplis. »

Le Consul Lebrun dit que la rédaction n'est pas assez claire; qu'il faudrait dire : « Le père, et à son défaut la mère;
« au défaut du père et de la mère, les aïeuls; et au défaut
« d'aïeuls, les aïeules peuvent, etc. »

L'article est adopté avec cet amendement.

174 L'article 2 est soumis à la discussion; il est ainsi conçu :

« A défaut d'aucuns ascendans, l'oncle ou la tante, le frère
« ou la sœur, le cousin ou la cousine germains, majeurs, ne
« peuvent former opposition que dans les deux cas suivans :

« 1°. Lorsque le consentement du conseil de famille, requis
« par l'article...., n'a pas été obtenu ou suppléé, conformé-
« ment à l'article....

« 2°. Lorsque l'opposition est fondée sur l'état de démence
« du parent; et cette opposition n'est reçue qu'à la charge,
« par l'opposant, de provoquer l'interdiction, et d'y faire
« statuer dans le délai qui sera fixé par le jugement. »

Le Premier Consul demande si les personnes désignées par cet article peuvent former opposition, indépendamment l'une de l'autre, ou si elles n'ont ce droit que concurremment.

M. Tronchet répond que la nature des deux causes qui autorisent des oppositions rend l'alternative indifférente.

M. Defermon demande la suppression de la disposition qui porte que l'opposant sera tenu de provoquer l'interdiction, parce que cette condition pourrait devenir un moyen de suspendre le mariage par une opposition fondée sur une fausse supposition de démence, et par les retards qu'on mettrait à provoquer l'interdiction.

M. Tronchet répond que le juge, en ce cas, userait du droit qui lui appartient, de faire comparaître d'office le prévenu de démence, de l'examiner, et de prononcer la mainlevée de l'opposition, s'il la trouve mal fondée.

M. Boulay ajoute que, d'ailleurs, l'article n'oblige pas celui sur qui l'opposition est formée d'attendre l'opposant, et qu'il lui est libre de se pourvoir.

M. Tronchet dit qu'il est libre aux tribunaux de ne pas recevoir l'opposition, et d'ordonner qu'on passera outre ; mais pour ne laisser aucune équivoque, la loi pourrait exprimer cette faculté.

L'article est adopté, avec l'amendement de M. *Tronchet.*

L'article 3 est soumis à la discussion ; il est ainsi conçu :
« La personne engagée par mariage avec l'une des parties
« est encore reçue à former opposition. »

Le Consul Cambacérès propose de refondre cet article avec les articles précédens, et de n'en faire qu'un article unique qui serait rédigé ainsi :

« L'opposition au mariage est accordée, 1° au père, etc. »

L'article est adopté avec cet amendement.

L'article 4 est soumis à la discussion ; il est ainsi conçu :
« Tout opposant sera tenu d'élire domicile dans le lieu où
« le mariage doit être célébré. »

M. Defermon observe que les opposans ignoreront le lieu où le mariage doit être célébré; qu'il serait donc préférable de leur permettre d'élire domicile dans le lieu où se trouve celui au mariage duquel ils forment opposition.

M. Boulay répond que les publications énoncent le lieu de la célébration du mariage.

M. Emmery ajoute que, pour assurer l'effet de son opposition, l'opposant ne manquera pas de la former également et au domicile du futur époux et au domicile de la future épouse.

L'amendement de M. *Defermon* est rejeté, et l'article adopté.

Les articles 5 et 6 sont adoptés ainsi qu'il suit :

Art. 5. « La demande en main-levée d'opposition sera por-
« tée devant les tribunaux ordinaires.

« Le délai pour la conciliation sera de trois jours.

« Le tribunal de première instance prononcera dans la dé-
« cade.

« Et s'il y a appel, il sera statué dans la décade de la cita-
« tion, et sans qu'il soit besoin de recourir à conciliation. »

Art. 6. « Si l'opposition est rejetée, les opposans, autres
« que les ascendans, pourront être condamnés en des dom-
« mages et intérêts. »

La section II, intitulée *des Demandes en nullité de mariage*, est soumise à la discussion.

L'article 1ᵉʳ est adopté; il est ainsi conçu :

« La nullité résultant de ce qu'un mariage aurait été con-
« tracté avant que les époux eussent atteint l'âge requis par
« la loi, peut être réclamée par les époux ou l'un d'eux.

« Ils sont non recevables à la demander, 1° s'il s'est écoulé
« six mois depuis l'âge exigé par l'article...... ;

« 2°. Si la femme a conçu avant l'époque de la réclama-
« tion. »

L'article 2 est discuté; il porte :

« La nullité résultant de ce qu'un mariage a été contracté
« par l'effet d'un rapt ou de la violence exercée envers l'un
« des époux, peut être invoquée soit par celui des époux qui
« a subi cette violence, soit par ses père et mère, aïeul ou
« aïeule.

« Néanmoins la demande n'en pourra être admise s'il y a
« des enfans vivans, ou si, quoiqu'il n'y ait pas d'enfans vi-

« vans, les époux ont cohabité pendant une année révolue,
« et s'il n'y a pas preuve de la continuation de violence. »

M. Maleville demande pourquoi le conseil de famille n'exercerait pas les droits des ascendans lorsqu'ils sont morts.

Le Premier Consul dit qu'il faut d'abord convenir du principe : admettra-t-on l'allégation de la violence, surtout à l'égard de l'homme, lorsque le mariage est consommé?

M. Tronchet dit que la preuve de la consommation du mariage serait aussi contraire aux mœurs qu'elle est impossible ; que d'ailleurs la violence va jusque là.

Le Premier Consul dit que, dans le principe, il n'y a point de contrat s'il y a violence, mais que la consommation du mariage forme le contrat par les sens ; qu'en effet la difficulté est de la constater.

L'indice le plus clair est la procréation des enfans : cependant le mari peut soutenir qu'il n'en est pas le père ; ainsi la grossesse ne donne qu'une preuve incertaine.

M. Boulay dit que la section admet aussi que la volonté et le consentement tacite peuvent effacer le vice de violence, qui, dans le principe, détruisait la validité du mariage ; que, sous ce rapport, elle a admis deux exceptions ; savoir, la cohabitation continuée et la survenance d'enfans.

Le Consul Cambacérès dit que la loi pourrait ne pas entrer dans tous ces détails, et laisser aux juges à prononcer d'après les circonstances et les faits particuliers ; qu'il suffit de n'ouvrir les réclamations qu'aux pères et aux mères, afin d'exclure les collatéraux.

M. Réal dit que la section n'a fait que rédiger en projet de loi la jurisprudence existante.

Le Consul Cambacérès dit que les tribunaux suivent d'eux-mêmes cette jurisprudence.

Le Premier Consul dit que la jurisprudence est le résultat composé d'une foule de dispositions ; qu'ainsi, si la loi devait la reproduire, il faudrait que ses articles fussent multipliés à l'infini.

M. Tronchet partage l'opinion du Consul *Cambacérès*: dans ces matières, dit-il, tout dépend des circonstances et des faits. On peut donc se borner à dire que le recours ne demeurera ouvert que tant que la continuation de la violence sera prouvée.

Le Premier Consul propose de donner encore un terme de trois mois après la cessation de la violence.

M. Tronchet adopte cet amendement.

Le Ministre de la Justice observe que ce terme de trois mois est même trop long; que la réclamation doit suivre immédiatement le moment où la violence a cessé; que toute cohabition postérieure est une véritable ratification.

Le Premier Consul fait une autre observation : il dit qu'il faut distinguer la violence dont l'effet a conduit la personne violentée devant l'officier de l'état civil, de toute autre espèce de violence. Quand la violence a eu cet effet, il y a une apparence de mariage que la cassation doit détruire; dans les autres cas de violence, il n'y a pas même de mariage.

M. Tronchet dit qu'on ne peut concevoir de violence devant l'officier public, qu'autant que l'officier public aurait été violenté lui-même; mais qu'alors, n'y ayant pas de consentement, il n'y a pas de mariage.

Le Premier Consul répond qu'il entend parler d'une violence morale et cachée, résultant de la faiblesse de l'âge et de la tyrannie des familles : elle peut être telle, qu'elle contraigne la personne violentée à donner un consentement apparent devant l'officier de l'état civil; mais comme alors il n'y a pas de consentement réel, il n'y a aussi de mariage qu'en apparence. Le mot *violence* qu'emploie la section, est trop pris dans le sens physique; il serait bon de trouver un terme plus générique.

M. Réal dit que la section n'a pas dû, dans cet article, définir la violence, ni établir comment la preuve serait faite; elle laisse à ce mot son acception morale et physique; elle suppose la preuve établie; et alors son objet est et doit être uniquement de désigner dans cet article ceux qui, en cas de violence, pourraient réclamer, et à qui la loi donnerait l'action.

La première partie de l'article est adoptée.

La seconde est supprimée.

L'article 3 est soumis à la discussion ; il est ainsi conçu : « La nullité résultant de ce que, dans un mariage, il y a « eu erreur sur la personne que l'une des deux parties avait « intention d'épouser, n'appartient qu'à celui des époux qui « a été dans l'erreur ; elle est couverte par trois mois de co-« habitation. »

M. Fourcroy pense qu'il ne faut pas trois mois pour reconnaître physiquement la supposition de personne, et que, s'il s'agit d'une erreur morale, il est difficile de fixer un terme à sa reconnaissance et à la faculté de se soustraire à ses effets.

Le Premier Consul dit que ce terme n'est pas trop long, puisque l'identité dont il s'agit n'est pas seulement l'identité physique, mais encore l'identité morale du nom, de l'état, et des autres circonstances qui ont déterminé le choix de la personne : peut-être même que l'erreur ne devrait être couverte par aucun laps de temps ; car tout contrat frauduleux est essentiellement faux.

M. Tronchet dit que la nullité venant alors du défaut de consentement, le recours doit être ouvert indéfiniment et tant que l'erreur subsiste, surtout dans le système où l'on a égard à l'erreur sur le nom, sur l'état, enfin sur l'identité morale.

Le Premier Consul dit que cependant la moralité pourrait défendre la dissolution du mariage contracté par erreur avec une aventurière, si, par une bonne conduite long-temps soutenue, elle avait fait le bonheur de son mari.

M. Tronchet répond que, si le mari est satisfait de son épouse, il ne fera pas valoir la nullité de son mariage.

Au surplus, en y réfléchissant, on conçoit que l'intérêt des enfans doit faire mettre un terme à la faculté de la réclamer.

Le Consul Cambacérès dit que cette disposition rencontrera de grandes difficultés dans la pratique. La femme prétendra qu'elle s'est fait connaître à son mari ; et le mari sera réduit à l'impuissance de prouver qu'il a été trompé.

Le Premier Consul dit (*) que le nom et les qualités civiles tiennent aux idées sociales ; mais qu'il y a quelque chose de plus réel dans les qualités morales, comme l'honnêteté, la douceur, l'amour du travail et autres semblables. Si ces qualités doivent influer beaucoup sur le choix d'une épouse, pourra-t-on dire que celui-là a été trompé, qui les trouve dans la personne qu'il s'est associée, quoiqu'il se soit mépris sur de simples accessoires ?

M. Tronchet dit qu'on ne peut pas supposer de vertu dans celle qui s'est présentée sous le nom d'une autre.

Le Premier Consul dit qu'elle peut avoir été de bonne foi ; que son tuteur peut l'avoir trompée elle-même, et qu'elle peut n'avoir connu son véritable état que long-temps après son mariage.

M. Tronchet dit que, dans ce cas, l'erreur ne tombe pas sur l'individu, mais sur ses qualités.

Le Premier Consul dit qu'il n'y a pas véritablement erreur sur la personne, quand l'individu qu'on a épousé était

---

(*) « L'erreur ne peut pas porter sur la personne physique ; elle ne peut porter que sur la qualité. Un contrat fondé sur l'erreur ou la fraude est nul et ne peut pas devenir valable. Je veux épouser ma cousine qui arrive des Indes, et l'on me fait épouser une aventurière ; j'en ai des enfans, je découvre qu'elle n'est pas ma cousine ; le mariage est-il bon ? la morale publique ne veut-elle pas qu'il soit valable ? Il y a eu échange d'âme, de transpiration. Dans le mariage, il y a autre chose que l'union de noms et de biens. Le législateur doit-il admettre qu'on s'est marié principalement pour cela, ou pour les formes physiques, les qualités morales et tout ce qui excite le sentiment et l'amitié animale ? Si ces dernières qualités sont le principal fondement du mariage, ne serait-il pas choquant de l'annuler parce que la fille qu'on aurait épousée n'aurait pas les qualités accessoires ? » (*Propres paroles du Premier Consul*, tirées des *Mémoires de Thibaudeau*, pages 429 et 430.)

physiquement présent au moment où l'on donnait son consentement : il n'y a de véritable erreur de personne que quand un individu est substitué physiquement à un individu ; et alors seulement le mariage est radicalement nul. L'erreur sur les qualités ne doit pas vicier le mariage lorsqu'elle ne procède pas du fait de l'individu sur lequel elle tombe ; ainsi l'article confond mal à propos ces diverses sortes d'erreurs.

M. Tronchet dit qu'il a été reconnu que l'erreur annulle le mariage ; qu'il ne s'agit plus maintenant que de savoir dans quel cas elle opère cet effet. Or, l'erreur dépendant de circonstances qui se diversifient tellement à l'infini que la loi ne peut toutes les embrasser, la loi ne doit poser que le principe, et ne pas aller jusqu'à déterminer les divers cas où il y a erreur.

Le Premier Consul dit que, lorsqu'il y a erreur physique, elle opère toujours, et dans tous les temps, la nullité du mariage ; que cependant, comme le mariage existe en apparence, il faut que l'autorité prononce qu'il n'existe pas réellement. Si, au contraire, l'erreur ne porte que sur les qualités, et qu'il n'y ait pas de fraude de la part de l'individu sur lequel elle porte, le temps et la survenance d'enfans doivent couvrir le vice originaire du mariage, parce que ces circonstances indiquent qu'il a été effacé par un consentement postérieur.

Il faut que la loi explique et distingue toutes ces choses ; et c'est ce que l'article ne fait pas. On n'entend pas ce qu'il appelle *erreur de personne*.

M. Boulay dit que l'article n'est destiné qu'à poser le principe.

M. Thibaudeau dit que, si l'on raisonnait d'un individu dans l'état de nature, dans l'ordre purement physique, on pourrait prétendre qu'il n'y a point erreur de personne quand on épouse la femme dont les charmes et les qualités physiques et morales ont déterminé le mariage, en un mot, identiquement celle que l'on a voulu épouser. Mais il en est autrement dans l'ordre social ; car cette femme, comme tous les individus, a des qualités essentielles qui constituent son existence, qui la *personnalisent*, pour ainsi dire ; et si, croyant épouser l'individu qui a ces qualités, on en a épousé une qui ne les avait pas, il y a véritablement erreur de personne. Du moins cela a toujours été ainsi entendu en droit ; et c'est dans ce sens que le mot *personne* a constamment été pris.

M. Tronchet dit que les tribunaux ont demandé qu'on évitât le mot *personne*, et qu'on se servît du mot *individu*.

Le Premier Consul voudrait que le mariage fût déclaré nul toutes les fois, 1° qu'il y aurait erreur sur l'identité de l'individu ; 2° qu'il y aurait erreur sur la famille, et que l'individu en serait complice ; que, dans tous ces cas, le mariage fût valable s'il était consommé et qu'il en fût né des enfans.

L'article est renvoyé à un nouvel examen de la section.

L'article 4 est adopté ; il est ainsi conçu :

« La nullité résultant de ce qu'un mariage a été contracté
« par un interdit pour démence ou fureur, ou par un sourd-
« muet, peut être réclamée par les père et mère, aïeul ou
« aïeule, ou curateur de l'interdit ou du sourd-muet. »

L'article 5 porte :

« La nullité résultant de ce qu'un mariage aurait été con-
« tracté avant la dissolution légale d'un premier mariage
« d'un des époux, peut être réclamée par l'époux qui était
« libre, par ses père et mère, ou aïeul et aïeule, et par le
« ministère public. »

M. Bigot-Préameneu dit qu'on a trop resserré le droit de réclamer la nullité du second mariage : il doit appartenir non seulement à celui des époux qui se trouvait lié par le premier mariage, mais encore aux enfans qui en sont issus, et même au bigame ; car il faut qu'il puisse réparer le délit qu'il a commis.

M. Emmery dit qu'il serait inconvenant qu'une femme, que des enfans eussent une action criminelle contre leur mari ou leur père; qu'il ne le serait pas moins que le bigame pût venir arguer de sa propre turpitude; et que, pour éviter ces inconvéniens, la section avait cru devoir autoriser le ministère public à intervenir, parce que toutes ces personnes, à qui la pudeur semble interdire la faculté d'actionner pourraient exciter la partie publique.

Le Ministre de la Justice demande la suppression de l'article, parce qu'il donne à une nullité absolue le caractère d'une nullité simplement relative.

La bigamie est un crime; on ne peut donc attribuer aucun effet au mariage contracté au préjudice d'un premier mariage légal subsistant. Ouvrir alors une action à telle ou telle personne, c'est supposer que ce second mariage a besoin d'être attaqué pour être nul : il l'est de plein droit.

M. Portalis dit que l'action civile contre le second mariage doit être ouverte à tous ceux qui ont intérêt de l'attaquer. En effet, si le premier mariage était vicieux, le second serait régulier; et le second n'est vicieux que lorsque le premier ne l'est pas : ainsi le débat peut s'ouvrir sur cette double question, qui, sous ce rapport, est purement civile.

Le délit de celui qui est devenu bigame, du moins par l'intention, présente une question différente, laquelle seule appartient au droit criminel. Ces motifs justifient l'opinion de M. *Bigot-Préameneu*.

Le Ministre de la Justice partage cet avis; mais il attaque la rédaction, parce qu'elle ne présente pas ce sens, et qu'elle est trop générale. Il propose de dire, « avant la dissolution « légale d'un premier mariage *déjà attaqué*. »

M. Portalis observe qu'un mariage peut être nul sans être attaqué, et que conséquemment si on contracte un second mariage, ce second mariage n'est annulé qu'autant qu'à l'époque où l'on réclame contre le second mariage, on n'est point autorisé à faire prononcer la nullité du premier.

L'article est adopté avec l'amendement de M. *Bigot-Préameneu*.

L'article 6 est adopté ; il est ainsi conçu :

« La nullité résultant de ce qu'un mariage aurait été con-
« tracté entre parens ou alliés aux degrés prohibés, peut
« être réclamée par les époux ou l'un d'eux, par leurs père
« et mère, ou aïeul et aïeule, par leurs frères et sœurs, et
« même par le ministère public, dans le cas où il n'échoit
« pas d'accorder des dispenses. »

(Procès-verbal de la séance du 5 vendémiaire an X. — 27 septembre 1801.)

On continue la discussion de la section II du chapitre III, intitulée : *des Demandes en nullité de mariage.*

L'article 7 est soumis à la discussion ; il est ainsi conçu :

« La nullité résultant de ce qu'un mariage aurait été con-
« tracté par une personne frappée de condamnation empor-
« tant mort civile, peut être réclamée par l'autre époux. »

M. Maleville dit que la nullité du mariage dont parle l'article étant absolue, le droit de la réclamer doit être étendu aux pères et aux aïeuls de l'autre époux, et en un mot, à tous ceux qui ont intérêt à la faire valoir.

M. Réal dit que cette nullité n'est établie que pour l'intérêt de l'époux qui a été induit en erreur. L'action en nullité ne peut en effet être refusée à celui des contractans qui, croyant s'unir à un individu jouissant de ses droits et non flétri, aurait été trompé ; mais il semble que la justice et la morale ne peuvent accorder à d'autres cette action. Si la femme, par exemple, apprend trop tard que l'époux qu'elle a accepté est un condamné mort civilement; et si cependant sa conscience, si ce qu'elle croira son honneur, celui de ses enfans, si une généreuse compassion, si un sentiment plus tendre et que la survenance d'enfans aura exalté, commandent à cette femme de rester attachée à cet époux malheureux, donnera-t-on à des collatéraux, même à des ascendans, le droit de briser des nœuds que tant d'intérêts semblent serrer? Pourrait-on surtout donner ce droit au mari? et ne regarderait-on pas comme un infâme sacrilége l'homme dépravé qui, dans ce cas, oserait ainsi se faire un droit de sa honte et de sa flétrissure?

M. Tronchet dit qu'un homme mort civilement ne pouvant communiquer les droits de famille, ni par conséquent donner à ses enfans le droit de succéder à des collatéraux, il est inconséquent de supposer que son mariage aura des effets vis-à-vis de tiers.

M. Regnaud (de Saint-Jean-d'Angely) dit que ce serait contredire les principes adoptés sur la mort civile, laquelle retranche tellement un homme de la société, que la loi ne reconnaît pas ses enfans.

M. Réal observe que l'état des enfans pourrait cependant être assuré par la bonne foi de l'autre époux.

M. Tronchet dit que les effets de cette bonne foi sont une exception à la règle générale; qu'au surplus, ils sont bornés à celui des deux époux qui a été trompé, et à ses enfans.

Au surplus, la nullité du mariage étant absolue, elle peut être invoquée par tous.

Le Consul Cambacérès dit que cette discussion amène une observation générale.

Ne serait-il pas avantageux de ne pas déterminer d'une manière absolue, par qui et dans quel délai l'action peut être exercée, et de laisser tous ces points à l'arbitrage du juge?

M. Tronchet dit que le principe général est qu'il y a des nullités absolues et des nullités relatives. Autrefois, quand il s'agissait de les distinguer, les questions que cette distinction faisait naître étaient décidées d'après la jurisprudence : aujourd'hui, les nullités n'étant pas les mêmes, et les anciennes ayant disparu, la jurisprudence ne peut pas être appliquée à ces sortes de questions. Or, l'objet de ce titre est de classer les nullités et de les distinguer. Au reste, les nullités absolues peuvent être proposées par tous ; les nullités relatives, seulement par les personnes intéressées.

Le Premier Consul dit que l'article paraît supposer un mariage quelconque de la part du mort civilement ; qu'il serait donc possible que ce mariage subsistât, s'il n'était pas attaqué ; qu'ainsi, il vaut mieux ne pas parler de ces sortes de mariages.

M. Tronchet dit qu'on n'en parle que pour régler la manière dont ils peuvent être attaqués, et que l'objet de l'article est de décider à quelles personnes il appartient ou il n'appartient pas d'en demander la nullité ; qu'au reste, le mariage des morts civilement étant privé de tout effet civil, n'engage pas ceux entre lesquels il est formé.

Mais un point sur lequel il importe de se fixer avant tout, c'est l'ordre qu'on donnera à cette section. On peut classer ses dispositions ou suivant les diverses espèces de nullités, ou suivant les personnes qui ont le droit de les proposer. Ce dernier ordre est celui que les rédacteurs du projet de Code civil avaient suivi : si on l'adoptait, on dirait d'abord quelles nullités peuvent être réclamées par les époux ; quelles peuvent l'être par les père, mère, aïeul et aïeule ; quelles peuvent l'être par les collatéraux. Ceux-ci n'ont la faculté d'attaquer un mariage frappé de nullité absolue, que lorsqu'ils ont intérêt à le faire casser ; parce qu'après tout, ce mariage subsiste dans le fait, et qu'ils n'ont pas qualité pour le discuter. L'intérêt dont il s'agit ne pourrait être que pécuniaire, à la différence des ascendans, qui ont un intérêt d'une autre nature.

M. Portalis dit qu'il aimerait mieux classer les dispositions du projet par espèces de nullités, parce que l'autre classement serait plus embarrassé. Le changement survenu dans la législation ne s'opposerait point au classement qu'il propose : à la vérité, les nullités ne sont plus les mêmes ; mais les anciennes sont remplacées par des nullités nouvelles qui sont de la même nature. La nullité relative, résultant de la non-présence du propre curé, est remplacée par celle qui résulterait de l'absence de l'officier de l'état civil. Les empêchemens dirimans forment encore des nullités absolues.

On commencerait par décider que les nullités absolues peuvent être réclamées par tous ceux qui ont intérêt de les faire valoir; les nullités relatives, par ceux en faveur de qui elles sont établies.

On définirait ensuite chaque nullité.

M. Tronchet trouve cet ordre infiniment simple; il observe que seulement on devra ne pas omettre d'exprimer que le ministère public peut aussi faire valoir les nullités absolues.

M. Portalis dit que les nullités absolues sont quelquefois couvertes par des considérations qui arrêtent l'action du ministère public. En général, il y a deux sortes de nullités absolues : rien ne saurait couvrir le scandale des unes; telle est la nullité qui résulte de l'inceste : il y aurait, au contraire, plus de scandale à faire valoir les autres qu'à les dissimuler, et à troubler la paix des ménages pour de simples omissions de formes.

M. Tronchet dit que la loi ne sera cependant pas aussi simple qu'on paraît le croire. Il faudra entrer dans une infinité de détails pour distinguer les diverses espèces de nullités : car toutes les nullités absolues ne produisent pas le même effet; il en est qui peuvent se couvrir, comme est celle résultant du défaut d'âge.

M. Portalis dit qu'il y a des nullités continues et d'autres qui ne le sont pas. Les collatéraux peuvent faire valoir les premières; mais s'ils ne le font pas, si la paix est établie dans la famille, si la nullité ne résulte que de l'inobservation de quelques formes, permettra-t-on au ministère public de venir troubler cette heureuse harmonie ? C'est encore là une de ces nuances qu'il faudra saisir pour régler l'étendue de son action.

M. Réal dit que la conséquence nécessaire des idées qui

viennent d'être développées serait peut-être qu'il faudrait changer l'ordre de la discussion.

Jusqu'à ce moment, on a supposé les nullités assez bien définies par les auteurs, pour se dispenser d'introduire dans le Code d'inutiles définitions; et la section, d'accord sur ce point avec les auteurs du projet, s'est bornée à dire à quelles personnes l'action serait accordée pour faire valoir ces nullités, dont elle suppose toujours la définition.

La discussion actuelle commande un autre ordre de travail, puisqu'elle semble annoncer que ces définitions sont nécessaires. C'est un point qu'il faut alors décider avant tout. Si ce travail est possible, il sera d'une grande utilité; mais peut-être que la question même de savoir si l'exécution de cette conception est possible devrait être soumise à une discussion préalable, et renvoyée à la section.

Sur la distinction établie entre les nullités relatives et les nullités absolues, M. *Réal* observe que *d'Aguesseau*, qui l'adopte avec tous les auteurs, ne paraît pas adopter également la dénomination de *nullités relatives :* elles n'ont été, dit-il, ainsi appelées que dans le style barbare des auteurs scolastiques.

M. Portalis dit que tout ce qui est conforme à la nature des choses et à l'ordre public ne saurait être barbare. Ces expressions, *nullités absolues*, *nullités relatives*, sont des termes techniques et simples, qui rendent des idées composées, et qui, sous ce rapport, doivent être conservés dans le langage des lois. M. *d'Aguesseau* distingue, dans tous ses plaidoyers, les nullités absolues des nullités relatives; et il tenait à cette distinction, parce qu'il tenait à la paix des familles : il voulait que l'offense faite à la majesté des mœurs en la personne du père ne produisît qu'une nullité relative, afin que le père pût remettre l'offense; mais il réclamait avec force contre la faculté malheureuse qu'aurait le ministère public d'élever la voix lorsque l'offensé pardonne.

Le Premier Consul dit que le projet explique par qui la

nullité pourra être demandée, mais qu'il n'explique pas en quels cas le mariage est nul de plein droit.

M. Tronchet dit que jamais le mariage n'est nul de plein droit : il y a toujours un titre et une apparence qu'il faut détruire. Mais en quel cas la nullité peut-elle être demandée? par qui peut-elle l'être? voilà les questions que présente cette matière.

Quant à la difficulté du classement proposé, elle disparaîtra, si, après avoir distingué les nullités absolues d'avec les nullités relatives, on énumère les exceptions qui couvrent les unes et les autres.

Le Consul Cambacérès demande s'il n'est point de nullité qui soit absolue ou relative suivant les circonstances.

M. Tronchet répond qu'une nullité relative ne peut jamais devenir absolue, parce qu'elle n'a de force que par la réclamation de ceux en faveur desquels elle est établie.

Le Premier Consul dit qu'il serait trop dur de donner à ces sortes de nullités une durée indéfinie; qu'il faudrait les circonscrire dans un délai déterminé. Par exemple, doit-on écouter la réclamation d'un père qui n'a pas donné de consentement au mariage de son fils mineur; qui cependant l'a connu, et a gardé un long silence?

M. Tronchet répond que le silence du père sera une exception que fera valoir le fils, parce qu'il équivaut à une ratification tacite du mariage. Dans tous les temps, la moindre approbation de la part du père a établi une fin de non-recevoir contre lui. La loi pourrait donc le déclarer non recevable, dans tous les cas où il aurait consenti directement ou indirectement au mariage contracté sans son autorité.

Le Consul Cambacérès dit qu'on doit trouver dans la loi un moyen de faire prévaloir l'équité sur la sévérité des principes.

M. Maleville dit que, suivant le projet, la nullité résultant du défaut de consentement du père ou de la famille est couverte par la majorité des époux; mais cette fin de non-recevoir pourra-t-elle être invoquée par ceux qui ne sont mariés que quelques jours avant leur majorité? Il sera communément impossible que dans un si court intervalle, les ascendans ou la famille aient le temps de réclamer contre le mariage; bien souvent, ils n'en seront pas même instruits: et cependant, pour de très-importantes raisons, la loi a voulu que des mineurs ne pussent se marier sans le consentement de leurs ascendans ou de leur famille; et tout mariage contracté sans ce consentement jusqu'au dernier jour de la minorité est absolument nul. Il serait donc inconséquent d'établir la règle que le projet présente. Le tribunal de cassation propose que la fin de non-recevoir ne soit admise que deux ans après la majorité. Ce délai serait trop long, sans doute; mais il en faut un quelconque.

Le Premier Consul dit qu'indistinctement, et dans tous les cas, le père et la famille doivent perdre le droit de réclamer contre le mariage fait sans leur aveu, lorsqu'ils n'ont pas proposé leur réclamation un mois après qu'ils ont eu connaissance du mariage; car ils ne devaient pas rester neutres.

M. Tronchet dit que ce délai serait trop court; il affaiblirait la puissance paternelle, dont l'intérêt se lie avec celui des mœurs. Il est une foule de moyens et de ruses pour soustraire à la connaissance du père et de la famille le mariage du mineur: l'argent surtout peut beaucoup dans cette occasion; car, avec ce secours, on parvient à faire dresser un procès-verbal d'affiches, quoiqu'il n'y ait pas eu d'affiches. Il faudrait assigner à la réclamation du père le terme d'un an, à compter du jour où il a eu connaissance du mariage.

Le Consul Cambacérès propose de déclarer nul le mariage d'un mineur lorsqu'il a été contracté sans le consentement de ceux dont l'autorisation était nécessaire; à moins qu'il ne résulte des circonstances, que le père ou ceux qui étaient fondés à l'attaquer, en ont eu connaissance, et qu'ils n'ont pas réclamé, ou ont pardonné l'injure.

M. Tronchet dit qu'une telle disposition serait préférable

à celle qui fixerait un délai pour la réclamation. Ce délai, quel qu'il soit, peut être trop court dans certaines circonstances. Il vaut donc mieux que les circonstances soient pesées par le juge, et qu'il se décide d'après les preuves qui en résultent.

M. Réal dit que l'action du père serait inutilement prolongée au-delà de la majorité du fils, parce qu'alors le consentement du père ne lui étant plus nécessaire, le fils rétablirait son mariage en le contractant de nouveau. On ne doit pas perdre de vue que la même loi qui se montre très-facile lorsqu'il ne s'agit que de retarder ou même d'empêcher un mariage que la raison désapprouve, se montre très-réservée, très-sévère, lorsqu'il s'agit de rompre des nœuds formés. Elle balance alors les inconvéniens ; et tels moyens qui auraient paru assez forts pour empêcher une union de se former, sont impuissans pour la dissoudre. La loi se refuse surtout à un mal, à un scandale inutiles ; et, dans l'espèce, ce serait bien inutilement que la loi ferait mal et scandale, puisque, si les époux sont de bonne intelligence, ils pourront renouer le lendemain les liens qui auront été brisés la veille ; et la puissance paternelle aura reçu une double injure. Si les époux ne sont plus en bonne intelligence, si le mari est devenu inconstant, on lui offre, et à lui seul, à sa famille seule, une ressource équivalente au divorce par incompatibilité, qui sera justement proscrit. C'est à lui *seul*, à sa famille *seule ;* car cette espèce de divorce, qui laisse la mère et les enfans dans la misère et l'opprobre, ne sera jamais demandé par la femme ni par ses parens.

Le Consul Cambacérès dit que M. *Réal* ne résout point la difficulté, puisqu'il demeure toujours constant qu'un père n'a pas le temps de réclamer contre un mariage contracté trois jours avant la majorité du fils, si cette majorité est le terme de la faculté de réclamer.

M. Réal dit que le cas d'un tel mariage sera très-rare, puisque, pour le valider, il suffirait au mineur de le différer de trois jours; mais qu'il est dangereux et contraire aux mœurs de permettre la cassation d'un mariage qui serait ensuite contracté de nouveau.

Le Premier Consul dit qu'en principe le consentement du père, et le droit de réclamer contre le mariage de son fils mineur, lorsqu'il n'y a pas consenti, sont une précaution établie, non pour l'intérêt du père, mais pour l'intérêt du fils; qu'elle est inutile au fils devenu majeur, puisqu'alors la loi suppose qu'il est en état d'agir par lui-même, et de connaître ce qui lui est avantageux : le droit de réclamer contre son mariage ne doit donc appartenir qu'à lui seul.

M. Réal dit qu'il ne peut revenir contre le consentement qu'il a donné étant mineur; car la loi qui admet son consentement le répute majeur, et suppose qu'il savait par lui-même ce qui lui était avantageux.

Le Premier Consul répond qu'il n'a pu consentir, puisqu'il était incapable de contracter.

M. Tronchet dit que ceci rentre dans la question de savoir si un époux peut réclamer lui-même contre son mariage.

Ici, la difficulté se résout par un principe fort simple; c'est que celui qui ne peut disposer de ses biens peut encore moins disposer de sa personne.

M. Boulay rappelle la discussion à l'objet sur lequel elle est établie; il persiste à croire que le classement proposé par MM. *Portalis* et *Tronchet* sera très-difficile.

Le Premier Consul dit qu'en général le projet de Code civil ne laisse pas assez de latitude aux tribunaux, et qu'il n'est pas assez dogmatique. Si la loi n'indique pas le but qu'elle veut atteindre, et n'explique pas ses intentions, on décidera souvent contre son vœu par l'analyse de ses dispositions.

M. Boulay dit que le procès-verbal levera les doutes, et expliquera l'intention de la loi.

Les articles discutés, et ceux qui ne l'ont pas été, sont renvoyés à la section de législation pour en présenter une rédaction nouvelle, d'après le plan tracé par MM. *Portalis* et *Tronchet.*

Les articles non discutés sont ainsi conçus :

Art. 8. « Les père et mère, aïeul et aïeule, dans le cas où 182
« leur consentement au mariage est requis par la loi, peu-
« vent demander la nullité du mariage qui a été célébré sans
« ce consentement. »

Art. 9. « Le conseil de famille, dans le cas où son consen- Ib.
« tement au mariage est requis par la loi, peut demander la
« nullité du mariage qui a été célébré sans que le consente-
« ment du conseil ait été donné ou suppléé par la loi. »

Art. 10. « La demande en nullité, résultant du défaut de 183
« consentement des père, mère, aïeul, aïeule, ou du conseil
« de famille, ne peut plus être formée par les père, mère,
« aïeul, aïeule, ou le conseil de famille de celui des époux
« qui aura cessé, par sa majorité, d'être sous la puissance
« des ascendans ou du conseil. »

Art. 11. « Les héritiers ne sont pas recevables à attaquer 187
« de nullité le mariage pendant la vie du conjoint dont ils
« sont parens ; et ils ne le peuvent, au décès de ce conjoint,
« qu'autant qu'ils y ont un intérêt civil et personnel, et dans
« les seuls cas où le mariage a été contracté en contraven-
« tion de l'article 2, des deux premiers paragraphes de l'ar-
« ticle 3, des articles 5, 14 et 15 du chapitre Ier. »

Art. 12. « Tout mariage prétendu contracté en France 191
« entre Français, ou entre Français et étranger, lequel n'a
« point été célébré, conformément à l'article 6 du chapitre II,
« devant l'officier public, est radicalement nul, et ne pro-
« duit aucun effet civil ni aucun lien civil entre les deux
« époux. »

Art. 13. « L'action résultant de ce qu'un officier public,
« devant lequel un mariage aurait été réellement célébré,
« n'en aurait rédigé l'acte que sur une feuille volante, peut
« être intentée tant par les époux eux-mêmes, que par le
« commissaire du gouvernement. »

Art. 14. « Elle est dirigée, par le commissaire du gouver-
« nement, tant contre l'officier public que contre les époux
« eux-mêmes, si le délit a été commis de concert avec eux,
« ou contre celui des deux époux qui aurait seul concouru à
« la fraude; et, dans ce dernier cas, l'action peut être inten-
« tée contre cet époux par l'autre. »

Art. 15. « Dans le cas où la preuve de la célébration du
« mariage se trouve acquise par l'évènement d'une procédure
« criminelle, l'inscription du jugement sur les registres de
« l'état civil assure au mariage, à compter de sa célébration,
« tous les effets civils, tant à l'égard des époux qu'à l'égard
« des enfans. »

Art. 16. « Le mariage auquel on ne peut opposer que l'o-
« mission des formalités prescrites par les articles 1, 2, 3,
« 4 et 5 du chapitre II, ou de quelqu'une de ces formalités,
« si d'ailleurs il ne contient aucune contravention aux dispo-
« sitions contenues dans le chapitre Ier du présent titre, doit
« être réhabilité, soit à la réquisition des époux, soit à la
« diligence du commissaire près le tribunal de première ins-
« tance.

« Le défaut de réhabilitation n'autorise pas néanmoins les
« époux ni les tiers à en demander la nullité ; mais si la réha-
« bilitation n'en est provoquée que par le ministère public,
« les parties contractantes, ou leur tuteur, si elles étaient
« mineures, sont condamnées à une amende proportionnée
« à leurs facultés, laquelle ne peut être moindre de cent
« francs, et ne peut excéder mille francs. »

Art. 17. « La réhabilitation, qui a lieu dans les cas de l'ar-
« ticle précédent, valide le mariage, du jour de sa première
« célébration, tant à l'égard des époux que des enfans issus
« de ce mariage. »

Art. 18. « Tout mariage qui a été déclaré nul produit
« néanmoins les effets civils, tant à l'égard des époux qu'à
« l'égard des enfans, lorsqu'il a été contracté de bonne foi
« par les deux époux.

« Si la bonne foi n'existe que de la part de l'un des deux « époux, le mariage ne produit les effets civils qu'en faveur « de cet époux et des enfans. »

M. Réal présente le chapitre IV, intitulé, *des Obligations qui naissent du mariage, et de ses Effets civils.*

L'article 1er est ainsi conçu :

« Les époux contractent ensemble, par le fait seul du ma- « riage, l'obligation de nourrir, entretenir et élever leurs « enfans.

« L'enfant n'a point d'action contre ses père et mère pour « un établissement par mariage ou autrement. »

M. Maleville rappelle qu'en pays de droit écrit, la fille avait action contre son père pour en obtenir une dot. Cette action était autorisée par le chapitre 35 de la loi *Julia*.

Le tribunal d'appel de Montpellier et plusieurs autres demandent qu'elle soit conservée. Eh! que deviendraient en effet les filles, si, par caprice ou par un sordide intérêt, un père s'opposait constamment à leur mariage ? Elles ne pourraient s'en venger qu'au préjudice des mœurs et à la honte des familles. On sait bien que ces cas doivent être rares ; mais il suffit qu'ils existent pour que la loi doive y pourvoir. A Athènes, la loi dispensait les enfans de fournir des alimens à leurs pères, lorsque ceux-ci ne leur avaient pas donné le moyen de fournir à leurs propres besoins ; mais le mariage est aussi un besoin des filles. Cependant cet article, loin de laisser subsister tacitement l'usage des pays de droit écrit, établit une disposition toute contraire.

M. Boulay dit que l'action dont on parle était juste dans le droit romain. Là, le père était maître absolu de la personne et des biens de ses enfans ; tout étant contre eux, il fallait bien que ce droit rigoureux fût modifié par quelque tempérament.

M. Réal dit que l'expérience des pays coutumiers a prouvé que cette action n'était pas nécessaire.

Au reste, c'est précisément parce qu'il y a une jurisprudence, que la loi ne doit pas rester muette, mais qu'elle doit s'expliquer.

Le Consul Cambacérès dit que le respect pour la qualité de père doit céder cependant à la vérité des choses. On ne peut mettre toujours l'équité du côté des pères et l'injustice du côté des enfans; il existe des pères sordides et injustes. Rien ne serait donc plus bizarre que de donner au père la jouissance des biens de son fils mineur, et de ne pas donner aux filles, à un certain âge, le droit de demander une dot. Au surplus, la disposition peut être conçue de manière à ne pas devenir nuisible.

M. Tronchet dit que les rédacteurs du projet de Code civil ont trouvé en France deux systèmes établis. Dans les pays de droit écrit, la fille avait une action contre son père pour demander une dot : cette jurisprudence était une modification à l'extrême étendue que le droit écrit donne à la puissance paternelle; et voilà pourquoi la fille n'avait pas la même action contre sa mère. Dans les pays coutumiers, au contraire, on tenait pour maxime que *ne dote qui ne veut.*

Il fallait choisir entre ces deux systèmes.

Les rédacteurs se sont déterminés par le principe que la loi doit, autant qu'il est possible, ne pas déranger les habitudes des hommes; en conséquence, ils ont préféré la règle du droit coutumier, lequel régit la majorité de la France. La preuve qu'ils ne se sont pas trompés à cet égard, c'est que peu de tribunaux ont réclamé contre la disposition. Que l'on compte ces tribunaux, qui sont tous des pays de droit écrit, et l'on sera convaincu que les rédacteurs se sont conformés aux habitudes de la majorité des Français.

Une autre considération encore a déterminé les rédacteurs : ils ont réfléchi que la dureté des pères envers leurs enfans est un cas rare, et, en quelque sorte, une exception à l'ordre naturel des choses; en conséquence, ils ont cru devoir s'arrêter davantage aux inconvéniens plus fréquens que produirait la jurisprudence des pays de droit écrit, qu'aux inconvéniens rares que peut avoir l'usage des pays coutumiers. Il faut bien se garder d'armer les enfans contre leur père : l'action qu'on propose de leur donner deviendrait un moyen de le gêner, de l'embarrasser, de rompre ses spéculations. Quelquefois il ne voudra pas consentir à un mariage indiscret; et l'on forcera son consentement, en le plaçant dans l'alternative ou de le donner, ou d'exposer aux regards du public le bilan de ses affaires. Au reste, pour corriger les abus rares du refus des pères, on pourrait autoriser la famille à réclamer la dot au nom de la fille.

M. MALEVILLE soutient que la plus grande partie de la France vit sous l'empire du droit romain. Il régissait déjà la moitié de l'ancien territoire ; il régit également presque tous les départemens réunis, la Savoie, le comté de Nice, la Belgique, sauf quelques statuts particuliers, et les quatre départemens nouveaux.

Au fond, les mariages sont favorables et préviennent la corruption des mœurs ; aussi *Domat* dit-il : « La fille qui se « marie doit être dotée par son père, s'il est vivant; car le « devoir du père de pourvoir à la conduite de ses enfans « renferme celui de doter sa fille. » L'obligation de doter n'était pas aussi directement imposée à la mère ; elle y était cependant tenue subsidiairement, et lorsque le père était pauvre; ce qui prouve que c'était la faveur des mariages, et non l'objet d'affaiblir l'autorité paternelle, qui avait été le motif de la loi. Que du moins on ne détruise pas formellement la jurisprudence des pays de droit écrit.

M. RÉAL répond que le Code civil ne peut laisser subsister cette opposition des lois ; et même, s'il ne détruisait formellement l'usage du pays de droit écrit, il serait possible qu'on tirât de son silence la conséquence que cet usage peut être adopté dans les pays coutumiers.

LE PREMIER CONSUL dit qu'il est avoué que le Code civil ne peut pas se taire sur la question ; mais il voudrait qu'on discutât les motifs de la loi *Julia*. Il est difficile de concevoir que la puissance paternelle, qui n'est instituée que pour l'intérêt des enfans, pût tourner contre eux. D'ailleurs, c'est un principe constant que le père doit des alimens à tous ses enfans. Cette obligation va jusqu'à marier sa fille ; car elle ne peut former d'établissement que par le mariage, tandis que les garçons s'établissent de beaucoup d'autres manières. C'est, sans doute, cette différence qui a porté la loi *Julia* à accorder aux filles une action qu'elle refuse aux garçons.

M. Maleville dit que l'objet de la loi *Julia* est de favoriser les mariages.

M. Tronchet soutient qu'elle avait pour but de tempérer la dureté de la puissance paternelle telle qu'elle existait chez les Romains. Il en donne pour preuve que cette loi n'accordait point d'action contre la mère pour l'obliger à fournir une dot.

Le Premier Consul adopte le terme moyen proposé par M. *Tronchet*, et qui consiste à faire présenter la réclamation par la famille.

M. Maleville rappelle que la novelle 115 autorise les père et mère à déshériter leur fille, si elle a refusé de se marier, et qu'elle vive dans le libertinage ; mais cette novelle ajoute : *Si verò usque ad viginti quinque annorum ætatem pervenerit filia, et parentes distulerint eam marito copulare, et forsitan ex hoc contigerit in suum corpus eam peccare, aut sine consensu parentum marito se, libero tamen, conjungere, hoc ad ingratitudinem filiæ noluimus imputari; quia non suâ culpâ, sed parentum, id commisisse cognoscitur.*

M. Tronchet propose les amendemens suivans :

1°. Qu'un conseil de famille décide s'il y a lieu à l'action;

2°. Qu'il la dirige : il est inconvenant d'autoriser une fille à actionner directement son père.

Le Consul Cambacérès dit qu'on ne peut se dispenser de décider la question, afin de rendre la législation uniforme ; mais la disposition pourrait être moins absolue que dans le projet. Après avoir dit que le père doit nourrir, entretenir et

élever ses enfans, il suffirait d'ajouter : « Ses obligations peu-
« vent s'étendre jusqu'à leur procurer un établissement si ses
« facultés le permettent, si le conseil de famille le juge né-
« cessaire et possible, etc. »

M. TRONCHET ajoute un nouvel amendement à ceux qu'il a présentés. Il propose de n'ouvrir l'action que lorsque la fille aura atteint l'âge de vingt-cinq ans.

Les considérations qui portent le père à différer jusque là ne doivent être ni dévoilées ni jugées.

M. CRETET demande s'il y a beaucoup d'exemples qu'on ait fait usage de l'action dans les pays de droit écrit, et surtout qu'elle ait eu une issue heureuse. En effet, cette action ouvre une guerre entre le père et la fille : le père peut donc dissimuler et déguiser sa fortune. L'expérience prouve-t-elle qu'on soit parvenu à surmonter ces difficultés, et à obliger le père à fournir réellement une dot?

LE CONSUL CAMBACÉRÈS dit que rarement on a fait usage de l'action ; mais quand elle a été intentée, et qu'on a reconnu des facultés au père, on a fixé la dot à la moitié de celle qu'il eût donnée volontairement.

M. LACUÉE dit qu'avec les amendemens proposés, la loi ne peut avoir aucun inconvénient : peu de filles seront réduites à actionner leur père ; car la crainte seule d'un procès toujours fâcheux déterminera à l'avenir comme il détermine à présent les pères à les marier.

M. PORTALIS examine comment la loi qui ouvre l'action a été établie. Cette action fut inconnue tant que Rome conserva ses mœurs républicaines. Les empereurs entreprirent de les changer ; et, dans cette vue, ils tentèrent d'affaiblir la puissance paternelle, qui était étroitement liée aux anciennes mœurs des Romains : la loi n'a pas eu d'autres motifs. Les filles en ont rarement usé ; mais quand l'action était présentée, le père ne pouvait se dispenser de fournir son bilan, afin qu'on déterminât *dotem congruam*; alors aussi on discutait tout à la fois et ses facultés, et les avantages du mariage que la fille voulait contracter : tout était remis à l'arbitraire du juge.

En France, la législation s'est partagée : celle des pays de droit écrit a admis l'action en dot; celle des pays coutumiers l'a rejetée. Qu'arrivera-t-il, si, forcé d'uniformiser la législation, on étend aux pays coutumiers la jurisprudence des pays de droit écrit? Il y aura une commotion qui ne sera pas en faveur des pères, surtout dans le relâchement actuel des mœurs. Les rédacteurs du projet ne pouvant se taire sur la question, se sont déterminés par les considérations suivantes.

Ils ont examiné s'il y aurait plus de pères qui abuseraient de la liberté de ne pas doter, qu'il n'y aurait d'enfans qui abuseraient du droit d'exiger une dot. En général, on n'abuse pas d'un droit qui est établi depuis long-temps ; une longue habitude en a réglé l'usage et séparé les inconvéniens. Mais on doit craindre l'abus d'un droit nouveau, principalement lorsqu'on l'établit chez une nation dont les habitudes sont formées. Au reste, les pères barbares ne sont pas la masse des pères; il est plus ordinaire qu'ils aiment leurs enfans, qu'il ne l'est qu'ils en soient aimés. Cette différence vient de ce qu'une sorte d'esprit de propriété ajoute encore à l'amour que la nature a placé dans le cœur des pères.

M. MALEVILLE observe que la loi *Julia* exprime le motif sur lequel elle est fondée : c'est l'intérêt de favoriser les mariages. *Montesquieu*, qui en a parlé fort au long, ne lui en donne pas d'autres, et on peut s'en rapporter à sa perspicacité.

M. PORTALIS dit qu'à la vérité la loi *Julia* ne paraît faite que pour diminuer les célibataires et favoriser les mariages ; mais ce motif n'est qu'apparent; son motif réel était d'affaiblir la puissance paternelle. Peu importe au surplus l'origine de cette loi ; tout se réduit à ceci : il faut choisir entre deux usages opposés. Si celui du droit écrit existait partout, on n'aurait pas à en craindre l'abus; mais il est dangereux de l'introduire, lorsque la puissance paternelle et la sévérité des mœurs sont affaiblies.

M. Boulay observe que si la crainte de la barbarie des pères pouvait être un motif de décider, elle conduirait jusqu'à renverser tout le système de la puissance paternelle. Le Code civil va enlever aux pères l'avantage qu'ils avaient, dans le pays de droit écrit, de jouir des biens de leurs enfans jusqu'à l'émancipation; il est donc juste de les affranchir, par compensation, d'une action uniquement destinée à tempérer leur puissance, lorsqu'elle avait une étendue que la loi va restreindre.

Le Consul Cambacérès dit qu'on ne peut forcer tous les pères indistinctement à doter leurs enfans et à les établir ; mais il serait étrange qu'une disposition prohibitive empêchât de les y obliger en aucun cas. La raison et l'expérience enseignent qu'il y a des pères à l'égard desquels cette mesure est nécessaire. On parle de la dépravation des mœurs : elle est chez les pères comme chez les enfans ; elle n'est même ordinairement chez les enfans que parce qu'elle est chez les pères. Il importe donc d'examiner, si, dans l'état actuel, les tribunaux ne doivent pas avoir l'autorité de ramener les pères à leurs obligations. L'affirmative paraît incontestable ; c'est dans des circonstances pareilles que la loi *Julia* a été portée. En conséquence, il serait sage, après avoir posé le principe que les pères doivent des alimens à leurs enfans, d'ajouter que cette obligation *peut* s'étendre jusqu'à les marier et les établir. Cette disposition ne serait ni absolue ni rigoureuse. En général les lois civiles doivent être faites de manière qu'elles n'excluent pas les tempéramens d'équité.

On objecte qu'elle obligera le père à rendre public son bilan. Une telle objection tournerait contre l'obligation de fournir des alimens, puisque, pour y contraindre le père, il faudra aussi prendre connaissance de l'état de sa fortune.

M. Regnaud (de Saint-Jean-d'Angely) dit qu'il y aurait de grands inconvéniens à rejeter la rédaction proposée. En pays de droit écrit, il est permis à la fille de demander une dot, même après qu'elle est mariée ; et alors elle est sous l'influence de son mari, qui n'a pas naturellement pour le père le même respect et la même tendresse que la fille. Il arriverait de là qu'un homme intéressé épouserait une fille sans dot, dans l'espoir d'en exiger une ensuite du père, qu'il poursuivrait, sous le nom de la fille, sans aucun ménagement.

Une autre raison encore s'élève contre ce système. Un père se voyant exposé aux poursuites d'enfans que leur âge et leur sexe rendent plus susceptibles de recevoir l'impression de mauvais conseils, dénaturera sa fortune. On ne pourrait l'en empêcher qu'en le réduisant à un état d'interdiction. Ainsi l'action dont il s'agit deviendrait une cause de plus de l'avilissement des propriétés, puisqu'elle réduirait une classe de citoyens à mettre leur fortune en portefeuille, pour se ménager la facilité de ne doter leurs enfans que suivant la satisfaction qu'ils auraient de leur conduite.

L'article est adopté.

L'article 2 est soumis à la discussion; il est ainsi conçu :

205 « Les enfans doivent des alimens à leurs père et mère et
« autres ascendans qui sont dans le besoin.

206 « Les enfans doivent également des alimens à leurs alliés
« dans la même ligne, à moins que lesdits alliés n'aient con-
« volé en secondes noces. »

Le Consul Cambacérès demande ce que la section entend dans cet article par le mot *alliés*.

M. Réal répond qu'elle a entendu désigner les degrés correspondans à ceux des ascendans.

Le Consul Cambacérès dit qu'alors la disposition est trop étendue, puisqu'elle pourrait obliger à fournir des alimens à une marâtre.

M. Tronchet dit qu'il faudrait se servir des mots *beau-père et belle-mère*, et restreindre l'effet de la disposition aux ascendans de l'autre époux.

207 M. Maleville dit que la disposition devrait être réciproque, et obliger les beaux-pères et belles-mères à fournir des alimens à leur gendre et à leur bru.

M. Réal répond que la situation n'est pas la même; qu'il faut des alimens à un vieillard, mais qu'un gendre est d'un âge qui lui permet de pourvoir, par son travail, à sa subsistance.

M. Maleville observe que les alimens ne sont dus qu'à celui qui ne peut gagner sa vie.

Le Consul Cambacérès dit que ce n'est aussi que dans ce cas que l'obligation serait réciproque.

M. Boulay dit qu'un père ne doit pas d'alimens à son fils majeur; qu'il n'est tenu que d'entretenir et d'élever ses enfans.

Le Consul Cambacérès dit qu'il ne conçoit pas de circonstances qui dispensent le père de fournir la subsistance à un fils dans le besoin; que, si le système contraire était admis, il devrait restreindre aussi l'obligation du fils envers le père. Cependant, l'obligation générale de nourrir ses enfans comprend nécessairement l'obligation de fournir à leur subsistance dans tous les cas où ce secours leur est nécessaire.

M. Réal dit que c'est dans l'intention de restreindre cette obligation au premier âge, et pour faire sentir qu'elle cesse lorsque l'enfant est élevé, que la section a placé le mot *élever* après celui *entretenir*.

M. Boulay dit que sans doute un père n'abandonnera pas son fils dans le besoin, et que la loi ne peut le supposer; mais que, si elle impose formellement au père l'obligation de remplir ce devoir naturel, elle favorisera la paresse dans les enfans.

Le Premier Consul dit (*) qu'il serait révoltant de laisser

(*) « Voulez-vous qu'un père puisse chasser de sa maison une fille de quinze ans? un enfant peut-être infirme, sourd-muet? Un père qui aurait 60,000 francs de rente pourrait donc dire à son fils : Tu es gros et gras, va-t-en labourer. Il pourrait abandonner ainsi à la misère celui qui doit lui succéder? »

Berlier : « Les tribunaux jugeront si le fils est invalide. »

Le Premier Consul : « Je vous arrête là. Qu'est-ce que valide? Le père pourra-t-il envoyer son fils demander son pain? S'il a été élevé dans l'aisance, le père doit lui continuer des secours tant qu'il en a les moyens. »

à un père riche la faculté de chasser de sa maison ses enfans après les avoir élevés, et de les envoyer pourvoir par eux-mêmes à leur subsistance, fussent-ils même estropiés. Telle est cependant l'idée que présente la rédaction. Si elle pouvait être admise, il faudrait donc aussi défendre aux pères de donner de l'éducation à leurs enfans : car rien ne serait plus malheureux pour ces derniers, que de s'arracher aux habitudes de l'opulence et aux goûts que leur aurait donnés leur éducation, pour se livrer à des travaux pénibles ou mécaniques auxquels ils ne seraient pas accoutumés. Pourquoi, si le père était quitte envers eux lorsqu'il les a élevés, ne les priverait-on pas aussi de sa succession ? Les alimens ne se mesurent pas seulement sur les besoins physiques, mais encore sur les habitudes : ils doivent être proportionnés à la fortune du père qui les doit, et à l'éducation de l'enfant qui en a besoin.

M. Tronchet dit que l'obligation imposée au père de fournir des alimens à son fils est absolue ; mais que la loi doit se borner à en consacrer le précepte, et laisser le juge l'appliquer suivant les circonstances : la loi ne peut pas poser une règle générale d'application, parce que l'obligation des pères varie selon leur fortune et leur état. Le juge n'a pas besoin de lois pour empêcher un père opulent de chasser son fils lorsque son éducation est achevée. Les juges doivent encore avoir égard à la position du père. Il est possible, par exemple, qu'un père ait un grand nombre d'enfans et ait beaucoup dé-

Tronchet : « Il faut laisser cela aux tribunaux, etc. »

Le Premier Consul : « Le citoyen Tronchet vient de prouver qu'on ne pouvait pas fixer par la loi la quotité des alimens ; mais le père n'en doit pas moins élever son fils jusqu'à la majorité, et lui fournir ensuite des alimens. Un père riche ou aisé doit toujours à ses enfans la gamelle paternelle. Dans l'état actuel des choses, j'irais chez un avocat qui trouverait dans la jurisprudence les moyens de me faire obtenir des alimens ; si votre système passait, je ne pourrais plus en avoir, les tribunaux les refuseraient. »

Plusieurs membres insistèrent pour le respect dû à l'autorité paternelle. »

Le Premier Consul : « Vous forcerez les enfans à tuer leurs pères. »

(*Tiré des Mémoires de M. Thibaudeau sur le Consulat*, pages 434 et 435).

pensé pour leur éducation. Si l'on descend dans les classes les moins opulentes, l'obligation du père se réduit à mettre ses enfans en état de travailler. Le juge saura faire toutes ces distinctions.

Le Premier Consul dit qu'à la vérité la loi ne peut pas déterminer précisément la quotité des alimens qui seront dus par le père; mais elle peut déclarer en général que le père est tenu de nourrir et d'élever ses enfans mineurs, et de les établir quand ils sont majeurs, ou de leur fournir des alimens. Le fils, en effet, a un droit acquis aux biens du père : l'effet de ce droit est suspendu tant que le père vit; mais alors même il se réalise dans la mesure des besoins du fils. Cependant, si la loi déclare qu'il n'est point dû d'alimens au fils majeur, elle met les tribunaux dans l'impossibilité d'en adjuger.

M. Réal demande ce que deviendra le respect filial, si le père et le fils sont obligés de vivre ensemble, après que ce dernier aura été installé dans la maison paternelle par le ministère d'un huissier.

M. Cretet dit que la discussion seule a fait apercevoir dans l'article une limitation que ne présente point sa rédaction. Il y a peut-être du danger à ce que la loi établisse formellement l'obligation du père pour tous les cas : mais il suffit qu'elle ne porte point de limitation; alors ces sortes de questions demeurent abandonnées à la prudence du juge.

M. Tronchet propose de dire que « le père est tenu de « nourrir ses enfans toutes les fois qu'ils sont dans le besoin « et que ses facultés le lui permettent. »

L'article est adopté avec l'amendement de M. *Tronchet*.

M. Berlier observe, sur la seconde partie de l'article relative aux alimens dus par les enfans à leurs alliés dans la ligne ascendante, que cette disposition est inutile, parce que le père a naturellement action contre sa fille pour en obtenir des alimens, même lorsqu'elle est mariée, et que cette action est alors dirigée contre le gendre, comme chef de la société conjugale; que cette suppression fera disparaître les difficultés naissant du sens équivoque que plusieurs orateurs ont justement reproché à cet article.

Le Consul Cambacérès dit que l'article doit être rédigé dans ce sens, 1° qu'une marâtre ne puisse venir demander des alimens à son beau-fils; 2° que le beau-père ne puisse demander des alimens à son gendre que pendant la vie de la femme de ce dernier, et celle des enfans nés de leur mariage : car, si la femme et les enfans sont décédés, le gendre devient étranger à son beau-père, surtout lorsque ce gendre s'est remarié.

La deuxième partie de l'article est retranchée, et la proposition du Consul *Cambacérès* adoptée.

208   L'article 3 est adopté ; il est ainsi conçu :
« Les alimens ne sont accordés que dans la proportion du
« besoin de celui qui les réclame, et de la fortune de celui
« qui les fournit. »

209   L'article 4 est soumis à la discussion ; il est ainsi conçu :
« Lorsque celui qui fournit ou celui qui reçoit les alimens
« sont replacés dans un état tel, que l'un ne puisse plus les
« donner, ou que l'autre n'en ait plus besoin en tout ou en
« partie, la décharge ou réduction peut en être demandée. »

M. Boulay dit que cet article paraît inutile, puisque les articles 1er et 2 n'admettent l'obligation de fournir des alimens que lorsqu'il y a besoin d'un côté et facultés de l'autre.

M. Réal dit que l'article est nécessaire pour détruire le jugement par lequel les alimens ont été accordés.

L'article est adopté.

210-211   L'article 5 est soumis à la discussion ; il est ainsi conçu :
« Celui qui ne peut payer une pension alimentaire reçoit
« dans sa demeure, nourrit et entretient celui auquel il
« doit des alimens, pourvu que son revenu et son travail suf-
« fisent pour fournir de semblables secours. »

Le Premier Consul dit qu'il conviendrait d'abandonner à

la prudence du juge tout ce que cet article érige en dispositions formelles.

M. Réal observe que cet article est encore un de ceux qui ne font qu'ériger en loi la jurisprudence actuelle.

M. Emmery dit que la faculté de recevoir en sa demeure, de nourrir et d'entretenir celui auquel les alimens sont dus, n'était admise que dans le cas où celui qui les devait ne pouvait fournir une pension alimentaire. Cette jurisprudence avait pour objet d'empêcher que le père, à qui seul alors les alimens étaient dus, ne les reçût d'une manière trop pénible : mais aujourd'hui que l'obligation de fournir des alimens est étendue au père, il faut qu'il puisse offrir à son fils de le recevoir dans sa demeure et à sa table; autrement, et si le père devait au fils des secours pécuniaires, celui-ci les dissiperait à mesure qu'ils lui seraient payés, et reviendrait sans cesse faire valoir ses besoins.

M. Tronchet dit qu'il sent toute la justesse de cette réflexion. Il propose en conséquence de donner, par l'article 1er, l'alternative au père, et de laisser l'article 5 dans sa généralité.

L'article est adopté avec la proposition de M. *Tronchet*.

L'article 6, sur la proposition du Consul *Cambacérès*, est ajourné, et renvoyé au titre *des Successions* (*); il est ainsi conçu :

« Les époux contractent aussi, par le seul fait du mariage,
« l'obligation de transmettre à leurs enfans une portion quel-
« conque de leurs biens : la loi détermine la quotité de cette
« portion, dont ils ne peuvent disposer à titre gratuit, au
« préjudice de leurs enfans. »

Les articles 7 et 8 sont ajournés, et renvoyés au titre *de la Filiation*; ils sont ainsi conçus :

Art. 7. « Le mariage, valablement contracté, légitime de

(*) Voyez l'art. 913 du Code.

« plein droit les enfans nés des deux conjoints d'un commerce
« libre. »

Art. 8. « Le mariage contracté à l'extrémité de la vie,
« entre deux personnes qui avaient vécu en concubinage, ne
« légitime point les enfans qui en seraient nés avant ledit
« mariage : ces enfans, pourvu qu'ils soient légalement re-
« connus, peuvent réclamer les droits accordés aux enfans
« nés hors mariage. »

M. Réal présente la section Ire du chapitre V, intitulée, *des Droits et des Devoirs respectifs des Époux.*

L'article 1er est soumis à la discussion, et adopté en ces termes :

212 « Les époux se doivent mutuellement fidélité, secours, assistance.

213 « Le mari doit protection à sa femme, la femme obéissance
« à son mari (*). »

214 L'article 2 est soumis à la discussion ; il est ainsi conçu :

« La femme est obligée de demeurer avec le mari, et de
« le suivre partout où il jugera à propos de résider ; le mari
« est obligé de la recevoir, et de lui fournir tout ce qui est
« nécessaire pour les besoins de la vie, selon ses facultés et
« son état.

« Si le mari voulait quitter le sol de la République, il ne
« pourrait contraindre sa femme à le suivre, si ce n'est dans

---

(*) Sur le mot obéissance.

Cretet : « Les lois l'ont-elles imposée ? »

Le Premier Consul : « L'ange l'a dit à Adam et Ève. On le prononçait en latin lors de la célébration du mariage, et la femme ne l'entendait pas Ce mot là est bon pour Paris surtout, où les femmes se croient en droit de faire ce qu'elles veulent ; je ne dis pas que cela produise de l'effet sur toutes, mais enfin cela en produira sur quelques-unes. Les femmes ne s'occupent que de plaisir et de toilette. Si l'on ne vieillissait pas, je ne voudrais pas de femme. Ne devrait-on pas ajouter que la femme n'est pas maîtresse de voir quelqu'un qui ne plaît pas à son mari ? Les femmes ont toujours ces mots à la bouche : *Vous voulez m'empêcher de voir qui me plaît!* »

(*Tiré des Mémoires de M. Thibaudeau sur le Consulat*, pages 435 et 436).

« le cas où il serait chargé, par le gouvernement, d'une
« mission à l'étranger exigeant résidence. »

La première partie de cet article est adoptée.

M. RÉAL observe, sur la seconde, que le projet de Code civil portait, *le sol continental ou colonial de la République.* Les tribunaux ont demandé la suppression de ces mots, et la section l'a adoptée.

M. REGNAUD (de Saint-Jean-d'Angely) dit qu'un Français peut être appelé dans les colonies par ses affaires ; qu'alors il doit lui être permis de forcer sa femme à le suivre, parce qu'il peut voir des inconvéniens à la laisser éloignée de lui.

LE PREMIER CONSUL pense que l'obligation où est la femme de suivre son mari est générale et absolue.

M. EMMERY dit que cependant cette obligation ne doit pas aller jusqu'à suivre le mari dans l'étranger.

M. REGNAUD (de Saint-Jean-d'Angely) dit que, sans doute, le mari n'a pas le droit de faire de sa femme une étrangère ; mais que cependant il ne doit pas être forcé de s'en séparer lorsque ses affaires le conduisent hors du territoire français.

LE PREMIER CONSUL dit que l'obligation de la femme ne doit recevoir aucune modification, et que la femme est obligée de suivre son mari toutes les fois qu'il l'exige.

M. RÉAL demande comment on y forcera la femme lorsqu'elle ne voudra pas y consentir.

M. REGNAUD (de Saint-Jean-d'Angely) répond que le mari lui fera une sommation de le suivre, ainsi que l'usage l'a consacré ; et que, si elle persiste à s'y refuser, elle sera réputée l'avoir abandonné.

M. RÉAL répond qu'il faudra cependant un jugement ; il demande comment on parviendra à l'exécuter.

LE PREMIER CONSUL dit que le mari cessera de donner des alimens à sa femme.

M. TRONCHET observe que cette discussion est une anticipation sur la matière du divorce. Les tribunaux ont remarqué que l'abandon appliqué au divorce serait le rétablissement de la cause d'incompatibilité d'humeur.

M. Boulay dit que toutes ces difficultés doivent être abandonnées aux mœurs ou aux circonstances.

La seconde partie de l'article est retranchée.

L'article 3 est soumis à la discussion; il est ainsi conçu :

215 « La femme ne peut ester en jugement sans l'assistance de « son mari, quand bien même elle serait marchande publi-« que, ou non commune ou séparée de biens.

216 « L'assistance du mari n'est pas nécessaire lorsque la « femme est poursuivie en matière criminelle ou de police. »

M. Boulay demande qu'on substitue le mot *autorisation* au mot *assistance*, lequel a un autre sens dans l'article 1er.

L'article est adopté avec l'amendement.

217 L'article 4 est soumis à la discussion; il est ainsi conçu :

« La femme, même non commune ou séparée de biens, « ne peut donner, aliéner, accepter une succession ou une « donation, ni hypothéquer, sans le consentement par écrit « ou le concours du mari dans l'acte.

« Le consentement du mari, quoique postérieur à l'acte, « suffit pour le valider. »

M. Maleville rappelle que, dans les pays de droit écrit, la femme avait des biens paraphernaux dont elle disposait sans le consentement de son mari.

M. Portalis dit que c'était un abus qui donnait au mari la facilité de dissiper les biens de son épouse : là le mari n'était pas retenu par la nécessité de donner une autorisation publique.

M. Maleville répond qu'en pays coutumier, le mari peut aussi dissiper les biens de sa femme, puisqu'ils deviennent aliénables avec son consentement; que du moins en pays de droit écrit, le mari ne peut toucher à la dot.

M. Cretet observe que le mari est retenu, en pays coutumier, par l'obligation de répondre des aliénations qu'ils autorise.

M. Tronchet dit que le droit écrit se contredit lui-même lorsqu'il établit d'un côté cette maxime : *Interest reipublicæ mulieres indotatas non relinquere ;* et que de l'autre il permet aux femmes de disposer de tous leurs biens, pourvu qu'elles leur donnent le caractère de biens paraphernaux. Il faut que le mari puisse veiller à la conservation des biens de son épouse.

M. Maleville dit que, pour ménager une ressource assurée pour la subsistance de la femme et des enfans, il faudrait déclarer une quote des biens de celle-ci inaliénable; et que tel était aussi l'objet de la loi romaine.

M. Portalis dit qu'il vaut mieux laisser aux époux la liberté de régler, comme ils le jugent convenable, les conditions de leur mariage.

M. Tronchet dit que le projet de Code civil a été rédigé dans cet esprit : les époux sont entièrement libres dans leurs conventions matrimoniales, quoique le projet règle les effets des stipulations les plus ordinaires et les plus connues : mais il exige, comme une garantie contre les aliénations désavantageuses des biens de la femme, l'autorisation du mari.

M. Maleville observe que, suivant l'article, la femme non commune ne pourrait aliéner, même ses meubles, sans y être autorisée.

M. Réal répond qu'elle a cette faculté lorsqu'elle est non commune ou séparée de biens.

M. Regnaud (de Saint-Jean-d'Angely) dit que, pour l'en priver dans le fait, il faudrait aller jusqu'à lui ôter l'usage et la disposition de ses biens meubles ; car aucune précaution ne l'empêcherait de vendre ses diamans et ses bijoux, fût-elle même en communauté.

M. Cretet demande si la femme peut acheter des immeubles sans l'autorisation du mari.

M. Tronchet répond qu'elle ne le peut pas, parce qu'elle aliénerait un capital, ou qu'elle s'obligerait.

M. Regnaud (de Saint-Jean-d'Angely) dit qu'il suffirait de lui défendre, en général, de s'obliger sans autorisation.

M. Réal répond que la défense d'hypothéquer ses immeubles est une précaution suffisante.

M. Regnaud (de Saint-Jean-d'Angely) dit que néanmoins la femme pourrait acheter ou à un prix trop haut, ou des biens d'une nature peu avantageuse ; que, pour lui éviter ces pertes, et prévenir un grand nombre d'autres inconvéniens, on doit exiger qu'elle n'achète qu'avec l'autorisation de son mari.

M. Tronchet dit qu'une raison très-morale vient à l'appui de l'opinion de M. *Regnaud*. L'ordonnance de 1731 défendait à la femme d'accepter une donation sans l'autorisation de son mari, parce qu'il est utile que le mari connaisse les causes de la donation. Ce motif doit faire étendre l'incapacité de la femme au cas où elle veut acquérir; car au lieu de recevoir un immeuble en nature, elle pourrait recevoir l'argent nécessaire pour l'acheter.

L'article est adopté avec l'amendement de M. *Regnaud*.

L'article 5 est soumis à la discussion ; il est ainsi conçu :

218 « Si le mari refuse son assistance, le juge peut autoriser
« la femme à l'effet d'ester en jugement.

219 « Si c'est à un acte qu'un mari refuse son autorisation et
« son adhésion, la femme a la faculté de le faire directement
« citer devant le tribunal de première instance de l'arron-
« dissement du domicile commun, qui peut donner ou re-
« fuser son autorisation, après avoir entendu le mari, ou lui
« dûment appelé en la chambre du conseil. »

M. Defermon dit que le mari ne peut pas être suppléé par le juge, puisqu'il s'oblige personnellement par l'autorisation qu'il donne à sa femme.

M. Tronchet répond qu'il ne s'oblige point envers les tiers ; que seulement il contracte envers sa femme l'obligation de surveiller l'emploi.

L'article est adopté.

L'article 6 est soumis à la discussion ; il est ainsi conçu :
« La femme, si elle est marchande publique, peut, sans
« le consentement de son mari, s'obliger pour ce qui con-
« cerne son négoce ; et audit cas, elle oblige aussi son mari,
« s'il y a communauté entre eux.

« Elle n'est pas réputée marchande publique, si elle ne
« fait que détailler les marchandises dont son mari se mêle,
« mais seulement quand elle fait un commerce séparé. »

M. Cretet demande si la femme marchande publique, et qui n'est point commune en biens, soumet son mari à la contrainte par corps, par les engagemens qu'elle contracte.

M. Tronchet répond que l'acte emportant contrainte par corps n'y soumet que la personne qui l'a signé.

M. Boulay dit que cette question n'appartient pas à la matière qu'on discute.

M. Réal dit que le tribunal d'appel de Dijon demande
« si la marchande publique qui oblige son mari, quand il y
« a communauté entre eux, le rend aussi sujet à la con-
« trainte par corps pour les obligations qu'elle a contractées
« dans son commerce. »

M. Tronchet dit que la communauté est affectée dans tous les cas pour les dettes que contracte la femme marchande publique.

L'article est adopté.

L'article 7 est adopté ; il est ainsi conçu :
« Lorsque le mari se trouve frappé d'une condamnation
« emportant peine afflictive ou infamante, encore qu'elle
« n'ait été prononcée que par contumace, la femme, même
« majeure, ne peut, pendant la durée de la peine, ester en
« jugement, ni contracter, qu'après s'être fait autoriser par

« le juge, qui peut, audit cas, donner l'autorisation, sans
« que le mari ait été entendu ou appelé. »

222   L'article 8 est soumis à la discussion ; il est ainsi conçu :
« Si le mari est interdit pour cause de démence, ou s'il est
« absent, le juge peut, en connaissance de cause, autoriser
« la femme, soit pour ester en jugement, soit pour con-
« tracter. »

Le Premier Consul demande si la section veut parler d'un
mari seulement absent du lieu où se trouve la femme, ou si
elle parle du mari déclaré absent.

M. Berlier dit que la femme serait trop long-temps dans
l'impuissance d'agir, si elle ne pouvait obtenir l'autorisation
du juge avant que son mari eût été déclaré absent ; qu'au
surplus le tribunal ne donne l'autorisation qu'en connaissance de cause.

M. Tronchet dit que cette dernière raison dissipe toute
crainte, et permet de donner plus de latitude à la disposition. Autrefois on accordait l'autorisation sur simple requête :
les lieutenans civils *d'Argouges* et *Angran* ont voulu qu'elle ne
le fût qu'en connaissance de cause ; ce qui sauve tous les inconvéniens, et permet de laisser subsister un usage nécessaire ;
car il est possible que, quoiqu'un mari ne soit pas éloigné, il
y ait cependant tellement urgence, que la femme n'ait pas le
temps de prendre son autorisation.

L'article est adopté.

223   L'article 9 est soumis à la discussion ; il est ainsi conçu :
« Toute autorisation générale, même stipulée par contrat
« de mariage, n'est valable que quant à l'administration des
« biens de la femme, et non quant à l'aliénation desdits
« biens. »

M. Maleville dit qu'on a mis en question si une autorisation générale donne à la femme le droit d'ester en jugement.

MM. Tronchet et Boulay répondent que ses effets ne vont

pas jusque là, et sont bornés à l'administration des biens de la femme.

M. Maleville dit que, pour généraliser la disposition, il faudrait donc retrancher ce dernier membre de l'article, *et non quant à l'aliénation desdits biens.*

L'article est adopté avec cette suppression.

Les articles 10, 11 et 12 sont adoptés ; ils sont ainsi conçus :

Art. 10. « Si le mari est mineur, l'autorisation du juge est
« nécessaire à la femme, soit pour ester en jugement, soit
« pour contracter. »

Art. 11. « La nullité fondée sur le défaut d'autorisation du
« mari en jugement, ou de son consentement à l'acte, ou de
« l'autorisation supplétive du juge, ne peut être opposée que
« par la femme, par le mari ou par leurs héritiers. »

Art. 12. « La femme peut tester sans le consentement ni
« l'autorisation de son mari. »

(Procès-verbal de la séance du 14 vendémiaire an X. — 6 octobre 1801.)

M. Réal présente la section II du chapitre V, intitulée, *Dissolution du Mariage.* Elle forme un seul article ainsi conçu :

« Le mariage se dissout,
« 1°. Par la mort de l'un des époux ;
« 2°. Par le divorce légalement prononcé ;
« 3°. Par la condamnation contradictoire, ou devenue dé-
« finitive, de l'un des époux, à une peine emportant mort
« civile. »

Cet article est soumis à la discussion.

Le Consul Cambacérès demande qu'on disc, *et devenue définitive,* si toutefois l'on entend conserver le mot *contradictoire.*

M. Tronchet dit que la contumace devenant définitive après un temps, on peut retrancher le mot *contradictoire*, et dire, « par une condamnation devenue définitive. » Cette rédaction embrasse les deux cas.

L'article est adopté avec l'amendement de M. Tronchet.

M. Réal présente la section III, intitulée *des seconds Mariages*.

228   L'article 1er est ainsi conçu :

« La femme ne peut contracter un nouveau mariage qu'a-
« près dix mois révolus depuis la dissolution du mariage
« précédent ; le mari ne peut non plus contracter un second
« mariage qu'après trois mois depuis cette dissolution. »

Le Consul Cambacérès demande quels sont les motifs qui ont déterminé la section à étendre la disposition au mari.

M. Boulay répond que la décence paraît l'exiger.

Le Premier Consul pense que le terme de dix mois n'est pas assez long pour la femme.

Le Ministre de la Justice dit que, dans nos mœurs, ce terme est d'une année, qu'on appelle *l'an de deuil*.

Le Consul Cambacérès revient sur la disposition relative au mari. Il observe que plus on y réfléchit, et moins l'on en sent la nécessité. L'un des préopinans allègue des considérations de décence ; mais des motifs de cette nature doivent-ils prévaloir sur l'urgence des conjonctures ? D'ailleurs, dans des temps où le sentiment délicat des convenances était la règle des actions, n'était-il pas commun de voir un veuf se remarier quarante jours après la mort de sa femme ? Il ne faut pas que le Code nouveau multiplie les entraves sans aucun profit pour la morale publique.

M. Tronchet dit qu'en effet la défense faite à la femme a pour objet de prévenir la confusion de part ; que la même raison ne subsiste pas pour le mari ; et que le terme proposé serait trop long pour les cultivateurs, pour les artisans, enfin pour une foule d'individus de la classe du peuple, à qui le secours d'une femme est nécessaire par rapport à la conduite de leur ménage.

Le Premier Consul dit que l'inconvénient de la confusion de part n'a pas fait impression sur les anciens, puisque l'exemple d'*Auguste* prouve qu'ils épousaient des femmes enceintes. Quant au mari, il faut ou n'en pas parler, et s'abandonner aux mœurs et aux usages, ou lui interdire le mariage pendant un terme plus long : il serait inconvenant que le Code civil se montrât, sur ce point, plus indulgent que l'usage.

L'article est adopté avec le retranchement de la disposition relative au mari.

L'article 2 est soumis à la discussion; il porte :   ap. 228
« Les seconds et subséquens mariages ont les mêmes effets
« que le premier.

« Ils donnent au mari et à la femme les mêmes droits.

« Il en naît les mêmes obligations réciproques entre le mari « et la femme, le père et la mère et les enfans. »

Le Consul Cambacérès demande s'il n'est pas à craindre que l'article ne semble préjuger les questions relatives aux dispositions entre maris et femmes.

M. Tronchet répond que la faculté de disposer n'est pas un effet du mariage, mais un bénéfice de la loi.

M. Defermon observe que l'article est inutile, puisque les effets du mariage, tels qu'ils sont réglés ailleurs, sont communs à toute espèce de mariage.

L'article est supprimé.

(Procès-verbal de la séance du 6 brumaire an X. — 28 octobre 1801.)

M. Tronchet présente une nouvelle rédaction de la section II du chapitre III du titre *du Mariage*.

Il dit que les dispositions qu'il va proposer sont les mêmes que celles du projet de la section, et qu'il n'y a de nouveau que le classement.

Il a cru devoir éviter les mots *nullité absolue*, *nullité relative*, parce qu'ils eussent exigé des définitions extrêmement difficiles, et que d'ailleurs le mot *absolu* est, dans le langage ordinaire, plus fort que dans le langage de la jurisprudence, où il n'exclut pas les exceptions.

La section est intitulée *des Demandes en nullité de mariage*, et est divisée en deux distinctions.

La première distinction, relative au *mariage contracté en contravention aux dispositions du chapitre* Ier, est soumise à la discussion.

180 L'article 1er est ainsi conçu :

« Le mariage qui a été contracté sans le consentement libre
« des deux époux, ou de l'un d'eux, ne peut être attaqué que
« par les époux, ou par celui des deux dont le consentement
« a été forcé, si ces époux ou cet époux étaient majeurs. »

M. Tronchet dit que le principe de cet article est que le défaut de consentement n'intéressant que les époux eux-mêmes, il ne doit appartenir qu'à eux de faire valoir la nullité qui en résulte.

Le Consul Cambacérès demande pourquoi l'article ne statue pas sur le défaut de consentement des époux mineurs.

M. Tronchet répond que ce cas est réglé par l'article 4.

Le Consul Cambacérès dit que l'article 4 parle du défaut de consentement des père et mère, et l'article 1er du défaut de consentement des époux eux-mêmes; qu'ainsi ces deux articles ont un objet différent.

M. Tronchet dit qu'il est de droit commun que le père réclame, au nom du fils, la nullité du mariage de ce dernier; que cependant la loi peut s'en expliquer.

M. Réal propose de retrancher ces mots, *si ces époux ou cet époux étaient majeurs*, attendu qu'en restreignant à ce cas l'effet de l'article, on semble donner à entendre que, si les époux étaient mineurs, il appartiendra à d'autres qu'au père, qui agit en leur nom, de faire valoir la nullité du mariage.

M. Tronchet dit que certainement tous ceux qui sont intéressés à faire annuler un mariage ont droit de proposer la nullité dont il est affecté, et par conséquent celles qui résultent du défaut de consentement, lorsque ces nullités subsistent encore après la mort des époux, qui naturellement ont seuls le droit de les faire valoir : si donc les époux meurent en minorité, et qu'ils ne laissent pas d'ascendans, les frères et les collatéraux sont fondés à attaquer leur mariage. Il n'en est pas ici comme du majeur qui a couvert la nullité par son silence, lequel est considéré comme une ratification tacite. Mais il faut observer qu'un des articles subséquens refuse toute action aux tiers, lorsqu'ils n'ont pas un intérêt et un droit actuellement acquis. Cette restriction doit empêcher de craindre que des collatéraux turbulens ne viennent mal à propos troubler les mariages contractés par les mineurs. Au-delà, l'article 4 suffit : en effet, si le père n'a pas donné son consentement, il est fondé à attaquer le mariage ; s'il l'a donné, il est non recevable à exciper du défaut de consentement de son fils.

Le Premier Consul dit que cependant les mineurs dont le consentement aurait été forcé doivent avoir un recours quelconque.

M. Tronchet répond qu'ils ne peuvent se pourvoir, attendu qu'un mineur n'a pas réellement de volonté, puisqu'il lui faut le consentement de son père.

M. Defermon objecte que cependant la loi lui suppose une volonté, car elle lui permet de refuser son consentement.

M. Tronchet répond que la volonté du mineur est subordonnée à la loi, laquelle ne lui permet pas de se pourvoir seul et par lui-même contre son mariage.

Le Consul Cambacérès dit qu'en rayant ces mots, *si ces époux ou cet époux étaient majeurs*, l'article 1er embrassera tous les cas.

L'article est adopté avec cet amendement.

L'article 2 est soumis à la discussion ; il est ainsi conçu : 180
« Il en est de même s'il y a eu erreur dans la personne. »

M. Réal fait observer que ces mots, *il en est de même*, ne

6.

rendent ni clairement ni complètement la pensée du rédacteur. Ces mots supposent la répétition entière et textuelle de la disposition contenue en l'article 1er, et qu'il faudrait appliquer à l'espèce que présente l'article 2 ; cette répétition et cette application ne présenteraient aucun sens ; il faut une disposition complète pour le cas d'erreur, comme pour le cas de défaut de consentement.

M. Tronchet répond que les deux articles sont absolument dans la même espèce, puisque, quand il y a erreur, il n'y a pas de consentement.

M. Roederer pense que cependant la rédaction de l'article devrait être changée.

L'article est adopté sauf rédaction.

L'article 3 est discuté.

« Dans le cas des articles précédens, la demande en nul-
« lité n'est plus recevable, toutes les fois qu'il y a eu cohabi-
« tation continuée pendant un an depuis que l'époux a acquis
« sa pleine liberté, ou que l'erreur a été par lui reconnue. »

M. Tronchet fait observer que la disposition de cet article est adoptée, et qu'il n'y a plus de divergence dans les opinions que par rapport au terme après lequel la fin de non recevoir sera acquise.

Le Ministre de la Justice dit que l'époux doit réclamer aussitôt qu'il est devenu libre, ou qu'il a reconnu son erreur ; que lui donner le terme d'une année depuis ce moment, ce serait autoriser une année de concubinage.

Le Premier Consul dit que ce terme n'est indiqué que pour acquérir la fin de non recevoir ; mais qu'il n'empêche pas l'époux de réclamer plus tôt.

M. Tronchet dit que le mariage est un engagement tellement sacré, qu'il faut, avant d'autoriser à le dissoudre, donner le temps à la réflexion ; qu'un homme honnête évite toujours de rompre un semblable contrat ; qu'il faudrait donc du moins accorder un délai de six mois, si le délai d'un an paraissait trop long.

M. ROEDERER dit qu'une cohabitation libre pendant un temps quelconque fait que la femme devient du choix du mari, quoique, dans le principe, il y ait eu ou violence ou erreur.

LE PREMIER CONSUL propose de dire que la demande en nullité sera formée par l'époux aussitôt qu'il aura recouvré sa liberté ou reconnu son erreur ; qu'à dater d'un an après cette époque, il ne sera plus admis à l'intenter. Ce délai est nécessaire, ajoute le Consul, pour que la durée de l'action ne soit pas indéfinie.

M. DEFERMON dit qu'un délai est nécessaire dans le cas de la violence, parce que souvent l'époux qui paraît être devenu libre ne l'est pas en effet; mais qu'il n'en est point de même dans le cas de l'erreur, parce qu'il ne faut qu'un moment pour reconnaître qu'on s'est trompé.

LE PREMIER CONSUL dit que cependant on peut aussi avoir besoin de s'assurer si on a été effectivement induit en erreur.

M. TRONCHET dit qu'il y aurait de l'inconvénient à trop abréger la durée de l'action, parce qu'il est difficile de fixer avec précision le moment où l'erreur et la violence ont cessé ; que d'ailleurs, dans le cas d'erreur, l'époux qui soupçonne qu'on l'a trompé peut, avant de se décider à agir, vouloir s'éclairer par des informations et par des recherches.

M. ROEDERER dit que tant que l'époux a encore besoin de s'éclairer, l'erreur n'est pas parfaitement reconnue.

L'article est adopté avec la proposition du *Premier Consul*.

M. RÉAL rappelle que la section avait proposé la survenance d'enfans pour troisième fin de non recevoir.

LE CONSUL CAMBACÉRÈS dit que cette fin de non recevoir ne serait pas toujours juste, attendu que l'enfant peut avoir été conçu avant la cessation de la violence ou de l'erreur ; qu'ainsi, quoiqu'il soit légitime, son existence n'est pas une preuve que l'époux violenté ou trompé ait ratifié le mariage.

M. RÉAL pense que la fin de non recevoir qu'il propose était admise par l'ancienne jurisprudence.

Le Consul Cambacérès répond qu'à cet égard il n'y avait pas de règle fixe ; que celle proposée par M. *Réal* serait trop gênante, et conduirait à de fausses applications, puisqu'une fille ravie peut devenir mère.

M. Réal dit qu'il ne demande pas que la fin de non recevoir soit étendue au cas de l'erreur, mais qu'il voudrait qu'elle fût admise pour le cas de la violence. Sur ce point la jurisprudence était si constante, qu'il n'y a pas un seul des auteurs classiques et estimés qui ne l'ait admise, et qu'on ne cite aucun arrêt qui l'ait rejetée. Il en appelle, sur le fait qu'il articule, à l'expérience de M. *Tronchet*.

M. Tronchet dit que, dans l'ancienne jurisprudence, la survenance d'enfans était opposée comme fin de non recevoir; mais que le juge n'était pas invariablement obligé de l'admettre ; qu'il se décidait dans ce cas par les circonstances. Les arrêts qu'on peut citer sur ce sujet sont tous des jugemens de fait.

M. Réal dit qu'on pourrait laisser du moins aux parties la faculté d'opposer cette fin de non recevoir, et qu'il est inutile d'entrer dans de grands détails pour démontrer qu'en effet la survenance d'enfans devait amener à croire que la violence avait cessé.

M. Emmery dit que la survenance d'enfans ne serait pas une preuve décisive contre la femme.

L'amendement de M. *Réal* est rejeté.

L'article 4 est soumis à la discussion.

« Le mariage contracté sans le consentement des père et
« mère, des ascendans ou de la famille, dans les cas où ce
« consentement pouvait être nécessaire, ne peut être attaqué
« que par ceux dont le consentement était requis, ou par ce-
« lui des deux époux qui avait besoin de ce consentement. »

M. Réal dit que cet article diffère en deux points essentiels des articles 8 et 9 du projet de la section. 1°. La section n'accordait le droit de réclamer qu'à la famille en corps, au lieu que l'article proposé paraît l'accorder à chacun des individus de la famille. La section avait cru devoir distinguer : avant le mariage elle donnait le droit d'opposition à tous les parens, parce qu'il s'agit alors d'empêcher le mal ; après le mariage, la section n'accordait la réclamation qu'à la famille en corps, parce qu'alors il s'agit de dissoudre un mariage formé. 2°. La section refusait à l'époux le droit de faire valoir la nullité ; il ne peut en effet se prévaloir de sa propre faute, et arguer du défaut d'un consentement que la loi l'obligerait de prendre.

M. TRONCHET répond à la première objection de M. *Réal ;* il faut observer que la loi n'a exigé le consentement du père que par la raison qu'elle prend le mineur sous sa protection, et qu'elle le déclare incapable de contracter seul le mariage.

Il revient à la première objection, et il dit que l'article ne suppose pas que toute la famille ait le droit d'attaquer le mariage, puisqu'il n'accorde cette faculté qu'à ceux dont le consentement était nécessaire, et qu'à défaut d'ascendans, c'est le consentement du corps de la famille qui est exigé par la loi. D'ailleurs il ne faut pas oublier que, dans la suite du projet, il se trouve des dispositions qui excluent les collatéraux pris individuellement, d'attaquer le mariage du vivant des époux. Après leur mort, et lorsque les collatéraux ont des droits successifs actuellement acquis, il ne serait pas juste qu'ils ne pussent les faire valoir, parce que le conseil de famille refuserait d'agir contre le mariage.

LE MINISTRE DE LA JUSTICE reprend la seconde objection de M. *Réal.* Il lui semble qu'il serait contre les principes d'admettre l'époux, au cas de l'article, à demander la nullité de son mariage. Il n'est pas naturel qu'il arguë de sa propre faute, lorsque les choses ne sont plus entières. Un défaut de formalité ne doit pas, sur la demande de l'époux qui a violé la loi, faire rompre un mariage consommé.

LE CONSUL CAMBACÉRÈS dit que la disposition attaquée par le ministre est favorable à la puissance paternelle.

M. TRONCHET dit que l'ancienne jurisprudence allait encore plus loin; qu'elle admettait même les époux majeurs à faire valoir les nullités absolues résultant des formes. Si le majeur même est admis, comment l'action serait-elle refusée au mineur, que la loi déclare incapable de donner seul un consentement?

M. Roederer objecte que, si la loi vient au secours du mineur, c'est parce qu'elle entend le protéger lorsque sa faiblesse l'a fait tomber dans l'erreur; mais que cette protection cesse, comme n'ayant plus d'objet, lorsque le mineur a contracté un mariage raisonnable. Or, il est réputé n'avoir pas été déçu, quand ses parens n'attaquent pas son mariage.

M. Regnier dit que l'indifférence de la famille ne doit pas priver les mineurs du bénéfice de la loi.

L'article est adopté avec la substitution de ces mots, *du conseil de famille*, à ceux-ci, *de la famille*.

183   L'article 5 est ainsi conçu :

« L'action en nullité ne peut plus être intentée ni par les
« époux, ni par les parens dont le consentement était requis,
« toutes les fois que le mariage a été approuvé expressément
« ou tacitement par ceux dont le consentement était nécessaire, ou lorsqu'il s'est écoulé une année sans réclamation
« de leur part, depuis qu'ils ont eu connaissance du mariage. »

M. Réal demande comment la loi pourrait permettre au père d'attaquer le mariage après la majorité de son fils.

M. Regnier répond qu'il faut se reporter à l'époque où le consentement était nécessaire. L'autorité paternelle a été blessée alors, et il en est résulté pour le père un droit que la majorité de son fils ne peut lui faire perdre.

M. Réal fait observer 1° que d'après cette doctrine un père pourrait faire rompre le mariage de son fils, quoique celui-ci fût déjà d'un âge avancé et marié depuis long-temps; 2° que cette dissolution du mariage serait inutile, puisque le fils aurait le droit d'épouser de nouveau la femme qu'on lui aurait fait quitter.

M. Portalis dit que ces inconvéniens, qui seront toujours rares, ne doivent pas l'emporter sur l'utilité de maintenir le respect dû à l'autorité paternelle.

L'article est adopté.

Les articles 6, 7, 8, 9, 10 et 11 sont adoptés ainsi qu'il suit :

Art. 6. « Tout mariage contracté en contravention à quel- « ques-unes des autres dispositions du chapitre I*er* du présent « titre peut être attaqué, soit par les époux eux-mêmes, « soit par tous ceux qui y ont intérêt, soit par le ministère « public. »

Art. 7. « Néanmoins le mariage contracté par des époux « qui n'avaient point encore atteint l'âge requis, ou dont l'un « des deux époux n'avait point atteint cet âge, ne peut plus « être attaqué, 1° lorsqu'il s'est écoulé six mois depuis que « cet époux ou que les époux ont atteint l'âge compétent ; « 2° lorsque la femme qui n'avait point atteint cet âge avait « conçu avant l'échéance de six mois. »

Art. 8. « Les père, mère, les ascendans et la famille qui « ont consenti au mariage contracté dans le cas de l'article « précédent, ne sont point recevables à en demander la nul- « lité. »

Art. 9. « Dans tous les cas, ou conformément à l'article 6, « l'action en nullité peut être intentée par tous ceux qui y ont « un intérêt ; elle ne peut l'être par les parens collatéraux, « ou par les enfans nés d'un autre mariage, du vivant des « deux époux, mais seulement lorsqu'ils y ont un intérêt né « et actuel. »

Art. 10. « L'époux au préjudice duquel a été contracté un « second mariage peut en demander la nullité, du vivant « même de l'époux qui était engagé avec lui.

« Si les nouveaux époux opposent la nullité du premier « mariage, la validité ou nullité de ce mariage doit être jugée « préalablement. »

190 Art. 11. « Le commissaire du gouvernement, dans tous
« les cas auxquels s'applique l'article 6 de la présente section,
« et sous les modifications portées en l'article 7, peut et doit
« demander la nullité du mariage du vivant des deux époux,
« et les faire condamner à se séparer. »

On passe à la seconde distinction, intitulée *du Mariage
contracté en contravention aux dispositions du chapitre II du
présent titre*.

191 L'article 12 est ainsi conçu :
« Tout mariage qui n'a point été contracté publiquement,
« ou qui n'a point été célébré devant l'officier public compé-
« tent, peut être attaqué par les époux eux-mêmes, par les
« père et mère, par les ascendans, et par tous ceux qui y ont
« un intérêt né et actuel, ainsi que par le ministère public. »

M. ROEDERER demande s'il peut y avoir un autre mariage public que celui qui est célébré devant l'officier de l'état civil.

M. TRONCHET répond que la loi veut que le mariage soit célébré publiquement, et qu'il le soit devant l'officier de l'état civil. Or, il peut arriver que cet officier célèbre le mariage clandestinement, ou qu'il ne soit pas celui du domicile des parties.

M. ROEDERER propose de substituer la conjonction *et* à la conjonction *ou*.

L'article est adopté avec cet amendement.

192 L'article 13 est discuté.
« Le mariage qui n'a point été précédé des deux publica-
« tions requises, et lors duquel il n'a point été obtenu la
« dispense permise par la loi, ou dans les publications ou
« célébration duquel on n'a point observé les interstices
« prescrits par la loi, ne peut être attaqué de nullité que dans
« le cas où il contient d'ailleurs une contravention à quel-
« qu'une des dispositions du chapitre premier du présent
« titre ; et il ne peut l'être, en ce cas, que par les personnes

« auxquelles l'action en nullité est accordée dans la distinc-
« tion précédente. »

M. Tronchet dit qu'il y a des conditions qui tiennent à l'essence du mariage ; qu'il y a aussi des formes pour garantir que ces conditions sont remplies, et pour avertir les tiers : dès-lors l'omission de ces dernières formes ne blesse point l'essence du mariage. Cette distinction a toujours fait rejeter les réclamations fondées sur la violation des formes, lorsque d'ailleurs les conditions essentielles au mariage se trouvaient respectées.

M. Lacuée fait observer que l'article rendrait illusoire la précaution prise par les lois, d'ordonner deux publications et des interstices, afin que les tiers intéressés soient avertis du mariage.

M. Tronchet dit que les rédacteurs du projet de Code civil avaient prévu que les parties négligeraient quelquefois d'observer les formes, et qu'ils avaient proposé que, dans ce cas, pour maintenir l'autorité de la loi, le ministère public ferait ordonner aux parties de réhabiliter leur mariage ; mais en y réfléchissant, on voit que cette garantie serait illusoire, parce que les parties pourraient négliger aussi d'exécuter le jugement qui ordonne la réhabilitation. L'exécution de la loi sera donc mieux assurée par la crainte d'une amende.

M. Thibaudeau ajoute à ces observations, que d'ailleurs la loi défend, sous peine d'amende, à l'officier de l'état civil de passer outre à la célébration du mariage, avant que les certificats de publication lui aient été présentés.

L'article est adopté.

L'article 14 est soumis à la discussion.

« Le commissaire, dans les cas de l'article précédent, et
« s'il n'existe d'ailleurs aucune des contraventions qui auto-
« risent son action conformément à l'article 11 de la distinc-
« tion précédente, ne peut point demander la nullité du
« mariage ; il peut et doit seulement faire prononcer contre

« l'officier public l'amende établie par la loi ; et contre les
« parties contractantes, ou ceux sous la puissance desquels
« elles ont agi, une amende proportionnée à leur fortune. »

M. RÉAL dit que la première partie de cet article est inutile, parce qu'elle répète l'article 13, lequel comprend le ministère public.

M. TRONCHET dit que l'on peut rédiger ainsi : *le commissaire, dans le cas de l'article précédent, doit seulement faire prononcer contre l'officier de l'état civil*, etc.

L'article est adopté avec l'amendement de M. *Tronchet*.

Les articles 15 et 16 sont soumis à la discussion ; ils sont ainsi conçus :

194 Art. 15. « Nul ne peut réclamer le titre d'époux et les ef-
« fets civils du mariage, s'il ne représente un acte de célé-
« bration inscrit sur le registre de l'état civil.

195 « La possession d'état ne peut, à l'égard des prétendus
« époux, suppléer la représentation de ce titre, ni faire ad-
« mettre la preuve testimoniale de la célébration du mariage,
« si ce n'est dans les cas prévus par la loi du 2 floréal an III,
« sur la perte des registres de l'état civil ; encore que les pré-
« tendus époux exhibassent un contrat de mariage, et no-
« nobstant toute reconnaissance et déclaration contraire éma-
« née des deux époux ou de l'un d'eux.

« Le commissaire du gouvernement doit poursuivre par la
« voie de la police correctionnelle, et forcer de se séparer,
« ceux qui s'honorent ainsi du faux titre d'époux, et qui
« couvrent leur concubinage du voile respectable du mariage. »

197 Art. 16. « Si néanmoins, dans le cas de l'article précédent,
« il existe des enfans issus de deux individus qui ont vécu
« publiquement comme mari et femme, et qui soient tous
« deux décédés, la légitimité des enfans ne peut être contes-
« tée sous le seul prétexte du défaut de représentation de
« l'acte de célébration, toutes les fois que la possession d'état
« se trouve constatée, soit par des actes authentiques, soit

« par des actes privés, émanés de ceux qui contestent l'état
« des enfans. »

M. Tronchet expose les motifs de ces deux articles ; il dit que, dans les grandes villes surtout, il n'est pas rare de voir des individus qui, sans être mariés, se font, par rapport au mariage, une sorte de possession d'état ; quelquefois même ils la corroborent par un contrat de mariage et par les qualités qu'ils prennent dans les actes. Ne pas sévir contre eux, ce serait faciliter le concubinage. Comme jamais un individu ne peut ignorer où il a été marié, il est juste d'exiger d'eux l'acte même de leur mariage, pour les admettre à prendre le titre d'époux.

Il n'en est pas de même des enfans ; il leur est permis d'ignorer où leur père et leur mère ont été mariés : ainsi, quand tous deux sont décédés, la possession d'état doit suffire aux enfans, pourvu qu'il soit constaté par des titres que les tiers qui l'attaquent ne puissent récuser.

M. Portalis craint que les deux articles ne troublent la tranquillité des familles, et ne donnent lieu à une sorte d'inquisition. Les époux doivent sans doute savoir où ils ont été mariés ; mais il est dangereux, lorsqu'il y a une supposition d'état, que le ministère public puisse les interroger à ce sujet, sans avoir été mis en mouvement par une dénonciation préalable.

La disposition relative aux enfans est trop sévère. A la vérité, leur état doit être appuyé sur l'acte de mariage de leurs père et mère, quand ceux-ci sont vivans ; mais quand ils n'existent plus, l'état des enfans est suffisamment établi par leur acte de naissance, et appuyé d'une possession d'état. Telle était l'ancienne jurisprudence.

M. Tronchet dit qu'il sent toute la force de cette objection ; mais que son but a été de remplacer par l'action des commissaires l'action qu'avaient autrefois les officiaux.

Il y aura des abus ; cependant ils seront rares. Le ministère public n'attaquera jamais que les individus suspects. Cette disposition serait encore plus nécessaire, si l'amendement que M. *Portalis* a proposé pour l'article 16 était adopté ; car les hommes corrompus craindraient bien moins de se livrer au concubinage, s'il leur était possible d'assurer l'état de leurs enfans par les qualités qu'ils leur donneraient dans leur acte de naissance.

M. Portalis dit que la répression du concubinage ne peut appartenir au ministère public qu'autant que ce concubinage est accompagné de scandale. Dans nos mœurs, nous ne connaissons point la censure ; une telle institution dégénérerait trop facilement en inquisition redoutable. A Rome, la censure ne conserva ses bons effets qu'autant que les mœurs furent très-pures; elle ne fut plus qu'un danger quand les vices furent plus forts que les censeurs. Le scandale trouble l'ordre public : alors le ministère du commissaire du gouvernement peut se mouvoir; mais tant qu'il n'y a point de trouble ou scandale pour le public, il doit y avoir tranquillité pour les particuliers.

A l'égard des enfans, la loi serait injuste, si elle était plus sévère pour eux que la jurisprudence ancienne. Elle doit entrer dans leur situation, et ne pas exiger qu'ils représentent des titres qui leur sont inconnus, puisque ces titres, s'ils existent, sont antérieurs à leur naissance. L'équité ne permet d'exiger des enfans que les titres qu'ils peuvent exhiber; on n'a qu'à voir l'affaire de *Bourgela*, plaidée par le célèbre Cochin.

Le Consul Cambacérès dit que, dans cette matière, toute la faveur doit être pour les enfans, il ne croit pas qu'il convienne de compromettre leur sort pour atteindre quelques désordres peu ordinaires.

L'article 15 est adopté avec l'amendement de M. *Portalis*, tendant à n'autoriser l'action du ministère public que dans le cas où il y a une dénonciation.

L'article 16 est adopté avec l'amendement de M. *Portalis*, lequel consiste à admettre les enfans dont les parens sont morts, à établir leur état par leur acte de naissance, appuyé d'une possession d'état.

L'article 17 est discuté; il est ainsi conçu :
« S'il existe un acte de célébration reçu par l'officier pu-
« blic, qui n'ait été rédigé que sur une feuille volante, et
« qui ne soit point inscrit sur le registre de l'état civil, l'of-
« ficier civil doit être poursuivi criminellement, tant par les
« époux qu'il a trompés, que par le commissaire du gouver-
« nement.

« L'action doit être dirigée par le commissaire du gouver-
« nement, tant contre l'officier public que contre les époux,
« si le délit a été commis de concert avec eux ou contre celui
« des deux époux qui aurait seul concouru à la fraude.

« Dans ce dernier cas, l'action peut être intentée par l'époux
« trompé contre l'autre. »

M. TRONCHET dit que quelques tribunaux ont réclamé contre cette disposition, parce qu'elle autorise l'action criminelle contre l'officier de l'état civil, tandis que, dans leur opinion, la peine ne devrait être que correctionnelle. Pour lui, il pense qu'un des plus grands délits que cet officier puisse commettre, est celui de compromettre le mariage même, et par suite, l'état des enfans, en ménageant à l'un des époux la faculté de supprimer la preuve.

M. THIBAUDEAU observe que la disposition de cet article se trouve déjà dans le titre *des Actes de l'état civil*.

LE CONSUL CAMBACÉRÈS dit qu'à la révision générale on en déterminera positivement la place.

L'article est adopté.

Les articles 18 et 19 sont adoptés sans discussion.

Art. 18. « Si la preuve d'une célébration légale du mariage 198
« se trouve acquise par l'événement de la procédure crimi-
« nelle, l'inscription du jugement sur les registres de l'état
« civil assure au mariage, à compter du jour de sa célébra-

« tion, tous les effets civils, tant à l'égard des époux qu'à
« l'égard des enfans issus de ce mariage. »

Art. 19. « Si les époux ou l'un d'eux sont décédés sans
« avoir découvert la fraude, l'action criminelle peut être
« intentée par tous ceux qui ont intérêt de faire déclarer le
« mariage valable, et par le commissaire du gouvernement. »

L'article 20 est ainsi conçu :
« Si l'officier public est décédé lors de la découverte de la
« fraude, l'action sera dirigée au civil contre ses héritiers par
« le commissaire du gouvernement, en présence des parties
« intéressées et sur leur dénonciation. »

M. TRONCHET dit que cet article a été ajouté pour répondre aux questions que faisaient quelques tribunaux sur le cas où l'officier de l'état civil serait décédé.

M. MALEVILLE propose d'étendre les dispositions des articles précédens à toutes les contraventions que pourrait se permettre l'officier de l'état civil contre les dispositions du chapitre Ier. C'est sans doute un délit grave de la part d'un officier public, que d'inscrire un acte de mariage sur une feuille volante ; mais il est des cas où il serait plus répréhensible encore, comme s'il mariait un enfant avant l'âge requis, un mineur sans le consentement de sa famille, un frère avec sa sœur, etc.

L'article est adopté.

L'article 21 est adopté ainsi qu'il suit :
« Le mariage qui a été déclaré nul produit néanmoins les
« effets civils, tant à l'égard des époux qu'à l'égard des en-
« fans, lorsqu'il a été contracté de bonne foi.
« Si la bonne foi n'existe que de la part de l'un des deux
« époux, le mariage ne produit les effets civils qu'en faveur
« de cet époux et des enfans issus du mariage. »

LE PREMIER CONSUL charge la section de législation de présenter incessamment la dernière rédaction des projets de loi adoptés, et de les faire imprimer sur deux colonnes, dont l'une contiendra le texte ancien, et l'autre la dernière rédaction.

(Procès-verbal de la séance du 24 frimaire an X. — 15 décembre 1801.)

M. Réal présente la rédaction définitive du projet de loi sur le Mariage et sur le Divorce.

Le titre Ier est intitulé, *du Mariage*.

Le Premier Consul ouvre d'abord la discussion sur la division du projet.

La question est de savoir si la matière du divorce sera le sujet d'une loi séparée, ou si elle formera le titre II du projet présenté.

M. Tronchet pense qu'il est préférable de séparer les deux matières, et de faire de chacune le sujet d'une loi particulière. La matière du divorce, dit-il, est susceptible de plus de débats que celle du mariage : ce motif doit déterminer à ne les pas réunir dans un même projet, afin de ne pas compromettre les dispositions relatives à l'une par les difficultés que pourraient rencontrer les dispositions relatives à l'autre.

Le Consul Cambacérès partage cette opinion. Il pense qu'en général on doit diviser les matières qui en sont susceptibles. Or, il n'y a pas de connexité nécessaire entre les dispositions sur le mariage et les dispositions sur le divorce.

M. Lacuée dit que si cette proposition est adoptée, on ne pourra se dispenser de retrancher de la section la disposition qui porte que le mariage se dissout par le divorce, et qu'alors la loi sera incomplète, en ce qu'elle n'énoncera plus toutes les causes de la dissolution.

Le Consul Cambacérès répond qu'on peut laisser subsister la disposition dont parle M. *Lacuée*. Elle n'énonce qu'un principe qui, sans doute, sera adopté ; car la divergence d'opinions ne porte que sur le mode de divorce.

M. Tronchet ajoute que cette disposition n'engagera que la question générale du principe du divorce, considéré abstractivement du mode; et que, quand le principe du divorce serait rejeté, il suffirait d'effacer une ligne dans le projet.

Le Conseil arrête que le divorce sera la matière d'une loi particulière, et qu'en conséquence le projet en discussion sera divisé en chapitres.

Le chapitre Ier, intitulé *des qualités et conditions requises pour pouvoir contracter mariage*, est soumis à la discussion.

L'article 1er est ainsi conçu :

144 « L'homme avant l'âge de dix-huit ans révolus, la femme
« avant celui de quinze ans aussi révolus, ne peuvent con-
« tracter mariage.

145 « Le gouvernement pourra néanmoins, pour des motifs
« graves, accorder des dispenses d'âge. »

Le Consul Cambacérès dit que fixer à dix-huit ans pour les mâles l'époque où le mariage leur est permis, c'est en trop reculer le terme; il peut y avoir de justes motifs de le rapprocher, quand d'ailleurs la puberté est certaine. On répondra que l'article détruit l'objection, en ce qu'il autorise le gouvernement à accorder des dispenses : mais ce droit a quelque chose de bizarre, et présente une idée fausse; car l'autorité politique ne peut pas dispenser des lois de la nature.

M. Tronchet rappelle que la question de l'âge a été suffisamment débattue. Si l'on suivait rigoureusement les principes, le mariage ne devrait être permis qu'à ceux qui ont réellement atteint la puberté; mais comme il est impossible de pénétrer dans les secrets de la nature, et de la suivre dans ses variations, il faut s'en tenir à une règle générale prise de ce qui est le plus communément. Autrefois la capacité de se marier était acquise à quatorze ans pour les filles, à seize ans pour les mâles; mais les mariages prématurés blessent l'intérêt de l'État, parce qu'ils sont la source d'une génération affaiblie; et, d'après ce motif important, le Conseil a cru devoir reculer la capacité du mariage à un âge où les époux sont plus formés; à ce premier motif, on peut ajouter que le mariage étant un engagement indissoluble, il est prudent de ne le permettre que lorsque la raison est parvenue à un certain degré de maturité. Enfin, la faculté d'obtenir des dispenses remédie aux inconvéniens particuliers. Dans les colonies, par exemple, la puberté est en général plus prématurée que sur le continent : il faut donc que la règle générale puisse être tempérée par des dispenses à l'égard des filles de colons qui viennent se marier en France.

Le Consul Cambacérès propose de retrancher le mot *âge*.
L'article est adopté avec cet amendement.

L'article 2 est soumis à la discussion.

« Il n'y a point de mariage lorsqu'il n'y a point de consen-
« tement.

« Il n'y a pas de consentement lorsqu'il y a violence, ou
« erreur sur la personne. »

M. Tronchet dit que la rédaction de cet article n'est pas exacte. Dès qu'il existe un acte matériel, il y a mariage, qui peut cependant être nul, s'il n'est pas intervenu de consentement ; et ce mariage subsiste jusqu'au jugement qui en prononce la nullité. C'est ce qu'il importe de faire sentir, afin que les parties ne se croient pas autorisées à se dégager de plein droit et sans l'intervention des tribunaux.

M. Réal répond que l'article a été adopté par le Conseil tel qu'il est rédigé, et qu'il suppose nécessairement le recours aux tribunaux.

Le Premier Consul dit (*) qu'on a distingué, dans les pré-

(*) « Vous ne devez pas vous servir de ces termes , *le premier* mariage, puisque vous dites que, dans ce cas, *il n'y a pas eu* de mariage. On a distingué deux cas dans la discussion : 1° il n'y a pas de mariage à défaut de consentement devant l'officier civil, et si on a écrit que la femme a dit *oui*, quand elle a dit *non*; 2° si la femme, ayant dit oui, prétend ensuite avoir été forcée, il y a mariage, mais il peut être annulé. Il en est de même par rapport à l'erreur de personne ; si lorsque je voulais épouser une blonde avec les yeux noirs, on m'a donné pour femme une brune avec les yeux bleus, il n'y a pas de mariage. S'il n'y a eu erreur que sur la qualité, il y a mariage, mais il peut être nul. Votre rédaction ne maintient pas ces distinctions. »

Réal : « J'ai cependant tâché de rendre les idées du Premier Consul. Il n'y a pas consentement, quand il y a violence. »

cédentes discussions, entre le cas où l'officier de l'état civil supposerait un consentement qui n'aurait pas été donné, même forcément, et le cas où il y aurait eu un consentement non libre. On a dit que, dans le premier cas, il n'y a pas de mariage ; que dans le second, il y a un mariage, mais qui peut être déclaré nul.

On a également distingué entre l'erreur sur l'individu physique, et l'erreur sur ses qualités civiles, et il a été reconnu qu'il n'y a pas de mariage lorsqu'un autre individu est substitué à celui que l'on a consenti d'épouser ; qu'au contraire

Le Premier Consul : « Si fait, il y a consentement, il suffit d'une minute; seulement le consentement n'a pas été libre. »

La discussion continue sur l'erreur de personne.

Le Premier Consul : « On n'a pas d'idée de l'institution du mariage, ni des lumières du siècle. A présent qu'il n'y a plus de castes, c'est la plus imposante devant la nature humaine. J'ai épousé une femme brune, qui m'était bien connue depuis six mois, et je reconnais ensuite qu'elle n'est pas fille de celui que j'avais cru son père; il n'y a point erreur de personne, il n'y en a pas moins mariage, autrement ce serait un jeu; il y a eu échange d'âmes, tant pis pour l'homme. Il ne faudrait pas que l'on permît le mariage à des individus qui ne se connaîtraient pas depuis six mois. Votre article est immoral, vous regardez le mariage comme une partie de pêche. Le législateur ne doit pas s'arrêter à ces considérations-là, il doit supposer le mariage fait en connaissance de cause. Je n'excepte que le cas où la fille a été complice de la fraude. »

Le Second Consul : « La loi ne doit pas statuer pour des cas rares. »

Le Premier Consul : « Ces cas seront très-communs. Pendant la révolution on a caché ses noms; nous avons eu l'émigration; tous les jours on trouve un tas d'enfans perdus; vous regardez comme essentiel au mariage ce que je ne regarde que comme accessoire. Vous ne pouvez plus remettre la fille dans l'état où elle était. Je trouve cela immoral et contraire à la dignité de l'homme. On sifflerait un drame qui serait contraire à mon système. »

Le Second Consul : « Je citerai le fait d'un militaire qui revient de l'armée après dix ans d'absence : il croit épouser sa cousine, mais le tuteur lui a substitué sa fille : il n'y a pas de consentement. »

Le Premier Consul : « Vous traitez cela en homme d'affaires. Le mariage est bon; car enfin la dot n'est que l'accessoire; l'union des corps est le principal. »

Le Second Consul : « Je fais une autre hypothèse. Le militaire voulait épouser une femme laide et pauvre, on lui en substitue une jolie et riche, il n'en veut pas, tous vos raisonnemens croulent. »

Le Premier Consul : « Tout votre système a pris naissance quand on se mariait par procuration; mais à présent, on se marie corps à corps. »

(*Tiré des Mémoires de M. Thibaudeau sur le Consulat*, pages 430 à 433.)

il y a mariage, mais mariage susceptible d'être cassé, lorsque l'individu, étant d'ailleurs physiquement celui sur lequel ce consentement a porté, n'appartient cependant pas à la famille dont il a pris le nom.

Les articles 2 et 3 ne sont pas conformes à cette opinion du Conseil. En effet, l'article 3 ne défend de contracter un second mariage que quand il y en a eu un premier qui n'est pas dissous : l'article 2 décide qu'il n'y a pas eu de premier mariage, lorsqu'il n'y a pas eu de consentement ; et, confondant ensuite tous les cas, déclare qu'il n'y a pas de consentement, ni par conséquent de mariage, toutes les fois qu'il y a eu erreur ou violence.

M. Réal répond que la rédaction de l'article 2 est conforme au langage de la jurisprudence : on a toujours dit, en droit, que, lorsqu'il y a violence, il n'y a pas de consentement.

Le Premier Consul dit que le mot *violence* exprime une chose faite forcément, mais faite néanmoins, et qui subsiste jusqu'à ce qu'elle soit détruite. Quand il n'y a pas eu de consentement, le mariage n'existe pas même en apparence. Une jeune personne se trouve en présence de l'officier de l'état civil ; celui-ci veut supposer qu'elle consent au mariage : elle se récrie ; elle désavoue à la face du public cette fausseté ; elle échappe et implore le secours des citoyens contre l'oppression : il est évident qu'alors il n'y a pas de mariage. Si, au contraire, intimidée par les menaces, elle consent au mariage, ne fût-ce qu'un moment, le mariage subsistera jusqu'à ce que les tribunaux aient décidé que le consentement n'a pas été libre.

M. Réal dit que les tribunaux prononcer ont dans ces deux cas.

Le Premier Consul dit que, dans le premier cas, la contestation ne portera pas sur la validité du mariage ; mais qu'on poursuivra au criminel l'officier de l'état civil.

M. Réal répond que l'acte de mariage subsistera cependant jusqu'au jugement.

M. Regnier dit que la rédaction, pour être exacte, devrait être ainsi conçue : « le mariage est nul lorsqu'il y a « violence. »

M. Tronchet distingue. S'il n'a pas été dressé d'acte, dit-il, il n'y a pas de mariage ; s'il existe un acte, quoiqu'il n'y ait pas de consentement, la foi est due à l'acte, et il conserve sa force, jusqu'à ce qu'il ait été déclaré faux.

M. Regnier dit que la rédaction du premier alinéa de l'article est exacte : elle pose un principe qu'il est utile de consacrer d'abord ; mais comme on pourrait s'égarer dans l'application de ce principe, la rédaction de la seconde partie de l'article paraît devoir être conçue telle que l'opinant l'a proposée.

M. Réal dit que les jurisconsultes entendent le mot *erreur* dans le sens que lui donne la section.

Le Premier Consul dit qu'on n'a pas répondu à ses réflexions.

Il n'y a certainement pas d'erreur sur la personne, lorsque le consentement au mariage porte sur un individu présent.

Mais, dit-on, nous ne sommes plus dans l'état de nature; dans l'ordre social, la personne se compose tout à la fois de la figure, du nom, des qualités civiles.

Il est facile de prouver que, dans l'ordre social même, le nom et les qualités civiles ne sont pas la personne : par exemple, la sœur de celle qu'un citoyen se propose d'épouser arrive d'Amérique ; elle a les mêmes noms et les mêmes qualités que l'autre ; dira-t-on cependant que c'est la même personne? Comment admettre que les qualités civiles aient une influence déterminante sur un acte aussi important que le mariage? C'est par le caractère, c'est par la figure que des époux se conviennent, s'attachent, se choisissent, et le législateur ne peut pas supposer qu'ils ne se connaissent que sous ce rapport, et qu'un engagement aussi sérieux que le mariage, un engagement en soi indissoluble, puisqu'il ne peut être rompu que par le remède extrême du divorce, soit jamais contracté avec une telle légèreté, que les époux n'aient pas pris le temps de se connaître. Que sont, auprès des qualités naturelles, les qualités purement civiles ? Elles devaient sans doute être d'un grand poids, lorsqu'il existait des distinctions de caste ; alors le système existant devait les faire influer sur la validité du mariage ; mais aujourd'hui qu'on ne considère plus l'homme qu'en soi, et tel qu'il est dans la nature, il serait barbare de détruire, après six mois, un mariage où chacun des époux a connu parfaitement l'individu auquel il a voulu s'unir. Quoi ! un mari aura consenti à épouser l'individu qu'on aura fait paraître devant lui ; il lui aura promis protection et attachement ; l'échange des âmes se sera opéré entre eux ; et, six mois après, il serait admis à dire que ce n'est pas là la personne qu'il a choisie, parce qu'elle porte un nom différent de celui sous lequel il l'a connue jusque là !

M. Emmery répond que, dans les principes de la législation actuelle, il y a erreur sur la personne toutes les fois que l'acte de naissance se trouve faux, parce que le mari a consenti à épouser la fille d'un individu déterminé. On peut sans doute changer ces principes ; mais comment concilier ce changement avec la nécessité du consentement de la famille ?

M. Regnier dit qu'on pourrait autoriser les tribunaux à juger si l'erreur a influé sur le consentement ; car il est des circonstances où ce serait une extrême rigueur que d'obliger l'époux trompé à demeurer sous le joug du mariage.

Le Premier Consul dit qu'il ne peut se rendre à cette opinion. Le mariage ne doit être nul que lorsque la femme est complice de la fraude. Si c'est une aventurière, la loi ne peut la protéger ; mais la loi serait immorale, si elle abandonnait une épouse innocente qui partageait l'erreur de son époux.

M. Réal suppose qu'une fille mariée comme appartenant à telle famille et avec le consentement de cette famille, soit, après le mariage, déclarée illégitime : il pense que le mariage serait valable, soit que la femme ait partagé ou n'ait point partagé l'erreur.

Le Premier Consul dit que l'intérêt des mœurs exige qu'on l'abandonne si elle a été complice.

M. Cretet dit qu'il est presque impossible que cette complicité n'existe pas.

Le Premier Consul dit que l'exemple cité par M. *Réal* prouve que la bonne foi de la femme est possible.

M. Regnier dit que l'amendement proposé par le Premier Consul est aussi moral que juste, parce qu'il n'y a réellement erreur sur la personne que lorsque l'on a épousé un individu pour un autre. Les qualités civiles n'ont été considérées, par rapport au mariage, que dans le système de la distinction des castes.

M. Maleville dit que ce n'est point l'ancienne distinction des castes qui avait fait introduire la maxime que l'erreur dans la personne annulait le mariage ; puisqu'on jugeait bien constamment, au contraire, que ce mariage demeurait hors d'atteinte, quoiqu'on eût épousé une fille roturière la croyant noble, ou une fille pauvre la croyant riche ; mais on a toujours distingué l'erreur dans la personne même avec l'erreur sur les qualités de la personne. Cette dernière erreur n'a jamais été recueillie comme cause de dissolution de mariage ; mais il en est autrement de l'erreur dans la personne, et on a toujours jugé que, dans cette hypothèse, il n'y avait pas de consentement.

Ce serait même vainement qu'on voudrait réduire l'application de cette règle à l'erreur sur la personne physique ; car ce serait absolument l'anéantir, puisqu'il est bien évident que lorsqu'on se présente pour se marier, on agrée la personne physique avec laquelle on se présente : une règle si juste et si sage a donc nécessairement eu un autre objet, et cet objet, c'est la personne sociale.

Il n'est pas plus conforme aux principes de restreindre l'application de la règle au cas où l'individu sur le compte duquel il y a eu erreur était complice ou non : il n'en est pas moins vrai que l'autre a été trompé, qu'il n'y a donc pas eu de consentement de sa part, ni par conséquent de mariage.

Le Premier Consul persiste à penser que la validité du mariage, en cas d'erreur, ne doit dépendre que de la distinction entre le cas où la femme est coupable et le cas où elle est innocente. C'est mépriser la nature humaine que d'anéantir le mariage quand la femme n'est pas coupable ; car c'est donner la préférence aux qualités naturelles.

Le Consul Cambacérès dit qu'en général il y a erreur quand l'un des époux a épousé une autre personne que celle à laquelle il voulait s'unir ; mais on a toujours pensé que l'erreur sur les qualités ne portait pas préjudice au mariage, comme lorsqu'un citoyen épouse une veuve pour une fille. Cependant on a considéré le consentement comme erroné, lorsque l'individu qui l'a donné épouse la fille d'une autre que celui avec lequel il croyait s'allier.

Le Ministre de la Justice dit que les mariages forment les liens, non seulement entre les époux, mais aussi entre les familles ; que d'ailleurs ce serait réduire l'époux à une condition trop dure, que de le forcer à garder une femme qu'il aurait épousée comme la fille de son ami, lorsque celle à laquelle il voulait s'unir serait arrivée et aurait détruit son erreur.

Le Premier Consul dit que la considération de l'alliance n'influe plus maintenant que sur un petit nombre de mariages ; c'est la considération de l'individu qui en détermine le plus grand nombre. Peut-on d'ailleurs, dans le cas qu'on suppose, rétablir les choses comme elles étaient avant le mariage, et renvoyer la femme dans le même état qu'on l'a prise ? quel malheur alors pour une femme innocente !

Le Ministre de la Justice dit que la bonne foi de la femme a tous les effets qu'elle peut avoir, puisqu'elle donne la légitimité aux enfans ; que le mari ne peut essuyer de reproches, puisque c'est lui qu'on a trompé ; que la femme, si elle est innocente de la fraude, ne peut se plaindre que de ceux qui en ont été les artisans.

Le Premier Consul répond que la bonne foi de la femme doit aller jusqu'à valider le mariage.

M. Tronchet dit qu'il sent toute la faveur que mérite la bonne foi de la femme ; mais la loi donne à cette bonne foi tous les effets dont elle est susceptible ; la loi ne peut pas aller jusqu'à valider, par cette considération étrangère au mariage, un mariage essentiellement nul.

M. Regnier dit que la meilleure manière de se déterminer, est de considérer ce que ferait un honnête homme dans le cas qu'on suppose. Renverrait-il son épouse ? Non, l'opinion publique suffirait pour l'en empêcher. On plaindrait la femme; on blâmerait le mari, et l'on assignerait un motif d'intérêt à sa conduite.

M. Cretet dit qu'il serait odieux de permettre à un mari de quitter sa femme, parce que, depuis le mariage, un jugement rendu sur une action en supposition de part l'aurait dépouillée du nom sous lequel elle a été mariée.

Le Consul Cambacérès dit que, dans ce cas, le mariage ne serait pas nul.

Le Ministre de la Justice dit que la possession d'état qu'avait la femme empêche qu'il n'y ait eu erreur dans le consentement du mari.

M. Maleville dit que les changemens survenus dans les qualités n'annulent pas le mariage, attendu qu'on ne considère les qualités qu'au moment où le mariage a été contracté.

Le Premier Consul dit que la présence de la personne devant l'officier de l'état civil ne permet pas de douter que le consentement a été donné avec discernement, car le mariage est l'union des âmes et des corps ; la dot n'est qu'un accessoire auquel il ne faut pas faire céder le principal.

Le Consul Cambacérès pense qu'indépendamment de toute considération de dot, le mariage est nul lorsqu'il y a erreur sur la famille de l'un des époux, parce qu'alors il n'y a pas de consentement de la part de l'autre. La bonne foi est la grande règle des contrats. La loi ne peut donc décider implicitement que, si les citoyens qui se marient sont trompés, ils le seront sans retour. On a stipulé, dans le cours de la discussion, pour les femmes qui seraient victimes du principe; mais peut-être n'est-il pas moins important de prévoir que beaucoup d'entre elles abuseraient du principe contraire. Au reste, la règle que la section propose est consacrée par une jurisprudence de quinze cents ans.

Le Premier Consul dit que cette jurisprudence ne peut être fondée que sur la supposition qu'il y a fraude de la part de la femme, ou sur des idées féodales.

M. Regnier dit qu'il n'est pas certain que, quand le mari eût connu le véritable nom de la véritable famille de la femme, il ne l'eût pas épousée pour ses qualités morales; qu'il y a même lieu de le présumer, puisque, pendant six mois, il s'est plu dans l'union contractée avec elle.

Le Consul Cambacérès dit que si le mari est content de sa femme, il n'usera pas du droit de poursuivre la nullité du mariage.

M. Regnier dit qu'il peut s'y déterminer par inconstance : or, l'indemnité réservée à la femme ne lui rendra pas tout ce qu'elle a perdu, et ne lui donnera pas la facilité de se remarier.

M. Tronchet dit que certainement un honnête homme ne répudierait pas une épouse vertueuse : mais lorsqu'il a été trompé même sur le caractère, faut-il qu'il demeure irrévocablement lié?

On peut aussi envisager la question du côté de la femme. La laissera-t-on sous le joug du mariage, lorsqu'elle aura été trompée sur les qualités civiles d'un mari qui la rend d'ailleurs malheureuse?

Tout ceci prouve combien il est dangereux de s'écarter des principes pour se déterminer par des considérations. Les principes sont que le consentement fait le mariage, et qu'il n'y a pas de consentement lorsqu'il y a erreur. Puisqu'on ne sait si, dans le cas qu'on suppose, le mariage sera heureux ou malheureux, il est prudent de laisser les tribunaux appliquer le principe suivant les circonstances; ils examineront aussi jusqu'à quel point l'erreur a influé sur le consentement, et s'il est probable que le mariage eût été contracté s'il n'y avait pas eu erreur; ils décideront enfin si l'exception de bonne foi doit être admise.

M. REGNIER répond que les circonstances dont parle M. *Tronchet* sont communes à tous les mariages : il n'en est point où l'un des deux époux n'ait pu se tromper sur les qualités morales de l'autre. Il est même possible que l'époux qui aura su cacher ses défauts avant le mariage, continue à les cacher jusqu'après le terme où il n'est plus permis à l'autre de réclamer. Les circonstances ne peuvent donc devenir des motifs de décision; et il convient de s'en tenir à ce que prescrivent le devoir et l'honneur.

On répond qu'il faut s'en tenir aux principes : mais les principes dont on parle ne sont pas puisés dans la nature; ils appartiennent en entier au droit positif : ils seraient sans doute immuables, s'il était certain qu'il n'y a pas eu de consentement; ils sont arbitraires, parce que le nom et la famille n'étant pas les seuls motifs des mariages, on ne peut assurer que, nonobstant l'erreur sur les accessoires, le consentement ne soit pas intervenu.

LE CONSUL CAMBACÉRÈS dit que le mari qui n'a contracté le mariage que dans des vues d'intérêt, peut n'être pas favorable, s'il vient se prévaloir de son erreur lorsqu'il voit ses espérances trompées : mais que répondrait-on à celui qui, croyant épouser une fille pauvre, a par erreur épousé une fille riche, et veut cependant retourner à la personne qu'il avait choisie ?

LE PREMIER CONSUL dit que les principes qu'on invoque ont été imaginés dans le temps où les mariages pouvaient être contractés par procuration. Ils sont devenus sans objet depuis que le mariage n'a plus lieu qu'entre personnes présentes.

M. Roederer dit que la nécessité du consentement pour la validité du mariage est un principe incontestable; mais que c'est un paralogisme de dire qu'il n'y a pas de consentement lorsque des deux côtés il y a erreur. Au moment où le mariage est formé, les époux sont en présence; l'amabilité de l'un rit à l'imagination de l'autre; ils s'acceptent mutuellement: leur consentement porte donc certainement sur la personne; il n'est en défaut que sur le nom. Si ensuite le mari vient dire que son épouse lui déplaît, c'est un fourbe, c'est un lâche qui ne mérite aucune faveur. Il ressemble à celui qui, ayant vu une maison et consenti à l'acheter, refuse ensuite de la prendre, parce que la rue où elle est située ne porte plus le même nom qu'au moment où il a vu son acquisition.

M. Tronchet dit que M. *Regnier* et M. *Rœderer* lui paraissent également hors de la question, et que leurs réflexions tendent à faire rayer l'article.

Le premier va trop loin; car s'il est vrai que la présomption d'un consentement possible soit un motif décisif, l'exception d'erreur ne peut plus être admise sous aucun rapport. Ce n'est pas cependant qu'il ne faille avoir égard à la présomption dont il a parlé; elle doit déterminer, sinon la disposition, du moins l'application de la loi.

Quant à M. *Rœderer*, il suppose que le consentement de l'époux est toujours déterminé par la vue de l'objet auquel il s'unit; mais on ne contracte pas un mariage comme on achète une maison; quelquefois des individus qui ne se sont jamais vus conviennent cependant de s'épouser; ils en conviennent, parce que chacun d'eux connaît la famille, les mœurs, l'éducation de l'autre, et que ces diverses notions lui font espérer son bonheur dans l'union qu'il contracte. La figure n'est même qu'un accessoire pour l'homme sage : loin de se laisser prendre par le physique, il considère surtout le moral. Le système de M. Rœderer anéantit en entier l'erreur sur les qualités, en la rendant sans conséquence.

Mais la question n'est pas de savoir si cette erreur influe sur la validité du mariage, ou si elle est couverte par la présomption qu'elle n'eût pas fait refuser le consentement : il s'agit d'examiner si les effets de l'erreur doivent être restreints au cas où l'époux qui en est l'objet en a été complice. Comme alors il y a toujours un défaut de consentement, la loi ne peut pas priver l'époux trompé du droit de faire valoir la nullité du mariage. Il n'en usera sans doute que dans l'hypothèse où il serait mécontent de l'autre époux.

M. Rœderer pense que la loi doit se réduire à déclarer qu'il n'y a pas de consentement lorsque l'un des époux a été trompé par l'autre. On est généralement convenu qu'un honnête homme ne renverrait pas sa malheureuse compagne par le seul motif qu'il l'aurait épousée sous un faux nom ; mais comme tous les maris ne sont pas également accessibles aux sentimens honnêtes, il est juste que la loi accorde sa protection à la femme.

Le Consul Cambacérès propose de retrancher le second alinéa de l'article.

Cette proposition est adoptée.

Les autres articles du projet sont adoptés ainsi qu'il suit :

Art. 3. « On ne peut contracter un second mariage avant la
« dissolution du premier. »

Art. 4. « Le fils qui n'a pas atteint l'âge de vingt-cinq ans
« accomplis, la fille qui n'a pas atteint l'âge de ving-un ans
« accomplis, ne peuvent contracter mariage sans le consen-
« tement de leurs père et mère ; en cas de dissentiment, le
« consentement du père suffit. »

Art. 5. « Si l'un des deux est mort ou s'il est dans l'impos-
« sibilité de manifester sa volonté, le consentement de l'autre
« suffit, encore qu'il ait contracté un second mariage. »

Art. 6. « Si le père et la mère sont morts, ou s'ils sont dans

« l'impossibilité de manifester leur volonté, les aïeuls et
« aïeules les remplacent ; s'il y a dissentiment entre eux, la
« majorité ou le partage des voix emporte consentement. »

Art. 7. « Les enfans de famille ayant atteint la majorité
« fixée par l'article 4, sont tenus, avant de contracter mariage,
« de demander par un acte respectueux et formel, le conseil
« de leur père et de leur mère, ou celui de leurs aïeuls et
« aïeules lorsque leur père et leur mère sont décédés, ou dans
« l'impossibilité de manifester leur volonté. »

Art. 8. « Les dispositions contenues aux articles 4, 5, 6, 7
« et 8, sont applicables aux enfans naturels légalement re-
« connus. »

Art. 9. « L'enfant naturel qui n'a point été reconnu, et
« celui qui, après l'avoir été, a perdu ses père et mère, ou
« dont les père et mère ne peuvent manifester leur volonté,
« ne pourra, avant l'âge de vingt-un ans révolus, se marier
« qu'après avoir obtenu le consentement du tuteur *ad hoc*
« qui lui sera nommé dans les formes ci-après établies. »

Art. 10. « S'il n'y a ni père ni mère, ni aïeuls ni aïeules,
« ou s'ils se trouvent tous dans l'impossibilité de manifester
« leur volonté, les fils ou filles mineurs de vingt-un ans ne
« peuvent contracter mariage sans le consentement du con-
« seil de famille. »

Art. 11. « En ligne directe, le mariage est prohibé entre
« tous les ascendans et descendans légitimes ou naturels, et
« les alliés dans la même ligne. »

Art. 12. « En ligne collatérale, le mariage est prohibé en-
« tre le frère et la sœur légitimes ou naturels et les alliés au
« même degré. »

Art. 13. « Le mariage est encore prohibé entre l'oncle et
« la nièce, la tante et le neveu. »

Art. 14. « Néanmoins le gouvernement pourra, pour des
« causes graves, lever les prohibitions portées au précédent
« article. »

CHAPITRE II.
Des Formalités relatives à la célébration du mariage.

165 Art. 15. « Le mariage sera célébré publiquement devant « l'officier civil du domicile de l'une des deux parties. »

166 Art. 16. « Les deux publications ordonnées par la loi sur « les actes de l'état civil seront faites dans la commune où « chacune des parties contractantes aura son domicile.

167 « Néanmoins, si le domicile actuel n'est établi que par six « mois de résidence, les publications seront faites en outre « dans la commune du dernier domicile. »

168 « Si les parties contractantes, ou l'une d'elles, sont, rela- « tivement au mariage, sous la puissance d'autrui, les publi- « cations seront encore faites au domicile de ceux sous la « puissance desquels elles se trouvent. »

169 Art. 17. « Le gouvernement, ou ceux qu'il préposera à cet « effet, pourront, pour des causes graves, dispenser de la « seconde publication. »

170 Art. 18. « Le mariage contracté en pays étranger entre « Français, et entre Français et étranger, sera valable s'il a « été célébré dans les formes usitées dans le pays, pourvu « qu'il ait été précédé des publications prescrites par l'ar- « ticle 23 de la loi sur les actes de l'état civil, et que le Fran- « çais n'ait point contrevenu aux dispositions contenues dans « le précédent chapitre. »

171 Art. 19. « Trois mois après le retour du Français sur le « territoire de la République, l'acte de célébration du ma- « riage contracté en pays étranger sera transcrit sur le registre « public des mariages du lieu de son domicile. »

CHAPITRE III.
Des Oppositions au mariage.

172 Art. 20. « Le droit de former opposition à la célébration « du mariage est accordé à la femme engagée par mariage « avec l'une des deux parties contractantes. »

173 Art. 21. « Le père, et à défaut du père, la mère, et à dé-

« faut de père et mère, les aïeuls et aïeules peuvent former
« opposition au mariage de leurs enfans et descendans, en-
« core que ceux-ci aient vingt-cinq ans accomplis. »

Art. 22. « A défaut d'aucun ascendant, le frère ou la sœur, l'oncle ou la tante, le cousin ou la cousine germains, ma-
« jeurs, ne peuvent former opposition que dans les deux cas
« suivans :

« 1°. Lorsque le consentement du conseil de famille re-
« quis par l'article.... n'a pas été obtenu, on supplée con-
« formément à l'article.....

« 2°. Lorsque l'opposition est fondée sur l'état de démence
« du parent; et cette opposition, dont le tribunal pourra pro-
« noncer main-levée pure et simple, ne sera jamais reçue
« qu'à la charge, par l'opposant, de provoquer l'interdiction,
« et d'y faire statuer dans le délai qui sera fixé par le jugement. »

Art. 23. « Tout opposant sera tenu d'élire domicile dans
« le lieu où le mariage doit être célébré. »

Art. 24. « Pour la demande en main-levée d'opposition,
« le délai pour la conciliation sera de trois jours.

« Le tribunal de première instance prononcera dans la dé-
« cade.

« S'il y a appel, il y sera statué dans la décade de la cita-
« tion, et sans qu'il soit besoin de recourir à la conciliation. »

Art. 25. « Si l'opposition est rejetée, les opposans, autres
« néanmoins que les ascendans, pourront être condamnés à
« des dommages-intérêts. »

CHAPITRE IV.
Des Demandes en nullité de mariage.

Art. 26. « Le mariage qui a été contracté sans le consente-
« ment libre des deux époux ou de l'un d'eux ne peut être
« attaqué que par les époux, ou par celui des deux dont le
« consentement a été forcé. »

Art. 27. « Lorsqu'il y a eu erreur dans la personne, le ma-
« riage ne peut être attaqué que par celui des deux époux qui
« a été induit en erreur. »

181 Art. 28. « Dans le cas des articles précédens la demande en
« nullité n'est plus recevable, toutes les fois qu'il y a eu coha-
« bitation continuée pendant un an depuis que l'époux a acquis
« sa pleine liberté, ou que l'erreur a été par lui reconnue. »

182 Art. 29. «Le mariage contracté sans le consentement des père
« et mère, des ascendans ou du conseil de famille, dans les cas
« où ce consentement pouvait être nécessaire, ne peut être atta-
« qué que par ceux dont le consentement était requis, ou par
« celui des deux époux qui avait besoin de ce consentement. »

183 à 192 Art. 30, 31, 32, 33, 34, 35, 36, 37 et 38 (*les mêmes
que les articles* 5, 6, 7, 8, 9, 10, 11, 12 et 13 *du procès-verbal de la séance du* 6 *brumaire an* X).

192 Art. 39. « Le commissaire, dans le cas de l'article précé-
« dent, doit seulement faire prononcer, contre l'officier pu-
« blic, l'amende établie par la loi ; et contre les parties con-
« tractantes, ou ceux sous la puissance desquels elles ont agi,
« une amende proportionnée à leur fortune. »

194 Art. 40. « Nul ne peut réclamer le titre d'époux et les ef-
« fets civils du mariage, s'il ne représente un acte de célé-
« bration inscrit sur le registre de l'état civil.

195 « La possession d'état ne peut, à l'égard des prétendus
« époux, suppléer la représentation de ce titre, ni faire ad-
« mettre la preuve testimoniale de la célébration du mariage,
« si ce n'est dans les cas prévus par........, encore que les pré-
« tendus exhibassent un contrat de mariage, et nonobstant
« toute reconnaissance et déclaration contraire émanée des
« deux époux ou de l'un d'eux. »

197 Art. 41. « Si néanmoins, dans le cas de l'article précédent,
« il existe des enfans issus de deux individus qui ont vécu
« publiquement comme mari et femme, et qui soient tous
« deux décédés, la légitimité des enfans ne peut être con-
« testée sous le seul prétexte du défaut de représentation de
« l'acte de célébration, toutes les fois qu'un acte de naissance,
« appuyé de la possession d'état, prouve cette légitimité. »

198 Art. 42. « Lorsque la preuve d'une célébration légale du

« mariage se trouve acquise par le résultat d'une procédure
« criminelle, l'inscription du jugement sur les registres de
« l'état civil assure au mariage, à compter du jour de sa célé-
« bration, tous les effets civils, tant à l'égard des époux qu'à
« l'égard des enfans issus de ce mariage. »

Art. 43, 44 et 45 (*les mêmes que* 19, 20 et 21 *du procès-* 199 à 202
verbal du 6 brumaire an X).

CHAPITRE V.
Des Obligations qui naissent du mariage.

Art. 46. « Les époux contractent ensemble, par le seul fait 203-204
« du mariage, l'obligation de nourrir, entretenir et élever
« leurs enfans.

« L'enfant n'a point d'action contre ses père et mère pour
« un établissement par mariage ou autrement. »

Art. 47. « Les enfans doivent des alimens à leurs père et 205
« mère et autres ascendans qui sont dans le besoin.

« Les gendres et belles-filles doivent également, et dans 206
« les mêmes circonstances, des alimens à leurs beau-père
« et belle-mère; mais cette obligation cesse, 1° lorsque
« la belle-mère a convolé en secondes noces; 2° lorsque celui
« des époux qui produisait l'affinité, et les enfans de son
« union avec l'autre époux, sont décédés.

« Les obligations résultant de ces dispositions sont réci- 207
« proques. »

Art. 48. « Les alimens ne sont accordés que dans la propor- 208
« tion du besoin de celui qui les réclame, et de la fortune de
« celui qui les doit. »

Art. 49. « Lorsque celui qui fournit ou celui qui reçoit les 209
« alimens sont replacés dans un état tel, que l'un ne puisse
« plus les donner, ou que l'autre n'en ait plus besoin en tout
« ou en partie, la décharge ou réduction peut en être de-
« mandée. »

Art. 50. « Celui qui ne peut payer une pension alimentaire 210-211
« reçoit dans sa demeure, nourrit et entretient celui auquel

« il doit des alimens, pourvu que son revenu et son travail
« suffisent pour fournir de semblables secours. »

CHAPITRE VI.

Des Droits et Devoirs respectifs des Époux.

212   Art. 51. « Les époux se doivent mutuellement fidélité,
« secours, assistance.

213   « Le mari doit protection à sa femme ; la femme obéissance
« à son mari. »

214   Art. 52. « La femme est obligée d'habiter avec le mari, et
« de le suivre partout où il juge à propos de résider : le mari
« est obligé de la recevoir, et de lui fournir tout ce qui est
« nécessaire pour les besoins de la vie, selon ses facultés et
« son état. »

215   Art. 53. « La femme ne peut ester en jugement sans l'au-
« torisation de son mari, quand même elle serait marchande
« publique, ou non commune ou séparée de biens.

216   « L'autorisation du mari n'est pas nécessaire lorsque la
« femme est poursuivie en matière criminelle ou de police. »

217   Art. 54. « La femme, même non commune ou séparée de
« biens, ne peut donner, aliéner, hypothéquer, acquérir,
« sans le concours du mari dans l'acte, ou son consentement
« par écrit. »

218   Art. 55. « Si le mari refuse d'autoriser sa femme à ester en
« jugement, le juge peut donner l'autorisation.

219   « Si le mari refuse d'autoriser sa femme à passer un acte,
« la femme peut faire citer son mari directement devant le
« tribunal de première instance de l'arrondissement du do-
« micile commun, qui peut donner ou refuser son autorisa-
« tion, après que le mari aura été entendu ou dûment appelé
« en la chambre du conseil. »

220   Art. 56. « La femme, si elle est marchande publique, peut,
« sans l'autorisation de son mari, s'obliger pour ce qui con-
« cerne son négoce ; et, audit cas, elle oblige aussi son mari,
« s'il y a communauté entre eux.

« Elle n'est pas réputée marchande publique, si elle ne
« fait que détailler les marchandises du commerce de son
« mari, mais seulement quand elle fait un commerce séparé. »

Art. 57. « Lorsque le mari se trouve frappé d'une condam-
« nation emportant peine afflictive ou infamante, encore
« qu'elle n'ait été prononcée que par contumace, la femme,
« même majeure, ne peut, pendant la durée de la peine,
« ester en jugement ni contracter qu'après s'être fait autoriser
« par le juge, qui peut, audit cas, donner l'autorisation sans
« que le mari ait été entendu ou appelé. »

Art. 58. « Si le mari est interdit ou absent, le juge peut,
« en connaissance de cause, autoriser la femme, soit pour
« ester en jugement, soit pour contracter. »

Art. 59. « Toute autorisation générale, même stipulée par
« contrat de mariage, n'est valable, que quant à l'adminis-
« tration des biens de la femme. »

Art. 60. « Si le mari est mineur, l'autorisation du juge est
« nécessaire à la femme, soit pour ester en jugement, soit
« pour contracter. »

Art. 61. « La nullité fondée sur le défaut d'autorisation
« ne peut être opposée que par la femme, par le mari ou par
« leurs héritiers. »

Art. 62. « La femme peut tester sans l'autorisation de son
« mari. »

CHAPITRE VII.
Dissolution du Mariage.

Art. 63. « Le mariage se dissout :
« 1°. Par la mort de l'un des époux ;
« 2°. Par le divorce légalement prononcé ;
« 3°. Par la condamnation, devenue définitive, de l'un des
« époux, emportant mort civile. »

CHAPITRE VIII.
Des seconds Mariages.

Art. 64. « La femme ne peut contracter un nouveau ma-

« riage qu'après dix mois révolus depuis la dissolution du
« mariage précédent. »

COMMUNICATION OFFICIEUSE.

Ce projet ne fut communiqué officieusement à la section de législation du Tribunat que le 7 messidor an X (26 juin 1802), et il y fut discuté les 21, 22 et 23 thermidor (9, 10 et 11 août) suivans.

OBSERVATIONS DE LA SECTION.

L'ordre du jour appelle la discussion du projet de loi *sur le Mariage*.

Ce projet, dont les articles ne sont point numérotés, sera divisé, quant à présent, en autant d'articles qu'il contient de paragraphes. Il ne sera parlé que de ceux à l'égard desquels la section aura cru devoir proposer des changemens, additions et modifications.

L'approbation des autres articles résultera du silence du procès-verbal.

Un rapport est fait, sur ce projet, par un des membres de la commission chargée de son examen préalable.

146 Sur l'article 2, on observe que cette disposition exige un article formel, qui établisse comme règle certaine que l'interdit pour cause de démence est, en fait de mariage, hors d'état de donner un consentement, lors même qu'il aurait des intervalles lucides.

On propose l'addition suivante :

« L'interdit pour cause de démence ne peut contracter
« mariage. »

Cette nouvelle rédaction est adoptée.

150 Sur l'article 6, on observe que, d'après les principes constamment reconnus, consacrés même par le nouveau Code, notamment par l'article 5 du projet actuel, lorsque la

loi demande l'avis du mari et de la femme, et qu'ils ne peuvent s'accorder, celui du mari doit prévaloir ; cette règle n'est pas moins applicable à l'aïeul qu'au père.

On propose en conséquence une nouvelle rédaction de l'article 7. La section l'adopte ; elle est ainsi conçue :

« Si le père et la mère sont morts, ou s'ils sont dans l'im-
« possibilité de manifester leur volonté, les aïeuls et aïeules
« les remplacent.

« S'il y a dissentiment entre l'aïeul et l'aïeule de la même
« ligne, il suffit du consentement de l'aïeul.

« S'il y a dissentiment entre les deux lignes, ce partage
« emportera consentement. »

Sur l'article 7, on pense qu'il serait nécessaire d'établir une peine contre les enfans de famille qui ne se seraient pas conformés à cette disposition : les anciennes lois autorisaient l'exhérédation.

La section arrête que cette observation sera consignée dans le procès-verbal, pour y avoir égard au titre *des Successions*.

Sur l'article 8, relatif aux enfans naturels légalement reconnus, comme les dispositions auxquelles il se réfère ne doivent s'appliquer qu'aux devoirs à remplir par tout enfant envers ses père et mère, ainsi qu'aux droits appartenans à ces derniers, et qu'il ne peut être ici question des aïeuls et aïeules, on propose de rédiger l'article ainsi qu'il suit :

« Les dispositions contenues aux articles 4, 5 et 6, et la
« disposition de l'article 8, relative à l'acte respectueux qui
« doit être fait aux père et mère, dans le cas prévu par cet
« article, sont applicables aux enfans naturels légalement
« reconnus. »

Cette proposition est adoptée.

Sur l'article 10, la section a exprimé son vœu pour une organisation précise du conseil de famille, tant sur les mariages que sur les tutelles. Cette nouvelle organisation peut seule prévenir les embarras et difficultés qui naîtraient des lois encore existantes sur cette matière.

168 Art. 16. Troisième alinéa, portant : « Si les parties con-
« tractantes, ou l'une d'elles, sont, relativement au mariage,
« sous la puissance d'autrui, les publications seront faites au
« domicile, etc. »

On a indiqué un *erratum*. Il faut lire :

« Les publications seront encore faites à la municipalité
« du domicile, etc. »

171 Art. 19. Au lieu de ces mots *trois mois après*, qui commencent l'article, on pense qu'il faut dire *dans les trois mois après*, etc. Autrement, on pourrait croire que la transcription exigée par cet article peut et même ne doit être faite qu'après l'expiration des trois mois, tandis qu'il est dans l'intention de la loi que les trois mois forment le délai pendant lequel cette transcription doit avoir lieu.

172 Art. 20. On propose de substituer le mot *appartient* aux mots *est accordé*.

On se fonde sur ce que le projet ayant établi en principe, article 3, qu'on ne peut contracter un second mariage avant la dissolution du premier, il en résulte la conséquence évidente que le droit de former opposition appartient nécessairement à la personne engagée par mariage avec l'une des deux parties contractantes.

La section adopte cette proposition.

174 Art. 22. La section est d'avis qu'à la suite des mots *le cousin ou la cousine germains, majeurs*, on ajoute ceux-ci *le tuteur et le curateur*.

Il a paru convenable que dans les deux cas prévus par cet article, savoir, le cas de démence, et celui où le consentement de famille n'aurait pas été obtenu, le tuteur et le curateur pussent former opposition au mariage de ceux dont la personne était confiée à leur surveillance.

La section vote la suppression des mots *ou suppléé, conformément à l'article...*, comme ajoutés par erreur, puisqu'ils sont inapplicables à ce qui précède et à ce qui suit.

Lorsque l'opposition est fondée sur l'état de démence du pa-

rent, etc. La section pense qu'il faut dire, *lorsque l'opposition est fondée sur l'état de démence du futur époux.*

Cette substitution des mots *futur époux* au mot *parent* est motivée sur ce que le tuteur et le curateur devant avoir également le droit de former opposition, il est possible que l'opposition soit formée par un individu qui ne soit pas parent ; d'où résulte la nécessité d'une expression plus générique.

Et cette opposition, dont le tribunal pourra prononcer la main-levée pure et simple, etc.

Il peut arriver, a-t-on dit, des circonstances où l'opposition motivée sur l'état de démence serait si évidemment absurde qu'il y aurait trop d'inconvéniens à ce qu'elle arrêtât une célébration de mariage qui serait sur le point d'être faite. Il paraît que les rédacteurs du projet ont parfaitement senti cette vérité ; et, en effet, ils n'auraient pas dit que le tribunal pouvait prononcer la main-levée pure et simple de l'opposition, s'ils n'eussent pas entendu prévoir le cas où il serait inutile d'appeler l'opposant. Mais, pour qu'il ne puisse pas s'élever le moindre doute sur le véritable sens de la disposition précitée, on propose d'ajouter *sur requête, et sans appel.*

La proposition est adoptée.

La section a pensé qu'il convient de placer entre l'article 22 et l'article 23 une disposition pénale contre ceux qui auraient formé des oppositions sans avoir aucune des qualités auxquelles la loi aurait attaché ce droit.

La rédaction suivante est adoptée :

« Nulle autre que les personnes désignées dans les articles
« précédens ne pourra former opposition à la célébration
« d'un mariage, à peine d'une amende qui ne pourra excéder
« trois cents francs, et ce, sans préjudice des dommages-
« intérêts qui pourraient être prononcés contre l'opposant
« déclaré non recevable. »

Sur cet article, on observe qu'il importe que les parties intéressées aient une parfaite connaissance, dès que l'opposition paraît, et des qualités de l'opposant, et des motifs de l'opposition; et que de plus on ne soit pas tenu de l'aller chercher dans un autre lieu que celui où le mariage doit être célébré.

176 Comme l'article 23 du projet n'a pas pourvu à ces divers points, on propose de substituer la rédaction suivante, laquelle est adoptée :

« Tout acte d'opposition énoncera la qualité qui donne à « l'opposant le droit de la former, et les motifs de son opposi-« tion, et contiendra élection de domicile dans le lieu où le « mariage doit être célébré, à peine d'interdiction contre « l'officier ministériel dont l'acte ne contiendrait pas ces « énonciations. »

178 Art. 24. On propose, et la section vote la suppression des mots *et sans qu'il soit besoin de recourir à la conciliation*.

Le motif est que, d'après les lois actuellement existantes, le recours à la conciliation n'a plus lieu en cause d'appel.

180 Sur l'article 26, au lieu des mots *dont le consentement a été forcé*, on propose de dire *dont le consentement n'a pas été libre*.

On pense que ce léger changement rendra mieux la pensée toute entière de la loi, vu que la disposition s'appliquera dès-lors beaucoup plus clairement au défaut de liberté morale, comme au défaut de liberté physique.

Tel est l'avis de la section.

181 Art. 28. On trouve que le laps d'une année exigé par cette disposition, pour que la demande en nullité ne soit plus recevable, est un terme trop long, et que, d'après les conditions sans lesquelles cette fin de non-recevoir ne peut avoir lieu, un intervalle de six mois est suffisant.

On propose en conséquence de réduire le terme d'un an à six mois. Cette proposition est adoptée.

182 Art. 29. Il y a des cas où le consentement du tuteur ou curateur est nécessaire pour la validité du mariage. L'article 9 du projet en cite un exemple.

D'après ce motif, on propose et la section vote l'addition

des mots *du tuteur ou du curateur* à la suite de ceux-ci : *des ascendans ou du conseil de famille.*

La section désire aussi que, dans le même article 29, au lieu des mots *pourrait être nécessaire*, il soit dit *était nécessaire*. Cette dernière expression, étant plus formelle, a paru mieux répondre au vœu de la loi.

Sur l'article 30, on observe que lorsque l'enfant est parvenu à l'âge compétent pour se marier, et qu'il a laissé une année s'écouler sans réclamer contre le défaut de consentement, il paraît juste qu'il ne soit plus reçu dans la réclamation qu'il voudrait faire. Son silence, pendant ce laps de temps, doit équivaloir à une approbation.

Une nouvelle rédaction est présentée et approuvée; elle est ainsi conçue :

« L'action en nullité ne peut plus être intentée ni par les
« époux, ni par ceux dont le consentement était requis, toutes
« les fois que le mariage a été approuvé expressément ou ta-
« citement par ceux dont le consentement était nécessaire, ou
« lorsqu'il s'est écoulé une année sans réclamation de leur
« part, depuis qu'ils ont eu connaissance du mariage.

« Elle ne peut plus être intentée non plus par l'époux,
« lorsqu'il s'est écoulé une année sans réclamation de sa
« part, depuis qu'il a atteint l'âge compétent pour consentir
« lui-même au mariage. »

Art. 31. « Tout mariage contracté en contravention *à quel-*
« *ques-unes des autres dispositions* du chapitre Ier du présent
« titre peut être attaqué... »

Cette expression, *à quelques-unes des autres dispositions*, a paru trop vague. D'ailleurs, l'article 31 ne doit se référer qu'aux dispositions du chapitre Ier, non relatives au défaut de consentement; car, à l'égard des dispositions relatives à ce défaut, d'autres articles ont réglé quelles sont les personnes qui peuvent attaquer le mariage.

En conséquence, on propose de commencer ainsi l'article 31 :

« Tout mariage contracté en contravention aux dispositions
« des articles 1, 3, 11, 12 et 13 du chapitre Ier, etc. »

La section adopte cette nouvelle rédaction.

Art. 38 et 39. Sur le premier, on propose de supprimer comme inutile la disposition portant que « le mariage ne peut
« être attaqué de nullité que dans le cas où il contient d'ail-
« leurs une contravention à quelqu'une des dispositions du
« chapitre Ier du présent titre, et qu'il ne peut l'être, en ce
« cas, que par les personnes auxquelles l'action en nullité est
« accordée dans le titre précédent. »

On fonde le motif de cette suppression sur ce que la contravention à l'une des dispositions dont parle l'article entraîne la nullité du mariage, qu'il y ait, ou non, des publications.

On pense qu'il conviendrait de réunir l'article du projet avec la partie restante de l'article 38. La rédaction suivante est adoptée :

« Si le mariage n'a point été précédé des deux publications
« requises, ou s'il n'a pas été obtenu des dispenses permises
« par la loi, ou, si les interstices prescrits dans les publica-
« tions et célébrations n'ont pas été observés, le commissaire
« fera prononcer contre l'officier public une amende qui ne
« pourra excéder trois cents francs, et contre les parties con-
« tractantes, ou ceux sous la puissance desquels elles ont agi,
« une amende proportionnée à leur fortune. »

On ajoute qu'il serait utile de placer ici un article supplémentaire, à l'effet d'assurer l'observation des conditions proposées par la loi, pour constater la publicité du mariage.

Cette observation est accueillie; et la section adopte la disposition suivante, qui remplacera l'article 39.

« Les mêmes peines prononcées par l'article précédent
« seront encourues par les personnes qui y sont désignées,
« pour toutes contraventions aux règles prescrites par l'ar-
« ticle 15, lors même que ces contraventions ne seraient pas
« jugées suffisantes pour faire prononcer la nullité du mariage. »

Art. 40. Comme la loi du 2 floréal an VII concerne tout à la fois le cas où il n'existe point de registre de l'état civil, et celui où les registres sont perdus, et comme d'un autre côté cet article doit s'appliquer aux deux cas, on propose de dire : *Dans le cas de la non-existence ou de la perte des registres de l'état civil.* Adopté.

Art. 50 et 51. On propose de supprimer ces deux articles, comme étant purement réglementaires, et statuant sur des points dont la décision, subordonnée à des circonstances infiniment variées, doit être abandonnée à la prudence des tribunaux.

La section adopte cette proposition.

Art. 54. Cet article porte que « la femme, même non com-
« mune ou séparée de biens, ne peut donner, aliéner, hy-
« pothéquer ni acquérir, sans le concours du mari dans l'acte,
« ou son consentement par écrit. »

Cette disposition est approuvée : seulement on pense que, si, dans le détail des propositions ci-dessus spécifiées, on ne trouvait pas exprimé en termes précis celle de *s'obliger*, il pourrait s'élever quelque doute sur cette dernière prohibition ; tandis que l'intention formelle de la loi est d'assujétir à l'autorisation du mari toute espèce d'obligation que la femme voudra contracter, excepté, comme il est dit à l'article 56, lorsque la femme est marchande publique, et pour ce qui concerne son négoce. En conséquence, la section adopte cette addition, et propose de commencer l'article de la manière suivante :

« La femme, même non commune ou séparée de biens, ne
« peut s'obliger, donner, etc. »

On pense aussi que, pour donner à l'application du mot *acquérir* toute la latitude qu'il doit comporter, il convient de dire après ce mot, *à titre gratuit ou onéreux*.

Art. 57. On réclame contre cet article, en ce qu'il suppose que le condamné à une peine infamante est privé de l'exercice des droits civils ; tandis que le Code pénal de 1791, qui n'a pas cessé d'être en vigueur sur cette partie de la législation, ne prive de l'exercice des droits civils que le condamné à une peine afflictive. Ce qui est commun à l'un et à l'autre, est la perte de la qualité de citoyen. Telle est la disposition des articles 1er et 2 du titre IV de la première partie du Code pénal.

D'après ce motif, on propose de supprimer les mots *ou infamante.*

La section adopte cette proposition.

Art. 63. La section demande la suppression de la dernière partie de l'article, où il est dit que le mariage se dissout par la condamnation, devenue définitive, de l'un des époux, emportant mort civile. Elle persiste à penser que la mort civile doit être seulement une cause de divorce. Elle se réfère aux motifs exprimés à cet égard lors de la discussion du projet de loi sur la jouissance et privation des droits civils, et n'ajoutera rien aux développemens consignés dans le procès-verbal relatif à ce projet.

Une conférence eut lieu, par suite de ces observations, entre la section de législation du Tribunat et celle du Conseil d'État, et on s'entendit sur les changemens à faire subir au projet.

RÉDACTION DÉFINITIVE DU CONSEIL D'ÉTAT.

(Procès-verbal de la séance du 6 brumaire an XI. — 28 octobre 1802.)

M. RÉAL, d'après la conférence tenue avec le Tribunat, présente une nouvelle rédaction du titre *du Mariage;* elle est ainsi conçue :

CHAPITRE Ier.

Des Qualités et Conditions requises pour pouvoir contracter mariage.

Art. 1er. « L'homme avant dix-huit ans révolus, la femme

« avant quinze ans aussi révolus, ne peuvent contracter
« mariage. »

Art. 2. « Le gouvernement pourra néanmoins, pour des
« motifs graves, accorder des dispenses d'âge. »

Art. 3. « Il n'y a pas de mariage lorsqu'il n'y a point de
« consentement. »

Art. 4. « On ne peut contracter un second mariage avant la
« dissolution du premier. »

Art. 5. « Le fils qui n'a pas atteint l'âge de vingt-cinq ans
« accomplis, la fille qui n'a pas atteint l'âge de vingt-un ans
« accomplis, ne peuvent contracter mariage sans le consen-
« tement de leurs père et mère ; en cas de dissentiment, le
« consentement du père suffit. »

Art. 6. « Si l'un des deux est mort, ou s'il est dans l'im-
« possibilité de manifester sa volonté, le consentement de
« l'autre suffit. »

Art. 7. « Si le père et la mère sont morts ou s'ils sont dans
« l'impossibilité de manifester leur volonté, les aïeuls et
« aïeules les remplacent : s'il y a dissentiment entre l'aïeul
« et l'aïeule de la même ligne, il suffit du consentement de
« l'aïeul.

« S'il y a dissentiment entre les deux lignes, ce partage
« emportera consentement. »

Art. 8. « Les enfans de famille, ayant atteint la majorité
« fixée par l'article 5, sont tenus, avant de contracter ma-
« riage, de demander, par un acte respectueux et formel,
« le conseil de leur père et de leur mère, ou celui de leurs
« aïeuls et aïeules, lorsque leur père et leur mère sont dé-
« cédés ou dans l'impossibilité de manifester leur volonté. »

Art. 9. « Les dispositions contenues aux articles 4, 5 et 6,
« et la disposition de l'article 8, relative à l'acte respectueux
« qui doit être fait aux père et mère dans les cas prévus par
« cet article, sont applicables aux enfans naturels légalement
« reconnus. »

Art. 10. « L'enfant naturel qui n'a point été reconnu, et

« celui qui, après l'avoir été, a perdu ses père et mère, ou
« dont les père et mère ne peuvent manifester leur volonté,
« ne pourra, avant l'âge de vingt-un ans révolus, se ma-
« rier qu'après avoir obtenu le consentement d'un tuteur *ad*
« *hoc* qui lui sera nommé. »

160 Art. 11. « S'il n'y a ni père ni mère, ni aïeuls ni aïeules,
« ou s'ils se trouvent tous dans l'impossibilité de manifester
« leur volonté, les fils ou filles mineurs de vingt-un ans ne
« peuvent contracter mariage sans le consentement du con-
« seil de famille. »

161 Art. 12. « En ligne directe, le mariage est prohibé entre
« tous les ascendans et descendans légitimes ou naturels et
« les alliés dans la même ligne. »

162 Art. 13. « En ligne collatérale, le mariage est prohibé entre
« le frère et la sœur légitimes ou naturels et les alliés au même
« degré. »

163 Art. 14. « Le mariage est encore prohibé entre l'oncle et la
« nièce, la tante et le neveu. »

164 Art. 15. « Néanmoins, le gouvernement pourra, pour des
« causes graves, lever les prohibitions portées à l'article pré-
« cédent. »

CHAPITRE II.

Des Formalités relatives à la célébration du Mariage.

165 Art. 16. « Le mariage sera célébré publiquement devant
« l'officier civil du domicile de l'une des deux parties. »

166 Art. 17. « Les deux publications ordonnées par l'article 30,
« chapitre III du titre *des Actes de l'état civil*, seront faites à
« la municipalité du lieu où chacune des parties contrac-
« tantes aura son domicile. »

167 Art. 18. « Néanmoins, si le domicile actuel n'est établi que
« par six mois de résidence, les publications seront faites, en
« outre, à la municipalité du dernier domicile. »

168 Art. 19. « Si les parties contractantes, ou l'une d'elles,
« sont, relativement au mariage, sous la puissance d'autrui,
« les publications seront encore faites à la municipalité du

« domicile de ceux sous la puissance desquels elles se trou-
« vent. »

Art. 20. « Le gouvernement, ou ceux qu'il préposera à cet
« effet, pourront, pour des causes graves, dispenser de la
« seconde publication. »

Art. 21. « Le mariage contracté en pays étranger entre
« Français, et entre Français et étranger, sera valable s'il a
« été célébré dans les formes usitées dans le pays, pourvu
« qu'il ait été précédé des publications prescrites par l'ar-
« ticle 30, chapitre III du titre *des Actes de l'état civil*, et
« que le Français n'ait point contrevenu aux dispositions
« contenues au chapitre précédent. »

Art. 22. « Dans les trois mois après le retour du Français
« sur le territoire de la République, l'acte de célébration du
« mariage contracté en pays étranger sera transcrit sur le
« registre public des mariages du lieu de son domicile. »

CHAPITRE III.

Des Oppositions au Mariage.

Art. 23. « Le droit de former opposition à la célébration
« du mariage appartient à la personne engagée par mariage
« avec l'une des deux parties contractantes. »

Art. 24. « Le père, et, à défaut du père, la mère, et, à
« défaut de père et de mère, les aïeuls et aïeules, peuvent
« former opposition au mariage de leurs enfans et descendans,
« encore que ceux-ci aient vingt-cinq ans accomplis. »

Art. 25. « A défaut d'aucun ascendant, le frère ou la
« sœur, l'oncle ou la tante, le cousin ou la cousine germains,
« majeurs, ne peuvent former opposition que dans les deux
« cas suivans :

« 1°. Lorsque le consentement du conseil de famille, re-
« quis par l'article 11, n'a pas été obtenu ;

« 2°. Lorsque l'opposition est fondée sur l'état de dé-
« mence du futur époux ; et cette opposition, dont le tri-
« bunal pourra prononcer main-levée pure et simple, ne

« sera jamais reçue qu'à la charge par l'opposant de pro-
« voquer l'interdiction, et d'y faire statuer dans le délai qui
« sera fixé par le jugement. »

175 Art. 26. « Dans les deux cas prévus par l'article précédent,
« le tuteur ou le curateur ne pourra, pendant la durée de la
« tutelle ou curatelle, former opposition qu'autant qu'il y
« aura été autorisé par un conseil de famille, qu'il pourra
« convoquer. »

176 Art. 27. « Tout acte d'opposition énoncera la qualité qui
« donne à l'opposant le droit de la former; il contiendra
« élection de domicile dans le lieu où le mariage devra être
« célébré; il devra également, à moins qu'il ne soit fait à la
« requête d'un ascendant, contenir les motifs de l'opposi-
« tion : le tout à peine de nullité, et de l'interdiction de
« l'officier ministériel qui aurait signé l'acte contenant l'op-
« position. »

177 Art. 28. « Le tribunal de première instance prononcera
« dans la décade sur la demande en main-levée. »

178 Art. 29. « S'il y a appel, il y sera statué dans les dix jours
« de la citation. »

179 Art. 30. « Si l'opposition est rejetée, les opposans, autres
« néanmoins que les ascendans, pourront être condamnés à
« des dommages-intérêts. »

CHAPITRE IV.
Des Demandes en nullité de Mariage.

180 Art. 31. « Le mariage qui a été contracté sans le consen-
« tement libre des deux époux, ou de l'un des deux, ne
« peut être attaqué que par les époux, ou par celui des deux
« dont le consentement n'a pas été libre.
« Lorsqu'il y a eu erreur dans la personne, le mariage ne
« peut être attaqué que par celui des deux époux qui a été
« induit en erreur. »

181 Art. 32. « Dans le cas de l'article précédent, la demande
« en nullité n'est plus recevable toutes les fois qu'il y a eu co-

« habitation continuée pendant six mois depuis que l'époux a
« acquis sa pleine liberté, ou que l'erreur a été par lui re-
« connue. »

Art. 33. « Le mariage contracté sans le consentement des
« père et mère, des ascendans ou du conseil de famille, dans
« les cas où ce consentement était nécessaire, ne peut être
« attaqué que par ceux dont le consentement était requis,
« ou par celui des époux qui avait besoin de ce consente-
« ment. »

Art. 34. « L'action en nullité ne peut plus être intentée ni
« par les époux, ni par les parens dont le consentement était
« requis, toutes les fois que le mariage a été approuvé expres-
« sément ou tacitement par ceux dont le consentement était
« nécessaire, ou lorsqu'il s'est écoulé une année sans récla-
« mation de leur part, depuis qu'ils ont eu connaissance du
« mariage. Elle ne peut être intentée non plus par l'époux,
« lorsqu'il s'est écoulé une année sans réclamation de sa part,
« depuis qu'il a atteint l'âge compétent pour consentir par
« lui-même au mariage. »

Art. 35. « Tout mariage contracté en contravention aux
« dispositions contenues aux articles 1, 4, 12, 13 et 14 du
« chapitre Ier, peut être attaqué soit par les époux eux-mê-
« mes, soit par tous ceux qui y ont intérêt, soit par le minis-
« tère public. »

Art. 36. « Néanmoins le mariage contracté par des époux
« qui n'avaient point encore atteint l'âge requis, ou dont
« l'un des deux n'avait point atteint cet âge, ne peut plus être
« attaqué, 1° lorsqu'il s'est écoulé six mois depuis que cet
« époux ou que les époux ont atteint l'âge compétent; 2° lors-
« que la femme qui n'avait point atteint cet âge avait conçu
« avant l'échéance des six mois. »

Art. 37. « Les père, mère, les ascendans et la famille qui
« ont consenti au mariage contracté dans le cas de l'article
« précédent, ne sont point recevables à en demander la
« nullité. »

9.

187 Art. 38. « Dans tous les cas où, conformément à l'article 35,
« l'action en nullité peut être intentée par tous ceux qui y
« ont un intérêt, elle ne peut l'être par les parens collaté-
« raux, ou par les enfans nés d'un autre mariage, du vivant
« des deux époux, mais seulement lorsqu'ils y ont un intérêt
« né et actuel. »

188 Art. 39. « L'époux au préjudice duquel a été contracté
« un second mariage peut en demander la nullité, du vivant
« même de l'époux qui était engagé avec lui. »

189 Art. 40. « Si les nouveaux époux opposent la nullité du
« premier mariage, la validité ou nullité de ce mariage doit
« être jugée préalablement. »

190 Art. 41. « Le commissaire du gouvernement, dans tous les
« cas auxquels s'applique l'article 35, et sous les modifica-
« tions portées en l'article 36, peut et doit demander la nul-
« lité du mariage, du vivant des deux époux, et les faire
« condamner à se séparer. »

191 Art. 42. « Tout mariage qui n'a point été contracté publi-
« quement, et qui n'a point été célébré devant l'officier public
« compétent, peut être attaqué par les époux eux-mêmes,
« par les père et mère, par les ascendans, et par tous ceux
« qui y ont un intérêt né et actuel, ainsi que par le ministère
« public. »

192 Art. 43. « Si le mariage n'a point été précédé des deux
« publications requises, ou s'il n'a pas été obtenu des dis-
« penses permises par la loi, ou si les intervalles prescrits
« dans les publications et célébrations n'ont point été obser-
« vés, le commissaire fera prononcer contre l'officier public
« une amende qui ne pourra excéder trois cents francs ; ou
« contre les parties contractantes et ceux sous la puissance
« desquels elles ont agi, une amende proportionnée à leur
« fortune. »

193 Art. 44. « Les mêmes peines prononcées par l'article pré-
« cédent seront encourues par les personnes qui y sont dé-
« signées, pour toute contravention aux règles prescrites par

« l'article 16, lors même que ces contraventions ne seraient
« pas jugées suffisantes pour faire prononcer la nullité du
« mariage. »

Art. 45. « Nul ne peut réclamer le titre d'époux et les ef- 194
« fets civils du mariage, s'il ne représente un acte de célé-
« bration inscrit sur le registre de l'état civil. »

Art. 46. « La possession d'état ne peut, à l'égard des pré- 195
« tendus époux, suppléer la représentation de ce titre, ni
« faire admettre la preuve testimoniale de la célébration du
« mariage, si ce n'est dans les cas prévus par la loi du 2 flo-
« réal an VII, de la non-existence ou de la perte des re-
« gistres de l'état civil, encore que les prétendus époux
« exhibassent un contrat de mariage, et nonobstant toute
« reconnaissance et déclaration contraire émanée des deux
« époux ou de l'un d'eux. »

Art. 47. « Si néanmoins, dans le cas de l'article précédent, 197
« il existe des enfans issus de deux individus qui ont vécu pu-
« bliquement comme mari et femme, et qui soient tous deux
« décédés, la légitimité des enfans ne peut être contestée
« sous le seul prétexte du défaut de représentation de l'acte
« de célébration, toutes les fois qu'un acte de naissance,
« appuyé de la possession d'état, prouve cette légitimité. »

Art. 48. « Lorsque la preuve d'une célébration légale du 198
« mariage se trouve acquise par le résultat d'une procédure
« criminelle, l'inscription du jugement sur les registres de
« l'état civil assure au mariage, à compter du jour de sa
« célébration, tous les effets civils, tant à l'égard des époux
« qu'à l'égard des enfans issus de ce mariage. »

Art. 49. « Si les époux ou l'un d'eux sont décédés sans 199
« avoir découvert la fraude, l'action criminelle peut être in-
« tentée par tous ceux qui ont intérêt de faire déclarer le
« mariage valable, et par le commissaire du gouvernement. »

Art. 50. « Si l'officier public est décédé lors de la décou- 200
« verte de la fraude, l'action sera dirigée au civil, contre ses
« héritiers, par le commissaire du gouvernement, en pré-

« sence des parties intéressées et sur leur dénonciation. »

201   Art. 51. « Le mariage qui a été déclaré nul produit néan-
« moins les effets civils, tant à l'égard des époux qu'à l'égard
« des enfans, lorsqu'il a été contracté de bonne foi. »

202   Art. 52. « Si la bonne foi n'existe que de la part de l'un
« des deux époux, le mariage ne produit les effets civils qu'en
« faveur de cet époux et des enfans issus du mariage. »

CHAPITRE V.

Des Obligations qui naissent du Mariage.

203   Art. 53. « Les époux contractent ensemble, par le seul fait
« du mariage, l'obligation de nourrir, entretenir et élever
« leurs enfans. »

204   Art. 54. « L'enfant n'a point d'action contre ses père et
« mère pour un établissement par mariage ou autrement. »

205   Art. 55. « Les enfans doivent des alimens à leurs père et
« mère et autres ascendans qui sont dans le besoin. »

206   Art. 56. « Les gendres et belles-filles doivent également,
« et dans les mêmes circonstances, des alimens à leurs beau-
« père et belle-mère; mais cette obligation cesse, 1° lorsque
« la belle-mère a convolé en secondes noces; 2° lorsque celui
« des époux qui produisait l'affinité, et les enfans de son
« union avec l'autre époux, sont décédés. »

207   Art. 57. « Les obligations résultant de ces dispositions sont
« réciproques. »

208   Art. 58. « Les alimens ne sont accordés que dans la pro-
« portion du besoin de celui qui les réclame, et de la fortune
« de celui qui les doit. »

209   Art. 59. « Lorsque celui qui fournit ou celui qui reçoit des
« alimens est replacé dans un état tel que l'un ne puisse
« plus en donner, ou que l'autre n'en ait plus besoin en tout
« ou en partie, la décharge ou réduction peut en être de-
« mandée. »

210   Art. 60. « Si la personne qui doit fournir des alimens jus-
« tifie qu'elle ne peut payer la pension alimentaire, le tri-

« bunal pourra, en connaissance de cause, ordonner qu'elle
« recevra dans sa demeure, qu'elle nourrira et entretiendra
« celui auquel elle devra des alimens. »

Art. 61. « Le tribunal prononcera également si le père ou
« la mère qui offrira de recevoir, nourrir et entretenir dans
« sa demeure, l'enfant à qui il devra des alimens, devra, dans
« ce cas, être dispensé de payer la pension alimentaire. »

CHAPITRE VI.

Des Droits et des Devoirs respectifs des époux.

Art. 62. « Les époux se doivent mutuellement fidélité,
« secours, assistance. »

Art. 63. « Le mari doit protection à sa femme ; la femme,
« obéissance à son mari. »

Art. 64. « La femme est obligée d'habiter avec le mari, et
« de le suivre partout où il juge à propos de résider : le mari
« est obligé de la recevoir, et de lui fournir tout ce qui est
« nécessaire pour les besoins de la vie, selon ses facultés et
« son état. »

Art. 65. « La femme ne peut ester en jugement sans l'au-
« torisation de son mari, quand même elle serait marchande
« publique, ou non commune ou séparée de biens. »

Art. 66. « L'autorisation du mari n'est pas nécessaire lors-
« que la femme est poursuivie en matière criminelle ou de
« police. »

Art. 67. « La femme, même non commune ou séparée de
« biens, ne peut donner, aliéner, hypothéquer, acquérir à
« titre gratuit ou onéreux, sans le concours du mari dans
« l'acte ou son consentement par écrit. »

Art. 68. « Si le mari refuse d'autoriser sa femme à ester
« en jugement, le juge peut donner l'autorisation. »

Art. 69. « Si le mari refuse d'autoriser sa femme à passer
« un acte, la femme peut faire citer son mari directement
« devant le tribunal de première instance de l'arrondissement
« du domicile commun, qui peut donner ou refuser son au-

« torisation, après que le mari aura été entendu ou dûment
« appelé en la chambre du conseil. »

220 Art. 70. « La femme, si elle est marchande publique,
« peut, sans l'autorisation de son mari, s'obliger pour ce
« qui concerne son négoce; et, audit cas, elle oblige aussi
« son mari, s'il y a communauté entre eux.

« Elle n'est pas réputée marchande publique, si elle ne fait
« que détailler les marchandises du commerce de son mari,
« mais seulement quand elle fait un commerce séparé. »

221 Art. 71. « Lorsque le mari est frappé d'une condamnation
« emportant peine afflictive ou infamante, encore qu'elle n'ait
« été prononcée que par contumace, la femme, même ma-
« jeure, ne peut, pendant la durée de la peine, ester en ju-
« gement ni contracter, qu'après s'être fait autoriser par le
« juge, qui peut, en ce cas, donner l'autorisation sans que le
« mari ait été entendu ou appelé. »

222 Art. 72. « Si le mari est interdit ou absent, le juge peut,
« en connaissance de cause, autoriser la femme, soit pour
« ester en jugement, soit pour contracter. »

223 Art. 73. « Toute autorisation générale, même stipulée par
« contrat de mariage, n'est valable que quant à l'administra-
« tion des biens de la femme. »

224 Art. 74. « Si le mari est mineur, l'autorisation du juge est
« nécessaire à la femme, soit pour ester en jugement, soit
« pour contracter. »

225 Art. 75. « La nullité fondée sur le défaut d'autorisation ne
« peut être opposée que par la femme, par le mari, ou par
« leurs héritiers. »

226 Art. 76. « La femme peut tester sans l'autorisation de son
« mari. »

CHAPITRE VII.
Dissolution du Mariage.

227 Art. 77. « Le mariage se dissout,
« 1°. Par la mort de l'un des époux ;
« 2°. Par le divorce légalement prononcé ;

« 3°. Par la condamnation devenue définitive de l'un des « époux, emportant mort civile. »

CHAPITRE VIII.
Des seconds Mariages.

Art. 78. « La femme ne peut contracter un nouveau ma- « riage qu'après dix mois révolus depuis la dissolution du « mariage précédent. »

Les quarante-quatre premiers articles sont adoptés.

Les articles 45, 46 et 47 sont discutés.

Le Consul Cambacérès dit que l'article 47 expose l'état des enfans, dans le cas où l'un des époux serait décédé, et que l'autre ne pourrait représenter l'acte de son mariage. La possession d'état qu'ils auraient, quelque certaine qu'elle fût, ne pourrait l'emporter sur l'exclusion que leur donnerait une disposition aussi absolue. Cette disposition serait dangereuse, surtout après une longue révolution, pendant le cours de laquelle beaucoup de Français se sont mariés en pays étrangers; beaucoup ont négligé de remplir les formes prescrites pour les actes de l'état civil.

M. Treilhard trouve également l'article 46 vicieux, en ce qu'il suppose que la possession d'état n'est pas une preuve suffisante du mariage de l'un des époux vis-à-vis de l'autre.

Ces observations sont adoptées, et le Conseil adopte les articles suivans :

Art. 45. « Nul ne peut réclamer le titre d'époux et les ef- « fets civils du mariage s'il ne représente un acte de cé- « lébration inscrit sur le registre de l'état civil, sauf les cas « prévus par l'article 13 du titre *des Actes de l'état civil.* »

Art. 46. « La possession d'état ne pourra dispenser les « prétendus époux qui l'invoqueront respectivement de re- « présenter l'acte de célébration du mariage devant l'officier « de l'état civil. »

Art. 47. « Lorsqu'il y a possession d'état, et que l'acte de « célébration du mariage devant l'officier de l'état civil est

« représenté, les époux sont respectivement non recevables à
« demander la nullité de cet acte. »

197 Art. 48. « Si, néanmoins, dans le cas des articles 45 et 46,
« il existe des enfans issus de deux individus qui ont vécu
« publiquement comme mari et femme, et qui soient tous
« deux décédés, la légitimité des enfans ne peut être con-
« testée sous le seul prétexte du défaut de représentation
« de l'acte de célébration, toutes les fois que cette légitimité
« est prouvée par une possession d'état qui n'est point con-
« tredite par l'acte de naissance. »

Les autres articles du projet sont adoptés.

Les conseillers d'État Portalis, Réal et Galli furent nommés par le Premier Consul pour présenter ce projet au Corps législatif, dans la séance du 16 ventose an XI (7 mars 1803), et pour en soutenir la discussion dans la séance du 26 du même mois.

PRÉSENTATION AU CORPS LÉGISLATIF,

ET EXPOSÉ DES MOTIFS, PAR LE CONSEILLER D'ÉTAT PORTALIS.

Législateurs, les familles sont la pépinière de l'État, et c'est le mariage qui forme les familles.

De là les règles et les solennités du mariage ont toujours occupé une place distinguée dans la législation civile de toutes les nations policées.

Le projet de loi qui vous est soumis sur cette importante matière est le titre V du projet de Code civil. Il est divisé en huit chapitres.

Le chapitre premier détermine *les qualités et conditions requises pour pouvoir contracter mariage*; le second prescrit *les formalités relatives à la célébration du mariage*; le troisième concerne *les oppositions au mariage*; le quatrième traite *des demandes en nullité de mariage*; le cinquième, *des obligations qui naissent du mariage;* le sixième, *des droits et des devoirs respectifs des époux;* le septième, *de la dissolution du mariage;* et le huitième, *des seconds mariages.*

Ces différens chapitres embrassent tout. On y a suivi l'ordre naturel des choses.

On s'est d'abord arrêté au moment où les époux s'unissent. On a examiné ce qui est nécessaire pour préparer leur union, et en garantir la validité. On a passé ensuite aux principaux effets que cette union produit au moment où on la contracte, et pendant sa durée. Finalement, on a indiqué quand et comment elle se dissout, et l'on s'est expliqué sur la liberté que l'on a de contracter une nouvelle union après que la première a été légitimement dissoute.

Tel est le plan du projet de loi.

Le développement des diverses parties de ce plan doit être précédé par quelques observations générales sur la nature et les caractères essentiels du mariage.

On parle diversement du mariage d'après les idées dont on est diversement préoccupé.

Les philosophes observent principalement dans cet acte le rapprochement des deux sexes; les jurisconsultes n'y voient que le contrat civil; les canonistes n'y aperçoivent qu'un sacrement, ou ce qu'ils appellent le *contrat ecclésiastique*.

Cependant, pour avoir une notion exacte du mariage, il faut l'envisager en lui-même, et sous ses différens rapports.

Le mariage en soi ne consiste pas dans le simple rapprochement des deux sexes. Ne confondons pas à cet égard l'ordre physique de la nature qui est commun à tous les êtres animés, avec le droit naturel qui est particulier aux hommes.

Nous appelons *droit naturel* les principes qui régissent l'homme considéré comme un être moral, c'est-à-dire comme un être intelligent et libre, et destiné à vivre avec d'autres êtres intelligens et libres comme lui.

Le désir général qui porte un sexe vers l'autre, et qui suffit pour opérer leur rapprochement, appartient à l'ordre physique de la nature. Le choix, la préférence, l'attachement personnel, qui déterminent ce désir et le fixent sur un seul objet, ou qui du moins lui donnent, sur cet objet préféré, un plus haut degré d'énergie; les égards mutuels, les devoirs et les obligations réciproques qui naissent de l'union une fois formée, et qui s'établissent nécessairement entre des êtres capables de sentiment et de raison; tout cela est de l'empire du droit naturel.

Les animaux, qui ne cèdent qu'à un mouvement ou à un instinct aveugle, n'ont que des rapprochemens fortuits ou périodiques dénués de toute moralité. Mais, chez les hommes, la raison se mêle toujours plus ou moins à tous les actes de leur vie ; le sentiment est à côté du désir, et le droit succède à l'instinct. Je découvre un véritable contrat dans l'union des deux sexes.

Ce contrat n'est pas purement civil, quoi qu'en disent les jurisconsultes; il a son principe dans la nature, qui a daigné nous associer en ce point au grand ouvrage de la création ; il est inspiré, et souvent commandé par la nature même.

Ce contrat n'est pas non plus un pur acte religieux, puisqu'il a précédé l'institution de tous les sacremens, et l'établissement de toutes les religions positives, et qu'il date d'aussi loin que l'homme.

Qu'est-ce donc que le mariage en lui-même, et indépendamment de toutes les lois civiles et religieuses? C'est la société de l'homme et de la femme, qui s'unissent pour perpétuer leur espèce ; pour s'aider, par des secours mutuels, à porter le poids de la vie, et pour partager leur commune destinée.

Il était impossible d'abandonner ce contrat à la licence des passions. Les animaux sont conduits par une sorte de fatalité; l'instinct les pousse, l'instinct les arrête : leurs désirs naissent de leurs besoins, et le terme de leurs besoins devient celui de leurs désirs. Il n'en est pas ainsi des hommes : chez eux, l'imagination parle quand la nature se tait. La raison et la vertu, qui fondent et assurent la dignité de l'homme, en lui laissant le droit de rester libre, et en lui ménageant le pouvoir de se commander à lui-même, n'opposeraient souvent que de bien faibles barrières à des désirs immodérés et à des passions sans mesure. Ne craignons pas de le dire : si, dans des choses sur lesquelles nos sens peuvent exercer un empire tyrannique, l'usage de nos forces et de nos facultés n'eût été constamment réglé par des lois, il y a long-temps que le genre humain eût péri par les moyens mêmes qui lui ont été donnés pour se conserver et pour se reproduire.

On voit donc pourquoi le mariage a toujours fixé la sollicitude des législateurs. Mais les règlemens de ces législateurs n'ont pu détruire l'essence ni l'objet du mariage en protégeant les engagemens que le mariage suppose, et en régularisant les effets qui le suivent. D'autre part, tous les peuples ont fait intervenir le ciel dans un contrat qui doit avoir une si grande influence sur le sort des époux, et qui, liant l'avenir au présent, semble faire dépendre leur bonheur d'une suite d'événemens incertains, dont le résultat se présente à l'esprit comme le fruit d'une bénédiction particulière. C'est dans de telles occurrences que nos espérances et nos craintes ont toujours appelé les secours de la religion, établie entre le ciel et la terre pour combler l'espace immense qui les sépare.

Mais la religion se glorifie elle-même d'avoir été donnée aux hommes, non pour changer l'ordre de la nature, mais pour l'ennoblir et le sanctifier.

Le mariage est donc aujourd'hui ce qu'il a toujours été, un acte naturel, nécessaire, institué par le Créateur lui-même.

Sous l'ancien régime, les institutions civiles et les institutions religieuses étaient intimement unies. Les magistrats instruits reconnaissaient qu'elles pouvaient être séparées ; ils avaient demandé que l'état civil des hommes fût indépendant du culte qu'ils professaient. Ce changement rencontrait de grands obstacles.

Depuis, la liberté des cultes a été proclamée. Il a été possible alors de séculariser la législation. On a organisé cette grande idée, qu'il faut souffrir tout ce que la Providence souffre, et que la loi, qui ne peut forcer les opinions religieuses des citoyens, ne doit voir que des Français, comme la nature ne voit que des hommes.

Vous pouvez juger actuellement, citoyens législateurs, quelle a été la marche que l'on a suivie dans la rédaction du projet de loi. En respectant les principes de la raison naturelle, on a cherché à faire le bien des familles particulières, et celui de la grande famille qui les comprend toutes.

Nous avons vu, par la définition du mariage, que cet acte, dans ses rapports essentiels, embrasse à la fois l'homme physique et l'homme moral. En déterminant les qualités et les conditions requises pour pouvoir contracter mariage, nous avons cherché à défendre l'homme moral contre ses propres passions et celles des autres, et à nous assurer que l'homme physique a la capacité nécessaire pour remplir sa destination.

Notre premier soin a été de fixer l'âge auquel on peut se marier. La nature n'a point marqué d'une manière uniforme le moment où l'homme voit se développer en lui cette organisation régulière et animée qui le rend propre à se reproduire. L'époque de ce développement varie selon les différens climats ; et, sous le même climat, elle ne saurait être la même dans les divers individus. Mille causes l'avancent ou la retardent.

Il faut pourtant qu'il y ait une règle, et que cette règle soit générale. La loi ne pourrait suivre, dans chaque individu, les opérations invisibles de la nature, ni apprécier dans chaque homme les différences souvent imperceptibles qui le distinguent d'un autre homme. On arrive à la véritable puberté par des progrès plus ou moins lents, plus ou moins rapides ; c'est une fleur qui se colore peu à peu, et qui s'épanouit dans le printemps de la vie. Mais il est sage, il est même nécessaire que la loi qui statue sur l'universalité des choses et des personnes, admette un âge après lequel tous les hommes sont présumés avoir atteint ce moment décisif, qui semble commencer pour eux une nouvelle existence.

Dans la fixation de l'âge qui rend propre au mariage, il est des considérations qui naissent de la situation du pays que l'on gouverne, et qu'aucun législateur ne peut raisonnablement méconnaître. Mais partout on peut, jusqu'à un certain point, reculer plus ou moins cet âge. L'expérience prouve qu'une bonne éducation peut étendre, jusqu'à un âge très-avancé, l'ignorance des désirs et la pureté des sens; et il est encore certain, d'après l'expérience, que les peuples qui n'ont point précipité l'époque à laquelle on peut devenir époux et père, ont été redevables à la sagesse de leurs lois de la vigueur de leur constitution et de la multitude de leurs enfans.

Dans les temps qui ont précédé la révolution, les filles pouvaient se marier à douze ans, et les garçons à quatorze. Un tel usage semblait donner un démenti à la nature, qui ne précipite jamais ses opérations, et qui est bonne ménagère de ses forces et de ses moyens : il n'y avait point de jeunesse pour ceux qui usaient du dangereux privilége que la loi leur donnait; ils tombaient dans la caducité au sortir de l'enfance.

Nous avons pensé que la véritable époque du mariage pour les garçons était l'âge de dix-huit ans, et pour les filles celui de quinze. Cette fixation, fondée sur des motifs que chacun aperçoit, autorisée par des exemples anciens et modernes, est infiniment mieux assortie à l'état de nos sociétés.

Cependant, comme des circonstances, rares à la vérité, mais impérieuses, peuvent exiger des exceptions, nous avons cru que la loi devait laisser au gouvernement la faculté d'accorder des dispenses.

Les forces du corps se développent plus rapidement que celles de l'âme. On existe long-temps sans vivre; et, quand on commence à vivre, on ne peut encore se conduire ni se gouverner. En conséquence, nous requérons le consentement des pères et des mères pour le mariage des fils qui n'ont point atteint l'âge de vingt-cinq ans, et pour celui des filles qui n'ont point atteint la vingt-unième année.

La nécessité de ce consentement, reconnue par toutes les lois anciennes, est fondée sur l'amour des parens, sur leur raison, et sur l'incertitude de celle de leurs enfans.

Comme il y a un âge propre à l'étude des sciences, il y en a un pour bien saisir la connaissance du monde.

Cette connaissance échappe à la jeunesse, qui peut être si facilement abusée par ses propres illusions, et trompée par des suggestions étrangères.

Ce n'est point entreprendre sur la liberté des époux que de les protéger contre la violence de leurs penchans.

Le mariage étant de toutes les actions humaines celle qui intéresse le plus la destinée des hommes, on ne saurait l'environner de trop de précautions. Il faut connaître les engagemens que l'on contracte, pour être en droit de les former. Un époux honnête, quoique malheureux par sa légèreté ou par ses erreurs, ne violera point la foi promise, mais il se repentira de l'avoir donnée : il faut, dans un temps utile, par des mesures qui éclairent l'âme, prévenir ces regrets amers qui la brisent.

Dans quelques législations anciennes, c'étaient les magistrats qui avaient, sur le mariage des citoyens, l'inspection qu'il est si raisonnable de laisser au père. Mais nulle part les enfans, dans le premier âge des passions, n'ont été abandonnés à eux-mêmes pour l'acte le plus important de leur vie.

Dira-t-on que les pères peuvent abuser de leur puissance? Mais cette puissance n'est-elle pas éclairée par leur tendresse? Il a été judicieusement remarqué que les pères aiment plus leurs enfans que les enfans n'aiment leur père.

Chez quelques hommes, la vexation et l'avarice usurperont peut-être les droits de l'autorité paternelle. Mais, pour un père oppresseur, combien d'enfans ingrats ou rebelles ! La nature a donné aux pères et aux mères un désir de voir prospérer leurs enfans, que ceux-ci sentent à peine pour eux-mêmes. La loi peut donc, sans inquiétude, s'en rapporter à la nature.

Nous avons prévu le cas où le père et la mère, dans leur délibération, auraient des avis différens. Nous avons compris que, dans une société de deux, toute délibération, tout résultat deviendrait impossible, si l'on n'accordait la prépondérance au suffrage de l'un des associés. La prééminence du sexe a partout garanti cet avantage au père.

La différence que l'on a cru devoir mettre, pour le terme de la majorité, entre les filles et les mâles, n'a pas besoin d'être expliquée. Tous les législateurs ont établi cette différence, parce que les mêmes raisons ont été senties par tous les législateurs. La nature se développe plus rapidement dans un sexe que dans l'autre. Une fille qui languirait péniblement dans une trop longue attente, perdrait une partie des attraits qui peuvent favoriser son établissement, et souvent même elle se trouverait exposée à des dangers qui pourraient compromettre sa vertu; car une fille ne voit dans le mariage que la conquête de sa liberté. On ne peut avoir les mêmes craintes pour notre sexe, qui n'est que trop disposé au célibat, et à qui l'on peut malheureusement adresser le reproche de fuir le mariage comme on fuit la servitude et la gêne.

Dans les actions ordinaires de la vie, le terme de la majorité est moins reculé que pour les mariages; c'est que les mariages sont, de toutes les actions de la vie, celles desquelles dépend le bonheur ou le malheur de la vie entière des époux, et qui ont une plus grande influence sur le sort des familles, sur les mœurs générales et sur l'ordre public.

Jusqu'ici, en parlant de la nécessité du consentement des parens, nous avons supposé que le père et la mère vivaient. Si l'un des deux est mort, ou se trouve dans l'impossibilité de donner son suffrage, nous avons pensé que le consentement de l'autre devait suffire.

150 Si les père et mère sont décédés, les aïeuls ou aïeules les remplacent.

On fait concourir les aïeuls et aïeules des deux lignes paternelle et maternelle : en cas de partage entre les deux lignes, ce partage vaut consentement, parce que, dans le doute, il faut se décider pour la liberté et pour la faveur des mariages. Je ne dois pas omettre une observation. En exigeant, comme autrefois, le consentement des pères et des mères pour le mariage des enfans, nous ne motivons plus la nécessité de ce consentement par les mêmes principes.

Dans l'ancienne jurisprudence, cette nécessité dérivait de la puissance, et, selon l'expression des auteurs, d'une sorte de droit de propriété qui dans l'origine avait appartenu aux pères sur ceux auxquels ils avaient donné le jour. Ce droit n'était point partagé par la mère pendant la vie du chef. Il ne l'était pas non plus par les ascendans de la ligne maternelle, tant qu'il existait des ascendans paternels. Aujourd'hui ces idées de puissance ont été remplacées par d'autres. On a plus d'égard à l'amour des pères et à leur prudence qu'à leur autorité. De là ce concours simultané des parens au même degré pour remplir les mêmes devoirs et exercer la même surveillance. Un tel système adoucit et étend la magistrature domestique sans l'énerver. Il communique les mêmes droits à tous ceux qui sont présumés avoir le même intérêt. Il ne relâche point les liens de famille ; il les multiplie et les ennoblit.

160 A défaut des pères et mères et des ascendans, les enfans sont obligés de rapporter le consentement de leurs tuteurs et des conseils de famille, qui exercent à cet égard une sorte de magistrature subsidiaire.

158 La protection que la loi accorde aux enfans, en les soumettant à rapporter le consentement de leurs père et mère, était limitée aux enfans légitimes, c'est-à-dire aux enfans nés d'un mariage contracté selon les formes prescrites. Les enfans naturels n'y avaient aucune part ; ils étaient aban-

donnés à leur libre arbitre dans un âge où il est si difficile de se défendre contre les autres et contre soi-même. Cela tenait au principe dont nous avons déjà fait mention, que le consentement des pères n'était qu'un effet de leur puissance, et qu'il ne dérivait pas originairement de l'intérêt des enfans, mais d'un droit inouï de propriété concédé à ceux qui leur avaient donné le jour. Or, comme la puissance paternelle ne pouvait être produite que par un mariage légitime, les enfans naturels étaient hors de cette puissance.

Le projet de loi consacre des idées plus équitables. La raison indique que c'est, non une vaine puissance accordée au père, mais l'intérêt des enfans, qui doit motiver la nécessité du consentement paternel. En conséquence, nous avons cru que l'intérêt des enfans naturels, lorsque ces enfans sont reconnus et peuvent nommer un père certain, n'était pas indigne de fixer la sollicitude du législateur.

Sans doute il serait contre les bonnes mœurs que les enfans nés d'un commerce illicite eussent les mêmes prérogatives que les enfans nés d'un mariage légitime; mais l'abandon absolu des enfans naturels serait contre l'humanité.

Ces enfans n'appartiennent à aucune famille; mais ils appartiennent à l'État: l'État a donc intérêt à les protéger, et il le doit.

D'autre part, on ne doute pas que les pères naturels ne soient obligés d'élever leurs enfans, de les entretenir et de les nourrir: la loi positive elle-même a placé ce devoir parmi les obligations premières que la nature, indépendamment de toute loi, impose à tous les pères. Or, le consentement paternel au mariage des enfans ne fait-il pas partie de la tendre sollicitude que l'on doit apporter à leur entretien, à leur éducation, à leur établissement? La nécessité de ce consentement, qui est fondée sur des raisons naturelles, ne saurait donc être plus étrangère aux enfans naturels qu'aux enfans légitimes: de là nous avons appliqué aux uns et aux autres les dispositions relatives à la nécessité de ce consentement.

150 Cependant, comme les enfans naturels n'appartiennent à aucune famille, on ne leur a point appliqué la mesure par laquelle on appelle les aïeuls et aïeules, et ensuite les assemblées de parens, après le décès des père et mère. On eût placé dans des mains peu sûres l'intérêt de ces enfans, en les confiant à des familles dont ils sont plutôt la charge qu'ils n'en sont une portion. Cependant, comme il fallait veiller pour eux, on leur nomme, dans les cas prévus, un tuteur spécial chargé d'acquitter à leur égard la dette de la nature et de la patrie.

151 Quand les enfans, soit naturels, soit légitimes, sont arrivés à leur majorité, ils deviennent eux-mêmes les arbitres de leur propre destinée; leur volonté suffit : ils n'ont besoin du concours d'aucune autre volonté. Il est pourtant vrai que pendant la vie des père et mère, les enfans majeurs étaient encore obligés de s'adresser aux auteurs de leurs jours pour requérir leur consentement, quoique la loi eût déclaré qu'il n'était plus nécessaire. Il nous a paru utile aux mœurs de faire revivre cette espèce de culte rendu par la piété filiale au caractère de dignité, et, j'ose dire, de majesté que la nature elle-même semble avoir imprimé sur ceux qui sont pour nous, sur la terre, l'image et même les ministres du Créateur.

146 Le mariage, quels que soient les contractans, mineurs ou majeurs, suppose leur consentement. Or, point de consentement proprement dit sans liberté : requise dans tous les contrats, elle doit être surtout parfaite et entière dans le mariage; le cœur doit, pour ainsi dire, respirer sans gêne dans une action à laquelle il a tant de part : ainsi l'acte le plus doux doit être encore l'acte le plus libre.

147 Il est dans nos mœurs qu'un premier mariage valable et subsistant soit un obstacle à un second mariage. La multiplicité des maris ou des femmes peut être autorisée dans certains climats, elle n'est légitime sous aucun; elle entraîne

nécessairement la servitude d'un sexe et le despotisme de l'autre; elle ne saurait être sollicitée par les besoins réels de l'homme, qui, ayant toute la vie pour se conserver, n'a que des instans pour se reproduire; elle introduirait dans les familles une confusion et un désordre qui se communiqueraient bientôt au corps entier de la société; elle choque toutes les idées, elle dénature tous les sentimens; elle ôte à l'amour tous ses charmes en lui ôtant tout ce qu'il a d'exclusif; enfin, elle répugne à l'essence même du mariage, c'est-à-dire à l'essence d'un contrat par lequel deux époux se donnent tout, le corps et le cœur. En approchant des pays où la polygamie est permise, il semble que l'on s'éloigne de la morale même.

Le principe qui fait prohiber à un mari la pluralité des femmes, et à une femme la pluralité des maris, ne saurait comporter le concours simultané ou successif de plusieurs mariages.

De deux choses l'une : ou ces mariages subsisteraient ensemble sans se détruire, ou ils se détruiraient l'un par l'autre. Dans le premier cas, vous vous plongeriez dans le stupide abrutissement de certaines nations à la fois corrompues et à demi barbares de l'Asie. Dans le second, vous apprendriez aux hommes à se jouer des engagemens les plus sacrés, puisque vous laisseriez au caprice d'un seul des conjoints le droit inouï de dissoudre un contrat qui est l'ouvrage de la volonté de deux.

Aussi, la maxime qu'on ne peut contracter un second mariage tant que le premier subsiste, constitue le droit universel de toutes les nations policées.

Dans tous les temps le mariage a été prohibé entre les enfans et les auteurs de leurs jours : il serait souvent inconciliable avec les lois physiques de la nature, il le serait toujours avec les lois de la pudeur; il changerait les rapports essentiels qui doivent exister entre les pères, les mères et leurs enfans; il répugnerait à leur situation respective, il bouleverserait entre eux tous les droits et tous les devoirs, il ferait horreur.

Ce que nous disons des pères et mères et de leurs enfans naturels et légitimes s'applique, en ligne directe, à tous les ascendans et descendans et alliés dans la même ligne.

Les causes de ces prohibitions sont si fortes et si naturelles, qu'elles ont agi presque par toute la terre indépendamment de toute communication.

Ce ne sont point les lois romaines qui ont appris à des sauvages et à des barbares qui ne connaissent pas ces lois, à maudire les mariages incestueux. C'est un sentiment plus puissant que toutes les lois, qui remue et fait frissonner une grande assemblée, lorsqu'on voit sur nos théâtres Phèdre, plus malheureuse encore que coupable, brûler d'un amour incestueux, et lutter laborieusement entre la vertu et le crime.

162. L'horreur de l'inceste du frère avec la sœur et des alliés au même degré dérive du principe de l'honnêteté publique. La famille est le sanctuaire des mœurs ; c'est là où l'on doit éviter avec tant de soin tout ce qui peut les corrompre. Le mariage n'est sans doute pas une corruption ; mais l'espérance du mariage entre des êtres qui vivent sous le même toit et qui sont déjà invités par tant de motifs à se rapprocher et à s'unir, pourrait allumer des désirs criminels et entraîner des désordres qui souilleraient la maison paternelle, en banniraient l'innocence, et poursuivraient ainsi la vertu jusque dans son dernier asile.

163. Les mêmes raisons d'honnêteté publique nous ont déterminés à prohiber le mariage de l'oncle avec la nièce, et de la tante avec le neveu. L'oncle tient souvent la place du père, et dès lors il doit en remplir les devoirs. La tante n'est pas toujours étrangère aux soins de la maternité. Les devoirs de l'oncle et les soins de la tante ne pourraient presque jamais s'accorder avec les procédés moins sérieux qui précèdent le mariage et qui le préparent.

Les lois romaines et les lois ecclésiastiques portaient plus loin la prohibition de se marier entre parens; les lois romaines avaient défendu le mariage entre cousins-germains. D'abord les lois ecclésiastiques n'avaient fait qu'appuyer la prohibition faite par la loi civile. Insensiblement les canonistes étendirent cette prohibition; et, selon *Dumoulin*, leur doctrine sur cet objet ne fut que la suite d'une erreur évidente.

Tout le monde sait que le droit civil et le droit canonique comptent les degrés de parenté différemment. Les cousins-germains sont au quatrième degré suivant le droit civil, et ne sont qu'au second suivant le droit canonique.

Or, les lois romaines ayant défendu les mariages au quatrième degré, on fit une confusion de la façon de compter les degrés au civil et au canonique; et de là résultèrent les défenses générales de contracter mariage au quatrième degré, c'est-à-dire jusqu'aux petits-enfans des cousins-germains.

Nous avons corrigé cette erreur, qui mettait des entraves trop multipliées à la liberté des mariages, et qui imposait un joug trop incommode à la société.

Nous n'avons pas même cru que le mariage dût être prohibé entre cousins-germains. Il est incontestable que les mariages entre cousins-germains, permis par le droit naturel, n'ont jamais été défendus par le droit divin. Les mariages entre parens étaient même ordonnés par la loi qui fut donnée aux juifs.

La première défense contre les mariages des cousins-germains est celle portée par une loi de l'empereur Théodose, vers la fin du quatrième siècle. Cette loi est perdue, mais elle est citée par *Libanius*, par *Aurélius Victor*, et par les premiers pères de l'église, qui conviennent que la loi divine ne défendait point ces mariages, et qu'ils étaient permis avant cette loi.

Les prohibitions du mariage entre parens, dans les degrés non prohibés par le droit naturel, ont été plus ou moins restreintes ou plus ou moins étendues chez les différens peuples, selon la différence des mœurs et les intérêts politiques de ces peuples. Quand un législateur, par exemple, avait établi un certain ordre de succession, qu'il croyait important d'observer pour la constitution politique de l'État, il réglait les mariages de telle manière qu'ils ne fussent jamais permis entre personnes dont l'union aurait pu changer ou altérer cet ordre. Nous avons vu des exemples de cette sollicitude dans quelques républiques de l'ancienne Grèce. Ailleurs, selon que les familles étaient plus ou moins réunies dans la même maison, et selon l'intérêt plus ou moins grand que l'on avait à favoriser les alliances entre les diverses familles, on étendait ou on limitait davantage les prohibitions du mariage entre parens.

Dans nos mœurs actuelles, les raisons qui ont pu faire prohiber dans d'autres temps ou dans d'autres pays les mariages entre cousins-germains ne subsistent plus. Nous n'avons pas besoin de favoriser, et moins encore de forcer par des prohibitions, les alliances des diverses familles entre elles. Nous pouvons nous en rapporter à cet égard à l'influence de l'esprit de société, qui ne prévaut malheureusement que trop parmi nous sur l'esprit de famille. D'autre part, le temps n'est plus où les cousins-germains vivaient comme des frères, et où l'on voyait une nombreuse famille rassemblée toute entière et ne former qu'un seul ménage dans une commune habitation. Aujourd'hui les frères même sont quelquefois plus étrangers les uns aux autres que ne l'étaient autrefois les cousins-germains. Les motifs de pureté et de décence qui faisaient écarter l'idée du mariage de tous ceux qui vivaient sous le même toit et sous la surveillance d'un même chef, ont donc cessé; et d'autres motifs semblent nous engager au contraire à protéger l'esprit de famille contre l'esprit de société.

164 Si les lois de la nature sont inflexibles et invariables, les lois humaines sont susceptibles d'exceptions et de dispenses.

Quand on peut le plus, on peut le moins. Un législateur qui serait libre de ne pas porter la loi, peut, à plus forte raison, déclarer qu'elle cessera en certains cas.

Il ne serait ni sage ni possible que ces cas d'exception en toute matière fussent toujours spécifiquement déterminés par le législateur. La loi ne doit pas faire par elle-même ce qu'elle ne peut pas bien faire par elle-même. Elle doit confier à la sagesse d'autrui ce qu'elle ne saurait régler d'avance par sa propre sagesse.

De là l'origine des dispenses en matière de mariage; et l'usage de ces dispenses a été universel, relativement à la prohibition du mariage entre parens.

Nous n'avons donc pas hésité d'attribuer au gouvernement le droit d'accorder ces dispenses, quand les circonstances l'exigent. Nous avons pourtant limité ce droit à la prohibition faite du mariage entre l'oncle et la nièce, entre la tante et le neveu, parce que nous avons cru que les motifs d'honnêteté publique, qui faisaient prohiber le mariage entre le frère et la sœur, devaient l'emporter, dans tous les cas, sur les considérations particulières par lesquelles on croirait pouvoir motiver une exception.

Je ne parle point de la prohibition en ligne directe, elle ne saurait être susceptible de dispense. Il n'est pas au pouvoir des hommes de légitimer la contravention aux lois de la nature.

Dans l'ancienne jurisprudence, les dispenses étaient accordées par les ministres de l'église; mais en ce point, dans tout ce qui concernait le contrat, les ministres de l'église n'étaient que les vice-gérans de la puissance temporelle. Car, nous ne saurions trop le dire, la religion dirige le mariage par sa morale, elle le sanctifie par ses rits; mais il n'appartient qu'à l'État de le régler par des lois dans ses rapports avec l'ordre de la société. Aussi c'est une maxime constante, attestée par tous les hommes instruits, que les empêchemens dirimans ne peuvent être établis que par la puissance qui régit l'État.

Quand les institutions religieuses et les institutions civiles étaient unies, rien n'empêchait qu'on n'abandonnât à l'église le droit d'accorder des dispenses, même pour le contrat; mais ce droit n'existait que parce qu'il était avoué ou toléré par la loi civile.

La chose est si évidente, qu'elle résulte de tous les monumens de l'histoire. Nous n'avons qu'à jeter les yeux sur ce qui s'est passé dans les premiers âges du christianisme. Ce ne sont point les ministres de l'église, mais les empereurs, qui ont promulgué les premières prohibitions du mariage entre parens ; ce ne sont point les ministres de l'église, mais les empereurs, qui ont d'abord dispensé de ces prohibitions. Nous en avons la preuve dans une loi d'*Honorius*, par laquelle ce prince défend de solliciter auprès de lui des dispenses pour certains degrés, et annonce qu'il n'en donnera qu'entre cousins-germains. Cette loi est au titre 10 du Code Théodosien.

Il est encore parlé des dispenses que les empereurs donnaient pour mariage, dans une loi de l'empereur *Zenon*, et dans une loi de l'empereur *Anastase*.

Cassiodore, sénateur et conseil des rois goths, rapporte la formule de dispense que ces rois donnaient pour mariages.

D'après le témoignage du père Thomassin, ce n'est que dans le onzième siècle que les papes commencèrent à accorder des dispenses, et nous voyons que, dans des temps postérieurs, les souverains bien avisés continuèrent à user de leurs droits. Ainsi, l'empereur Louis IV, célèbre par ses disputes avec le saint-siége, donna, au commencement du quatorzième siècle, des dispenses de parenté à Louis de Brandebourg et à Marguerite, duchesse de Carinthie.

La transaction arrêtée à Passau en 1552, et suivie en 1555 de la paix de la religion, reconnaît le droit que les électeurs et les autres souverains d'Allemagne avaient d'accorder des dispenses.

En 1592, le roi Henri IV, conformément à plusieurs arrêts des parlemens, fit un réglement général par lequel les dispenses en toute matière furent attribuées aux évêques nationaux.

Ce réglement fut exécuté pendant quatre ans; on vit renaître ensuite l'usage de recourir à Rome pour certaines dispenses que l'on réputa plus importantes que d'autres.

Mais les droits de la souveraineté sont inaliénables et imprescriptibles. La loi civile peut donc aujourd'hui ce qu'elle pouvait autrefois, et elle a dû reprendre l'exercice du droit d'accorder des dispenses, depuis que le contrat de mariage a été séparé de tout ce qui concerne le sacrement.

Si les ministres de l'église peuvent et doivent veiller sur la sainteté du sacrement, la puissance civile est seule en droit de veiller sur la validité du contrat. Les réserves et les précautions dont les ministres de l'église peuvent user pour pourvoir à l'objet religieux, ne peuvent, dans aucun cas ni en aucune manière, influer sur le mariage même, qui en soi est un objet temporel.

C'est d'après ce principe que l'engagement dans les ordres sacrés, le vœu monastique et la disparité de culte, qui, dans l'ancienne jurisprudence, étaient des empêchemens dirimans, ne le sont plus. Ils ne l'étaient devenus que par les lois civiles, qui prohibaient les mariages mixtes, et qui avaient sanctionné par le pouvoir coactif les réglemens ecclésiastiques relatifs au célibat des prêtres séculiers et réguliers. Ils ont cessé de l'être depuis que la liberté de conscience est devenue elle-même une loi de l'État, et l'on ne peut certainement contester à aucun souverain le droit de séparer les affaires religieuses d'avec les affaires civiles, qui ne sauraient appartenir au même ordre de choses, et qui sont gouvernées par des principes différens.

D'après le droit commun, d'après la morale des États, ce

ne sont point les cérémonies, c'est uniquement la foi, le consentement des parties, qui font le mariage, et qui méritent à la compagne qu'un homme s'associe la qualité d'épouse, qualité si honorable, que, suivant l'expression des anciens, ce n'est point la volupté, mais la vertu, l'honneur même, qui la font appeler de ce nom.

Mais il importe à la société que le consentement des époux intervienne dans une forme solennelle et régulière.

Le mariage soumet les conjoints à de grandes obligations envers ceux auxquels ils donnent l'être. Il faut donc que l'on puisse connaître ceux qui sont tenus de remplir ces obligations.

Les unions vagues et incertaines sont peu favorables à la propagation. Elles compromettent les mœurs, elles entraînent des désordres de toute espèce. Cependant, qui garantirait la sûreté des mariages, si, contractés obscurément et sans précaution légale, ils ressemblaient à ces unions passagères et fugitives que le plaisir produit, et qui finissent avec le plaisir?

Enfin, la société contracte elle-même des obligations envers des époux dont elle doit respecter l'union. Elle est intéressée à protéger, contre la licence et l'entreprise des tiers, cette union sacrée qui doit être sous la sauve-garde de tous les gens de bien.

Ces importantes considérations ont déterminé les législateurs à établir des formalités capables de fixer la certitude des mariages, et de leur donner le plus haut degré de publicité. Ces formalités sont l'objet du chapitre second du projet de loi.

Conformément aux dispositions que ce chapitre présente, le mariage doit être célébré publiquement devant l'officier civil du domicile de l'une des deux parties.

Cet officier est le témoin nécessaire de l'engagement des époux. Il reçoit au nom de la loi cet engagement inviolable, stipulé au profit de l'État, au profit de la société générale du genre humain.

La célébration du mariage doit être faite en présence du public, dans la maison commune. On ne peut, sous de vains prétextes, chercher le secret ou le mystère. Rien ne doit être caché dans un acte où le public même à certains égards est partie, et qui donne une nouvelle famille à la cité.

Nous avons parlé des qualités et des conditions requises pour pouvoir contracter mariage. Pour que ces qualités et ces conditions ne soient pas éludées, deux publications faites à des distances marquées doivent précéder le contrat, et ces publications doivent avoir lieu dans la municipalité où chacun des conjoints a son domicile. 166

Un domicile de six mois suffit pour autoriser la célébration du mariage dans le lieu où l'un des contractans a acquis ce domicile. On n'a rien changé sur ce point à l'ancienne jurisprudence. Mais il faut alors que les publications soient faites, non seulement dans le lieu du domicile abrégé des six mois, mais encore à la municipalité du dernier domicile. 167

Si les contractans sont sous la puissance d'autrui, leur prochain mariage est encore publié dans le domicile des personnes sous la puissance desquelles ils se trouvent. 168

On peut, selon les circonstances, obtenir la dispense d'une des deux publications, mais jamais des deux. La dispense sera accordée par le gouvernement ou par ceux qui auront reçu de lui le pouvoir de l'accorder. 169

La terre a été donnée en partage aux enfans des hommes. Un citoyen peut se transporter partout, et partout il peut exercer les droits attachés à sa qualité d'homme. Dans le nombre de ces droits, le plus naturel est incontestablement la faculté de contracter mariage. Cette faculté n'est pas locale, elle ne saurait être circonscrite par le territoire ; elle est, pour ainsi dire, universelle comme la nature, qui n'est absente nulle part. Nous ne refusons donc pas aux Français le droit de contracter mariage en pays étranger, ni celui de s'unir à une personne étrangère. La forme du contrat est réglée alors par les lois du lieu où il est passé. Mais tout ce qui touche à 170 la substance même du contrat, aux qualités et aux conditions qui déterminent la capacité des contractans, continue d'être gouverné par les lois françaises. Il faut même que, trois mois après son retour, le Français qui s'est marié ailleurs qu'en France vienne faire hommage à sa patrie du titre qui l'a rendu époux ou père, et qu'il naturalise ce titre en le faisant inscrire dans un registre national.

ch. 3. Il est plus expédient de prévenir le mal qu'il n'est facile de le réparer. A quoi serviraient les conditions et les formalités relatives à la célébration du mariage, si personne n'avait action pour empêcher qu'elles ne soient éludées ou enfreintes?

Le droit de pouvoir s'opposer à un mariage a donc été reconnu utile et même indispensable. Mais ce droit ne doit pas dégénérer en action populaire ; il doit être limité à certaines personnes et à certains cas, à moins qu'on ne veuille que chaque mariage devienne une occasion de scandale et de trouble dans la société.

172. Il est juste, par exemple, que l'on puisse s'opposer au second mariage d'un mari ou d'une femme qui ne respecte pas un premier engagement. Il est juste que celui ou celle qui a été partie dans ce premier engagement puisse défendre son titre, et réclamer l'exécution de la foi promise.

173. Pourrait-on raisonnablement refuser aux pères et aux mères, aux aïeuls et aux aïeules, le droit de veiller sur l'intérêt de leurs enfans, même majeurs, lorsque la crainte de les voir se précipiter dans des engagemens honteux ou inconsidérés donne l'éveil à leur sollicitude?

174. Nous avons senti que les collatéraux ne pouvaient avoir la même faveur, parce qu'ils ne sauraient inspirer la même confiance. Cependant il est des occasions où il doit être permis à un frère, à un oncle, à un proche, de parler et de se faire entendre. Il ne faut pas sans doute que ces occasions soient arbitraires. Nous les avons limitées au cas où l'on exciperait de la démence du futur conjoint, et à celui où l'on aurait négligé d'assembler le conseil de famille, requis pour les ma-

riages des mineurs qui ont perdu leurs père et mère et autres ascendans. Nous avons pensé que, dans ces occurrences, on ne pouvait étouffer la voix de la nature, puisque les circonstances ne permettaient pas de la confondre avec celle des passions.

On soumet à des dommages et intérêts ceux qui succombent dans leur opposition, si cette opposition a été funeste à ceux dont elle a différé ou même empêché le mariage; car souvent une opposition mal fondée peut mettre obstacle à une union sortable et légitime. Il existe alors un préjudice grave; ce préjudice doit être réparé. N'importe qu'il n'y ait eu qu'imprudence ou erreur dans la personne qui a cru devoir se rendre opposante, il n'y a point à balancer entre celui qui se trompe et celui qui souffre.

La même rigueur n'est point appliquée aux pères et aux mères ni aux autres ascendans. Les pères et les aïeuls sont toujours magistrats dans leurs familles, lors même que vis-à-vis de leurs enfans ils paraissent ne se montrer que comme parties dans les tribunaux. Leur tendresse présumée écarte d'eux tout soupçon de mauvaise foi, et elle fait excuser leur erreur. Après la majorité accomplie de leurs enfans, l'autorité des pères finit; mais leur amour, leur sollicitude ne finissent pas.

Souvent on n'a aucune raison décisive pour empêcher un mauvais mariage. Mais un père ne peut point renoncer à l'espoir de ramener son enfant par des conseils salutaires : il se rend opposant, parce qu'il sait que le temps est une grande ressource contre les déterminations qui peuvent tenir à la promptitude de l'esprit, à la vivacité du caractère, ou à la fougue des passions. Pourrait-on punir, par une adjudication de dommages et intérêts, ce père déjà trop malheureux des espérances qu'il avait conçues et des sages lenteurs sur lesquelles il fondait ses espérances? La conscience, le cœur d'un bon père est un asile qu'il ne faut pas indiscrètement forcer.

Il a existé un temps, et ce temps n'est pas loin de nous, où, sous le prétexte de la plus légère inégalité dans la fortune ou la condition, on osait former opposition à un mariage honnête et raisonnable. Mais aujourd'hui, où l'égalité est établie par nos lois, deux époux pourront céder aux douces inspirations de la nature, et n'auront plus à lutter contre les préjugés de l'orgueil, contre toutes ces vanités sociales qui mettaient dans les alliances et dans les mariages, la gêne la nécessité, et, nous osons le dire, la fatalité du destin même. On a moins à craindre ces oppositions bizarres qui étaient inspirées par l'ambition, ou commandées par l'avarice. On ne craint plus ces spéculations combinées avec tant d'art, dans lesquelles, en fait de mariage, on s'occupait de tout, excepté du bonheur. Toutes les classes de la société étaient plus ou moins dominées par les mêmes préjugés; les vanités étaient graduées comme les conditions : un caractère sûr, des vertus éprouvées, les grâces de la jeunesse, les charmes même de la beauté, tout était sacrifié à des idées ridicules et misérables, qui faisaient le malheur des générations présentes, et qui étouffaient d'avance les générations à venir.

Dans le système de notre législation, nous ne sommes plus exposés aux mêmes dangers; chacun est devenu plus maître de sa destinée : mais il ne faut pas tomber dans l'extrémité contraire. Le souvenir de l'abus que l'on faisait des oppositions aux mariages des fils de famille ou des citoyens n'a pas dû nous déterminer à proscrire toute opposition. Nous eussions favorisé le jeu des passions et la licence des mœurs, en croyant ne protéger que la liberté des mariages.

ch. 4   Le mariage est valable quand il est conforme aux lois. Il est même parfait avant que d'avoir été consommé.

Dans le système du droit civil qui régissait la France, un mari périssait-il par accident, ou par toute autre cause, avant la consommation? La veuve était obligée de porter le deuil; la communauté, dans les pays où elle était admise, avait lieu depuis la célébration du mariage. Les gains nuptiaux, les avantages coutumiers étaient acquis, les donations réciproques s'exécutaient.

On ne s'écartait de ces principes que dans quelques coutumes particulières et isolées qui ne supposaient un mariage réel que lorsque la femme, selon l'expression de ces coutumes, avait *été introduite dans le lit nuptial.*

Presque partout, le caractère moral imprimé au contrat par la foi que les époux se donnent prévalait sur tout autre caractère.

Mais si la consommation du mariage n'a jamais été réputée nécessaire pour sa validité, on a du moins pensé dans tous les temps qu'un mariage est nul lorsque les conditions et les formes prescrites par les lois n'ont point été observées.

On sait ce qui a été dit contre les mariages clandestins et contre les mariages secrets. Il importe de fixer l'idée que l'on doit se former de ces deux espèces de mariages. Elles ont donné lieu à beaucoup de méprises, même parmi les hommes instruits, qui n'ont pas toujours su les distinguer avec précision.

Une déclaration de 1639 privait les mariages secrets de tous effets civils. On appelait mariages secrets ceux qui, quoique contractés selon les lois, avaient été tenus cachés pendant la vie des époux. On avait établi en maxime qu'il ne suffisait pas, pour la publicité d'un mariage, qu'il eût été célébré avec toutes les formalités prescrites, mais qu'il fallait encore qu'il fût suivi, de la part des deux époux, d'une profession publique de leur état.

Le législateur, en flétrissant les mariages secrets, craignait pour l'éducation des enfans nés d'une union tenue cachée ; il craignait même pour la certitude de leur naissance ; il voulait parer au scandale que peut faire naître la vie commune de deux époux, quand le public ne connaît pas le véritable lien qui les unit et les rapproche ; il voulait surtout, d'après l'extrême différence qui existait alors dans les rangs et les conditions des citoyens, prévenir ces alliances inégales qui blessaient l'orgueil des grands noms, ou qui ne pouvaient se concilier avec l'ambition d'une grande fortune.

C'est par la conduite des époux que l'on jugeait du secret de leur union. Un mariage célébré selon les formes a toujours une publicité quelconque ; mais on ne comptait pour rien cette publicité d'un moment, si elle était démentie par la vie entière des conjoints.

On ne réputait un mariage public que lorsque les époux ne rougissaient pas d'être unis, lorsqu'ils manifestaient leur union par leur vie publique et privée, lorsqu'ils demeuraient ensemble, lorsque la femme portait le nom de son mari, lorsque les enfans portaient le nom de leur père, lorsque les deux familles alliées étaient respectivement instruites du lien qui les rapprochait, lorsque enfin les relations d'état étaient publiques et notoires.

On appelait en conséquence mariage secret celui dont la connaissance avait été concentrée avec soin parmi le petit nombre de témoins nécessaires à sa célébration, et avait été attentivement dérobée aux regards des autres hommes, c'est-à-dire à cette portion de la société qui, par rapport à chaque particulier, forme ce que nous appelons le public.

Nous n'avons plus les mêmes raisons de redouter l'abus des mariages secrets.

D'abord, la liberté des mariages n'ayant plus à lutter contre la plupart des préjugés qui la gênaient, les citoyens sont sans intérêt à cacher à l'opinion un mariage qu'ils ne cherchent pas à dérober aux regards de la loi.

En second lieu, quand les mariages étaient attribués aux ecclésiastiques, le ministre du contrat offrait aux époux qui voulaient contracter un mariage que le respect humain ne leur permettait pas d'avouer, un dépositaire plus indulgent et plus discret. Il n'eût été ni juste, ni raisonnable d'exiger qu'un ministre de la religion eût, dans le conflit des convenances ou des préjugés de la société et des intérêts de la conscience, sacrifié les intérêts de la conscience aux préjugés ou aux simples convenances de la société. Les époux étaient donc assurés, dans les occurrences difficiles, de trouver toutes les ressources et tous les ménagemens que leur situation exigeait. Sans blesser les lois qui établissaient les formes publiques de la célébration, on accordait des permissions et des dispenses qui en modifiaient l'exécution et en tempéraient la rigueur. Un mariage pouvait rester secret, malgré l'observation littérale des formes établies pour en garantir la publicité. Dans l'état actuel des choses, le mariage est célébré en présence de l'officier civil ; et il est célébré dans la maison commune. Cet officier n'a aucun pouvoir personnel de changer le lieu, ni de modifier les formalités de la célébration ; il n'est chargé que des intérêts de la société. On est obligé de recourir au gouvernement pour obtenir la dispense d'une des deux publications. Le secret devient impossible ; il ne pourrait être que l'ouvrage de la fraude. Vainement les deux époux chercheraient-ils des précautions pour cacher, pendant le reste de leur vie, une union qu'ils n'auraient pu éviter de contracter publiquement. Il est donc clair que la crainte des mariages secrets doit disparaître avec les diverses causes qui la produisaient.

Le vrai danger serait celui de conserver un point de jurisprudence toujours incertain et arbitraire dans son application. L'observation des formes dans la célébration du mariage doit suffisamment garantir sa publicité de droit et de fait. Si, malgré l'observation de ces formes, des époux pouvaient encore se voir exposés à la privation des effets civils, sous prétexte que par leur conduite postérieure ils ont cherché à rendre leur union secrète, quelle source d'incertitude et de trouble pour les familles! Toutes les fois que la question d'un mariage prétendu secret se présentait aux tribunaux, les juges manquaient d'une règle assurée pour prononcer. Leur raison se perdait dans un dédale de faits, d'enquêtes, de témoignages plus ou moins suspects, et de présomptions plus ou moins concluantes. Des démarches indifférentes, des circonstances fugitives étaient travesties en preuves; et après avoir fidèlement observé toutes les lois, on était exposé à perdre la sûreté qu'elles garantissent à ceux qui les observent et les respectent.

Il en est autrement des mariages clandestins. Ou il faut renoncer à toute législation sur les mariages, ou il faut proscrire la clandestinité; car, d'après la définition des jurisconsultes, les mariages clandestins sont ceux que la société n'a jamais connus, qui n'ont été célébrés devant aucun officier public, et qui ont constamment été ensevelis dans le mystère et dans les ténèbres. Cette espèce de mariage clandestin n'est pas la seule; elle est la plus criminelle. On place encore parmi les mariages clandestins ceux qui n'ont point été précédés des publications requises, ou qui n'ont point été célébrés devant l'officier civil que la loi indiquait aux époux, ou dans lesquels le consentement des père et mère, des aïeuls et aïeules et des tuteurs, n'est point intervenu. Comme toutes ces précautions ont été prises pour prévenir la clandestinité, il y a lieu au reproche de clandestinité quand on a négligé ces précautions.

La nullité des mariages clandestins est évidente.

184 Mais un mariage peut être nul sans être clandestin. Ainsi, le défaut d'âge, le défaut de liberté, la parenté des époux au degré prohibé, annulent le mariage, sans lui imprimer d'ailleurs aucun caractère de clandestinité.

fin du ch. 1ᵉʳ Les mariages contractés à l'extrémité de la vie étaient encore prohibés par la déclaration de 1639, dont nous parlions tantôt. Il paraissait étrange qu'une personne mourante pût concevoir l'idée de transformer subitement son lit de mort en lit nuptial, et pût avoir la prétention d'allumer les feux brillans de l'hymen à côté des torches funèbres dont la sombre lueur semblait déjà réfléchir sur une existence presque éteinte. On appréhendait, avec quelque fondement, les surprises et les machinations ténébreuses qui pouvaient être pratiquées en pareille occurrence, pour arracher à la faiblesse ou à la maladie un consentement auquel la volonté n'aurait aucune part. On appréhendait encore que ceux qui aiment les douceurs du mariage sans en aimer les charges, ne fussent invités à vivre dans un célibat honteux par l'espoir d'effacer un jour, à l'ombre d'un simulacre de mariage, les torts de leur vie entière.

Il faut convenir que la considération de ces dangers avait quelque poids ; mais qu'était-ce qu'un mariage *in extremis ?* Ici l'art conjectural de la médecine venait ajouter aux doutes et aux incertitudes de la jurisprudence. A chaque instant un mariage légitime pouvait être compromis; et il était difficile d'atteindre un mariage frauduleux. Nous trouvons à peine, dans nos immenses recueils d'arrêts, deux ou trois jugemens intervenus sur cette matière ; et ces jugemens ne font qu'attester les embarras qu'éprouvaient les tribunaux dans l'application de la loi.

Est-il d'ailleurs certain que cette loi fût bonne et convenable ? L'équité comporte-t-elle que l'on condamne au désespoir un père mourant, dont le cœur, déchiré par le remords, voudrait, en quittant la vie, assurer l'état d'une compagne qui ne l'a jamais abandonné, ou celui d'une postérité innocente dont il prévoit la misère et le malheur? Pourquoi des enfans qui ont fixé sa tendresse, et une compagne qui a mérité sa reconnaissance, ne pourraient-ils pas, avant de recueillir ses derniers soupirs, faire un appel à sa justice? Pourquoi le forcerait-on à être inflexible dans un moment où il a lui-même besoin de faire un appel à la miséricorde? En contemplant la déplorable situation de ce père, on se dit que la loi ne peut ni ne doit aussi cruellement étouffer la nature.

Les différentes nullités d'un mariage ne sont pas toutes soumises aux mêmes règles ; dans l'école, on les a distinguées en nullités absolues et en nullités relatives. On a attribué aux unes et aux autres des effets différens. Mais l'embarras était de suivre dans la pratique une distinction qu'il était si facile d'énoncer dans la théorie. De nouveaux doutes provoquaient

ch. 4

à chaque instant de nouvelles décisions ; les difficultés étaient interminables.

On a compris que le langage de la loi ne pouvait être celui de l'école. En conséquence, dans le projet que nous présentons, nous avons appliqué à chaque nullité les règles qui lui sont propres.

180 Une des premières causes qui peuvent faire annuler le mariage est le défaut de liberté.

Il a été arrêté que l'action produite par le défaut de liberté ne peut être exercée que par les deux époux, ou par celui des deux dont le consentement n'a pas été libre. Cela dérive de la nature même des choses.

Le défaut de liberté est un fait dont le premier juge est la personne qui prétend n'avoir pas été libre. Des tiers peuvent avoir été les témoins de procédés extérieurs, desquels on se croit autorisé à conclure qu'il y a eu violence ou contrainte : mais ils ne peuvent jamais apprécier l'impression continue ou passagère qui a été ou qui n'a pas été opérée par ces procédés.

Il est rare qu'un mariage soit déterminé par une violence réelle et à force ouverte. Un tel attentat dégénérerait en rapt ou en viol; il y aurait plus que nullité, il y aurait crime. Communément, les faits de crainte qui opèrent le défaut de liberté sont des faits graves, sans doute, et capables d'ébranler une âme forte, mais plus cachés, et combinés avec plus de prudence que ne l'est un acte caractérisé de violence. C'est conséquemment à la personne qui se plaint de n'avoir pas été libre, à nous dénoncer sa situation. Quel est celui qui aurait le droit de soutenir que je n'ai pas été libre, quand, malgré les apparences, j'assure l'avoir été? Dans une affaire aussi personnelle, mon témoignage ne serait-il pas supérieur à tout autre témoignage? Le sentiment de ma liberté n'en deviendrait-il pas la preuve?

Il y a plus : une volonté d'abord forcée ne l'est pas toujours ; ce que l'on a fait dans le principe par contrainte, on peut dans la suite le ratifier par raison et par choix. Qui serait donc autorisé à se plaindre, quand je ne me plains pas? Mon silence ne repousse-t-il pas tous ceux qui voudraient inconsidérément parler quand je me tais?

Il est incontestable que le défaut de liberté peut être couvert par un simple consentement tacite. Cela était vrai même pour les vœux monastiques. Après un certain temps, le silence faisait présumer le consentement, et l'on refusait d'écouter le religieux même qui réclamait contre son engagement. Aucun tiers n'était admis dans aucun temps à exercer l'action du religieux qui gardait le silence, lorsqu'il aurait pu le rompre s'il l'avait voulu. Or, si dans l'hypothèse du vœu monastique, où il ne s'agissait que de l'intérêt du religieux, on eût craint, en donnant action à des tiers, de troubler un engagement imparfait dans son origine, mais confirmé dans la suite, au moins par le silence de la partie intéressée, comment permettrait-on à des tiers de venir troubler un mariage existant, au préjudice des enfans, au préjudice de deux familles, au préjudice des époux eux-mêmes qui ne réclament pas?

Donc, rien de plus sage que de n'avoir donné action pour le défaut de liberté qu'aux deux époux ou à celui des deux dont le consentement n'a pas été libre.

S'il n'y a point de véritable consentement lorsqu'il n'y a point de liberté, il n'y a pas non plus de consentement véritable quand il y a erreur.

L'erreur, en matière de mariage, ne s'entend pas d'une simple erreur sur les qualités, la fortune, ou la condition de la personne à laquelle on s'unit, mais d'une erreur qui aurait pour objet la personne même. Mon intention déclarée était d'épouser une telle personne; on me trompe, ou je suis trompé par un concours singulier de circonstances, et j'en épouse une autre qui lui est substituée à mon insu et contre mon gré : le mariage est nul.

Mais, dans ce cas, l'action ne compète qu'à moi, parce

qu'elle ne peut compéter qu'à l'époux qui a été induit en erreur.

181 Dans l'hypothèse de l'erreur et dans celle du défaut de liberté, il fallait prescrire de sages limites à l'action même que l'on donne aux époux. On l'a fait en statuant que la demande en nullité ne sera plus recevable toutes les fois qu'il constera d'une cohabitation continuée pendant six mois depuis que l'erreur aura été reconnue, ou que la liberté aura été recouvrée.

182 Le mariage contracté sans le consentement des père et mère, des ascendans ou du conseil de famille, dans le cas où ce consentement était nécessaire, ne peut être attaqué que par ceux dont le consentement était requis, ou par celui des deux époux qui avait besoin de ce consentement.

Il est naturel d'interdire aux collatéraux une action qui ne peut compéter qu'aux parens dont le consentement est nécessaire. Ceux-ci vengent leur propre injure en exerçant cette action; ils font plus : ils remplissent un devoir. La loi requérait leur intervention dans le mariage, pour l'utilité même des époux. Ils satisfont au vœu de la loi, ils répondent à sa confiance en cherchant à réparer, par la voie de la cassation, le mal qu'ils n'ont pu prévenir par les voies plus douces d'une tendre surveillance. Que deviendrait la loi qui exige la nécessité du consentement des parens, si ceux-ci ne pouvaient la réclamer quand elle est violée?

Nous avons également cru juste d'accorder aux enfans, à qui le consentement des parens était nécessaire, le droit de faire annuler leur propre mariage par la considération du défaut de ce consentement. En général, il est permis à tous ceux qui ont contracté une obligation nulle et vicieuse de réclamer contre leur engagement, et surtout lorsqu'ils l'ont contracté pendant leur minorité. L'intérêt des parties est la mesure de leur action ; et si on reçoit favorablement les plaintes d'un mineur qui prétend avoir été surpris dans une convention peu importante, on doit, avec plus de justice, lui accorder la même faveur, lorsqu'il demande à être restitué contre l'aliénation qu'il a faite de tous ses biens et de sa personne.

Mais l'action en nullité provenant du défaut de consente- 183 ment des parens ne peut plus être intentée, ni par les époux, ni par les parens dont le consentement était requis, toutes les fois que le mariage a été approuvé expressément ou tacitement par ceux dont le consentement était nécessaire, ou lorsqu'il s'est écoulé une année sans réclamation de leur part depuis qu'ils ont eu connaissance du mariage. Elle ne peut être intentée non plus par l'époux, lorsqu'il s'est écoulé une année sans réclamation de sa part depuis qu'il a atteint l'âge compétent pour consentir lui-même à son mariage. La sagesse de ces dispositions est évidente par elle-même.

Les nullités qui dérivent du défaut d'âge, de l'existence 184 d'un premier lien et de l'empêchement de consanguinité, sont d'une autre nature que les nullités précédentes. Elles intéressent l'ordre public et les bonnes mœurs ; elles ne sont pas uniquement relatives à l'intérêt privé des époux ; elles sont liées aux principes de l'honnèteté publique. Aussi l'action est ouverte, non seulement aux époux, mais à tous ceux qui y ont intérêt, et même au ministère public qui est le gardien des mœurs et le vengeur de tous les désordres qui attaquent la société.

Cependant le remède deviendrait souvent pire que le mal, si la faculté que l'on donne de dénoncer les nullités dont nous parlons demeurait illimitée dans ses effets comme dans sa durée.

Par exemple, le défaut d'âge est réparable. Il serait donc 185 absurde qu'il servît de prétexte pour attaquer un mariage, lorsqu'il s'est déjà écoulé un délai de six mois après que les époux auraient atteint l'âge compétent ; alors la nullité n'existe plus : l'effet ne doit pas survivre à sa cause. On donne un délai de six mois, parce que toutes les fois que la loi donne une action, elle doit laisser un temps utile pour l'exercer.

Il serait encore peu raisonnable que l'on pût exciper du défaut d'âge, quand une grossesse survient dans le ménage avant l'échéance des six mois donnés pour exercer l'action en nullité. La loi ne doit pas aspirer au droit d'être plus sage que la nature : la fiction doit céder à la réalité.

186 L'action doit être refusée, dans l'hypothèse dont il s'agit, aux pères, mères, ascendans et à la famille, s'ils ont consenti au mariage avec connaissance de cause. Il ne faut pas qu'ils puissent se jouer de la foi du mariage après s'être joués des lois.

187 Dans les cas que nous venons d'énumérer, l'action en nullité compète aux collatéraux et à tous ceux qui y ont intérêt. Mais, comme cette action ne peut naître qu'avec l'intérêt qui en est le principe, les collatéraux ou les enfans nés d'un autre mariage ne sont point admis à l'exercer du vivant des deux époux, mais seulement lorsqu'ils ont un droit échu et un intérêt actuel.

En thèse générale, des collatéraux ou des héritiers avides sont écoutés peu favorablement. Ils n'ont en leur faveur ni le préjugé de la nature, ni l'autorité de la loi. L'espérance d'accroître leur patrimoine ou leur fortune est le seul mobile de leur démarche ; cette espérance seule les anime. Ils n'ont aucune magistrature domestique à exercer sur des individus qui ne sont pas confiés à leur sollicitude. Ils ne doivent donc pas être admis à troubler un mariage concordant et paisible. Ils ne doivent et ils ne peuvent se montrer que lorsqu'il s'agit de savoir s'ils sont exclus d'une succession par des enfans légitimes, ou s'ils sont fondés à contester l'état de ces enfans, et à prendre leur part dans cette succession. Hors de là, ils n'ont point d'action.

188 Il ne faudrait pas ranger dans la classe des collatéraux ou de toutes autres personnes qui ne peuvent attaquer un mariage nul, pendant la vie des conjoints, l'époux qui se prévaut d'un premier engagement contracté en sa faveur, et toujours subsistant, pour faire anéantir un second engagement frauduleux. Cet époux peut incontestablement attaquer le second mariage du vivant même du conjoint qui était uni à lui par un premier lien ; car c'est précisément l'existence

de ce premier lien qui fait la nullité du second ; et le plus grand profit de la demande en nullité est, dans ce cas, de faire disparaître le second mariage pour maintenir et venger le premier.

Dans le concours de deux mariages, si l'époux délaissé peut attaquer le second comme nul, ceux qui ont contracté ce second mariage peuvent également arguer le premier de nullité : ce qui est nul ne produit aucun effet. Un premier mariage non valablement contracté ne peut donc légalement motiver la cassation d'un second mariage valable ; conséquemment, la question élevée sur la validité du premier mariage suspend nécessairement le sort du second. Cette question est un préalable qu'il faut vider avant tout. 189

Nous avons dit que le commissaire du gouvernement, que le ministère public peut s'élever d'office contre un mariage infecté de quelqu'une des nullités que nous avons énoncées comme appartenant au droit public ; l'objet de ce magistrat doit être de faire cesser le scandale d'un tel mariage, et de faire prononcer la séparation des époux. Mais gardons-nous de donner à cette censure, confiée au ministère public pour l'intérêt des mœurs et de la société, une étendue qui la rendrait oppressive, et qui la ferait dégénérer en inquisition. Le ministère public ne doit se montrer que quand le vice du mariage est notoire, quand il est subsistant, ou quand une longue possession n'a pas mis les époux à l'abri des recherches directes du magistrat. Il y a souvent plus de scandale dans les poursuites indiscrètes d'un délit obscur, ancien ou ignoré, qu'il n'y en a dans le délit même. 190

Les publications qui précèdent le mariage ont été introduites pour qu'on puisse être averti, dans un temps convenable, des empêchemens qui pourraient rendre le mariage nul. L'omission de ces publications et l'inobservation des délais dans lesquels elles doivent être faites, peuvent opérer la nullité d'un mariage en certains cas : mais, parce que les lois qui ont établi ces formalités n'ont en vue que certaines 192 personnes et certaines circonstances, lorsque ces circonstances ne subsistent plus, lorsque l'état des personnes est changé, et que leur volonté est toujours la même, ce qui était nul dans son principe se ratifie dans la suite, et l'on n'applique point au mariage cette maxime qui n'a lieu que dans les testamens : *Quod ab initio non valet, tractu temporis non convalescit.*

191 La plus grave de toutes les nullités est celle qui dérive de ce qu'un mariage n'a pas été célébré publiquement et en présence de l'officier civil compétent. Cette nullité donne action aux pères et aux mères, aux époux, au ministère public, et à tous ceux qui y ont intérêt. Elle ne peut être couverte par la possession ni par aucun acte exprès ou tacite de la volonté des parties ; elle est indéfinie et absolue. Il n'y a pas mariage, mais commerce illicite, entre des personnes qui n'ont point formé leur engagement en présence de l'officier civil compétent, témoin nécessaire du contrat. Dans notre législation actuelle, le défaut de présence de l'officier civil compétent a les mêmes effets qu'avait autrefois le défaut de présence du propre curé. Le mariage était radicalement nul, il n'offrait qu'un attentat aux droits de la société, et une infraction manifeste des lois de l'État.

194 Aussi, nul ne peut réclamer le titre d'époux et les effets civils du mariage, s'il ne représente un acte de célébration inscrit sur le registre de l'état civil. On admettait les mariages présumés, avant l'ordonnance de Blois. Cet abus a disparu : il faut un titre écrit, attesté par des témoins et par l'officier public que la loi désigne. La preuve testimoniale et les autres manières de preuves ne sont reçues que dans les cas prévus par la loi sur les *actes de l'état civil*, et aux conditions pres-
195 crites par cette loi. Aucune possession ne saurait dispenser de représenter le titre ; car la possession seule ne désigne pas
196 plus un commerce criminel qu'un mariage légitime. Si la possession sans titre ne garantit aucun droit, le titre avec la possession devient inattaquable.

Des époux dont le titre aurait été falsifié, ou qui auraient 198-200
rencontré un officier public assez négligent pour ne pas s'acquitter des devoirs de sa place, auraient action pour faire punir le crime et réparer le préjudice. Si l'officier public était décédé, ils auraient l'action en dommage contre ses héritiers.

La preuve acquise de la célébration d'un mariage, soit par la voie extraordinaire, soit par la voie civile, garantit aux époux et aux enfans tous les effets du mariage à compter du jour de sa célébration; car la preuve d'un titre n'est pas un titre nouveau, elle n'est que la déclaration d'un titre préexistant, dont les effets doivent remonter à l'époque déterminée par sa date. Mais nous ne saurions trop le dire : pour constater un mariage, il faut un titre, ou l'équivalent.

Au reste, n'exagérons rien, et distinguons les temps. 197
Autre chose est de juger des preuves d'un mariage pendant la vie des époux, autre chose est d'en juger après leur mort et relativement à l'intérêt des enfans. Pendant la vie des époux, la représentation du titre est nécessaire. Des conjoints ne peuvent raisonnablement ignorer le lieu où ils ont contracté l'acte le plus important de leur vie, et les circonstances qui ont accompagné cet acte; mais, après leur mort, tout change. Des enfans, souvent délaissés dès leur premier âge par les auteurs de leurs jours, ou transportés dans des contrées éloignées, ne connaissent et ne peuvent connaître ce qui s'est passé avant leur naissance. S'ils n'ont point reçu de documens, si les papiers domestiques manquent, quelle sera leur ressource ? La jurisprudence ne les condamne point au désespoir. Ils sont admis à prouver que les auteurs de leurs jours vivaient comme époux, et qu'ils avaient la possession de leur état. Il suffit même, pour les enfans, que cette possession de leurs père et mère soit énoncée dans leur acte de naissance : cet acte est leur titre. C'est dans le moment de cet acte que la patrie les a marqués du sceau de ses promesses ; c'est sous la foi de cet acte qu'ils ont toujours existé

dans le monde; c'est avec cet acte qu'ils peuvent se produire et se faire reconnaître; c'est cet acte qui constate leur nom leur origine, leur famille; c'est cet acte qui leur donne une cité, et qui les met sous la protection des lois de leur pays Qu'ont-ils besoin de remonter à des époques qui leur son étrangères? Pouvaient-ils pourvoir à leur intérêt, quand i n'existait point encore? Leur destinée n'est-elle pas irrévocablement fixée par l'acte inscrit dans des registres que la lo elle-même a établis pour constater l'état des citoyens et pour devenir, pour ainsi dire, dans l'ordre civil, le livre des destinées?

201 Quoique régulièrement le seul mariage légitime et véritable puisse faire de véritables époux et produire des enfans légitimes, cependant, par un effet de la faveur des enfans, et par la considération de la bonne foi des époux, il a été reçu, par équité, que, s'il y avait quelque empêchement caché qui rendît ensuite le mariage nul, les époux, s'ils avaient ignoré cet empêchement, et les enfans nés de leur union, conserveraient toujours le nom et les prérogatives d'époux et d'enfans légitimes, parce que les uns se sont unis et les autres sont nés sous le voile, sous l'ombre, sous l'apparence du mariage.

De là cette maxime commune, que le mariage putatif, pour nous servir de l'expression des jurisconsultes, c'est-à-dire celui que les conjoints ont cru légitime, a le même effet pour assurer l'état des époux et des enfans qu'un mariage véritablement légitime : maxime originairement introduite par le droit canonique, depuis long-temps adoptée dans nos mœurs, et aujourd'hui consacrée par le projet de loi.

202 Quand un seul des conjoints est dans la bonne foi, ce conjoint seul peut réclamer les effets civils du mariage. Quelques anciens jurisconsultes avaient pensé que, dans ce cas, les enfans devaient être légitimes par rapport à l'un des conjoints, et illégitimes par rapport à l'autre; mais on a rejeté leur opinion sur le fondement que l'état des hommes est indivisible,

et que, dans le concours, il fallait se décider entièrement pour la légitimité.

Le mariage soumet à de grandes obligations ceux qui le contractent. ch. 5.

Parmi ces obligations, la première est celle de nourrir, entretenir et élever ceux auxquels on a donné le jour. 203

Les alimens et l'entretien ont pour objet la conservation et le bien-être de la personne. L'éducation se rapporte à son avantage moral.

Dans les pays de droit écrit, le père était obligé de doter sa fille pour lui procurer un établissement. Cette obligation n'existait pas pour le père dans les pays de coutume. 204

Il fallait se décider entre ces deux jurisprudences absolument opposées l'une à l'autre. On a donné la préférence à la jurisprudence coutumière, comme moins susceptible d'inconvéniens et d'abus.

L'action qu'une fille avait, dans les pays de droit écrit, pour obliger son père à la doter, avait peu de danger, parce que, dans ces pays, la puissance paternelle était si grande, qu'elle avait tous les moyens possibles de se maintenir contre l'inquiétude et la licence des enfans.

Aujourd'hui cette puissance n'est plus ce qu'elle était. Il ne faut pas l'avilir après l'avoir affaiblie. Il ne faut pas conserver aux enfans les moyens d'attaque, quand on a dépouillé le père de ses moyens de défense.

Dans les pays coutumiers, où la puissance paternelle était plus tempérée, on n'avait eu garde de laisser aux enfans le droit d'inquiéter leur père. Il n'y avait donc point à balancer entre la jurisprudence des pays coutumiers et celle des pays de droit écrit. Comme il faut que tout soit en harmonie, il eût été absurde d'augmenter les droits des enfans quand on diminuait ceux des pères. L'équilibre eût été rompu : les familles eussent été déchirées par des troubles journaliers. L'audace des enfans se fût accrue, et il n'aurait plus existé de gouvernement domestique.

En laissant subsister la jurisprudence des pays de coutume, on ne fait aucune révolution dans ces pays. On en eût fait une funeste, si on y eût introduit un droit nouveau.

A la vérité, dans les pays de droit écrit on opère un changement par rapport au droit des filles, puisqu'on y affaiblit ce droit en y introduisant la jurisprudence des pays de coutume. Mais ce changement, contraire aux droits des enfans, est suffisamment compensé à leur profit par les changemens qu'a éprouvés la puissance des pères.

Ce n'est pas dans un temps où tant d'événemens ont relâché tous les liens, qu'il faut achever de les briser tous. On va au mal par une pente rapide, et on ne remonte au bien qu'avec effort. S'il est des objets dans lesquels les lois doivent suivre les mœurs, il en est d'autres où les mœurs doivent être corrigées par les lois.

Nous avons donc cru, après avoir pesé les inconvéniens et les avantages des diverses jurisprudences qui régissaient la France, que les enfans ne devaient point avoir action contre leurs père et mère pour un établissement par mariage ou autrement.

205 Si les père et mère sont obligés de nourrir leurs enfans, les enfans sont obligés à leur tour de nourrir leurs père et mère.

207 L'engagement est réciproque, et de part et d'autre il est fondé sur la nature.

206 Les gendres et les belles-filles sont soumis à la même obligation envers leurs beau-père et belle-mère. Cette obligation cesse, 1° dans le cas où la belle-mère a contracté un second mariage ; 2° lorsque celui des époux qui produisait l'affinité, et les enfans de son union avec l'autre époux, sont décédés.

207 Les beaux-pères et les belles-mères sont tenus, de leur côté, quand les circonstances l'exigent, de fournir des alimens à leur gendre et à leur belle-fille.

La parenté d'alliance imite la parenté du sang.

Les alimens comprennent tout ce qui est nécessaire : mais il faut distinguer deux sortes de nécessaire, l'absolu et le relatif. L'absolu est réglé par les besoins indispensables de la vie ; le relatif, par l'état et les circonstances. Le nécessaire relatif n'est donc pas égal pour tous les hommes ; l'absolu même ne l'est pas. La vieillesse a plus de besoins que l'enfance ; le mariage, que le célibat ; la faiblesse, que la force ; la maladie, que la santé.

Les bornes du nécessaire absolu sont fort étroites. Un peu de justice et de bonne foi suffisent pour les connaître. A l'égard du nécessaire relatif, il est à l'arbitrage de l'opinion et de l'équité.

Le devoir de fournir des alimens cesse quand celui à qui on les doit recouvre une fortune suffisante, ou quand celui qui en est débiteur tombe dans une indigence qui ne lui permet pas ou qui lui permet à peine de se nourrir lui-même. Un père et une mère peuvent, suivant les circonstances, refuser de fournir des alimens à leurs enfans, en offrant de les recevoir dans leur maison. C'est au juge à déterminer les cas où l'obligation de fournir des alimens est susceptible de cette modification et de ce tempérament. Ces sortes de questions sont plutôt des questions de fait que des questions de droit.

Après nous être occupés des obligations qui naissent du mariage entre les pères et les enfans, nous avons fixé notre attention sur les droits et les devoirs respectifs des époux.

Ils se doivent mutuellement fidélité, secours et assistance.

Le mari doit protection à sa femme, et la femme obéissance à son mari.

Voilà toute la morale des époux.

On a long-temps disputé sur la préférence ou l'égalité des deux sexes. Rien de plus vain que ces disputes.

On a très-bien observé que l'homme et la femme ont partout des rapports et partout des différences. Ce qu'ils ont de commun est de l'espèce ; ce qu'ils ont de différent est du sexe. Ils seraient moins disposés à se rapprocher s'ils étaient plus semblables. La nature ne les a faits si différens que pour les unir.

Cette différence qui existe dans leur être en suppose dans leurs droits et dans leurs devoirs respectifs. Sans doute, dans le mariage, les deux époux concourent à un objet commun ; mais ils ne sauraient y concourir de la même manière. Ils sont égaux en certaines choses, et ils ne sont pas comparables dans d'autres.

La force et l'audace sont du côté de l'homme, la timidité et la pudeur du côté de la femme.

L'homme et la femme ne peuvent partager les mêmes travaux, supporter les mêmes fatigues, ni se livrer aux mêmes occupations. Ce ne sont point les lois, c'est la nature même qui a fait le lot de chacun des deux sexes. La femme a besoin de protection, parce qu'elle est plus faible ; l'homme est plus libre parce qu'il est plus fort.

La prééminence de l'homme est indiquée par la constitution même de son être, qui ne l'assujettit pas à autant de besoins, et qui lui garantit plus d'indépendance pour l'usage de son temps et pour l'exercice de ses facultés. Cette prééminence est la source du pouvoir de protection que le projet de loi reconnaît dans le mari.

L'obéissance de la femme est un hommage rendu au pouvoir qui la protége ; et elle est une suite nécessaire de la société conjugale, qui ne pourrait subsister si l'un des époux n'était subordonné à l'autre.

Le mari et la femme doivent incontestablement être fidèles à la foi promise ; mais l'infidélité de la femme suppose plus de corruption, et a des effets plus dangereux que l'infidélité du mari : aussi l'homme a toujours été jugé moins sévèrement que la femme. Toutes les nations, éclairées en ce point par l'expérience et par une sorte d'instinct, se sont accordées à croire que le sexe le plus aimable doit encore, pour le bonheur de l'humanité, être le plus vertueux.

Les femmes connaîtraient peu leur véritable intérêt, si elles pouvaient ne voir dans la sévérité apparente dont on use à leur égard, qu'une rigueur tyrannique plutôt qu'une distinction honorable et utile. Destinées par la nature aux plaisirs d'un seul et à l'agrément de tous, elles ont reçu du ciel cette sensibilité douce qui anime la beauté, et qui est sitôt émoussée par les plus légers égaremens du cœur; ce tact fin et délicat qui remplit chez elles l'office d'un sixième sens, et qui ne se conserve ou ne se perfectionne que par l'exercice de toutes les vertus; enfin, cette modestie touchante qui triomphe de tous les dangers, et qu'elles ne peuvent perdre sans devenir plus vicieuses que nous. Ce n'est donc point dans notre injustice, mais dans leur vocation naturelle, que les femmes doivent chercher le principe des devoirs plus austères qui leur sont imposés pour leur plus grand avantage et au profit de la société.

Des devoirs respectifs de protection et d'obéissance que le mariage établit entre les époux, il suit que la femme ne peut avoir d'autre domicile que celui de son mari, qu'elle doit le suivre partout où il lui plaît de résider, et que le mari est obligé de recevoir sa femme et de lui fournir tout ce qui est nécessaire pour les besoins de la vie, selon ses facultés et son état. {214}

La femme ne peut ester en jugement sans l'autorisation de son mari. Il n'y a d'exception à cette règle que lorsque la femme est poursuivie criminellement, ou pour fait de police. Alors, l'autorité du mari disparaît devant celle de la loi, et la nécessité de la défense naturelle dispense la femme de toute formalité. {215-216}

Le même principe qui empêche la femme de pouvoir exercer des actions en justice sans l'autorisation de son mari, l'empêche, à plus forte raison, d'aliéner, hypothéquer, acquérir à titre gratuit ou onéreux, sans cette autorisation. {217}

Cependant, comme il n'y a aucun pouvoir particulier qui ne soit soumis à la puissance publique, le magistrat peut intervenir pour réprimer les refus injustes du mari, et pour rétablir toutes choses dans l'état légitime. {218-219}

220· La faveur du commerce a fait regarder la femme marchande publique comme indépendante du pouvoir marital, dans tout ce qui concerne les opérations commerciales qu'elle fait. Sous ce rapport, le mari peut devenir la caution de sa femme, mais il cesse d'être son maître.

221-222 Les droits du mari ne sont suspendus, dans tout le reste, que par son interdiction, son absence ou toute cause qui peut le mettre dans l'impossibilité actuelle de les exercer ; et, dans ces hypothèses, l'autorité du mari est remplacée par celle du juge.

224 L'autorité du juge intervient encore si le mari est mineur. Comment celui-ci pourrait-il autoriser les autres, quand il a lui-même besoin d'autorisation ?

225 La nullité des actes faits par la femme, fondée sur le défaut d'autorisation de ces actes, ne peut être opposée que par la femme elle-même, par son mari, ou par leurs héritiers.

226 Au reste, la femme peut faire des dispositions testamentaires sans y être autorisée, parce que ces sortes de dispositions, qui ne peuvent avoir d'effet qu'après la mort, c'est-à-dire qu'après que l'union conjugale est dissoute, ne peuvent blesser les lois de cette union.

227 Nous en avons assez dit dans le projet de loi pour faire sentir l'importance et la dignité du mariage ; pour le présenter comme le contrat le plus sacré, le plus inviolable, et comme la plus sainte des institutions. Ce contrat, cette société finit par la mort de l'un des conjoints, et par le divorce légalement prononcé. Elle finit encore, relativement aux effets civils, par une condamnation prononcée contre l'un des époux, et emportant mort civile.

Je n'ai pas besoin de m'expliquer sur la dissolution pour cause de mort. La dissolution de la société conjugale, dans ce cas, est opérée par un événement qui dissout toutes les sociétés. La dissolution pour cause de divorce sera l'objet d'un projet de loi particulier.

Quant à la mort civile, on vous a déjà développé tout ce

qu'elle opérait relativement au mariage, dans le projet de loi concernant *la jouissance et la privation des effets civils.*

Après un premier mariage dissous, on peut en contracter un second. Cette liberté compète au mari qui a perdu sa femme, comme à la femme qui a perdu son mari. Mais les bonnes mœurs et l'honnêteté publique ne permettent pas que la femme puisse convoler à de secondes noces avant que l'on se soit assuré, par un délai suffisant, que le premier mariage demeure sans aucune suite pour elle, et que sa situation ne saurait plus gêner les actes de sa volonté. Ce délai était autrefois d'un an : on l'appelait *l'an de deuil.* Nous avons cru que dix mois suffisaient pour nous rassurer contre toute présomption capable d'alarmer la décence et l'honnêteté.

Actuellement ma tâche est remplie. C'est à vous, citoyens législateurs, en confirmant par vos suffrages le projet de loi que je vous présente au nom du gouvernement, *sur le Mariage*, à consolider les vrais fondemens de l'ordre social, et à ouvrir les principales sources de la félicité publique. Quelques auteurs du siècle ont demandé que l'on encourageât les mariages : ils n'ont besoin que d'être réglés.

Partout où il se trouve une place où deux personnes peuvent vivre commodément, il se forme un mariage. Le législateur n'a rien à faire à cet égard ; la nature a tout fait. Toujours aimable, elle verse d'une main libérale tous ses trésors sur l'acte le plus important de la vie humaine ; elle nous invite, par l'attrait du plaisir, à l'exercice du plus beau privilége qu'elle ait pu donner à l'homme, celui de se reproduire, et elle nous prépare des délices de sentiment mille fois plus doux que ce plaisir même. Il y aura toujours assez de mariages pour la prospérité de la République ; l'essentiel est qu'il y ait assez de mœurs pour la prospérité des mariages. C'est à quoi le législateur doit pourvoir par la sagesse de ses règlemens ; les bonnes lois fondent la véritable puissance des États, et elles sont le plus riche héritage des nations.

COMMUNICATION OFFICIELLE AU TRIBUNAT.

Le Corps législatif fit la communication officielle au Tribunat le 17 ventose an XI (8 mars 1803), et le 23 M. Gillet prononça le rapport à l'assemblée générale, au nom de la section de législation.

RAPPORT FAIT PAR LE TRIBUN GILLET.

Tribuns, le mariage, qui est la source de la multiplication des hommes, est aussi le principe des liens les plus forts et les plus constans qui les unissent.

Que chez les êtres dirigés par le seul instinct, les deux sexes n'aient que des unions passagères, la nature le permet ainsi, parce qu'entre eux elle n'a mis d'autre loi que celle de l'attrait, qui est peu durable. Mais à cet attrait elle a joint, en faveur de l'homme, la sensibilité morale qui lui fait chérir l'être qu'il a choisi, et l'intelligence qui le lui fait estimer; c'est par ces sentimens inépuisables qu'elle a imprimé au mariage ce caractère de permanence qui fait de la société des époux la première des sociétés, et qui confond leur mutuelle existence comme dans une seule existence indivisible.

Cependant là ne se bornent pas les vues de la nature. De cette union qu'elle a dirigée doivent naître des fruits dont la vie long-temps faible et incertaine, soumise à tous les besoins comme à toutes les infirmités, ne commencera que par les douleurs de leur mère, ne sera conservée que par ses soins pénibles, et ne pourra être soutenue que par les travaux et la protection du père. De là entre les époux et ceux à qui ils donnent le jour de nouveaux rapports de secours et de reconnaissance, d'affection et de piété, d'autorité et de déférence; et le lien du mariage est doublé par celui de la *naissance*.

Bientôt ces nœuds si chers s'étendent et se prolongent par

la *parenté*, dont les rameaux sortent de la paternité comme d'une tige féconde pour embrasser tous les descendans du même auteur; ils se multiplient par les *alliances* qui entrelacent les familles en leur donnant des proches nés hors de leur sein; de cette communauté d'affinités et d'origines se forme enfin la réunion d'intérêts, de mœurs et de forces, qui constitue l'*état politique* : ainsi cette société primitive du mariage, si simple d'abord et si peu considérable en apparence, devient l'élément principal dont se compose, s'accroît et se lie la grande société des nations et celle du genre humain tout entier.

Ce n'est donc pas sans motif que, chez les peuples civilisés, le mariage est considéré comme une institution solennelle. On aurait en effet une idée bien peu exacte de son importance et de sa dignité, si l'on ne voulait y voir qu'un pacte naturel ou une convention civile; il est encore, plus que tout cela, un engagement social et comme un traité public dont les époux sont à la fois les parties et les ministres. Il est vrai qu'ils y stipulent pour eux-mêmes, mais ils y stipulent aussi pour la patrie, qui attend d'eux de nouveaux supports pour leur famille, à qui ils vont ajouter une succession d'autres familles; pour la postérité, dont le bonheur dépend des générations qui la précèdent.

Donner à ce grand traité de justes bases, c'est sans doute un des travaux les plus imposans qui puissent occuper le législateur; et tel est le but du projet soumis aujourd'hui à votre délibération.

Heureux le temps où des sujets aussi graves, médités avec sagesse et éclairés par la science, peuvent encore être discutés par la véritable philosophie et développés par la persuasive éloquence. Déjà cette tâche honorable n'est plus à remplir; mais nous n'en devons pas moins, lorsque nous vous présentons l'avis de la section, vous rendre compte de l'examen qui l'a déterminée.

Puisque du mariage naissent tant de relations d'ordres différens,

De l'épouse avec l'époux,

Des parens avec les enfans,

Des familles avec les familles,

Du corps social avec ses membres, la loi proposée n'aura atteint son but qu'autant que de toutes ces relations aucune n'aura échappé à sa prévoyance; et, pour n'être pas inférieure à son objet, il faut qu'elle ait assuré une garantie convenable à tous les intérêts si divers que ce contrat embrasse.

§ I. *Intérêts de la société.*

Or, pour commencer par celui de ces intérêts qui est le plus grave et le plus étendu, l'un des premiers besoins de l'État, sans doute, est la population dont le mariage est la source la plus féconde, parce qu'il en est la plus pure; s'ensuit-il cependant que le législateur doive user de sa puissance pour y déterminer les citoyens? L'antiquité et les Romains eux-mêmes en offrent des exemples qui, de notre temps encore, ont semblé entraîner quelques opinions. Mais presque toujours ces sortes de législations accusent les peuples pour qui elles sont faites de décadence ou de faiblesse. Dans un état florissant, la propagation ne demande au législateur d'autre encouragement que de n'être point arrêtée. A cet égard, le projet proposé a sur notre ancienne jurisprudence plusieurs avantages, moins par les dispositions qu'il contient que par celles qu'il n'a pas dû rappeler.

C'est pourquoi vous n'y trouverez aucun de ces empêchemens opposés par des barrières purement spirituelles, non qu'elles ne puissent s'élever encore dans le domaine respecté des consciences; mais elles ont dû disparaître dans le domaine de la loi, dirigée par des vues d'un autre ordre.

Vous n'y retrouverez point non plus ces exclusions dictées en apparence par la sévérité de la morale, mais qui, sous les noms de *rapt*, de *séduction* et de *mariage* IN EXTREMIS, n'avaient en effet que des caractères équivoques, propres à égarer les juges, en fournissant des armes aux antipathies de l'orgueil et de la cupidité contre des penchans assortis ou du moins excusables. Tout ce que ces règles pouvaient avoir de véritablement utile se trouve implicitement réservé par les dispositions générales, qui assurent pour première base au mariage l'intégrité du consentement des parties, fortifiée, dans l'âge de l'inexpérience et de l'ivresse, par un consentement plus éclairé. Enfin, l'égalité politique et l'égalité religieuse, en effaçant les incompatibilités de culte et de naissance, ont brisé les principaux obstacles qui, dans nos mœurs et jusque dans nos lois, avaient autrefois gêné la liberté des mariages.

Toutefois cette liberté a ses bornes légitimes, et de sages restrictions ne sont pas moins dans l'intérêt de la société qu'une facilité libérale.

Ainsi, il est de l'intérêt de la société que des unions trop hâtives n'anticipent pas sur la maturité de la nature, et qu'il ne soit pas permis à des êtres à peine affranchis de la stérilité de l'enfance, de perpétuer dans des générations imparfaites leur propre débilité.

Il est de l'intérêt de la société que la foi conjugale ne soit pas partagée entre deux contrats subsistans, afin que le mariage conserve cette unité qui forme, dans la vie domestique comme dans les mœurs publiques, la plus noble et la plus touchante des harmonies.

Il est de l'intérêt de la société que l'intimité des familles ne soit point une occasion de séductions corruptrices, d'entreprises et de rivalités, mais qu'au contraire la pudeur y repose comme dans son naturel asile. Outre quelques idées probables sur la perfectibilité physique, il y a donc un motif moral pour que l'engagement réciproque du mariage soit impossible à ceux entre qui le sang ou l'affinité a déjà établi des rapports directs ou très-prochains, de peur que la pureté de leurs affections mutuelles ne soit troublée par les illusions d'une autre espérance.

Il est surtout de l'intérêt de la société que le mariage ait une authenticité non équivoque, afin que la légitimité de tous ses effets ne soit point incertaine, afin que la dignité conjugale ne soit point compromise, afin que l'honorable réciprocité de ses obligations ne soit pas confondue avec ces commerces ténébreux dont les victimes subissent le joug de tous les désordres, parce qu'elles ont rejeté celui des mœurs et repoussé celui des lois.

Ces différentes règles ont été établies par la sagesse de tous les siècles : les violer, c'est troubler l'ordre social ; aussi le projet les a-t-il expressément distinguées de toutes les autres, en soumettant à la poursuite directe du ministère public les actes qui pourraient y contrevenir.

Ce n'est pas à dire pourtant que les conséquences en soient partout également rigoureuses. Le principe peut conserver sa force, et cependant n'être pas inflexible. Dans une matière que la nature, la marche des événemens et celle des passions même soumettent, suivant les climats, les temps et les personnes, à tant de variétés, il ne faut pas que la loi soit invariable, et moins encore qu'elle entreprenne de prévoir toutes les circonstances. Il a donc été raisonnable de se conformer à des idées depuis long-temps admises, qui permettent de relâcher, par des dispenses, quelques-uns des empêchemens les moins essentiels ; et de ce nombre sont ceux qui résultent de l'âge et du second degré d'affinité ou de parenté. La même indulgence a pu s'étendre sans danger jusqu'à l'une des publications qui préparent l'authenticité du mariage. Seulement on a dû prendre la précaution de faire vérifier les causes de ces dispenses par l'autorité civile qui les délivre. Car à quelle autre qu'à elle un tel pouvoir eût-il été remis chez une nation souveraine d'elle-même, et dont les membres divers n'ont de soumission commune que celle où l'unité civile les engage ?

§ II. *Intérêts de la famille.*

Avec les droits de la société se confondent ceux de l'autorité paternelle. Institué par la nature même comme premier magistrat de sa famille, c'est le père surtout que la société interroge pour qu'il lui réponde que son fils ou sa fille apporte au contrat solennel du mariage un consentement vrai, solide et éclairé : sans cette garantie, la loi proposée veut que le consentement du fils de famille soit nul tant qu'il n'a pas acquis l'âge de vingt-cinq ans. A l'égard des filles, chez qui la nature suit d'autres lois, et qui hors le mariage ont rarement un état, cet âge a été justement rapproché à vingt-un ans.

Après ce terme atteint, le consentement du père n'est plus indispensable, mais le respect et la déférence lui sont encore dus; et quand il s'agit d'un acte qui va faire le sort de sa postérité, ses conseils du moins doivent lui être formellement demandés : que s'ils sont négligés ou méprisés, il a la faculté de mettre opposition au mariage ; et la sage lenteur des tribunaux peut encore, entre l'impétuosité des passions et la célébration du mariage, ménager, au profit de la réflexion, d'utiles intervalles.

Ces droits du père sont communs à la mère, qui semble offrir à l'inexpérience de ses enfans, sinon une protection aussi forte, du moins une surveillance plus tendre et plus active. Au défaut du père et de la mère, leur place est occupée par les aïeuls et les aïeules, dépositaires, après eux, du pouvoir patriarcal.

Et qu'on ne craigne pas que cette intervention de la volonté des ascendans dans les unions que leurs descendans désirent puisse devenir un obstacle nuisible à la prospérité du mariage. « *La nature*, dit fort bien Montesquieu, *donne aux*
« *pères un désir de procurer à leurs enfans des successeurs qu'ils*
« *sentent à peine pour eux-mêmes. Dans les divers degrés de*
« *progéniture ils se voient avancer insensiblement vers l'avenir.* »

Et si la nécessité de leur consentement est fondée sur leur raison, elle ne l'est pas moins sur leur amour.

On n'aperçoit ni la même puissance ni la même réunion de motifs pour exiger le consentement des collatéraux ; leurs affections plus éloignées sont aussi plus incertaines, et il s'y mêle souvent trop de petits intérêts étrangers au bonheur des deux époux. C'est pourquoi là où manquent les ascendans, le concours de la famille n'est exigé pour le mariage que comme un supplément à la faiblesse évidente de l'âge ou des organes, dans les cas seulement où le contractant, soit par sa minorité civile, soit par l'insuffisance reconnue de ses facultés intellectuelles, laisse présumer que sa volonté est imparfaite.

En général, si l'on compare l'esprit de la loi proposée avec l'ancienne jurisprudence, on voit que, pour régler les mariages des mineurs, celle-là mettait plus d'autorité dans le corps de la famille, et celle-ci plus de confiance dans les sentimens particuliers des parens directs ; plus d'abandon surtout en faveur du vœu maternel : c'est que les vues de la première se portaient spécialement sur une certaine convenance extérieure d'état dont le plus grand nombre est l'arbitre ; au lieu que les vues de la dernière se sont attachées davantage aux convenances personnelles, toujours mieux appréciées par ceux dont la tendresse attentive étudia dès notre enfance tous les développemens de notre âme.

Par une conséquence des mêmes idées, la loi proposée dispense les ascendans d'exprimer les causes de leurs oppositions au mariage ; tandis qu'au contraire elle en exige toujours dans les oppositions des collatéraux, et les limite très-rigoureusement. Plus vous méditerez l'ensemble de ses dispositions sur ce point, plus vous y reconnaîtrez une sollicitude prévoyante à écarter du mariage les obstacles suggérés par des passions indiscrètes. Dans cette route féconde, mais pourtant laborieuse, que les époux veulent se frayer à travers le champ de la vie, il ne faut pas qu'ils soient repoussés dès l'entrée par des barrières épineuses et stériles. Des intentions non moins libérales ont dicté les articles qui ont rapport aux nullités du mariage. C'est un désordre social, sans doute, que des noces ourdies en fraude des lois ; mais lorsqu'une fois elles sont subsistantes, souvent c'est un plus grand désordre encore de les rompre. Prononcer, en effet, que les nœuds formés entre les deux parties sont comme s'ils n'eussent jamais existé, ce n'est pas pour cela replacer ni l'un ni l'autre dans la situation où il était avant son engagement. Une telle union, quelque imperfection qu'on lui suppose, a toujours pour les associés des suites ineffaçables, et souvent la naissance des enfans y ajoute des effets plus importans encore. En de telles occurrences que fera donc le législateur ? Uniquement attentif au maintien de ses règles, deviendra-t-il sourd à des intérêts si dignes au moins de la commisération ? livrera-t-il les deux contractans aux alarmes toujours renaissantes d'une attaque imprescriptible ? abandonnera-t-il l'état de leurs enfans à tous les calculs d'une cupidité rivale, et au hasard des combats juridiques ? laissera-t-il flotter, perpétuellement incertains, leurs rapports avec la famille, et ceux de la famille avec eux ? ou plutôt même n'aura-t-il pas à craindre en croyant fortifier l'autorité des lois, d'en provoquer l'abus sacrilége ? Qu'il prenne garde que sa vengeance ne devienne une arme de plus dans les mains de l'inconstance pour trancher tous les nœuds de la foi donnée et reçue, dans les mains de la bassesse pour sacrifier avec plus de sécurité la victime de ses dissolutions. Quiconque parcourra les annales de notre barreau, les verra remplies chaque année des controverses que ces questions ont fait naître. C'est dans ces grandes discussions que se développaient avec tant de solennité les efforts éloquens de ces orateurs, la grave doctrine de ces magistrats dont les lumières brillent encore pour nous éclairer, lorsqu'eux-mêmes sont éteints. Que la mémoire de ces hommes illustres reçoive parmi nous, tribuns, un juste hommage : en sondant toutes

ch. 4.

les difficultés de cette matière, ils ont préparé du moins les moyens de les aplanir.

Ces moyens nous ont paru avoir été rassemblés avec une sagacité scrupuleuse dans le projet de loi proposé ; le détail en est sous vos yeux, et vous avez déjà pu aisément en saisir la chaîne.

Les pensées qui dominent, sont :

1°. Qu'il n'y ait pas de nullité absolument irréparable, hormis celles où le mariage devient un crime, comme dans les cas d'inceste et de bigamie.

2°. Que l'attaque en nullité ne puisse pas être également dirigée, ni en tout état de choses, ni par tous ; mais qu'elle soit proportionnée, sous les restrictions les plus exactes, à l'importance des droits qui ont été violés, à la nature de l'infraction, au temps ou aux circonstances qui ont pu la couvrir, à la protection due aux intérêts qui réclament.

201-202   3°. Que, dans tous les cas, la bonne foi conserve au mariage annulé tous ses effets civils, du moins en faveur de l'époux qui a été dans la bonne foi et en faveur de ses enfans.

191   Au reste, la loi n'aurait eu qu'une indulgence funeste, si elle eût confondu les mariages établis sur un titre vicieux, mais réel, avec les prétentions qui essaieraient, sans titre formel, d'usurper les droits du mariage. Et, véritablement, si les commencemens de preuves écrites, et les preuves testimoniales sont des bases trop vagues et trop incertaines pour fixer l'état des personnes, n'est-ce pas surtout lorsqu'il s'agit d'un état, que tant de liaisons peuvent imiter sans en avoir les caractères ? Une seule raison légitime peut forcer d'avoir recours à des titres subsidiaires, c'est lorsque la fraude a supprimé l'acte où le mariage se trouvait consigné. Or, comme une telle allégation n'est autre chose qu'une accusation, il faut qu'elle soit jugée d'abord par les tribunaux à qui la connaissance des crimes est réservée.

Par ces sages mesures, espérons de voir tarir désormais la

source des contestations les plus affligeantes dans les familles. La paix entre elles est le premier intérêt que la loi a dû leur conserver.

§ III. *Intérêts entre les époux devenus pères, et leurs enfans.*

Parmi ces intérêts nous n'avons considéré encore que ceux qui concourent à la formation du mariage ; il nous reste à parcourir ceux qui s'ouvrent aussitôt qu'il est formé.

Le principal effet de l'union conjugale est de donner la vie à des enfans, c'est-à-dire à des êtres environnés de mille besoins.

L'obligation naturelle de pourvoir à ces besoins est imposée à ceux de qui ils tiennent le jour, et c'est afin qu'elle fût plus sûrement remplie qu'a été institué le mariage.

Cette obligation, très-bornée chez les êtres dépourvus d'intelligence, est très-étendue chez les hommes. *Leurs enfans ont de la raison*, dit Montesquieu, *mais elle ne leur vient que par degré ; il ne suffit pas de les nourrir, il faut encore les conduire ; déjà ils pourraient vivre, ils ne peuvent encore se gouverner.*

Mais cette obligation va-t-elle jusqu'à ouvrir, en faveur de l'enfant contre son père, une action pour que celui-ci lui fournisse un établissement par mariage ou autrement?

Cette question, long-temps débattue au Conseil d'État, s'est renouvelée dans votre section de législation.

En faveur de l'affirmative se sont présentés les exemples imposans des Grecs et des Romains, et la jurisprudence de cette partie de la France qui est régie par le droit écrit.

Chez les Athéniens, le père qui n'avait pas donné à ses enfans un métier pour subsister était privé du droit de leur demander lui-même des alimens.

Chez les Romains, les constitutions des empereurs, fondées sur la loi *Julia*, voulaient que le père fût forcé d'établir par mariage et de doter les enfans qui étaient en sa puissance.

L'autorité de ces constitutions s'était prolongée dans toutes les parties de la France régies par le droit écrit, au moins pour ce qui regarde les filles. Le judicieux Domat dit, à ce sujet, que *la fille qui se marie doit être dotée par son père, s'il est vivant, parce que le devoir du père à la conduite de ses enfans renferme celui de doter sa fille.*

Malgré ces autorités, le système contraire a prévalu, et il a dû prévaloir.

La loi des Athéniens n'était point une disposition proprement impérative, et Montesquieu décide formellement que c'était moins une conséquence du droit naturel qu'un règlement civil.

La loi *Julia* et les constitutions qui en étaient la suite, considérées sous le rapport politique, étaient une de ces mesures inconnues dans les temps florissans de la République, dont le but était de réparer ce qui se répare le moins par la contrainte, la dépopulation de l'État. Considérée sous le rapport civil, elle n'était qu'un tribut imposé sur les avantages pécuniaires que le père recueillait de sa puissance; et la preuve, c'est que, hormis certains cas très-rares, la mère ne partageait point une telle obligation, parce que les mêmes avantages ne lui étaient pas communs. Il n'y a donc pas de raison pour consacrer une semblable disposition dans notre Code civil, qui distribue le droit de propriété aux enfans et aux pères avec une égale faveur. Là où cesse le motif doit cesser aussi la conséquence.

Voilà pourquoi, sans doute, les anciennes coutumes de France n'admettaient point cette action. Dans le pays même de droit écrit, où elle était assez rare, il est douteux qu'elle eût des effets salutaires; elle provoquait une sorte d'inquisition sur la fortune du père, parce que la dot devait en suivre les proportions; elle y perpétuait les dissensions des familles, parce que le père était obligé d'y fournir, non pas seulement une première dot, mais quelquefois une seconde; elle y devenait une occasion pour les filles de braver dans leur union l'autorité paternelle, du moins quand elles avaient atteint leur majorité. C'est un abus que le sage Domat a très-bien entrevu lui-même, et cet abus formerait une contradiction manifeste avec les principes de la loi proposée. Ne serait-ce pas en effet une situation tout-à-fait étrange que celle où l'on verrait, d'un côté, le père investi du pouvoir de suspendre par son opposition le mariage que sa fille veut contracter au mépris de ses conseils, et, de l'autre, la même fille armée du droit d'attaquer son père, afin qu'il facilite par une dot la conclusion de ce mariage?

Non, tribuns, notre Code ne doit point offrir une telle incohérence. Se conformer aux habitudes de la majorité de la nation; ne point jeter entre les enfans et les pères des armes pour se combattre; ne point mettre les chefs de famille dans l'alternative de produire, en quelque sorte, leur bilan devant les tribunaux, ou d'employer la fraude, soit pour cacher, soit pour dénaturer leur fortune; ne point les exposer aux prétentions d'un gendre qui peut partager les passions de leur fille sans partager son respect, telles sont les vues qui ont guidé les rédacteurs de la loi dans la proposition de l'article 198-204, et ce sont celles aussi qui dirigent aujourd'hui l'avis de la majorité de votre section de législation.

Je ne vous parle point de l'obligation réciproque où sont les enfans de nourrir leurs parens dans la détresse : ce sont des articles de la loi naturelle que tous les cœurs honnêtes ont sanctionnés d'avance, et que la reconnaissance, unie à la piété filiale, s'empresse de remplir.

§ IV. *Intérêts des époux entre eux.*

Et quel ami des mœurs pourrait aussi refuser son assentiment à ces articles du projet où les devoirs mutuels des époux sont retracés avec une si juste précision? Ne fussent-ils que des points de morale, il faudrait encore rendre grâces aux auteurs du projet de leur avoir donné par la loi ce caractère auguste qui les recommande à la méditation; mais ils sont aussi des principes de législation, dont l'étude a dirigé notre opinion dans l'une des controverses les plus importantes.

C'est encore entre les doctrines opposées des pays de droit écrit et des pays coutumiers qu'il a fallu se décider.

Le droit coutumier considérant les femmes, même lorsqu'elles sont séparées ou non communes en biens, comme placées sous la puissance du mari, ne leur accorde sur leurs propriétés particulières que la perception des revenus, jointe à un simple droit d'administration ; et il réserve au mari l'autorité nécessaire pour qu'aucune aliénation, aucune hypothèque, aucun engagement ne puisse grever ces propriétés sans son concours.

Le droit écrit, au contraire, permettait à la femme d'avoir des biens distincts de sa dot, qui, sous le nom de biens paraphernaux, étaient entièrement hors de la dépendance du mari ; de telle sorte qu'elle pouvait seule, et de son chef, faire, relativement à ces biens, toute espèce de dispositions.

C'est cette dernière jurisprudence qu'on a voulu empêcher de se perpétuer dans les mariages futurs, par la plupart des articles qui composent le chapitre VI du projet, et notamment par les articles 211-217 et 217-223.

Il a paru à la majorité de votre section comme aux auteurs du projet, que cette indépendance absolue des biens paraphernaux choquait les idées établies sur la protection que le mari doit à son épouse. Comment, en effet, cette protection serait-elle entière et efficace, s'il ne pouvait empêcher sa femme de perdre sa fortune par des dispositions imprudentes.

Elle n'est pas moins contraire à la déférence que la femme doit à son mari. Aussi, chez les Romains même, les biens paraphernaux n'avaient-ils été introduits qu'en faveur d'un certain ordre d'épouses (a), dont les liens n'avaient ni la même force, ni la même dignité que chez nous ; et cela n'empêchait pas que, dans leurs lois, on ne lût ce principe, *qu'il était bon*

(a) Les matrones qui étaient distinguées des mères de famille.

que la femme qui se met elle-même sous la conduite de son mari lui laissât aussi le gouvernement de ses biens (a).

Enfin elle blesse surtout cette unité, cette communication indivisible de toutes les choses de la vie, qui est un des principaux caractères du mariage : le lien des affections peut se relâcher, parce qu'il n'est plus soutenu par celui des propriétés, et la société domestique peut être troublée, parce qu'elle manque d'une autorité commune dans un de ses points essentiels.

Là se termine, tribuns, les remarques principales qui, dans la loi proposée, ont du rapport avec l'état de mariage; là se bornera aussi ma carrière, peut-être déjà trop étendue. Je ne la prolongerai pas pour vous occuper du dernier chapitre du projet, où se trouvent rappelées les causes par lesquelles le mariage se dissout; ce serait attrister inutilement vos esprits par des idées pénibles. La mort est une loi de la nature; vous avez déjà prononcé sur la mort civile; et le divorce est une matière grave qui appellera bientôt votre attention dans une discussion particulière. Comme remède, il est affligeant, sans doute, mais encore moins par ses effets que par ses causes. Comme faculté, il appartient déjà depuis douze ans à notre législation; il appartient depuis plusieurs siècles aux mœurs d'une partie des familles que la République a nouvellement acquises pour sa famille immense; ce sont des motifs suffisans de n'en pas rejeter le principe. Bientôt, pour le faire avouer par la sagesse, il ne s'agira que d'en prévenir l'abus et d'en régler les conséquences.

ch. 7

Votre section de législation vous propose d'émettre votre vœu pour l'adoption du projet.

Le Tribunat vota l'adoption du projet dans la séance du 25 ventose (16 mars 1803); et MM. Gillet, Boutteville et Sedillez portèrent son vœu au Corps législatif le 26 ventose.

(a) *Bonum erat mulierem quæ seipsam marito committit, res ejusdem pati arbitrio gubernari.* Cod. Leg. VII. *De pact. conv.*

DISCUSSION DEVANT LE CORPS LÉGISLATIF.

DISCOURS PRONONCÉ PAR M. BOUTTEVILLE.

Législateurs, le Tribunat a émis, dans sa séance d'hier, son vœu d'adoption sur le projet de loi concernant le mariage.

Je suis chargé de vous présenter les motifs qui l'ont déterminé. Je viens m'acquitter de ce devoir.

Je ne le ferai pas avec une grande étendue : les raisons qui me l'interdisent sont faciles à sentir.

L'orateur qui vous a présenté le projet est l'un des profonds jurisconsultes auxquels nous devons l'inestimable travail communiqué aux tribunaux de la République.

Vous n'avez donc pas seulement entendu un des talens les plus rares, qui honorent davantage et servent le plus utilement leur pays; mais la pensée première, qui n'attend que votre assentiment pour être celle du législateur, s'est développée elle-même tout entière devant vous dans sa pureté originelle et avec toute sa richesse.

Le projet de loi sur le mariage est sous vos yeux. Les discussions patientes et suivies, les filières par lesquelles il est passé avant de vous être présenté vous sont connues.

Nous doutons que, soumis à de nouvelles discussions, le travail puisse paraître susceptible d'une véritable et juste critique.

Enfin, après la voix qui s'est déjà fait entendre, il est peu, il n'est peut-être pas d'orateur qui ne fût indiscret en se livrant à de nouveaux et de longs développemens sur le même sujet. Ce qui serait imprudent pour le grand nombre serait, de ma part, une inexcusable témérité.

Je ne rechercherai donc pas quels sont ceux des rapports physiques ou moraux de l'homme par lesquels il est le plus puissamment appelé au mariage : si le mariage tient plus en lui à l'ordre naturel par l'impulsion des sens que par les besoins du cœur, comme s'ils ne constituaient pas aussi essentiellement les uns que les autres la nature de l'homme, s'ils ne la distinguaient pas surtout de tout ce qui, comme lui, vit et respire, et n'en faisaient pas de toute la nature animée le seul être à la fois sensible, intelligent et raisonnable.

Je ne rechercherai pas si de simples rapprochemens fortuits et instantanés pourraient suffire à la reproduction des individus, à la perpétuité de l'espèce ; si, en voyant le jour, l'enfant ne se porterait pas, ne s'attacherait point de lui-même au sein qui lui aurait donné l'être ; ce que deviendrait la mère livrée à ses douleurs, à sa faiblesse, si en ce moment un second elle-même ne veillait sur elle et sur l'enfant.

Je n'examinerai pas si deux êtres que le hasard aurait une première fois rapprochés, et qu'il placerait encore à côté ou en présence l'un de l'autre en cet instant si douloureux pour la mère, si, dis-je, se rappelant le moment de leur première union, et portant à la fois leurs regards sur ce premier gage de leurs amours, ils ne suppléeraient pas d'eux-mêmes à l'imprévoyance des lois qui eussent trompé leur tendresse ; et si, à défaut de témoins, de garans publics, ils ne se feraient pas à la face du ciel le serment de ne se séparer jamais.

Je ne demanderai pas si l'enfant qui a une première fois souri à son père serait assuré de le retrouver et de lui sourire encore ; si les noms si chers d'époux, de père, de mère, d'enfant, les plus douces délices destinées à l'homme, ne lui seraient pas demeurés inconnus, sans la sage et nécessaire sollicitude de la loi pour marquer, reconnaître et distinguer les familles.

Qu'il nous suffise de dire que le mariage remonte nécessairement au berceau du monde : que, comme la société elle-même, il doit sa source à la nature de l'homme ; mais que c'est de la majesté des lois qu'il tient sa force principale et ses plus précieux avantages.

C'en est assez pour sentir toute l'importance de la loi qui vous est présentée.

Mais il est une vue sur laquelle il n'est peut-être pas inutile de s'arrêter encore un moment.

Les sentimens religieux aussi ne sont pas moins certainement dans la nature de l'homme. Chez les nations policées, tous invoquent la faveur, les bénédictions du ciel sur l'acte le plus important de la vie, sur l'acte qui en fixe la destinée. Mais si ces sentimens sont universels, l'expression en est aussi variée qu'elle en doit être essentiellement libre.

Un sentiment, un acte religieux ne serait plus un sentiment, un acte vraiment religieux ; il ne serait plus digne de l'être vers lequel il s'élève, s'il n'était pas l'émanation la plus libre de l'âme, s'il n'était qu'un acte d'obéissance à des règlemens de la puissance humaine.

Ils oubliaient donc qu'élevé à la dignité de sacrement, le mariage ne cesse pas d'être un contrat civil, nécessairement soumis, comme tout autre, à l'autorité publique ; ils dépassaient le but, les législateurs qui se dépouillaient de leur puissance relativement au mariage, et en faisaient le domaine de la juridiction ecclésiastique. Ils méconnaissaient, citoyens législateurs, les vues même de la sagesse infinie.

Les législateurs d'une grande nation y sont, pour l'universalité des citoyens, ce que la Providence est pour l'universalité des peuples. Et puisque la Providence elle-même n'empêche pas et sans doute ne rejette pas des vœux offerts avec des intentions pures, qu'en un mot elle souffre la diversité des cultes, il faut qu'à son exemple le législateur sépare du contrat civil tout ce qui touche à un ordre plus relevé ; et, pour parler le langage des sages jurisconsultes auxquels la nation devra tant de reconnaissance pour leur premier travail, que la loi ne considère dans le mariage que le contrat civil, et laisse à la plus entière liberté de chacun ce qui appartient à des sentimens qui, plus indépendans, n'en seront que plus purs et plus respectés.

Grâces soient donc rendues à la sagesse du gouvernement, qui a eu soin ici de rappeler que la liberté de conscience est une loi de l'État, une des plus importantes garanties des droits des citoyens !

Voilà, citoyens législateurs, ce qui imprimera à la loi sur le mariage le caractère d'une haute sagesse, et la rendra l'une des plus utiles à la paix publique, à la prospérité nationale.

La loi proposée, citoyens législateurs, se divise en deux parties principales; l'une, embrassant tout ce qui appartient au caractère constitutif du mariage et à sa stabilité; l'autre, se rapportant à ses effets et à sa durée : la première, en déterminant dans les quatre premiers chapitres les qualités et conditions requises pour le mariage, les formalités relatives à sa célébration, les cas où les oppositions seront autorisées, et enfin ceux où pourront l'être les demandes en nullité de mariage; la seconde, en rappelant dans les cinquième et sixième chapitres, aux pères et aux enfans les obligations qui naissent pour eux du mariage, aux époux leurs droits et leurs devoirs respectifs; en spécifiant, par le septième, les cas qui en amènent la dissolution; et par le huitième, ceux où de seconds mariages peuvent avoir lieu.

L'enchaînement des dispositions est tel, que le moyen de vous fatiguer par moins de détails est de suivre la série des articles avec quelques réflexions, qui, si elles ne sont pas toutes jugées d'une rigoureuse nécessité, seront du moins justifiées par l'importance du sujet, et pourront peut-être servir à faciliter l'intelligence de la loi, à en faire mieux ressortir l'utilité et la sagesse.

Le 144ᵉ article, qui est le premier du projet, est ainsi conçu : 144

« L'homme, avant dix-huit ans révolus, la femme avant
« quinze ans aussi révolus, ne peuvent contracter mariage. »

C'est d'Athènes, de Rome, même de Constantinople, que nous venaient les anciennes lois qui permettaient le mariage à douze et quatorze ans. Peut-être elles pouvaient convenir à ces climats; elles étaient évidemment absurdes dans le nôtre; elles y eussent été désastreuses, si, mieux conseillée par la nature que par la loi, la presque universalité des citoyens ne se fût pas abstenue d'en user. Vous trouverez donc, citoyens législateurs, dans cette première disposition, une innovation infiniment heureuse, et déjà sans doute elle a obtenu votre assentiment.

147 L'article 147 porte : « On ne peut contracter un second « mariage avant la dissolution du premier. »

Peu nous importent les causes plus ou moins excusables qui ont introduit la polygamie dans tel ou tel climat. Bornons-nous à plaindre les peuples qui n'ont point encore une idée plus saine du mariage, et ne sentent pas que la pluralité des maris et des femmes est nécessairement exclusive de la distinction et du bonheur des familles.

146-148- Les articles 146 et 148, et les six articles qui suivent, 180 sont tous relatifs à la nécessité du consentement pour la validité du mariage.

Ceci n'est point un principe particulier au mariage, c'est une règle qui embrasse toutes les conventions humaines ; et si, pour le plus mince intérêt, il n'en est de légitime que par le concours de volontés parfaitement libres, comment ne serait-ce pas le point fondamental et de rigoureuse nécessité pour le contrat le plus sacré qui existe parmi les hommes?

Mais il est facile de sentir tout ce que cette disposition embrasse dans son heureuse concision : « il n'y a pas de mariage « lorsqu'il n'y a pas de consentement. »

On a fait beaucoup d'efforts pour déterminer ce qui constitue le défaut de liberté dans l'engagement du mariage.

Pour marquer le véritable caractère de la violence, on a distingué celle physique et celle morale.

Pour régler les cas où il y a erreur sur la personne, l'on a demandé s'il fallait s'attacher aux seules qualités physiques, ou si les qualités morales devaient être également considérées.

Avant les conceptions récentes et si heureuses qui arrachent les sourds et muets au malheur qui les isolait de la nature entière, on pensait que leur position nécessitait des dispositions particulières.

Dans ces différens cas, les décisions de la justice dépendent nécessairement des faits particuliers à chaque espèce.

Le plus grand acte de sagesse du législateur est de s'en remettre à celle des tribunaux.

Point de consentement, conséquemment de consentement parfaitement libre, point de mariage.

Ce fanal dirigera bien plus sûrement les juges que des idées métaphysiques ou complexes qui pourraient ne faire que les embarrasser ou les égarer.

Mais à quinze et dix-huit ans l'homme devait-il être abandonné à lui-même? La législation nouvelle pouvait-elle faire moins que nos anciennes ordonnances, qui avaient gradué l'usage de la liberté suivant les progrès de l'âge?

Citoyens législateurs, le projet de loi ne leur a pas cédé en sagesse.

On l'a dit fort heureusement : les pères entrent en partage d'autorité avec les législateurs dans un pays où les législateurs sont des pères.

La puissance paternelle qui va reprendre sa place au sein des familles, qui surtout ne tiendra point à l'idée d'un droit de propriété dans la personne du père sur celle des fils, sera bien plus pour le bonheur des enfans que pour l'intérêt de ceux qui l'exerceront; elle n'aura rien que de juste, de doux, de vraiment paternel.

A dix-huit ans le fils, à quinze la fille, seront donc habiles à contracter mariage, mais leur volonté ne sera pas encore reconnue l'être à y prêter un plein et libre consentement.

Jusqu'à vingt-cinq ans pour les fils, à vingt-un ans pour les filles, la loi ne verra dans leur volonté personnelle de véritable consentement qu'autant qu'elle aura été éclairée, confirmée par le consentement de leurs père et mère ou de leurs aïeuls.

A vingt-cinq et vingt-un ans, ils deviendront, à la vérité, les arbitres de leur sort; mais ils ne pourront le fixer encore qu'après avoir, par un acte respectueux, requis le consentement de leurs père et mère ou autres ascendans, et mis ceux-ci à portée de leur épargner les regrets, de les soustraire au malheur où l'inexpérience et la violence des passions pourraient les entraîner.

160   S'il n'y a plus de père et mère ou d'aïeuls, l'acte respectueux ne sera plus nécessaire. Cette déférence n'était pas due à des collatéraux, qui ne méritent pas d'ailleurs le même degré de confiance.

Dans les cas même où il n'y a plus de père et mère ni d'aïeuls, jusqu'à vingt-un ans ; et « alors, sans distinction de « sexe, le mariage ne pourra être contracté qu'avec le con- « sentement d'un conseil de famille. »

148-150   Mais, comme dans notre législation la puissance paternelle ne reposera que sur la tendresse des parens, elle appartiendra aussi, sous ce rapport, à la mère et à l'aïeule : seulement, en cas de dissentiment entre un époux et sa femme, l'avis du mari prévaudra, et le partage des voix entre les aïeuls des deux lignes emportera le consentement.

158   A l'exception d'une seule, toutes ces règles sont appliquées aux enfans naturels reconnus.

Une législation peu réfléchie avait trop fait pour eux.

159   Une législation sage, humaine, devait resserrer les liens qui les unissent à des parens qui ont été sensibles et justes envers eux. Elle leur devait, lorsqu'ils ne les possèdent plus, l'assistance d'un tuteur *ad hoc* pour un contrat d'autant plus important, qu'il leur donne une famille qu'ils n'avaient pas le bonheur d'avoir.

L'acte respectueux envers les aïeuls ; ainsi que les conseils de famille, ne pouvaient pas les concerner.

Voilà, citoyens législateurs, toute la théorie de la loi sur ce qui regarde le consentement.

162-163-   Les mœurs antiques, qui souvent réunissaient sous le même
164   toit plusieurs générations de la même famille, avaient fait étendre la prohibition du mariage jusqu'aux cousins-germains. Le projet la borne aux frères et sœurs légitimes ou naturels,

et aux alliés du même degré, sans qu'il puisse, en ce cas, être accordé de dispenses. L'intérêt des mœurs, l'honnêteté publique, la confiance, si nécessaire entre les frères, l'exigeaient ainsi.

Entre l'oncle et la nièce, la tante et le neveu, les dangers ne sont pas précisément les mêmes. La prohibition est pourtant encore prononcée; la faculté donnée au gouvernement d'en accorder la dispense ne peut pas alarmer.

Il est presque inutile de rappeler la prohibition en ligne directe. La sagesse du projet garantit assez qu'elle ne pouvait y être oubliée.

C'eût été bien peu de tous les soins pris par le législateur dans le premier chapitre pour déterminer avec tant de précision les caractères essentiels au mariage, si un second chapitre n'assurait la plus grande publicité à sa célébration; si un troisième ne trouvait dans la publicité même et l'autorisation mesurée des oppositions, le moyen salutaire d'épargner à la société la fréquence et le scandale de mariages qui offenseraient les mœurs et l'honnêteté publique ; et si, enfin, les dispositions pénales du quatrième chapitre ne contenaient la véritable sanction des premières, la garantie que toutes les règles et les formalités établies par la loi ne seront pas impunément violées.

L'orateur du gouvernement a parfaitement démontré que nos formes nouvelles et nos idées, aujourd'hui plus saines sur le véritable esprit d'égalité, ne nous laissent plus à craindre ce que l'ancienne jurisprudence appelait *mariage secret*, et que les préjugés de l'orgueil avaient eu plus de part que la justice à la réprobation des engagemens proscrits sous le nom de mariages *in extremis*. Le silence du législateur est donc, à cet égard, parfaitement justifié; mais ce que les mœurs et l'intérêt public réclament de sa prévoyance, c'est qu'il n'en puisse jamais être contracté de vraiment clandestin, et que l'engagement du mariage ne puisse être formé que sous l'autorité des lois.

Or, il est, citoyens législateurs, évident que le vrai moyen d'assurer la plus grande publicité au mariage est de prescrire :

Pour première formalité, que le mariage ne pourra être célébré que devant l'officier de l'état civil du lieu où est le domicile de l'une ou de l'autre des parties contractantes.

166   Pour seconde, qu'il ne pourra l'être qu'après deux publications, de dix jours en dix jours, à la municipalité du domicile de chacune des parties, et trois jours après la dernière.

167   Pour troisième, que, dans le cas où l'une des parties n'aurait, au moment de l'engagement, que six mois de résidence dans le lieu qu'elle habite, il y ait alors publications, et au lieu de sa résidence actuelle, et en celui du domicile qu'elle conserve.

168   Pour quatrième, que, si les contractans n'ont pas encore la majorité relative au mariage, les publications soient faites au domicile des personnes en la puissance desquelles les contractans se trouvent.

170   Pour cinquième, que, s'il s'agit du mariage qu'un Français veut contracter en pays étranger, suivant les formes qui y sont usitées, il le fasse précéder en France des publications requises, et que, dans les trois mois de son retour, il fasse transcrire l'acte de célébration sur les registres publics des mariages de son domicile.

ch. 3   Quelque juste qu'il soit de ne pas exposer des contractans à voir le moment de leur union retardé par de perfides et malveillantes oppositions, ce serait, au détriment des familles et souvent à celui des intéressés eux-mêmes, se priver de la connaissance des empêchemens réels, que de ne permettre à personne de les révéler.

L'usage des oppositions ne pouvait donc pas être indistinctement proscrit; et vous allez juger, citoyens législateurs, si le projet le renferme dans de justes limites.

173   Les père et mère et ascendans pourront seuls former opposition à un mariage, sans énoncer leurs motifs et sans s'exposer à une condamnation en dommages et intérêts.

Leurs oppositions et leur silence ne procéderont jamais que du cœur et de la tendresse paternelle.

Le frère et la sœur, l'oncle et la tante, le cousin et la cousine germains pourront former opposition, mais seulement en deux cas, si le consentement du conseil de famille n'a pas été obtenu, ou si l'opposant articule l'état de démence de l'un des contractans, et se soumet à provoquer l'interdiction et à y faire statuer dans le délai que le jugement fixera.

Les décisions des tribunaux seront toujours promptes, et les officiers ministériels, signataires d'oppositions vexatoires, sévèrement punis.

Tels sont, citoyens législateurs, les second et troisième chapitres.

Le quatrième est plus important encore.

Ce sont, sans doute, des scènes toujours affligeantes que celles qui offrent un mari, une femme, des enfans traînés dans les tribunaux pour s'y voir contester les titres d'époux, de père, de mère, d'enfans légitimes ; mais la loi veillerait inutilement avec tant de sollicitude à la pureté de l'engagement du mariage, si, encore une fois, des dispositions pénales ne garantissaient l'observance de toutes celles réglementaires.

Le projet, citoyens législateurs, ne convertit pas en dispositions positives les distinctions si connues de nullités absolues et relatives, de nullités qui peuvent ou qui ne peuvent pas être effacées ; mais sans les perdre de vue, le législateur trouve un guide bien plus sûr dans les règles que lui-même a tracées.

L'une des premières est celle si importante par son étendue et sa précision : « Il n'y a pas de mariage lorsqu'il n'y a pas « de consentement. » L'article 174-180 du projet n'est que le développement et la conséquence de cette disposition ; il n'y a pas de consentement, s'il n'a été parfaitement libre, s'il a été l'effet de la violence ou de l'erreur.

Mais il est évident que ce qui constitue le caractère propre à la violence, à l'erreur, c'est de ne pouvoir être connue et attestée avec quelque certitude que par celui qui prétend en avoir été le sujet.

Le mariage ne pourra donc être attaqué sur le fondement de la violence et de l'erreur que par l'époux qui attestera et offrira de prouver que son consentement n'a pas été libre ou qu'il a été induit en erreur sur la personne.

181   Une seconde modification est encore en ce cas justement opposée à l'exercice de l'action.

Si le réclamant a continué à cohabiter avec l'époux qui lui a été donné pendant six mois, depuis le moment où il a acquis sa pleine liberté ou reconnu son erreur, ses plaintes ne pourront plus être écoutées.

Six mois de cohabitation et de silence prouvent que la violence et l'erreur sont faussement alléguées, ou tout au moins qu'il a ratifié l'engagement qu'il avait contracté.

182-183   Ce principe et sa conséquence s'appliquent encore à la disposition qui concerne le consentement des père et mère et du conseil de famille.

De cela même que la loi ne voit pas de véritable volonté dans les contractans qui n'ont pas l'âge de la majorité relative au mariage, il suit qu'un mariage contracté sans le consentement des père et mère, ou du conseil de famille, peut être attaqué tout à la fois et par ceux-ci et par les époux eux-mêmes; mais il suit aussi que les parens et les époux ne peuvent plus être écoutés : les premiers, lorsqu'ils ont approuvé expressément ou tacitement le mariage, ou, ce qui emporte approbation, lorsqu'ils ont sans réclamation laissé écouler une année depuis qu'ils ont eu connaissance du mariage; les seconds, lorsqu'ils ont également gardé le silence pendant un an, depuis qu'ils ont atteint l'âge compétent pour le contracter.

Les art. 174-180, 175-181, 176-182, 177-183 obtiendront donc sans doute, citoyens législateurs, votre assentiment.

184   C'est dans l'art. 178-184 que sont consignés, avec une atten-

tion particulière, les vices qui touchent si intimement à l'essence du mariage, qu'il en résulte pour les époux eux-mêmes, pour toute personne intéressée et pour le ministère public, le droit de l'attaquer.

Les vices essentiels sont le défaut d'âge requis par la loi, un premier mariage subsistant, la parenté ou l'alliance dans les degrés prohibés.

Et pour marquer la sévérité avec laquelle la loi entend proscrire les mariages qui en sont infectés, elle ne se borne pas à l'expression employée par l'article 178-184 : « Le ma-« riage pourra être attaqué; » elle a soin de dire, article 184-« 190 : « Dans tous les cas auxquels s'applique l'art. 178-184, « le commissaire du gouvernement peut et doit demander la « nullité du mariage du vivant des époux, et les faire con-« damner à se séparer. »

Mais quelque fondée que soit ici la sévérité de la loi, vous applaudirez, citoyens législateurs, à la modification que le projet y appose pour le cas d'un mariage contracté par des époux dont l'un ou tous deux n'auraient pas encore, au moment de sa célébration, atteint l'âge requis par la loi.

Si, en ce cas, l'époux ou les époux qui n'avaient pas l'âge requis laissent écouler six mois depuis qu'ils l'ont atteint, ou si la femme conçoit avant l'échéance des six mois, la loi ne permet plus d'attaquer un mariage confirmé par la volonté des parties dans un âge auquel elles en sont capables, ou dont la nature a pris soin de constater elle-même la légitimité.

Il est peu nécessaire d'ajouter que les parens ne sont plus reçus à attaquer sur le même fondement un mariage auquel ils ont eux-mêmes consenti. (Dispositions des articles 178 et 180-185 et 186.)

Quant aux collatéraux, dont l'intervention est si défavorable dans les questions d'état, la loi ne leur devait évidemment que la plus stricte justice; mais la stricte justice qui est pour tous, et sur les intérêts les moins dignes de faveur, de droit rigoureux et indispensable, ne permet pas que le patrimoine d'une famille puisse être envahi par des individus qui y seraient réellement étrangers.

En ce cas, des collatéraux, ou même des enfans d'un mariage antérieur, ne pourront pas, du vivant des deux époux, troubler leur union; ils ne seront écoutés que quand il s'agira du partage d'une succession ouverte, et qu'ils ne contesteront la réalité du mariage que pour établir les droits qui leur sont acquis. (Art. 181-187.)

188-189 Sur les articles 182 et 183-188 et 189, nous nous bornons à observer que dans le concours de deux mariages subsistans, dont la légitimité est également contestée, le premier mariage devient nécessairement celui sur la validité duquel les tribunaux doivent d'abord prononcer.

Il n'est peut-être pas inutile de faire observer ici la différence des devoirs imposés aux dépositaires de l'autorité de la loi par les art. 184, 185, 186 et 187-190, 191, 192 et 193.

Cette différence remarquable vient de celle infiniment importante des divers cas auxquels leurs dispositions s'appliquent.

190 S'il s'agit d'un mariage infecté de vices essentiels, comme le défaut d'âge, un premier mariage subsistant, la parenté ou l'alliance aux degrés prohibés, la loi, encore une fois, citoyens législateurs, ne se borne pas à déférer au commissaire du gouvernement le droit, elle lui impose le devoir de réclamer et de faire séparer les époux, toujours cependant sous la modification relative au défaut d'âge déjà expliquée.

191 S'il s'agit d'un mariage qui n'aurait pas été contracté avec la publicité voulue par la loi, et devant l'officier compétent, le législateur semble (ainsi du moins nous le persuadent de sages conseils donnés par d'Aguesseau) laisser à la prudence du magistrat de peser ce que l'intérêt des mœurs et la paix des familles pourraient exiger de la sévérité de son ministère.

Toujours est-il que, dans le cas des mariages qui offensent ouvertement les mœurs, la loi dit : « Le commissaire du gou-
« vernement peut et *doit* intervenir et réclamer; » et que

dans le cas de l'art. 185-191 relatif au défaut de publicité et de présence de l'officier public compétent, la loi dit simplement : « Le mariage pourra être attaqué. »

Cette réflexion, ou ce doute abandonné à votre sagesse, ne pourra pas du moins faire douter de celle de la disposition.

Ce qui est plus exprès, c'est le texte de l'article concernant 192-193 l'omission des publications ou dispenses, ou des intervalles requis entre les publications et les actes de célébration. Il y est clairement expliqué que le commissaire du gouvernement *doit*, en ces différens cas, se borner à faire infliger de simples peines pécuniaires à l'officier public et aux parties qui sont contrevenues à la loi. (Art. 186 et 187 192 et 193.)

Les neuf articles suivans qui terminent le quatrième cha- 194 à 202 pitre sont relatifs :

A l'invariable nécessité de représenter un acte de célébration de mariage pour pouvoir réclamer le titre d'époux, hors les seuls cas de l'inexistence ou de la perte des registres ;

A la légitimité d'enfans issus de père et mère qui ont toute leur vie vécu comme mari et femme, et sont tous deux décédés, lorsque les enfans ont en leur faveur et la possession d'état, et l'acte de leur naissance ;

Aux prévarications et fautes graves de l'officier civil dans la tenue des registres publics ;

Aux actions différentes qui en peuvent naître contre lui ou ses héritiers, et aux preuves qui peuvent aussi extraordinairement résulter d'une instruction criminelle, et du jugement qui la suit, de la célébration d'un mariage ;

Aux effets civils que la bonne foi des deux époux ou d'un seul peut assurer à un mariage; au premier cas pour tous deux, au second pour un seul, et toujours en faveur de leurs enfans communs.

Toutes ces dispositions sont si évidemment d'accord avec les idées reçues et la saine raison, qu'elles nous ont paru n'exiger aucune réflexion de notre part.

ch. 5.   Nous en disons autant des dispositions du cinquième chapitre, qui imposent aux père et mère, et aux enfans, l'obligation de se fournir réciproquement des alimens ; qui étendent ce devoir aux alliés dans les mêmes degrés, sous les modifications que la raison commandait ; qui laissent à la sagesse des tribunaux de décider quand ceux qui doivent des alimens pourront être dispensés de payer une pension alimentaire, en offrant de recevoir chez eux les personnes auxquelles les alimens seront dus.

Toutes ces dispositions ne sont évidemment que le langage même de la nature.

204   Le chapitre V n'eût donc exigé aucune réflexion particulière, s'il n'existait une grande diversité d'opinions et d'usages entre les pays de droit écrit et ceux coutumiers, sur le point de savoir s'il est sage, s'il est juste, s'il est nécessaire que la loi impose au père, à titre d'obligation stricte, celle de fournir une dot à sa fille.

Ce point de droit, extrêmement important, a été le sujet de savantes et profondes discussions dans l'examen préparatoire du projet.

Les partisans de l'usage et des dispositions du droit écrit semblaient invoquer, avec un grand avantage, plusieurs lois romaines qui accusent d'injustice, de dureté, les pères qui négligent ou refusent de doter leurs filles, et qui imputent aux pères les égaremens de celles-ci lorsqu'ils les ont laissé parvenir à vingt-cinq ans sans avoir pourvu à leur établissement.

. Malgré toute la puissance des armes employées par les partisans du droit écrit, leur opinion n'a pas prévalu.

Nous ignorons si la force des usages sous lesquels nous avons personnellement vécu a quelque part à l'opinion que nous nous en sommes formée ; mais nous pouvons l'attester avec une grande sincérité, les motifs qui la fondent nous paraissent être ceux qui s'accordent le mieux avec le véritable intérêt de la société, la dignité et la puissance paternelles, l'intérêt même des enfans, le rapprochement des amis de la patrie, de tous les enfans de la grande famille ; et ces motifs, citoyens législateurs, les voici :

Pour introduire dans le pays coutumier, et y imposer aux pères l'obligation stricte de doter leurs filles, il y fallait une révolution dans les idées.

Dans les pays de droit écrit, où les pères sont accoutumés à regarder comme légale cette obligation, ils continueront à y faire, par respect pour l'ancienne loi et par devoir, ce que les pères font chez nous en n'obéissant qu'à la voix de la nature, au sentiment paternel ; et rien de part et d'autre ne sera changé.

L'obligation de doter, en cas de contestation, ne peut être réglée que d'après l'étendue des facultés du père. Il peut quelquefois être extrêmement périlleux pour un père de famille d'être contraint à révéler le secret de sa fortune.

C'est peut-être aussi l'une des plus grandes fautes en législation que de calomnier le cœur humain. C'est, ce nous semble surtout, une faute grave que de douter de la puissance du sentiment paternel, et de l'outrager par tant de défiance.

Nous avons peine à penser que ces motifs, qui ont eu tant de pouvoir sur notre opinion, n'en aient pas également sur la vôtre.

Le droit laissé aux femmes, par les lois romaines, de ne se constituer en dot qu'une partie de leurs biens, et de se réserver la jouissance et la libre disposition du fonds même de leurs paraphernaux, a encore été le sujet d'une diversité d'opinions ; mais cette faculté accordée aux femmes par les lois romaines a été généralement, et sera sans doute aussi, citoyens législateurs, jugée par vous-mêmes contraire à la nature de l'union conjugale, à celle de l'autorité du mari. *ch. 6.*

Toutes les autres dispositions du sixième chapitre ne renferment, sur l'interdiction aux femmes de s'obliger ou d'ester en droit sans l'autorisation de leurs maris, que l'ancienne et constante législation française, et ne font que la présenter sous une rédaction tellement précise, qu'étendue à toute la République, elle ne sera pour aucune un sujet de controverse.

227 Un projet converti en loi par votre assentiment consacre irrévocablement les principes qui se trouvent dans les dispositions du septième chapitre relativement aux effets de la mort civile.

Le divorce sera d'ailleurs le sujet d'une loi particulière.

228 La disposition unique du huitième et dernier chapitre, qui borne à dix mois ce que nos anciens usages appelaient l'année de deuil, vous paraîtra fixer un délai suffisant pour éviter tous les doutes sur la paternité et les dangers connus sous le nom de confusion de part; et sans doute, citoyens législateurs, vous n'y trouverez rien de contraire aux bienséances et à la dignité du mariage.

Il serait peut-être naturel de peindre, en terminant, le célibat et ses privations, le mariage et ses douceurs, ses véritables jouissances, de substituer au sévère langage des lois, qui parle aux femmes de soumission et d'obéissance, l'aveu et le tableau de leur puissance réelle, de leurs droits les plus beaux, les plus chers et les plus doux, surtout lorsque c'est au sein des mœurs et des familles qu'elles veulent et savent en établir l'empire. Mais je n'oublie pas, citoyens législateurs, ce que je disais en commençant, et tout ce que ces touchantes idées perdraient en changeant d'organe et d'interprète.

Je me borne à vous présenter le vœu d'adoption que le Tribunat a émis sur le projet de loi.

Le Corps législatif rendit son décret d'adoption dans la même séance (26 ventose an XI. — 17 mars 1803), et la promulgation eut lieu le 6 germinal (27 mars.)

Des Actes respectueux.

DISCUSSION DU CONSEIL D'ÉTAT.

(Procès-verbal de la séance du 21 pluviose an XII. — 11 février 1804.)

M. Bigot-Préameneu dit que la section a examiné un projet de loi présenté par le *Grand-Juge-Ministre de la Justice*, pour fixer le mode d'exécution de l'article 151 au titre *du Mariage*, lequel impose aux majeurs qui se marient l'obligation de demander, par un acte respectueux, le conseil de leur père et de leur mère, ou, à défaut des pères et mères, celui de leurs aïeuls et aïeules.

La section a pensé que ce projet était susceptible de quelques modifications; elle a, en conséquence, rédigé un autre projet.

Le rapporteur fait lecture des deux projets de loi.

Ils sont ainsi conçus :

PROJET DE LOI

PRÉSENTÉ PAR LE GRAND-JUGE-MINISTRE DE LA JUSTICE.

Art. 1er. « Les enfans de famille qui, aux termes de l'ar-
« ticle 151 de la première partie du Code civil, sont obligés,
« avant de se marier, de demander le conseil de leurs père
« et mère par un acte respectueux et formel, seront tenus,
« si ce conseil est contraire à leur demande, de la réitérer
« deux autres fois, l'une deux mois après la première de-
« mande, l'autre deux mois après la seconde. »

Art. 2. « Si, après le dernier acte, le conseil des père et
« mère continue à être contraire à la demande, le mariage
« ne pourra être célébré que deux mois après la date dudit
« acte. »

Art. 3. « Sont exceptés des dispositions ci-dessus les enfans
« mâles âgés de plus de trente ans, et les filles de plus de
« vingt-cinq. »

154   Art. 4. « Les trois actes respectueux seront notifiés aux père
    « et mère par le ministère d'un notaire, assisté de deux té-
    « moins, lesquels signeront avec lui le procès-verbal qui sera
    « dressé de la réponse desdits père et mère. »

157   Art. 5. « Les officiers de l'état civil et les ministres des
    « cultes qui procéderaient à la célébration des mariages men-
    « tionnés en l'article premier sans qu'il leur apparût des
    « trois actes respectueux qui doivent être notifiés aux père et
    « mère, et avant l'expiration des deux mois, à compter de la
    « date du dernier, seront, outre l'amende portée par l'ar-
    « ticle 186 du Code civil, qui leur sera applicable, condamnés
    « correctionnellement à une réclusion qui ne pourra être
    « moindre d'une année. »

156   Art. 6. « Seront sujets aux mêmes peines les officiers de
    « l'état civil ou ministres des cultes qui se permettraient de
    « marier des enfans mineurs sans qu'il apparût de consen-
    « tement de leurs père et mère, aïeuls ou aïeules ; et au dé-
    « faut desdits ascendans, de celui du conseil de famille. »

PROJET DE LOI
PRÉSENTÉ PAR LA SECTION DE LÉGISLATION.

152   Art. 1er. « Les fils qui ont atteint l'âge de vingt-cinq ans
    « accomplis, les filles qui ont atteint l'âge de vingt-un ans
    « accomplis, lesquels, aux termes du Code civil (titre *du*
    « *Mariage*, article 151), sont tenus, avant de contracter ma-
    « riage, de demander le conseil de leur père et de leur mère,
    « ou celui de leurs aïeuls et aïeules, lorsque leur père et leur
    « mère sont décédés ou dans l'impossibilité de manifester
    « leur volonté, satisferont à ce devoir ainsi qu'il suit. »

154   Art 2. « La demande de conseil sera faite par acte respec-
    « tueux que deux notaires, ou un notaire assisté de deux
    « témoins, notifieront à celui ou ceux des ascendans désignés
    « en l'article précédent, en faisant mention de la réponse
    « dans le procès-verbal, qui sera signé des notaires, des té-
    « moins et de l'ascendant. En cas de refus de ce dernier, il
    « en sera fait mention. »

Art. 3. « Depuis l'âge de vingt-cinq ans accomplis pour « les fils, et de vingt-un ans accomplis pour les filles, jusqu'à l'âge de trente ans accomplis pour les uns et les autres, « si, sur un premier acte respectueux, le conseil de l'ascen- « dant n'est pas pour le mariage, il sera fait, après le délai « d'un mois, un second acte respectueux ; si, sur ce second « acte, l'ascendant insiste, il en sera fait, un mois après, un « troisième ; et si, sur ce troisième acte, l'ascendant insiste « encore, il pourra être, un mois après, passé outre au ma- « riage. »

Art. 4. « Après l'âge de trente ans pour les fils et pour les « filles, la demande de conseil sera faite par un seul acte res- « pectueux ; et, si le conseil de l'ascendant n'est pas pour le « mariage, il pourra être, un mois après, passé outre au « mariage. »

Art. 5. « Les dispositions des articles précédens sont ap- « plicables aux enfans naturels légalement reconnus. »

Art. 6. « Les officiers de l'état civil qui auraient procédé « à la célébration des mariages contractés par des fils n'ayant « pas atteint l'âge de vingt-cinq ans accomplis, ou par des filles « n'ayant pas atteint l'âge de vingt-un ans accomplis, sans que « le consentement des pères et mères, aïeuls et aïeules, « et celui de la famille dans les cas où ils sont requis, soit « énoncé dans l'acte de mariage, seront punis de l'amende « portée en l'article 186 du Code civil, au titre *du Mariage*, « sans préjudice des peines correctionnelles qui pourront leur « être infligées, s'il y échet. »

Art. 7. « Les mêmes peines seront encourues par les offi- « ciers de l'état civil qui auraient procédé au mariage des fils « âgés de plus de vingt-cinq ans, et des filles âgées de plus « de vingt-un ans, sans que les actes respectueux prescrits « par les articles précédens aient été énoncés dans l'acte de « mariage. »

M. Bigot-Préameneu reprend et dit que la principale différence qui existe entre les deux projets porte sur la disposition par laquelle le *Grand-Juge* appelle les ministres du culte, cumulativement avec les officiers de l'état civil, à vérifier si la formalité de l'acte respectueux a été remplie, et leur impose une peine s'ils manquent à ce devoir.

La section a pensé que cette disposition est inutile, parce que les ministres du culte ne pouvant donner la bénédiction nuptiale qu'aux mariages qu'on leur justifie, par un acte, avoir été célébrés devant l'officier de l'état civil, il y a certitude que les parties qui se présentent devant eux ont satisfait à l'obligation de faire un acte respectueux.

D'un autre côté, on ne pourrait autoriser les ministres du culte à réviser les actes de mariage et les en rendre juges, sans blesser les principes de la législation actuelle.

Ainsi, si quelque peine doit leur être imposée, ce ne peut être que pour avoir béni des mariages sans s'être fait représenter l'acte qui justifie qu'ils ont été célébrés devant l'officier de l'état civil.

C'est au Code correctionnel à établir cette peine, ainsi que celle contre l'officier qui a négligé de vérifier si l'acte respectueux a eu lieu. La disposition serait déplacée dans le Code civil.

Le Grand-Juge dit que la formalité de l'acte respectueux est tellement importante, qu'il a cru ne devoir négliger aucune des précautions capables d'en prévenir l'omission.

Il est évident que les ministres des cultes sont obligés de se conformer aux lois : il n'y a donc aucune difficulté à énoncer cette obligation ; et c'est un avantage de se ménager une garantie de plus pour le cas où l'officier de l'état civil aurait été surpris ou négligent. Les parties osent moins se hasarder à s'écarter de la loi lorsqu'elles savent qu'elles rencontreront un double obstacle à masquer leur fraude.

Au surplus, les ministres des cultes ne sont pas appelés à juger ces actes de mariage. Leur fonction se bornera à vérifier si une formalité prescrite par la loi a été remplie.

Quelle que soit la responsabilité qu'on leur impose pour les forcer à se faire représenter les actes de mariage, elle ne conduirait jamais à faire réparer l'omission de la formalité dont on veut assurer l'effet. Puisque la loi ne prévient pas les contraventions en imposant une peine aux parties, elle ne peut plus les empêcher qu'en s'appesantissant sur les fonctionnaires.

M. Berlier dit que le surcroît de garantie qu'on cherche échappera lorsque les parties s'en tiendront à l'acte civil qui, seul, constitue le mariage; ainsi, point ou peu d'avantage dans la cumulation proposée, parce que, dans le dissentiment du ministre du culte, on passera outre.

Mais n'y aurait-il pas de graves inconvéniens à immiscer les ministres des cultes dans le jugement des formalités requises pour la validité des mariages? Quand on a retiré les registres de l'état civil aux prêtres, ç'a été une grande conquête qu'il ne faut pas compromettre.

Il est vrai qu'aujourd'hui les ministres des cultes ne peuvent bénir un mariage sans se faire représenter l'acte de célébration rédigé par l'officier de l'état civil; mais il n'y a rien à conclure de cette obligation à l'attribution qu'on discute.

Sans doute il fallait obvier aux déplorables erreurs de ceux qui se seraient cru valablement mariés par le seul acte passé à l'église ou au temple; mais la disposition prise à ce sujet met chaque chose à sa place : la bénédiction du mariage est subordonnée à sa célébration devant l'officier de l'état civil; nulle concurrence n'est établie entre cet officier et le ministre du culte, et ils ne sont pas constitués en même temps juges et garans du même fait, comme cela arriverait dans l'espèce qu'on examine, si la proposition du *Grand-Juge* était suivie : un tel point de contact ne donnerait-il pas naissance à de fréquentes contradictions entre les officiers de l'état civil et les ministres des cultes, et à beaucoup de fausses prétentions de la part de ces derniers? C'est ce qu'il faut éviter.

M. Bigot-Préameneu ajoute qu'indépendamment des raisons qui viennent d'être exposées, la section a encore considéré qu'il serait impossible de vérifier si les ministres des cultes se sont fait représenter l'acte respectueux, puisqu'ils ne tiennent point de registres.

Le Premier Consul dit que le ministre du culte n'est pas en faute lorsqu'il imprime le sceau de la religion au mariage qui a déjà reçu le sceau de la loi; qu'on ne peut néanmoins l'obliger à bénir les mariages valables suivant les lois civiles lorsqu'il aperçoit quelque empêchement canonique. Cependant, si son refus était mal fondé, il pourrait y avoir un appel comme d'abus, lequel serait porté devant le Conseil d'État.

Le prêtre ne peut donc unir ceux qui ne l'ont pas été devant l'officier de l'état civil; et, s'il se le permet, la contravention doit être punie, attendu qu'elle met les parties dans une fausse position. Si, au contraire, le mariage dont on lui a représenté l'acte a été illégalement célébré par l'officier de l'état civil, c'est sur ce dernier que doit retomber la peine.

Il serait nécessaire que cette peine fût déterminée par la loi.

M. Bigot-Préameneu dit qu'elle sera fixée par le Code correctionnel.

Le Grand-Juge dit qu'il est nécessaire de multiplier les obstacles à la contravention.

On objecte que ce serait donner lieu à une résistance mal fondée de la part du ministre du culte, qui peut-être s'ingérerait à juger de la validité du mariage, et même contrarierait l'officier de l'état civil. Mais il faut observer qu'il ne s'agit ici que d'un fait sur lequel il ne peut pas y avoir contradiction.

Le Premier Consul dit que l'obligation qu'on veut imposer aux ministres des cultes serait certainement une garantie de plus, mais qu'elle ne serait point dans l'esprit de la législation, laquelle exclut entièrement les ministres des cultes de tout ce qui concerne la validité du contrat civil du mariage.

M. Treilhard dit qu'il est convaincu de cette vérité.

Il y a des formalités plus essentielles encore que l'acte

respectueux. Ainsi, d'après le système de multiplier les garanties, il faudrait autoriser les ministres du culte à examiner également si ces formalités ont été remplies.

Le projet de la section obtient la priorité.

Le Premier Consul dit qu'il serait nécessaire de faire entrer dans le Code civil le projet que l'on discute, comme contenant des dispositions additionnelles, et n'étant destiné qu'à fixer l'application d'un de ses articles.

M. Treilhard dit que ce serait peut-être affaiblir le respect dû au Code civil, que de le modifier dans un temps aussi rapproché de sa confection.

On ne peut espérer que le Code civil, avec quelque sagesse qu'il ait été fait, soit entièrement exempt de fautes et ne présente aucune lacune. La sagesse humaine ne va point jusqu'à faire un ouvrage parfait; mais c'est à l'expérience seule qu'il appartient d'indiquer les modifications véritablement utiles ; et, après que le temps aura essayé la législation nouvelle, on la revisera dans son universalité, et on y mettra la dernière main. Les changemens partiels en détruiraient l'ensemble et seraient hasardés. Du moment qu'on s'en permettrait un seul, on verrait arriver de tous côtés des réclamations et des demandes produites par l'esprit d'innovation, ou par l'intérêt personnel.

Le Consul Cambacérès partage cette opinion ; il voudrait qu'on ne se permît pas avant dix ans au moins de faire aucun changement au Code civil. Alors seulement, par la manière dont les tribunaux l'auront appliqué, on connaîtra véritablement l'opinion nationale, les avantages et les inconvéniens de chaque disposition. Jusque là, le tribunal de cassation rectifiera les erreurs graves et réprimera les écarts. Ceci ne regarde que les dispositions interprétatives.

Il n'en est pas de même des dispositions supplétives. Il peut y en avoir de nécessaires ; celle qu'on propose l'est certainement, puisqu'elle tend à régler une formalité sur laquelle le Code civil ne s'est point expliqué, et à l'assurer par une sanction pénale.

Une édition officielle du Code civil sera indispensable, tant pour réunir en un seul corps de lois et pour placer dans leur ordre naturel les divers titres dont le Code civil se compose, que pour donner une série unique aux articles ; on est donc encore à temps d'insérer dans le Code la loi qui est proposée, et qui en fait évidemment partie.

M. Treilhard dit qu'on pourrait aussi placer cette loi dans le Code de procédure civile, dont la seconde partie concernera les procédures extraordinaires, et comprendra d'autres dispositions sur les matières du Code civil. Cette loi n'établit en effet que le mode d'exécution d'un article du titre *du Mariage*, et n'en diffère qu'en ce qu'elle prescrit un plus grand nombre de sommations respectueuses.

Le Conseil arrête que le projet de loi proposé sera inséré dans le *Code civil*.

Le projet de la section est soumis à la discussion.

152-154   Les articles 1 et 2 sont adoptés.

152   L'article 3 est discuté.

Le Grand-Juge demande que le délai entre l'acte respectueux et la célébration du mariage soit porté à six mois. Le respect dû aux ascendans paraît exiger cette modification. Elle est surtout nécessaire pour que l'objet de la loi soit rempli : son but en effet est de donner aux passions le temps de s'amortir, soit qu'il s'agisse de faire revenir les parens de préventions mal fondées, soit qu'il faille ramener à la raison le fils qui se porte à un mariage mal assorti.

M. Bigot-Préameneu répond que la section a voulu concilier ce qui est dû aux parens avec les droits que la loi donne à un homme de vingt-cinq ans et à une fille de vingt-un ans.

Il est difficile d'espérer qu'un délai de six mois suffise pour calmer les passions, et il pourrait résulter de ces passions même des désordres scandaleux qu'il faut aussi prévenir. On doit compter beaucoup sur de sages représentations plusieurs fois réitérées. D'ailleurs il importe de ne pas perdre de vue que la famille de celui au mariage duquel l'autre famille s'oppose est dans une position désagréable, et que le refus de consentement ne doit pas être un obstacle de trop longue durée au mariage que la loi autorise.

M. Treilhard ajoute qu'un délai trop long pourrait produire des désordres plus fâcheux même qu'un mariage nul.

Le Conseil arrête que le délai sera de trois mois.

Les articles 4 et 5 sont adoptés.

L'article 6 est discuté.

M. Bigot-Préameneu dit que la section a cru devoir renvoyer au Code correctionnel pour la fixation de la peine, attendu que le délit est susceptible de différentes nuances d'après lesquelles la peine doit être graduée.

M. Regnaud (de Saint-Jean-d'Angely) dit que cependant jusque là la contravention demeurera impunie, puisqu'il n'existe point de peine dans notre législation actuelle.

M. Treilhard répond que toutes les parties du système de la pénalité doivent être coordonnées entre elles, afin que le châtiment soit toujours mesuré sur le plus ou le moins de gravité du délit. Il serait donc possible, si l'on fixait ici la peine de la contravention, que cette peine fût ou plus forte ou plus faible qu'elle ne devrait l'être dans le système général de la législation criminelle.

M. Berlier ajoute que d'ailleurs le Code civil ne contient aucune peine proprement dite, parce que la matière des peines appartient en entier au Code criminel ou correctionnel.

M. Bérenger propose d'établir la peine par une loi particulière et séparée du Code civil.

M. Cretet demande qu'après avoir prononcé la peine de l'amende, on se borne à dire, *sans préjudice des peines correctionnelles, s'il y échet*.

M. Regnaud (de Saint-Jean-d'Angely) objecte que si la loi n'impose qu'une peine pécuniaire, elle sera impunément violée par les particuliers opulens, qui indemniseront l'officier de l'état civil de l'amende qu'il aura encourue ; qu'il paraît donc nécessaire de prononcer la nullité du mariage.

M. Bigot-Préameneu observe qu'il y a nullité relative.

M. Regnaud (de Saint-Jean-d'Angely) pense que la nullité devrait être absolue.

Le Grand-Juge dit qu'il est contre la dignité de la loi d'offrir elle-même un moyen de la violer impunément, ou du moins sous une peine tellement légère qu'elle ne punît pas réellement le prévaricateur. Il faut donc menacer l'officier de l'état civil de châtimens graves, et non d'une faible amende de deux cent cinquante francs, dont il serait indemnisé sans difficulté par ceux qui auront payé sa complaisance un prix beaucoup plus considérable.

M. Treilhard dit que l'officier civil convaincu d'avoir manqué à son devoir pour de l'argent serait puni comme prévaricateur, et par conséquent avec beaucoup plus de sévérité que par une peine purement pécuniaire. Au reste, si l'on suppose qu'il soit capable de se laisser séduire, même un emprisonnement d'un an ne l'arrêtera pas, lorsqu'il en résultera pour lui des avantages considérables et que sa fortune sera à ce prix.

Mais la question est de savoir s'il y a ici tellement urgence, qu'il soit nécessaire de mettre dans le Code civil une disposition qui appartient au Code correctionnel, et qu'il faudra peut-être incessamment changer, pour la coordonner avec le système général de pénalité qui sera établi. Il ne paraît pas qu'on soit réduit à cette nécessité, puisqu'il y a très-peu d'exemples d'enfans qui se marient sans avoir requis le consentement de leurs ascendans.

Le Grand-Juge répond que, s'il en était ainsi, la loi serait inutile ; mais que déjà le Conseil en a décidé autrement, puisqu'il a jugé la loi nécessaire, et qu'il a arrêté qu'elle serait insérée dans le Code civil. Or, si elle est nécessaire, il faut en assurer l'exécution. Ce ne sera pas par une modique amende ; ce ne sera pas même en punissant comme prévaricateur l'officier civil qui se serait fait indemniser ; car on ne saisira presque jamais les preuves de la prévarication. Il ne reste donc plus d'autre moyen que de fixer dès à présent une peine déterminée.

L'inconvénient de transporter ensuite cette disposition dans le Code criminel est de peu d'importance. Il serait malheureux que, jusqu'à la confection de ce Code, on ne pût plus établir aucune peine. Cependant toutes celles qui seront prononcées pour d'autres cas devront aussi, par la suite, être coordonnées avec le système général de la pénalité.

Le Conseil adopte la peine proposée par le projet du *Grand-Juge*, et arrête que la disposition pénale sera insérée dans la loi en discussion.

L'article 7 est adopté.

(Procès-verbal de la séance du 24 pluviose an XII. — 14 février 1804.)

M. Bigot-Préameneu présente le projet de loi sur les *Actes respectueux à faire par les enfans aux pères et mères, aïeuls et aïeules, dans les cas où ils sont prescrits au titre du Mariage*, rédigé conformément aux amendemens adoptés dans la séance du 21 pluviose.

Le Conseil l'adopte en ces termes :

Art. 1er. « Depuis la majorité fixée par l'article 148 au titre
« *du Mariage*, jusqu'à l'âge de trente ans accomplis pour les
« fils, et jusqu'à l'âge de vingt-cinq ans accomplis pour les
« filles, l'acte respectueux prescrit par l'article 151, et sur
« lequel il n'y aurait pas de consentement au mariage, sera
« renouvelé deux autres fois, de mois en mois ; et un mois
« après le troisième acte il pourra être passé outre à la célé-
« bration du mariage. »

Art. 2. « Après l'âge de trente ans, il pourra être, à dé-

« faut de consentement sur un acte respectueux, passé outre,
« un mois après, à la célébration du mariage. »

Art. 3. « L'acte respectueux sera notifié, à celui ou ceux
« des ascendans désignés en l'article 151, par deux notaires,
« ou par un notaire et deux témoins. »

Art. 4. « En cas d'absence de l'ascendant auquel eût dû
« être fait l'acte respectueux, il sera passé outre à la célébra-
« bration du mariage, en représentant le jugement qui au-
« rait été rendu pour déclarer l'absence; ou, à défaut de ce
« jugement, celui qui aurait ordonné l'enquête; ou s'il n'y
« avait point encore eu de jugement, un acte de notoriété,
« délivré par le juge de paix du lieu où l'ascendant a eu son
« dernier domicile connu. Cet acte contiendra la déclaration
« de quatre témoins appelés d'office par ce juge de paix. »

Art. 5. « Les officiers de l'état civil qui auraient procédé à
« la célébration des mariages contractés par des fils n'ayant
« pas atteint l'âge de vingt-cinq ans accomplis, ou par des filles
« n'ayant pas atteint l'âge de vingt-un ans accomplis, sans que
« le consentement des pères et mères, celui des aïeuls et aïeules
« et celui de la famille, dans le cas où ils sont requis, soient
« énoncés dans l'acte de mariage, seront, à la diligence des
« parties intéressées et du commissaire du gouvernement
« près le tribunal de première instance du lieu où le ma-
« riage aura été célébré, condamnés à l'amende portée par
« l'article 186 du Code civil, et, en outre, à un emprison-
« nement dont la durée ne pourra être moindre de six mois. »

Art. 6. « Lorsqu'il n'y aura pas eu d'actes respectueux
« dans les cas où ils sont prescrits, l'officier de l'état civil qui
« aurait célébré le mariage sera condamné à la même
« amende, et à un emprisonnement qui ne pourra être moin-
« dre d'un mois. »

Le Consul ordonne que le projet ci-dessus sera communiqué officieusement, par le secrétaire-général du Conseil d'É-
tat, à la section de législation du Tribunat, conformément à
l'arrêté du 18 germinal an X.

COMMUNICATION OFFICIEUSE

A LA SECTION DE LÉGISLATION DU TRIBUNAT.

La section examina le projet dans sa séance du 2 ventose an XII (21 février 1804).

TEXTE DE SES OBSERVATIONS.

La section examine un projet de loi relatif aux actes respectueux en cas de mariage.

L'article 3 est le seul qui ait fait naître une observation. La section pense qu'il convient d'ajouter à cet article un paragraphe ainsi conçu :

« Il sera fait mention de la réponse ou du motif pour le« quel on n'a point répondu. »

Au moyen de cette précaution, l'intention de la loi sera mieux remplie, et il ne sera plus à craindre que son but soit éludé.

RÉDACTION DÉFINITIVE DU CONSEIL D'ÉTAT.

(Procès-verbal de la séance du 5 ventose an XII. — 25 février 1804).

M. BIGOT-PRÉAMENEU, d'après la conférence tenue avec le Tribunat, présente la rédaction définitive du projet de loi concernant *les actes respectueux à faire par les enfans aux pères et mères, aïeuls et aïeules, dans les cas où ils sont prescrits au titre* du Mariage.

LE CONSEIL l'adopte en ces termes :

Art. 1 et 2 (*les mêmes qu'au procès-verbal du 24 pluviose an XII*).

Art. 3. « L'acte respectueux sera notifié à celui ou ceux des « ascendans désignés en l'article 151, par deux notaires, ou « par un notaire et deux témoins; et, dans le procès-verbal « qui doit en être dressé, il sera fait mention de la réponse. »

Art. 4, 5 et 6 (*les mêmes qu'au procès-verbal du 24 pluviose*).

MM. Bigot-Préameneu et Beranger furent nommés par le Premier Consul pour présenter ce projet au Corps législatif, dans sa séance du 15 ventose an XII (6 mars 1804), et pour en soutenir la discussion dans la séance du 21 du même mois.

PRÉSENTATION AU CORPS LÉGISLATIF,

ET EXPOSÉ DES MOTIFS, PAR M. BIGOT-PRÉAMENEU.

« Législateurs, le but que l'on s'est toujours proposé dans le Code civil, est de régénérer et de perfectionner les mœurs publiques en maintenant l'autorité légitime des pères et mères; cette autorité, sans laquelle il n'y aurait point, à proprement parler, de famille; sans laquelle, d'une part, l'affection des pères et mères voudrait en vain, en dirigeant la conduite de leurs enfans, former des hommes vertueux, leur inspirer l'obéissance aux lois, le dévouément à la patrie, et sans laquelle, d'une autre part, les enfans pourraient donner impunément à la société le scandale de manquer à des devoirs que tous les peuples civilisés ont regardés comme sacrés.

« C'est surtout à l'époque où, par leur mariage, les enfans vont former une nouvelle famille, et fixer ainsi leur destinée, qu'ils ont besoin du secours des père et mère pour ne pas être égarés par leurs passions; c'est aussi au moment de cette séparation que les enfans doivent aux auteurs de leurs jours un hommage particulier de reconnaissance et de respect.

« L'accomplissement de ces devoirs n'a rien de contraire à cette liberté dont il est raisonnable que les enfans jouissent pour leur mariage.

« Lorsque les fils n'ont pas encore atteint l'âge de vingt-cinq ans, et les filles celui de vingt-un ans, et sous cette expression générale de fils et de filles sont compris ceux qui avant cet âge n'auraient point encore été mariés, ou qui seraient veufs, la loi présume que, s'ils ne sont pas aidés par la prudence et par l'affection de leurs parens, leur sort serait le plus souvent compromis.

« Il a été statué au titre concernant le mariage, que celui qui aurait été contracté sans le consentement des père et mère, des ascendans ou du conseil de famille, dans les cas où ce consentement était nécessaire, peut être attaqué par ceux dont le consentement était requis. Les motifs de cette disposition sage et nécessaire vous ont été développés.

« Lorsque les enfans de famille sont parvenus à l'âge auquel il convient de leur laisser le droit de pourvoir eux-mêmes à leur mariage, ils doivent encore, en l'exerçant, à quelque époque de leur vie que ce soit, écouter la voix et les conseils de ceux qui sont le plus intéressés à leur bonheur, et envers lesquels, après tant de soins prodigués pendant un grand nombre d'années, ils ne peuvent, sans une ingratitude coupable, manquer à cette déférence. 151

« Ces motifs ont déterminé une seconde disposition au même titre du Code (art. 151). Elle porte : « Les enfans de « famille ayant atteint la majorité fixée par l'article 148, sont « tenus, avant de contracter mariage, de demander, par un « acte respectueux et formel, le conseil de leur père et de leur « mère ou celui de leurs aïeuls et aïeules, lorsque leur père « et leur mère sont décédés, ou dans l'impossibilité de ma- « nifester leur volonté. »

« Des explications sont nécessaires à l'exécution de cet article. Il ne faudrait pas que l'on appelât respectueux un acte dans lequel les père et mère seraient fondés à ne voir qu'une vaine formalité, qui, loin d'être un témoignage de respect, ne leur paraîtrait qu'une nouvelle preuve d'oubli de leurs bienfaits et de mépris de leur autorité. Pourrait-on porter un autre jugement du fils de famille qui, contre l'esprit et le but de la loi, croirait l'avoir remplie en demandant conseil à ses père et mère, et en dédaignant ce conseil au point de ne pas même prendre le temps d'y réfléchir, et de célébrer le mariage à l'instant même que ses père et mère refusent de le bénir ?

« Un des plus grands malheurs qu'un enfant puisse éprouver, est de ne point avoir le consentement spontané de ses père et mère à son mariage : alors le flambeau de l'hymen serait à la fois une torche de discorde, si la loi qui veille à la paix des familles, comme au fondement de l'ordre social, ne venait au secours de l'enfant et des père et mère, en les rapprochant, en les forçant de s'expliquer, en donnant à la sogesse des conseils des père et mère un nouveau poids, et à l'enfant un moyen de désarmer, par des actes de piété filiale, des père et mère dont le refus ne serait pas fondé sur des motifs irrésistibles.

« Mais pour parvenir à ce but il faut qu'il y ait un rapprochement réel de l'enfant et de ses père et mère ; il faut qu'il y ait un temps suffisant pour qu'au milieu des passions trop vives et des premiers élémens de la discorde, la tendresse du père et la confiance de l'enfant puissent exercer leur première et mutuelle influence.

« C'est dans cet esprit que paraissent avoir été jusqu'à présent rendues les lois françaises sur le même objet ; mais aucune n'a tracé des règles assez positives, et l'usage n'y avait suppléé que d'une manière imparfaite.

« Elles avaient mis dans la main des pères et mères auxquels on n'aurait pas fait de sommation respectueuse le moyen le plus terrible de venger leur autorité, celui de l'exhérédation ; et cependant les mesures nécessaires pour rendre efficace le rapprochement des enfans et de leurs pères n'avaient point été prises.

« Ni l'autorité donnée par la nature aux pères et mères, ni la piété filiale, ni les préceptes de la religion, n'étant des moyens suffisans pour arrêter le scandale et le désordre occasionés par la multiplicité des mariages clandestins, une ordonnance du mois de février 1556 remit aux mains des pères et mères le soin et le pouvoir de leur vengeance, en les autorisant à prononcer dans ce cas l'exhérédation, et à révoquer les donations et les avantages qu'ils auraient faits.

« Cette subordination des enfans fut établie pour les fils jusqu'à trente ans, pour les filles jusqu'à vingt-cinq ans. Au-delà de cet âge, le consentement des pères et mères ne fut plus aussi rigoureusement exigé; on leur enjoignit seulement *de se mettre en devoir de requérir l'avis et le conseil de leurs pères et mères.*

« Une expérience acquise pendant environ un siècle fit connaître quels effets on pouvait espérer de ces mesures. On lit dans la déclaration du 26 novembre 1639, que l'indulgence des pères et mères les portant à remettre leur offense particulière, ils oubliaient ce qu'ils devaient eux-mêmes à l'ordre public : on crut donc que le pouvoir d'exhéréder n'était point à la loi une sanction suffisante. Les mariages des fils et filles âgés de moins de vingt-cinq ans, faits en contravention de ces lois, furent déclarés déchus des effets civils à l'égard des contractans et de leurs enfans. Quant aux fils âgés de plus de trente ans, et aux filles âgées de plus de vingt-cinq ans, auxquels la loi de 1556 avait enjoint *de se mettre en devoir de requérir l'avis et conseil de leurs pères et mères,* il fut expliqué que cet avis et conseil seraient requis *par écrit,* et on étendit à ce cas, comme à celui où le consentement était nécessaire, la faculté aux pères et mères d'exhéréder.

« Telle fut l'origine des actes connus sous le nom de *sommations respectueuses.*

« Le plus souvent la foi de ces actes était très-suspecte, et le ministère du sergent qui les dressait les faisait considérer par les pères et mères comme des actes d'agression, et comme un nouvel outrage.

« Ces motifs déterminèrent le parlement de Paris à publier, le 27 août 1692, un règlement dans lequel on établit des formes plus respectueuses. On exigea que, pour faire aux pères et mères une sommation de consentir au mariage, les fils et filles en obtinssent du juge la permission ; on ordonna que ces sommations seraient faites, à Paris, par deux notaires, et ailleurs par un notaire en présence de deux témoins.

« Ce règlement n'explique point assez clairement si ces sommations doivent être répétées ; et, en admettant qu'il exige de les réitérer, il laisse une entière incertitude tant sur le nombre que sur l'intervalle de temps de l'un à l'autre de ces actes.

« Aussi le nombre des sommations était à peine déterminé par l'usage. Elles n'excédaient pas celui de trois. Dans plusieurs pays on n'en faisait que deux ; et dans aucun on n'a vu les peines de l'exhérédation prononcées contre l'enfant qui n'aurait fait qu'une seule sommation.

« L'incertitude sur des points aussi importans serait la même, et le vœu de la loi ne serait point rempli, si, à la suite de la disposition de l'article 151 du nouveau Code civil, qui impose l'obligation de demander, par un acte respectueux et formel, le conseil des pères et mères, on ne trouvait pas quelles sont les formes nécessaires pour que cette demande puisse procurer un effet vraiment utile et pour les pères et mères, et pour les enfans, et pour les mœurs publiques.

« Le pouvoir d'exhéréder n'a été donné dans aucun cas par le nouveau Code aux pères et mères. J'ai déjà eu occasion d'en exposer les motifs ; mais si on avait à considérer cette peine dans le cas où on voudrait l'appliquer à l'infraction de la loi qui ordonne l'acte respectueux, on serait averti par l'expérience du passé et par l'aveu des anciens législateurs de la France, que ce moyen est inefficace ; qu'en donnant aux pères et mères le pouvoir le plus illimité, c'est leur donner occasion d'user d'indulgence, et qu'ils ne doivent pas être chargés de maintenir l'ordre public par des peines contre leurs enfans.

« Lorsque des enfans de famille sont parvenus à l'âge où le consentement des pères et mères n'est plus nécessaire pour leur mariage, la loi qui intervient entre eux doit se borner à suivre et à diriger les mouvemens du cœur. Si on peut les rendre à leurs affections, les peines seront inutiles; et si on ne peut atteindre ce but, en vain prononcerait-on des peines; elles deviendraient une cause d'une éternelle dissension; elles aggraveraient le mal plutôt qu'elles ne le répareraient.

« La loi doit donc chercher à éclairer les pères et mères sur les préventions et les préjugés qu'ils peuvent avoir, les enfans sur la passion qui peut les égarer. Les rapprocher les uns des autres plusieurs fois; laisser de part et d'autre à la raison et à l'affection le temps d'exercer leur influence : c'est un moyen que la nature elle-même indique. Lorsque ce sont des pères et mères vis-à-vis de leurs enfans, se voir et entrer en explication, c'est presque toujours dissiper les nuages et rétablir l'harmonie.

« L'obligation imposée en 1692 d'obtenir un jugement qui autorise les sommations respectueuses n'a paru ni utile ni convenable. Il vaut mieux ne mêler à ces actes aucune forme judiciaire. Un enfant ne doit point avoir besoin de se faire autoriser par la justice à remplir ses devoirs.

« On atteindra le but qu'on se propose, celui de donner aux pères et mères et aux enfans l'occasion et le temps de s'expliquer, en ordonnant que si la réponse à un premier acte respectueux n'est pas conforme au vœu de l'enfant, cet acte sera renouvelé deux autres fois de mois en mois, et que le mariage ne pourra être célébré qu'un mois après le troisième acte.

« La suspension du mariage ne doit pas avoir lieu pendant un plus long délai : la loi serait en contradiction si, en déclarant qu'après un certain âge le consentement des pères et mères n'est pas nécessaire, et que l'on doit seulement leur demander conseil, elle prononçait une suspension qui, trop longue, pourrait devenir un empêchement au mariage, ou occasioner le scandale le plus dangereux pour les mœurs publiques. Il faut songer que pendant le temps des actes respectueux dans l'une des familles, l'autre est mise en un état fâcheux d'incertitude, et l'on doit entre elles tenir la balance en n'excédant pas le délai nécessaire pour que les enfans de famille ne se livrent pas au premier mouvement de leur passion, et que la voix des pères et mères puisse pénétrer au fond de leur cœur.

153 « On avait encore à observer que la cause du dissentiment des pères et mères étant presque toujours dans la fougue des passions qui entraîne les enfans, et dans leur inexpérience qui les empêche de distinguer leurs véritables intérêts, la loi ne doit plus présumer de pareils motifs lorsqu'une fille est parvenue à vingt-cinq ans et un fils à trente ans. Elle doit toujours maintenir le respect dû aux pères et mères par leurs enfans ; mais alors il n'est plus nécessaire que le temps de la suspension du mariage soit aussi long : un seul acte respectueux est dans ce cas exigé, et après un mois écoulé depuis cet acte le mariage pourra être célébré.

154 « Il était important de donner à ces actes la forme la plus respectueuse, et d'éviter l'impression toujours fâcheuse que fait le ministère des officiers publics chargés d'exécuter les actes rigoureux de la justice. Les actes respectueux ne devront plus être notifiés par des huissiers ; on emploiera les notaires : ce sont les officiers publics dépositaires des secrets de familles, ceux dont elles réclament habituellement le ministère pour régler amiablement tous leurs intérêts. On doit éviter l'expression même de *sommation*, qui désigne mal un acte de soumission et de respect. Cet acte n'aura ni la dénomination ni les formes judiciaires ; il sera seulement nécessaire que son existence soit constatée par un procès-verbal, qui d'ailleurs apprenne si le consentement est donné. Mais, en ordonnant de faire mention de la réponse, on n'a point entendu que les pères et mères dont l'avis serait contraire au mariage fussent obligés d'en donner des motifs. La déclaration de ne vouloir répondre sera elle-même une réponse suffisante pour manifester la volonté. Si dans le cas même où le défaut de consentement est un empêchement au mariage,

la confiance due aux pères et mères, le respect pour leur qualité, la crainte de les compromettre ou de les forcer au silence, les ont fait dispenser de révéler, en motivant leur refus, la honte de leurs enfans, ou de dénoncer au moins à l'opinion publique la personne dont ils redoutent l'alliance ; à plus forte raison les pères et mères doivent-ils être dispensés d'exposer les motifs de leur réponse, lorsqu'elle n'a d'effet que de suspendre pendant un temps limité la célébration du mariage?

« On a dû prévoir le cas de l'absence de l'ascendant auquel eût dû être fait l'acte respectueux. Lorsque le défaut de consentement n'est plus, à raison de l'âge, un obstacle au mariage, et que l'absence empêche de faire les actes respectueux, le motif de suspendre la célébration du mariage n'existe point; mais il faut que le fait de l'absence soit certain, et sur ce point on doit se conformer aux règles déjà établies dans le Code.

« On ne regardera point comme absent celui qui, pour ses affaires ou par d'autres motifs, serait éloigné de son domicile sans avoir laissé ignorer le lieu où on peut le trouver. Il ne faudrait pas que, sous prétexte d'un simple éloignement, un enfant de famille pût se soustraire à un devoir aussi essentiel : la volonté que cet enfant aurait de se prévaloir d'un pareil éloignement serait une nouvelle cause pour désirer de connaître la volonté de ses père et mère.

« Mais si l'ascendant ne se trouve plus dans son domicile et que l'on ignore où il s'est transporté, le mariage pourra être célébré sans qu'il lui ait été fait d'acte respectueux, en constatant cette absence. Si déjà elle a été déclarée par jugement, ce jugement devra être représenté. La faveur due au mariage, et la nécessité de ne pas trop le différer, ont même fait admettre comme preuve suffisante, s'il n'y a point eu de jugement de déclaration d'absence, celui qui aurait ordonné l'enquête; ou enfin, s'il n'y a encore eu aucun jugement, un acte de notoriété délivré par le juge de paix sur la déclaration de quatre témoins appelés par lui d'office.

« On a vu qu'il entrait dans le système de la loi actuelle de ne s'occuper qu'à gagner à la fois le cœur des pères et mères et des enfans, plutôt qu'à retenir les enfans par la crainte des peines que les pères et mères ne prononceraient point, ou qui rendraient la plaie incurable plutôt que de la guérir. Il a été possible de concilier cette théorie avec la sanction nécessaire à la loi, en prononçant des peines sévères contre les officiers de l'état civil qui procéderaient à la célébration des mariages des enfans de famille sans que l'on produise, soit le consentement des ascendans ou des parens, soit les actes respectueux, dans les cas où ils sont exigés.

« Cette espèce de sanction n'avait pas été prononcée dans les titres déjà publiés du Code ; il était nécessaire de réparer cette omission. Les peines que l'on propose contre les officiers de l'état civil sont graduées en raison de la gravité des fautes. Célébrer le mariage d'un fils n'ayant pas vingt-cinq ans, ou d'une fille n'ayant pas vingt-un ans, sans qu'ils aient les consentemens exigés, et lorsque ces mariages peuvent, par ce motif, être attaqués, c'est la plus grande faute dont puissent se rendre coupables ces officiers dans la mission importante qui leur est confiée d'exécuter les lois dont dépendent l'état des personnes et les mœurs publiques. La moindre peine qui doive être infligée contre un pareil délit, est la privation de la liberté ; aucune circonstance ne peut atténuer cette faute au point que l'emprisonnement qui devra être prononcé puisse être moindre de six mois. S'il s'agit seulement d'actes respectueux dont la représentation n'ait pas été exigée par les officiers de l'état civil, les conséquences n'en sont pas aussi fâcheuses ; puisque les parens auxquels les actes respectueux eussent dû être faits ne peuvent, par ce motif, attaquer le mariage, la peine sera moindre : l'emprisonnement pourra n'être que d'un mois.

« On n'a pas prévu dans la loi actuelle le cas où les officiers de l'état civil seraient plus coupables encore. Ce serait celui où il y aurait eu de leur part collusion avec les enfans de famille pour les soustraire à la loi ou pour l'éluder : un fait aussi coupable prendrait le caractère d'un crime qu'il sera nécessaire de mettre, dans le Code pénal, au nombre de ceux qui devront être punis d'une peine afflictive.

« Il faut encore ici se rappeler que les peines auxquelles on assujettit les officiers de l'état civil ne seront point la seule garantie contre les mariages clandestins, et que déjà, dans le Code civil, on a réuni toutes les précautions propres à prévenir ce désordre, telles que la proclamation des bans, la célébration dans la commune du domicile, l'assistance des témoins, etc.

« Les dispositions que je viens vous proposer, législateurs, jointes à celles que vous avez prudemment consacrées pour conserver l'influence que les pères et mères doivent avoir sur le mariage de leurs enfans, sont nécessaires pour assurer les bons effets de cette influence, et pour que la loi déjà rendue soit exécutée dans le même esprit qui l'a dictée. Ces nouveaux articles seront un complément du titre *du Mariage*, et leur place dans le Code civil sera déterminée lorsqu'on fixera définitivement l'ordre des numéros et des titres de ce Code. »

COMMUNICATION OFFICIELLE AU TRIBUNAT.

Le Corps législatif fit la communication officielle au Tribunat le 16 ventose an XII (7 mars 1804), et M. Gillet prononça le rapport à l'assemblée générale le 18 ventose.

RAPPORT FAIT PAR M. GILLET,
AU NOM DE LA SECTION DE LÉGISLATION.

Tribuns, votre section de législation a fait l'examen du projet de loi proposé par le Conseil d'État sur les sommations respectueuses, et elle m'a chargé de vous en présenter le résultat.

Le mariage, vous le savez, est un acte pour lequel les enfans de famille restent subordonnés à l'autorité paternelle pendant deux périodes distinctes ;

Celle de la minorité,

Celle de la majorité.

Sont-ils mineurs, leur volonté ne suffit pas pour un engagement qui a tant d'influence sur la vie entière, et celui qu'ils contracteraient sans le concours de leur famille peut être frappé de nullité.

Cette peine est la conséquence de l'imperfection de leur consentement; et, sur ce point, nos lois, depuis long-temps, n'ont pas eu de variation.

Elles ont seulement varié quelquefois sur le moment où la minorité finissait.

Le décret du 20 septembre 1792 particulièrement la faisait cesser à vingt-un ans accomplis, au lieu qu'auparavant notre droit commun la prolongeait jusqu'à vingt-cinq.

La loi du 26 ventose an XI, au Code civil, a pris un juste tempérament entre ces deux termes.

Elle a reconnu pour parfait le consentement des filles aussitôt que leur vingt-unième année serait révolue, parce qu'en effet l'âge de la maturité commence plus tôt pour elles.

Elle a supposé également parfait le consentement des hommes de vingt-un ans lorsqu'il ne subsisterait plus que des collatéraux dans leur famille, parce que la volonté de ceux-ci ne lui a pas paru éclairée par une affection assez sûre pour se mêler à la volonté du contractant.

Mais, pour l'homme qui a encore des parens ascendans, l'âge où le consentement devient parfait a été reculé à l'ancienne majorité de vingt-cinq ans.

Jusque là il n'est censé vouloir, pour se constituer lui-même une nouvelle famille, que ce que veulent avec lui ceux dont la tendresse n'a cessé de veiller sur son sort.

Tel est le premier degré de la subordination filiale.

Le second commence à l'âge où le consentement de l'enfant de famille a acquis toute la perfection nécessaire au contrat.

Qu'à compter de ce moment, le mariage par lui contracté sans le concours de l'autorité paternelle ne soit plus exposé à la peine de nullité; le caractère sacré de ses engagemens le veut ainsi. Toutefois, il ne suit pas de là que la voix des pères ne puisse plus être entendue.

En effet, puisque le mariage est destiné à étendre les rameaux de la famille, et que par lui les pères voient naître de leurs enfans un nouvel ordre de descendans, n'est-il pas juste qu'ils ne demeurent pas étrangers à ce contrat, de qui dépend l'existence de leur postérité?

D'un autre côté, leur surveillance et leur consentement sont une garantie de plus pour les destinées qui doivent se joindre à celles de leur famille. C'est une protection souvent efficace que ces destinées acquièrent contre les périls dont elles peuvent se trouver environnées ; et, sans parler ici de tous ceux dont la carrière du mariage est semée dans son cours, nous avons vu trop souvent, au milieu de nos jours de désordre, qu'elle était souillée dès l'entrée par la bigamie : moins de facilité pour se soustraire à l'empire paternel eût alors épargné un crime au coupable et des pleurs à ses victimes.

La première loi générale en cette matière fut l'édit de 1556, par Henri II, qui prononça que « les enfans de famille *ayant* « *contracté*, ou qui contracteraient ci-après mariage clandes- « tin contre le gré, vouloir et consentement, et au deçu de « leurs pères et mères, puissent, pour telle irrévérence et « ingratitude, être par leurs dits pères et mères, et aucun « d'eux, exhérédés et exclus de leur succession. »

Une chose très-remarquable dans cet édit, c'est qu'il avait, comme on le voit, un effet rétroactif sur les mariages déjà contractés. Ce caractère suffit pour justifier les historiens qui ont prétendu que l'utilité publique et l'intérêt des mœurs n'en furent pas le seul motif, et que des ambitions de courtisans dictèrent ce que la sagesse eût peut-être vainement réclamé (a).

Aussi les circonstances politiques qui avaient inspiré cette mesure étant une fois passées, on ne tarda pas à sentir qu'elle était trop absolue : on avait mis un frein à l'indépendance des enfans ; il fallut songer, par un juste retour, à ménager quelque faveur aux unions qu'un sentiment réfléchi leur faisait désirer. Cette modification nécessaire fut introduite par l'ordonnance des états de Blois, tenus en 1579. La peine de l'exhérédation demeura toujours subsistante à l'égard du fils jusqu'à trente ans, et à l'égard des filles jusqu'à vingt-cinq ; mais, passé cet âge, ils en furent affranchis, pourvu qu'avant de contracter mariage ils se fussent mis en devoir de requérir l'avis de leurs pères et mères. Les actes usités pour constater cette réquisition reçurent par la suite le nom de *sommations respectueuses*.

Ces règles, après avoir été en vigueur pendant plusieurs siècles, furent tout à coup effacées de notre législation en 1792. Peut-être la cause du discrédit où elles tombèrent fut-elle dans les motifs étranges qu'on leur avait donnés trop souvent pour appui. L'orgueil s'en était emparé à plusieurs époques pour protéger de vaines distinctions de famille ; et ce qu'il avait aperçu jusqu'alors de plus précieux dans l'autorité des pères, c'était d'empêcher entre les races un mélange qui n'était à ses yeux qu'un sacrilége.

Il était très-convenable sans doute de rejeter dans le mépris et l'oubli un tel excès de déraison : mais s'en prévaloir pour rompre tous les liens de la déférence, n'était-ce pas tomber dans un excès opposé ?

(a) L'occasion de cet édit fut la promesse de mariage que le duc de Montmorenci avait donnée à mademoiselle de Pienne, sans le consentement du connétable. Le pape, Paul IV, à qui le roi et le connétable demandèrent des dispenses pour relever le duc de Montmorenci de cette promesse, afin qu'il pût épouser madame Farnèse, fille naturelle de Henri II, apporta beaucoup de retardement à expédier la dispense. Il voulait en cela complaire au duc de Guise, jaloux du nouveau crédit que la maison de Montmorenci allait acquérir par ce mariage. Ce fut dans ces circonstances que fut donné l'édit touchant les mariages clandestins. *Abrégé chronologique de l'Histoire de France*, par le président Hénault. *Voyez* aussi Mézerai.

La loi du 26 ventose an XI a rétabli ce qu'il y avait de bon à cet égard dans notre ancienne jurisprudence, sans en dénaturer les vues morales par une extension odieuse. Les pères y conservent le droit de former opposition aux mariages de leurs enfans, même après leur majorité; et lorsque ceux-ci n'ont pas obtenu leur consentement, ils sont obligés au moins de demander leurs conseils.

Mais quelle devait être la sanction de ces dispositions? Par quel moyen fallait-il en assurer la garantie? C'est ce qu'il ne fut pas possible d'insérer dans le décret au moment où il fut porté. Alors les règles des successions, encore livrées à la discussion, se trouvaient incertaines, et l'on doutait si l'exhérédation ne serait pas, comme autrefois, la peine imposée au fils coupable envers son père.

Le temps est venu de remplir cette lacune. L'ordre des hérédités n'est plus maintenant une matière à controverse. Il est décidé qu'il ne sera plus troublé par ces déterminations excessives que le courroux paternel adopte d'abord avec chaleur, et que bientôt la bonté désavoue. Il a donc fallu songer à d'autres moyens pour assurer à son autorité une juste garantie.

Ce moyen, on l'a trouvé dans la responsabilité de l'officier public, il est le magistrat que la loi prépose pour gardien de l'état civil. C'est à lui de vérifier si tous les caractères qui doivent concourir à la validité des actes dont il est le ministre se trouvent accomplis. Y manque-t-il, sa faute est d'autant plus grave que la confiance en lui a été plus étendue, et qu'il n'a pas, comme les contractans, l'excuse de l'ivresse des passions et de leur aveuglement.

Les peines portées contre les prévarications de ce genre, dans les articles 5 et 6 du projet, ont paru être mesurées dans les bornes d'une prudente sévérité.

Ce n'était pas assez de cette précaution de la loi, il fallait y joindre en même temps quelques dispositions règlementaires nécessaires à son exécution.

Ainsi l'on a établi les formes des sommations respectueuses. Déjà ces formes se trouvaient tracées dans deux arrêts de règlement, l'un du parlement de Paris, du 27 août 1692, l'autre du parlement de Toulouse, du 26 juin 1723 ; on les a suivies en statuant que le ministère du notaire pourrait être le seul employé à ces sortes d'actes. Mais, au surplus, ils le feront désormais avec une gradation de délai et une simplicité de procédure qui distinguent avantageusement le projet d'avec l'ancienne jurisprudence.

155 On a dû prévoir les cas où ceux dont le conseil doit être demandé se trouvent absens. Ces cas sont fréquens, et les moyens de les constater n'étaient pas encore bien fixes; l'usage n'y avait suppléé que par des formes arbitraires ou équivoques, comme tout ce qui est indiqué par lui seul. Le projet résout beaucoup d'incertitudes, et obvie à plusieurs difficultés en déclarant avec précision les actes qui pourront former la preuve de cette absence.

151 Au reste, tribuns, lorsque je vous ai parlé des pères dans ce discours vous saviez déjà que toutes les dispositions qui leur sont relatives s'étendent également aux mères, et même au second degré de l'ascendance. Ce second degré nous a paru assez distinct de l'autre pour y fixer en dernier lieu votre attention.

Le Code civil est la première loi qui ait exigé en termes exprès le consentement des aïeuls et aïeules, ou au moins la réquisition de leurs conseils pour les mariages des majeurs ; sous ce rapport il a d'abord causé quelque étonnement et même plusieurs embarras.

Véritablement l'édit de 1556, l'édit de 1575, et les ordonnance subséquentes ne parlaient que des pères. Lorsque les personnes éclairées avaient été amenées depuis à penser que les aïeuls devaient, au défaut des pères, succéder à leurs droits, c'est qu'elles étaient entraînées principalement par l'exemple que leur fournissait le droit romain dans la distribution de la puissance paternelle, et aussi par des idées tirées de la nature même de l'exhérédation. N'était-il pas raisonnable, disait-on, que les ascendans, qui avaient une obligation égale de transmettre leur succession à leurs descendans, participassent également au droit de les en priver lorsqu'ils auraient démérité d'eux? Ces inductions ne seraient pas aujourd'hui sans réponse, ou plutôt il faudrait les rejeter tout-à-fait, puisque d'un côté les aïeuls, d'après notre Code civil, n'exercent pas comme dans le droit romain la puissance paternelle, et que d'un autre côté ils sont, ainsi que les pères, dans l'impuissance de déshériter.

Un seul motif a donc pu inspirer la pensée de laisser subsister l'autorité donnée aux aïeuls; c'est qu'après de grandes secousses politiques l'ordre de la société ne peut être raffermi qu'en redoublant de précautions pour conserver l'ordre des familles.

Quoi qu'il en soit, votre section de législation s'est décidée spécialement par cette considération, que le projet présenté n'est que la conséquence immédiate et nécessaire des dispositions déjà décrétées et subsistantes.

Elle vous propose d'en voter l'adoption.

L'assemblée générale du Tribunat vota l'adoption du projet le 19 ventose an XII (10 mars 1804), et chargea MM. Gillet, Guinard et Eschassériaux de porter son vœu au Corps législatif.

DISCUSSION DEVANT LE CORPS LÉGISLATIF.

DISCOURS PRONONCÉ PAR LE TRIBUN GILLET (*).

(Séance du 21 ventose an XII.—12 mars 1804.)

Législateurs, de tous les actes où les enfans demeurent

(*) Quoique ce discours soit en grande partie une reproduction du rapport fait par le même orateur à l'assemblée générale du Tribunat, nous n'avons pas cru pouvoir nous dispenser de le donner ici.

soumis à l'autorité paternelle, le mariage est celui où elle conserve le plus long-temps son influence.

Bien que l'homme à l'âge de dix-huit ans révolus, et la femme à quinze ans, ne soient plus incapables de contracter mariage, cependant leur consentement ne suffit pas encore pour une union dont les conséquences ont tant d'importance pour la vie entière, et que tant de passions peuvent environner de leurs piéges : c'est pourquoi, aussi long-temps que leur minorité dure, le mariage qu'ils contracteraient sans le concours de leur famille peut être frappé de nullité.

Cette peine est la conséquence de l'imperfection de leur volonté; et la loi du Code civil qui la prononce a confirmé en cela les principes invariablement reconnus par toutes les lois antérieures, consacrés par toutes les ordonnances, et puisés dans le droit romain.

Toutefois une circonstance ne doit pas être oubliée ; c'est que, par le décret du 20 septembre 1792, les conditions de la majorité ont été changées : au lieu de vingt-cinq ans accomplis, il n'en a plus fallu que vingt-un pour l'atteindre.

De sorte que l'on pouvait bien dire alors que la même sauvegarde subsistait toujours pour les mineurs, mais on ne pouvait pas dire qu'elle subsistât toujours pour le même âge.

La loi du 26 ventose an 11, au Code civil, a pris un juste tempérament entre ces deux termes ; elle a reconnu pour parfait le consentement des filles aussitôt que leur vingt-unième année serait révolue, parce qu'en effet l'âge de la maturité commence plus tôt pour elles.

Elle a supposé également parfait le consentement des hommes de vingt-un ans lorsqu'il ne subsisterait plus que des collatéraux dans leur famille, parce que la volonté de ceux-ci ne lui a pas paru éclairée par une affection assez sûre pour se mêler à la volonté du contractant.

Mais pour l'homme qui a encore des parens ascendans, l'âge où le consentement devient parfait a été reculé à l'ancienne majorité de vingt-cinq ans. Jusque là il n'est censé vouloir, pour se constituer lui-même une nouvelle famille, que ce que veulent avec lui ceux dont la tendresse n'a cessé de veiller sur son sort.

Tel est le premier degré de la subordination filiale.

Le second commence à l'âge où le consentement de l'enfant de famille a acquis toute la perfection nécessaire au contrat. A la vérité le mariage qu'il contracte alors sans le concours de l'autorité paternelle n'est plus exposé à la peine de nullité ; mais il ne suit pas de là que cette autorité doive être entièrement méconnue.

En effet, puisque le mariage est destiné à étendre les rameaux de la famille, et que par lui les pères voient naître de leurs enfans un nouvel ordre de descendans, n'est-il pas juste qu'ils ne demeurent pas étrangers à ce contrat, de qui dépend l'existence de leur postérité ?

D'un autre côté, leur surveillance et leur consentement sont une garantie de plus pour les destinées qui doivent se joindre à celles de leur famille. C'est une protection souvent efficace que ces destinées acquièrent contre les périls dont elles peuvent se trouver environnées ; et sans parler ici de tous ceux dont la carrière du mariage est semée dans son cours, nous avons vu trop souvent, au milieu de nos jours de désordre, qu'elle était souillée dès l'entrée par la bigamie : moins de facilité pour se soustraire à l'empire paternel eût alors épargné un crime au coupable et des pleurs à ses victimes.

La première loi précise en cette matière fut l'ordonnance de 1556, par Henri II, qui prononça « que les enfans de fa-
« mille ayant contracté, ou qui contracteraient ci-après ma-
« riage clandestin contre le gré, vouloir et consentement et
« au deceu de leurs pères et mères, puissent, pour telle
« irrévérence et ingratitude, être par leursdits pères et mères
« et aucun d'eux exhérédés et exclus de leur succession. »

Une chose très-remarquable dans cet édit, c'est qu'il avait, comme on le voit, un effet rétroactif sur les mariages déjà contractés. Ce caractère suffit pour justifier les historiens, qui ont prétendu que l'utilité publique et l'intérêt des mœurs n'en furent pas le seul motif, et que des ambitions de courtisans dictèrent ce que la sagesse eût peut-être vainement réclamé (a).

Aussi les circonstances politiques qui avaient inspiré cette mesure étant une fois passées, on ne tarda pas à sentir qu'elle était trop absolue : on avait mis un frein à l'indépendance des enfans ; il fallut songer, par un juste retour, à ménager quelque faveur aux unions qu'un sentiment réfléchi leur faisait désirer. Cette modification nécessaire fut introduite par l'ordonnance des états de Blois, tenus en 1579. La peine de l'exhérédation demeura toujours subsistante à l'égard des fils jusqu'à trente ans, et à l'égard des filles jusqu'à vingt-cinq ; mais, passé cet âge, ils en furent affranchis, pourvu qu'avant de contracter mariage ils se fussent mis en devoir de requérir l'avis de leurs pères et mères.

Ces règles, après avoir été en vigueur pendant plusieurs siècles, furent tout-à-coup effacées de notre législation en 1792. Peut-être la cause du discrédit où elles tombèrent fut-elle dans les motifs étranges qu'on leur avait donnés trop souvent pour appui. L'orgueil s'en était emparé à plusieurs époques pour protéger de vaines distinctions de famille ; et ce qu'il avait aperçu jusqu'alors de plus précieux dans l'autorité des pères, c'était d'empêcher entre les races un mélange qui n'était à ses yeux qu'un sacrilége.

Il était très-convenable sans doute de rejeter dans le mépris et l'oubli un tel excès de déraison ; mais s'en prévaloir pour rompre tous les liens de la déférence, n'était-ce pas tomber dans un excès opposé ?

Le Code civil a rétabli ce qu'il y avait de bon à cet égard dans notre ancienne jurisprudence, sans en dénaturer les vues morales par une extension odieuse.

(a) Voyez la note page 233 de ce volume.

Les pères y conservent le droit de former opposition aux mariages de leurs enfans, même après leur majorité; et lorsque ceux-ci n'ont pas obtenu leur consentement, ils sont obligés au moins de demander leurs conseils.

Cependant, il faut l'avouer, cette sage disposition manquait d'une sanction suffisante, et il eût été prématuré de s'en occuper avant cette session; car lorsque la loi sur le mariage fut décrétée l'an passé, les règles des successions encore livrées à la discussion se trouvaient incertaines, et l'on doutait si l'exhérédation ne serait pas la peine imposée au fils coupable envers son père.

Aujourd'hui ces règles sont fixées; il est décidé que l'ordre commun des hérédités ne sera point troublé par ces déterminations excessives que le courroux paternel adopte d'abord avec chaleur et que bientôt la bonté désavoue. Il a donc fallu songer à d'autres moyens pour assurer à son autorité une juste garantie.

Ce moyen, on l'a trouvé dans la responsabilité de l'officier public. Il est le magistrat que la loi prépose pour gardien de l'état civil. C'est à lui de vérifier si tous les caractères qui doivent concourir à la validité des actes dont il est le ministre se trouvent accomplis. Y manque-t-il? sa faute est d'autant plus grave, que la confiance en lui a été plus étendue, et qu'il n'a pas, comme les contractans, l'excuse de l'ivresse des passions et de leur aveuglement.

Les peines portées contre les prévarications de ce genre dans les articles 156 et 157 du projet ont paru être mesurées dans les bornes d'une prudente sévérité.

En s'occupant de remplir cette lacune, il a paru qu'on simplifierait le travail si l'on y joignait en même temps quelques dispositions réglementaires nécessaires à son exécution.

Ainsi l'on a déterminé les formes des sommations respectueuses. Déjà ces formes se trouvaient tracées dans deux arrêts de règlement, l'un du parlement de Paris, du 27 août 1692, l'autre du parlement de Toulouse, du 26 juin 1723;

on les a suivies, en statuant que le ministère du notaire pourrait être le seul employé à ces sortes d'actes. Mais au surplus, ils se feront désormais avec une gradation de délai et une simplicité de forme qui distinguent avantageusement le projet d'avec l'ancienne jurisprudence.

On a dû prévoir les cas où ceux dont le conseil doit être demandé se trouvent absents. Ces cas sont fréquents, et les moyens de les constater n'étaient pas encore bien fixes ; l'usage n'y avait suppléé que par des formes arbitraires ou équivoques, comme tout ce qui est indiqué par lui seul. Le projet résout beaucoup d'incertitudes, et obvie à plusieurs difficultés, en déclarant avec précision les actes qui pourront former la preuve de cette absence.

Au reste, législateurs, lorsque je vous ai parlé des pères dans ce discours, vous saviez déjà que toutes les dispositions qui leur sont relatives s'étendent également aux mères, et même au second degré de l'ascendance. Ce second degré nous a paru assez distinct de l'autre pour y fixer en dernier lieu votre attention.

Le Code civil est la première loi qui ait exigé en termes exprès le consentement des aïeuls et aïeules, ou au moins la réquisition de leurs conseils pour les mariages des majeurs ; sous ce rapport il a d'abord causé quelque étonnement et même plusieurs embarras.

En effet, l'édit de 1556, l'édit de 1575, et les ordonnances subséquentes ne parlaient que des pères. Et lorsque des personnes éclairées avaient été amenées depuis à penser que les aïeuls devaient, au défaut des pères, succéder à leurs droits, elles étaient décidées uniquement par des inductions tirées du droit romain, ou bien par la nature même de l'exhérédation.

Remarquons néanmoins que ces inductions seraient sans force maintenant, puisque d'un côté les aïeuls, d'après notre Code civil, n'exercent pas, comme dans le droit romain, la puissance paternelle, et que d'un autre côté ils sont, ainsi que les pères, dans l'impuissance de déshériter.

D'après cela, peut-être eût-il été indispensable de peser de nouveau les motifs de l'autorité donnée aux aïeuls, si, après nos longs ébranlemens, le législateur était moins frappé de la nécessité de raffermir l'ordre de la société par l'ordre des familles.

Quoi qu'il en soit, le Tribunat a dû se décider en faveur du projet proposé, par cette considération, qu'il n'est que la conséquence immédiate et nécessaire des dispositions déjà décrétées : c'est au temps à indiquer celles de ces dispositions qu'il faudra faire fléchir devant l'expérience.

Son vœu est pour l'adoption.

Le Corps législatif décréta de suite l'adoption, et la promulgation de la loi eut lieu le 1er germinal an XII (22 mars 1804).

TITRE SIXIÈME.

Du Divorce.

DISCUSSION DU CONSEIL D'ÉTAT.

(Procès-verbal de la séance du 14 vendémiaire an X. — 6 octobre 1801.)

M. PORTALIS présente le titre *du Divorce*.

Le chapitre Ier, intitulé, *des Causes du Divorce*, est soumis à la discussion ; il est ainsi conçu :

av. 229 Art. 1er. « Le divorce ne pourra être prononcé que pour
« les causes déterminées par la loi. »

ch. 1er Art. 2. « Ces causes sont les sévices ou mauvais traite-
« mens, la conduite habituelle de l'un des époux qui rend à
« l'autre la vie commune insupportable ; la diffamation pu-
« blique ; l'abandon du mari par la femme, ou de la femme
« par le mari ; l'adultère de la femme accompagné de scan-
« dale public, ou prouvé par des écrits émanés d'elle ; celui
« du mari qui tient sa concubine dans la maison commune. »

M. PORTALIS dit que les tribunaux se sont partagés sur le divorce : les uns le repoussent absolument, d'autres le modifient ; deux l'admettent dans sa plus grande étendue, et même pour cause d'incompatibilité d'humeur.

De là trois questions préliminaires :

Faut-il admettre le divorce ?

Faut-il l'admettre seulement pour causes déterminées, ou même pour incompatibilité d'humeur ?

Faut-il admettre avec le divorce la séparation de corps ?

Des tribunaux ont dit : Dans la religion catholique, le mariage est un sacrement ; il est indissoluble : le législateur peut-il admettre le divorce sans blesser la liberté des cultes ? s'il en a le droit, est-il prudent d'en user ? il faut examiner ces deux questions.

Et d'abord le législateur peut-il autoriser le divorce ?

La religion dirige le mariage par sa morale ; elle le bénit par un sacrement.

La morale de la religion proscrit le divorce et la polygamie ; mais la loi civile n'est pas obligée de se plier à tous les préceptes de la morale religieuse : s'il en était autrement, les lois ecclésiastiques deviendraient les seules lois de l'État, parce qu'il n'est rien que la morale ne règle par ses préceptes.

Quant au rite qui bénit l'union des époux, il suppose le mariage, et ne le forme pas. On ne peut donc dire que le mariage appartient en entier à la religion : il existait avant elle; et on ne l'a fait intervenir que pour attirer la bénédiction du ciel sur un des engagemens les plus importans de la vie. Aussi le mariage a-t-il toujours été une des matières du droit civil; toujours la loi civile en a déterminé les empêchemens dirimans, et les cas où il est dissous. C'est pour cette raison que, quand les premiers chrétiens trouvaient dans la loi civile quelque disposition qui leur semblait blesser leurs principes, ils ne la réformaient pas eux-mêmes par un règlement ecclésiastique ; ils s'adressaient aux empereurs, et sollicitaient la modification de la loi, de la seule puissance qu'ils reconnussent avoir le droit de régler la matière du mariage.

Il y a plus; le principe de l'indissolubilité du mariage a été controversé dans l'église même : *saint Epiphane* et *saint Ambroise* ont cru que le divorce pouvait avoir lieu pour cause d'adultère; *saint Augustin* est le premier qui ait fait adopter l'indissolubilité absolue ; et néanmoins l'église grecque a conservé le principe de *saint Ambroise* et de *saint Epiphane*. Dans les articles proposés au treizième siècle, pour la réunion de l'église grecque avec l'église romaine, on ne parla point du divorce, dans la crainte de mettre obstacle à cette réunion. Depuis, le concile de Trente donna un semblable exemple de condescendance : il avait d'abord préparé un décret pour anathématiser l'opinion contraire à l'indissolubilité absolue du mariage ; les ambassadeurs de Venise représentèrent que ce décret blesserait les Grecs, habitans des îles soumises à la domination de leur république : le concile changea son décret, et se borna à prononcer anathème contre ceux qui prétendraient que l'église se trompe, lorsqu'elle déclare le mariage indissoluble. Les premiers pères se contentaient d'exhorter l'épouse répudiée à ne pas se remarier : cependant ils permettaient aux époux de dissoudre leur mariage pour embrasser la vie religieuse; ce qui prouve qu'ils ne regardaient pas comme absolu le principe de l'indissolubilité.

Le divorce a été admis en France par les rois de la première race : il l'a été successivement dans tous les pays policés. Il n'a été proscrit que lorsque le ministre du sacrement est devenu aussi le ministre de la puissance civile ; car il eût été absurde de le forcer à agir contre sa croyance. Aujourd'hui il n'y a plus de confusion ; le contrat civil est séparé du sacrement. L'église a toujours reconnu cette distinction ; et elle croit tellement que le mariage subsiste et est valable sans que le sacrement soit intervenu, qu'elle reconnaît les mariages des hérétiques et des infidèles, et ne les oblige pas à les réhabiliter lorsqu'ils se convertissent à la foi.

Le contrat de mariage, les causes qui le forment, les causes qui le dissolvent, sont donc exclusivement du domaine de la loi civile : ainsi le législateur peut autoriser le divorce.

Examinons maintenant s'il doit l'autoriser.

On a dit : La loi civile ne peut permettre le divorce, sans être en discordance avec la loi religieuse qui le défend.

Le besoin de la langue a seul fait admettre cette expression, *permettre, autoriser* le divorce. A parler exactement, la loi civile ne le permet ni ne l'autorise, elle se borne à en prévenir l'abus. En effet, s'il n'y avait pas de loi, la volonté de chacun serait la seule règle dans cette matière ; chacun userait à son gré de la liberté naturelle : mais l'ordre public pourrait être blessé par cette liberté indéfinie ; et c'est pour empêcher ces désordres que la loi intervient. Elle ne donne pas une liberté que tous tiennent de la nature ; elle ne parle que pour la restreindre et la circonscrire dans des limites qui ne pourraient être franchies sans que la société fût troublée. La loi s'arrête là, et abandonne ensuite à la conscience l'usage du divorce. Il n'y aura donc point de discordance entre les lois civiles et les lois religieuses. Celles-ci sont la morale; elles poursuivent le désordre jusqu'au fond des cœurs : la loi civile n'arrête que les désordres extérieurs, lorsqu'ils troublent la tranquillité publique. La morale prend l'homme là où la loi civile cesse de le régir : elle va donc plus loin que la loi civile ; elle condamne ce que la loi civile ne doit pas apercevoir. C'est ainsi que l'ingratitude, que l'usurpation, sont des crimes aux yeux de la morale ; tandis que la loi civile ne donne qu'en certaines occasions action contre les ingrats ; tandis qu'elle maintient les usurpations, lorsque le laps de temps en a masqué l'injustice. La loi civile dit ici : Je laisse à la conscience l'usage du divorce ; mais si l'on en abuse contre l'ordre, je le défends.

Le législateur doit donc permettre le divorce si la politique le veut.

Pesons maintenant les motifs qui l'ont fait adopter par la politique.

Ils ont été mal exposés par la loi qui a introduit le divorce en France. Ce n'est point la liberté constitutionnelle qui en est la base ; car elle ne donne point de droits arbitraires : elle n'existe au contraire que lorsque l'usage de la liberté individuelle est soumis à des règles qui l'empêchent de troubler l'ordre public; et voilà pourquoi la loi permet et défend. Le véritable motif qui oblige les lois civiles d'admettre le divorce, c'est la liberté des cultes. Il est des cultes qui autorisent le divorce ; il en est qui le prohibent : la loi doit donc le permettre, afin que ceux dont la croyance l'autorise puissent en user. Ainsi, le système du divorce doit être conservé dans la législation civile.

Avant d'aborder la deuxième question, M. *Portalis* demande que le Conseil se prononce sur le principe.

Le Premier Consul met aux voix si le divorce sera conservé en France.

Le Conseil adopte en principe qu'il sera conservé.

M. Portalis reprend et discute la seconde question, qui consiste à savoir quelle latitude on donnera à l'usage du divorce : l'autorisera-t-on seulement pour causes déterminées, ou même sur la simple allégation d'incompatibilité d'humeur?

La section s'est divisée sur cette question : l'opinion de M. *Portalis* est que si le divorce pour incompatibilité d'humeur était admis dans la législation, il n'y aurait plus de mariage.

Dans cette matière il faut consulter les faits, l'expérience, les motifs qui font ordinairement agir les hommes.

D'abord les faits.

Le divorce n'est pas une découverte que la philosophie puisse réclamer; il a commencé avec les nations sauvages : ainsi la philosophie est ici désintéressée, et peut examiner de sang-froid. Mais l'origine même du divorce est un préjugé contre lui : rarement l'enfance des nations est le temps de leur innocence.

Dans le principe, le divorce n'était qu'une répudiation de la femme par le mari, c'était l'abus de la force contre la faiblesse. On crut, dans la suite, qu'il était injuste de rendre si dure la condition de la femme; et on lui donna également le droit considérable de répudier son mari. On se trompa peut-être. Hors de la civilisation, et en l'absence des lois publiques, la loi de famille est la seule gardienne de l'ordre et des mœurs. Au surplus, le contrat de mariage, comme tous les autres contrats, ne pouvait être rompu sans cause; et, dans les mœurs sauvages d'alors, cette cause était presque toujours la violence. Après que les mœurs se furent adoucies, le divorce fut admis, même sans cause, mais sous la condition que le mari qui en userait donnerait à la femme répudiée la moitié de ses biens, et consacrerait l'autre moitié à la religion : on doit à cette condition de n'avoir point vu de divorce chez les Romains pendant l'espace de cinq siècles. La cause de leur retenue était dans leur loi, et non dans leurs mœurs ; car, dans tous les siècles, les hommes se sont dirigés par leur intérêt. En effet, il est très-ordinaire de se tromper lorsqu'on parle des mœurs des nations : c'est à tort qu'on suppose que les mœurs sont moins corrompues dans un siècle que dans un autre, chez un peuple que chez un autre ; les passions étant les mêmes chez tous les hommes, elles ont toujours les mêmes résultats. La différence qu'on suppose entre les mœurs n'est jamais qu'entre les manières. Cependant, chez les Romains, l'autorité des exemples finit par ruiner la loi qui gênait les divorces. Une autre cause encore contribua à les rendre plus fréquens ; ce fut la distinction qu'on établit entre les diverses espèces de mariages. Tant qu'on ne connut à Rome que le mariage solennel, l'union conjugale fut sévèrement respectée : quand on eut introduit l'usage du mariage moins solennel, formé par la seule possession entre les personnes qui vivaient ensemble, la législation se relâcha de sa première austérité, et admit le divorce par consentement mutuel, comme pour les causes les plus graves.

La religion chrétienne survint, et influa sur la matière. *Justinien*, pour se rapprocher des préceptes religieux, défendit le divorce par consentement mutuel, et ne le permit que pour les causes les plus importantes. Depuis, ses successeurs ont changé cette jurisprudence, et le droit a continué de varier.

Telle est l'histoire de la législation ancienne du divorce.

Il importe maintenant d'examiner ce qu'était le divorce pour cause non déterminée, dans l'opinion des anciens.

On entend dire à quelques personnes que la sévérité de la loi qui rejette le divorce sans cause déterminée avait corrompu les mœurs et introduit la licence. Les anciens ne pensaient pas ainsi. *Tacite*, *Juvénal*, beaucoup d'autres ont cru, au contraire, que la dépravation des mœurs était la cause la plus ordinaire de ces sortes de divorces ; et c'est à ce sujet que *Juvénal* dit, d'une femme qui avait l'habitude d'en user, qu'elle pouvait compter le nombre de ses années par le nombre de ses maris. Aussi, quand on voulut rétablir les mœurs par l'austérité des lois, on mit des entraves au divorce, et (chose étonnante) l'évangile, qui interdit le divorce, a été suivi en ce point par tous les législateurs. Ceci est peut-être la preuve la plus forte que les mœurs corrompues ne repoussent pas toujours les lois sévères. Tous les hommes aiment naturellement la morale, quoique peu la pratiquent ; et les lois morales ont du moins l'avantage de restreindre les vices ; elles leur impriment une flétrissure d'opinion qui les rend moins actifs, en les obligeant à se cacher.

Le divorce pour incompatibilité d'humeur est donc jugé par l'opinion, non d'un public de coterie, mais du public de l'histoire, du public de la postérité. Il n'est pas un poète, pas un historien, qui ne blâme ceux qui usent du divorce. Il est même étonnant que les philosophes se montrent plus rigoureux à cet égard que les théologiens protestans.

Il s'agit maintenant d'examiner si l'on doit admettre en France ce divorce indéterminé contre lequel s'élèvent l'histoire, l'opinion, l'expérience.

Qu'est-ce que l'incompatibilité d'humeur ? Le tribunal de cassation n'a pas émis d'opinion sur ce sujet ; mais la majorité de la commission qu'il avait formée définit la cause d'incompatibilité, un motif de divorce qui n'a pas besoin de preuves : elle l'admet, et veut qu'on en prévienne l'abus par des précautions multipliées. Mais qu'est-ce donc qu'une loi qui exige le secours de tant de précautions ? Qu'arrive-t-il ? les précautions tombent dans la suite des temps ; la loi leur survit et reste. Est-il raisonnable de proposer une loi qu'il faut enchaîner comme une passion violente ? Ainsi du premier coup-d'œil, on voit combien ce système est extraordinaire. C'est avec grande raison que le membre du tribunal de cassation qui l'a combattue disait qu'il est difficile de concevoir comment on peut admettre une disposition qu'on avoue entraîner tant et de si grands dangers.

Si l'on considère en soi la nature du mariage et la nature du divorce, on arrive encore au même résultat. Examinons donc maintenant ce que c'est que le mariage, et ce que c'est que le divorce.

Le mariage, dit-on, est un contrat : oui, dans sa forme extérieure, il est de la même nature que les autres contrats ; mais il n'est plus un contrat ordinaire quand on l'envisage en lui-même dans son principe et dans ses effets. Serait-on libre de stipuler un terme à la durée de ce contrat, qui est essentiellement perpétuel, puisqu'il a pour objet de perpétuer l'espèce humaine? Le législateur rougirait d'autoriser expressément une pareille stipulation ; il frémirait si elle lui était présentée : et cependant on veut qu'il l'admette implicitement en adoptant cette cause d'incompatibilité d'humeur qui permet à chacun des époux de régler, à son gré, la durée du mariage! Cette liberté tacite est contre la nature du contrat.

Le mariage a encore un autre caractère : il ne subsiste pas pour les époux seuls ; il subsiste pour la société, pour les enfans ; il établit une famille. Faut-il, puisqu'il a tant d'importance, que les premières légèretés, que le premier caprice, soient capables de le détruire? *Montaigne* dit, avec raison, que le mariage est une chose trop sérieuse pour qu'on doive en sortir par une porte aussi enfantine que la légèreté. Mais, pour nous en mieux convaincre, suivons la dissolution du mariage dans ses effets. Le mari perd son autorité ; la femme passe dans les bras d'un autre ; les enfans ne savent à qui ils appartiennent.

Il faut une autorité dans la famille : la prééminence du sexe la donne au mari ; s'il ne l'exerce point, il y a anarchie ; s'il l'exerce, on demandera le divorce. C'est ainsi que la cause d'incompatibilité ruine l'autorité du mari, même avant qu'elle existe.

L'intérêt de la femme ne repousse pas moins le divorce pour causes indéterminées. Elle est entrée dans le mariage avec sa jeunesse, avec son honneur; elle en sort flétrie et dégradée : la loi peut-elle réparer ce malheur? Si elle ne peut le réparer, et qu'elle l'autorise, elle est sacrilége; si elle ne peut rendre, après le divorce, la dignité d'épouse et de mère, comment souffrirait-elle que la femme fût réduite à une position telle, qu'elle dût ou demeurer dans un célibat forcé, ou se réfugier dans les bras d'un homme qui n'aurait pour elle que du mépris? Aussi une expérience trop malheureuse a-t-elle éclairé les femmes sur le funeste don que leur avait fait la loi.

Si on se reporte maintenant aux enfans, on se rappellera ces lois anciennes qui avaient établi des peines pour les secondes noces, parce qu'elles supposaient qu'un père qui veut avoir d'autres enfans, qui a donné une marâtre aux fruits de sa première union, n'a plus pour eux la même tendresse : l'amour de la nouvelle épouse absorbe celui des enfans. C'est ainsi que le divorce met en contradiction, dans l'essence même du cœur humain, deux affections qui lui sont également naturelles.

S'il est des esprits que ces considérations ne persuadent pas, on leur demandera qu'est-ce que le divorce? c'est la séparation de deux époux. On ne veut pas qu'elle s'opère par consentement mutuel; et l'on consent à la voir s'effectuer pour cause d'incompatibilité! Mais pour qui s'effectuera-t-elle? pour l'intérêt d'un seul des époux. *Montesquieu* a dit que l'incompatibilité d'humeur est une cause suffisante de divorce; mais il suppose que cette incompatibilité existe des deux côtés, et qu'elle détermine le consentement mutuel des deux époux à la dissolution du mariage. Mais comment admettre le divorce par le consentement d'un seul, pour son intérêt, quand l'autre résiste? Vous voulez que la volonté d'un seul devienne la loi suprême; une volonté particulière, obscure, sans motifs, souvent dégoûtante. Que le divorce s'opère par la volonté de l'un des époux, quand il y a des causes réelles, on le conçoit ; alors il est un châtiment pour l'autre : mais le divorce par incompatibilité d'humeur serait pour l'un un bienfait, pour l'autre un malheur.

Examinons maintenant la cause d'incompatibilité dans ses rapports avec les mœurs de la nation.

On les a défigurées ces mœurs ; on a prétendu que la probité, que la décence, ne s'y montrent que par exception. J'aime, je respecte trop ma nation, dit M. *Portalis*, pour donner mon assentiment à cette assertion erronée. Les Français sont légers, mais ils ont des vertus : c'est dans les départemens, c'est dans les campagnes qu'il faut aller chercher les mœurs françaises. Là, le scandale du divorce a été rejeté avec mépris ; là, on n'a point usé du divorce ; les tribunaux l'attestent : voilà le vœu de la nation. Cependant, les Français sont légers : et c'est précisément cette mobilité que la loi doit fixer ; elle est faite pour réformer les mœurs, non pour les pousser dans la fausse direction qu'elles ont prise.

On dit que la cause d'incompatibilité a l'avantage de masquer l'adultère, l'impuissance, en un mot toutes ces causes qui ne peuvent être énoncées sans offenser les oreilles chastes. Quoi ! on dit nos mœurs corrompues, et l'on nous accorde tant de délicatesse ! Il est vrai néanmoins que les mœurs sont quelquefois moins épurées que le langage ; mais la loi ne peut être moins pure ni moins sévère que le langage. Cependant on s'abuse si l'on croit que la cause d'incompatibilité sera la sauve-garde de l'honneur ; une femme dira au législateur : « Vous me déshonorez en cachant la vraie cause de
« mon divorce ; vous donnez lieu à tous les soupçons ; tandis
« que mon mari, qui me répudie, ne me quitte qu'entraîné
« par une passion honteuse. » Et, quel inconvénient y a-t-il que les accusations en adultère soient publiques? C'est le crime qui fait la honte, et non l'accusation. Que l'on rentre dans soi, et l'on verra que la seule crainte dont on est agité est celle du ridicule : car, il faut l'avouer, dans l'état de nos

mœurs, on cherche plus à se sauver du ridicule que du vice même. Mais pourquoi donc la loi ne mettrait-elle pas à profit cette crainte du ridicule, que nous portons jusqu'à l'exagération? Elle peut retenir les époux dans le devoir; elle peut les retenir dans les liens du mariage, par la répugnance qu'elle leur donne à proposer certains griefs que l'on est honteux de rendre publics. Pourquoi dédaignerions-nous de diriger contre le vice l'arme du ridicule, si souvent dirigée contre les vertus?

Enfin, quand des époux sauront qu'ils ne peuvent pas se délier légèrement, ils seront plus attentifs à se complaire, plus exacts dans leurs obligations mutuelles, plus portés à se ménager, et à étouffer des semences de divisions qui souvent ne s'accroissent et n'amènent une rupture que parce qu'on sait qu'on peut se séparer. Que la générosité qui caractérise le Français dans toutes les actions de la vie ne soit pas bannie de l'intérieur des ménages, et qu'elle s'exerce surtout entre les époux : alors la patience, le pardon, le support, l'indulgence, seront les appuis secourables du mariage, et le mariage rentrera dans le sein de la nature et de la morale.

M. Tronchet dit que cette question appartient plus aux sentimens qu'aux raisonnemens; qu'il en appelle à tout homme honnête et moral : aucun ne niera que la cause d'incompatibilité ne soit une source de dépravation.

Il y a de l'inconséquence dans le système adopté par la majorité de la commission du tribunal de cassation. Elle veut que le demandeur en divorce pour incompatibilité d'humeur perde, indépendamment de ses avantages matrimoniaux, la moitié de ses biens.

Comment présenter, avec cette condition, ce qu'on prétend être un remède offert à celui qu'on suppose opprimé! comment punir celui-ci en faveur du coupable! Cependant cette précaution est la seule qui puisse arrêter le divorce pour cause d'incompatibilité. Les délais et toutes autres précautions ne produiraient pas cet effet; on persisterait, par amour-propre, dans une demande que l'on n'aurait formée que par légèreté.

Au reste, l'incompatibilité d'humeur, d'après ceux qui proposent cette cause de divorce, ne serait admise que lorsqu'elle irait jusqu'à rendre aux époux la vie insupportable. Or, il est impossible qu'elle arrive à ce degré sans se manifester par des faits qui deviennent des causes déterminées de divorce. La cause d'incompatibilité d'humeur est donc inutile.

M. MALEVILLE assure que si le tribunal de cassation, dont il est membre, eût été consulté, il n'eût pas adopté l'avis des trois membres de sa commission sur la cause d'incompatibilité; que la plupart de ceux qui le composent s'en sont expliqués.

M. TRONCHET dit qu'il faut, dans cette matière, consulter aussi l'opinion publique; qu'elle s'est expliquée par les tribunaux. Tous, ou ont rejeté la cause d'incompatibilité, ou, comme celui de Paris, ont demandé qu'elle fût prouvée par des faits; ce qui rentre dans le système des causes déterminées.

LE PREMIER CONSUL dit que cependant le tribunal d'appel de Paris semble admettre la cause d'incompatibilité. Il veut que deux individus qui ne peuvent vivre ensemble soient séparés sans déshonneur, pourvu que quelques faits viennent à l'appui de l'allégation de l'incompatibilité d'humeur et de caractères.

M. TRONCHET répond que le tribunal d'appel de Paris, en examinant cette expression du projet de Code civil, *rend la vie insupportable*, la trouve sans inconvénient, parce qu'il est impossible que cette situation ne paraisse par quelques faits faciles à prouver : or, si le tribunal admet la nécessité d'une preuve, il rejette évidemment la simple allégation.

LE PREMIER CONSUL dit que le jugement qui prononcerait le divorce serait déshonorant, s'il était fondé sur des faits prouvés. Un homme honnête ne rend point la vie insupportable à sa compagne; mais l'incompatibilité d'humeur entre deux individus qui ne sont pas organisés de même ne porte aucune atteinte à leur moralité.

M. Tronchet objecte que la malignité se plairait à répandre que le prétexte d'incompatibilité a été employé pour cacher des causes plus honteuses.

Il observe qu'au surplus il n'entend proscrire que la simple allégation, et qu'il admettrait l'incompatibilité prouvée.

M. Boulay dit qu'un des motifs qui ont décidé son opinion contre la cause d'incompatibilité, c'est que la procédure en divorce sera secrète dans tous les cas.

Le Premier Consul dit que peut-être la procédure publique serait utile lorsque le divorce serait demandé pour une cause grave ; parce que la crainte du déshonneur pourrait retenir les époux dans le devoir.

M. Réal dit que lorsqu'un époux aura demandé le divorce pour cause d'adultère, et qu'il aura succombé dans sa demande, le sort de sa femme sera affreux, si elle est forcée de retourner avec lui ; que cependant elle ne pourra se prévaloir, pour demander le divorce, de la cause de diffamation, puisque la plaidoirie aura été secrète.

M. Portalis répond qu'une telle accusation est diffamatoire et calomnieuse, même lorsque la procédure a été secrète, et qu'elle autorise la femme à rompre avec un mari qui ne la jugeait pas digne d'être son épouse.

Le Premier Consul (*) dit que le système de M. *Portalis* se

(*) Le Premier Consul : « Votre système est fondé sur ce qu'il y a des catholiques et des protestans ; mais vous rendez l'obtention du divorce si difficile, qu'elle est inconciliable avec les bonnes mœurs. Si vous en étiez le maître, vous n'admettriez pas le divorce ; car ce n'est pas en vouloir que de le rendre déshonorant pour ceux qui le demanderaient, excepté pour les hommes à masque de bronze. Est-ce là votre système ? »

Portalis : « Si nous avions affaire à un peuple neuf, je ne l'établirais pas. »

Le Premier Consul : « Vous avez fixé l'âge du mariage pour les filles à quinze ans. A cet âge, elles ne peuvent ni aliéner leurs biens, ni contracter ; tout ce qu'elles feraient serait nul. Ainsi le veulent la politique et la nature des choses. Vous faites cependant une exception pour le mariage.

« Un individu qui se sera marié mineur, dans un temps où il n'avait pas une grande

réduit à ceci : le principe de la liberté des cultes exige qu'on admette le divorce; l'intérêt des mœurs demande qu'on le

prévoyance, s'apercevra par la suite qu'il s'est trompé, qu'il n'a pas trouvé dans l'être qu'il a choisi les qualités qu'il espérait; et il ne pourra dissoudre son mariage sans flétrir cet être et sans se déshonorer lui-même? Si vous aviez fixé l'âge du mariage à vingt-un ans, ce serait différent.

« Vous dites que le divorce pour incompatibilité est funeste aux époux, aux enfans et aux familles. Pour moi, je ne trouve rien de plus funeste qu'un mauvais mariage ou un divorce déshonorant. Il y avait autrefois autant de séparations qu'il y a de divorces. Je ne parle pas des premiers momens où il a été permis. Dans le cas de la séparation, les enfans et les familles ne sont-ils pas aussi lésés? Il y a de plus l'inconvénient que la femme continue à mener une mauvaise vie sous le nom de son mari, ce qui est très-fâcheux pour lui. Tous les jours il entend dire : madame une telle a fait telle chose, etc., ce qui est toujours un nouvel outrage. Je veux bien la séparation de corps pour ne pas gêner les consciences; mais il ne faut pas trop la protéger pour forcer tout le monde à se contenter de ce remède.

« Venons à l'article qui énumère les diverses causes de divorce. Quel est celui qui, comme cet ancien, voudrait que sa maison fût de verre pour qu'on vît tout son intérieur et ses moindres mouvemens de nerfs? L'incompatibilité d'humeur n'a pas les mêmes inconvéniens. Si une femme a été infidèle pendant l'absence de son mari, il peut la renvoyer sans la déshonorer. Il peut avoir la conviction qu'elle est adultère, sans être en état d'en faire la preuve, comme vous l'exigez. Enfin je crois que la séparation a les mêmes effets que le divorce sans en avoir les avantages; et la rédaction proposée est faite pour forcer tout le monde à prendre la voie de la séparation. »

Portalis : « Les lois font tout ce qui est possible pour protéger le mineur. Il ne peut se marier sans le consentement de ses parens, etc. »

Le Premier Consul : « Souvenez-vous de ce que vous avez dit sur les nullités. L'erreur de qualité, que vous appelez erreur de personne, produit la nullité du mariage. Dans ce cas, vous ne le respectez pas. Quand on se marie, on est environné de tant de séductions! Il ne faudrait donc pas permettre de mariages d'âges disproportionnés. Deux individus, dont l'un n'a que quinze ans et dont l'autre en a quarante, ne peuvent pas voir de la même manière. Le plus souvent, on consulte plus dans le mariage les convenances des familles que celles des époux. Si l'union est malheureuse, la loi civile, qui est étrangère aux idées sacramentelles exaltées, ne doit-elle pas pourvoir au bonheur des individus? »

Portalis : « L'homme est le ministre de la nature. La société vient s'enter sur elle. On lit dans les livres le *Pacte social*; je n'entends pas cela : l'homme est sociable et le mariage est dans la nature. »

Le Premier Consul : « Je nie cela ; le mariage ne dérive point de la nature, mais de la société et des mœurs. La famille orientale est entièrement différente de la famille occidentale. La première est composée de plusieurs épouses et de concubines; cela paraît immoral, mais cela marche, les lois y ont pourvu. Je n'adopte point l'orende difficile. Ainsi, dans ce système, ce n'est pas par des vues politiques que le divorce est admis; il ne le serait pas s'il n'était dans les principes d'aucun culte. D'un autre côté, il deviendrait si difficile et si déshonorant, qu'il serait en quelque sorte exclu.

M. Portalis répond qu'il ne propose point d'ôter le divorce à un peuple qui en est en possession depuis dix ans; qu'il ne croit point que toute demande en divorce soit déshonorante; mais que, quand elle l'est, peu importe; qu'au surplus, il ne veut rendre le divorce en soi ni déshonorant ni impossible.

Le Premier Consul dit qu'il est permis de se marier à quinze et à dix-huit ans, c'est-à-dire avant l'âge où il est

pinion que la famille vient du droit civil, et le droit civil du droit naturel. Les Romains avaient d'autres idées de la famille. Son organisation vient des mœurs. Le citoyen Portalis n'a point répondu à l'objection résultant de l'âge fixé pour le mariage. La plupart des unions sont faites par convenance. Il n'y a que le temps qui puisse les sanctifier. Proscrivez le divorce après un certain temps, quand on s'est connu, quand il y a eu échange d'amour et de sang, comme après dix ans de mariage, à la bonne heure. J'en conçois la raison On ne doit pas chasser une femme dont on a eu des enfans, à moins que ce ne soit pour cause d'adultère. Alors c'est une affaire criminelle. Mais avant les dix ans, il faut que l'incompatibilité suffise, que l'affaire se traite devant un conseil de famille présidé par un magistrat, et qu'on ne puisse pas divorcer deux fois, car cela serait absurde et avilirait le mariage. Il faut que les individus divorcés ne puissent se marier qu'après un délai de cinq ans, afin que ce ne soit pas la perspective d'un autre mariage qui les porte au divorce. Alors vous aurez fait tout ce qu'exige la morale; mais vous n'aurez pas sciemment fermé les yeux sur les inconvéniens de votre système. Chaque individu a une grande liberté dans sa famille, même sous le despotisme oriental. Il faut aussi considérer le bonheur des individus; que direz-vous à une femme qui, se fondant sur le Code romain, demandera le divorce pour impuissance de son mari? Vous n'en parlez pas. Cela arrivera cependant; en vain crierez-vous alors au scandale. Plusieurs membres du Conseil allèguent les bonnes mœurs pour rejeter le divorce pour cause d'incompatibilité. Cela n'est pas exact. Un mari sait que sa femme est adultère : s'il a des mœurs, elle lui sera insupportable; il ne pourra pas vivre avec elle. Il ne veut pas, par pitié pour elle, demander le divorce pour cause d'adultère; il ne le veut pas pour lui, à cause du ridicule qui, dans nos mœurs, rejaillit sur le mari; il ne le veut pas pour les enfans, qui seraient déshonorés par la mauvaise conduite de leur mère. »

(*Tiré des Mémoires de M. Thibaudeau sur le Consulat*, pages 436 à 441).

permis de disposer de ses biens : croit-on que cette exception faite en faveur du mariage aux principes généraux sur la majorité, doive faire établir que, quoique l'un des époux ait reconnu l'erreur dans laquelle il est tombé à un âge aussi tendre, il ne pourra néanmoins la réparer sans se flétrir? C'est tout au plus ce qu'on pourrait décider si le mariage n'était autorisé qu'à vingt ans et à vingt-un ans. On a dit que le divorce pour incompatibilité est contraire à l'intérêt des femmes, des enfans, et à l'esprit de famille. Mais rien n'est plus contraire à l'intérêt des époux, lorsque leurs humeurs sont incompatibles, que de les réduire à l'alternative ou de vivre ensemble, ou de se séparer avec éclat. Rien n'est plus contraire à l'esprit de famille qu'une famille divisée. Les séparations de corps avaient autrefois, par rapport à la femme, au mari, aux enfans, à la famille, à peu près les mêmes effets qu'a le divorce; cependant elles étaient aussi multipliées que les divorces le sont aujourd'hui : mais elles avaient cet inconvénient, qu'une femme déhontée continuait de déshonorer le nom de son mari, parce qu'elle le conservait. Le respect pour les cultes obligera d'admettre la séparation de corps; mais il ne serait pas convenant de restreindre tellement le divorce par les difficultés qu'on y apporterait, que les époux fussent tous réduits à n'user que de la séparation.

L'article 2 du projet spécifie des causes pour lesquelles il admet le divorce : mais quel malheur ne serait-ce pas que de se voir forcé à les exposer, et à révéler jusqu'aux détails les plus minutieux et les plus secrets de l'intérieur de son ménage! Le système mitigé de l'incompatibilité prévient, à la vérité, ces inconvéniens; cependant, comme il suppose des faits et des preuves, il est aussi flétrissant que le système des causes déterminées.

D'ailleurs ces causes, quand elles seront réelles, opéreront-elles toujours le divorce? La cause de l'adultère, par exemple, ne peut obtenir de succès que par des preuves toujours très-difficiles, souvent impossibles. Cependant le mari qui n'aurait pu les faire serait obligé de vivre avec une femme qu'il abhorre, qu'il méprise, et qui introduit dans sa famille des enfans étrangers. Sa ressource serait de recourir à la séparation de corps; mais elle n'empêcherait pas que son nom ne continuât à être déshonoré.

Le Consul se résume en demandant si les deux articles du projet dispenseront les personnes qui voudront user du divorce de recourir à la séparation de corps.

M. Portalis observe que les causes du divorce étant, d'après le projet, celles qui feraient obtenir la séparation, les difficultés et les facilités seront les mêmes pour les deux modes.

Il répond aux objections qui lui ont été faites. Il dit qu'en autorisant le mariage à quinze et à dix-huit ans, la loi exige aussi le consentement du père ou de la famille; qu'ainsi elle a pris toutes les précautions qui étaient en son pouvoir pour empêcher le mineur d'être surpris.

Au surplus, il ne faut peut-être pas argumenter des règles des autres contrats, à celles qui doivent régir le mariage. Dans les autres contrats la nature reste muette : mais elle intervient dans le contrat de mariage. De là les distinctions que font les lois entre ces deux espèces de majorité. Le mariage est sans doute une affaire très-sérieuse; mais la tendresse des pères doit rassurer contre les surprises auxquelles sont exposés les enfans mineurs. Ces mineurs eux-mêmes ont, à cet égard, une maturité que leur donne le sentiment, et qu'on peut prendre pour guide toutes les fois que quelque passion ne les pousse pas à former un mariage inconvenant et mal assorti.

Le Premier Consul dit que le mariage n'est pas toujours, comme on le suppose, la conclusion de l'amour. Une jeune personne consent à se marier pour se conformer à la mode, pour arriver à l'indépendance et à un établissement ; elle accepte un mari d'un âge disproportionné, dont l'imagination, les goûts et les habitudes ne s'accordent pas avec les siens. La loi doit donc lui ménager une ressource pour le moment où, l'illusion cessant, elle reconnaît qu'elle se trouve dans des liens mal assortis, et que sa volonté a été séduite.

M. PORTALIS dit quil y a des inconvéniens des deux côtés. Cependant, ajoute-t-il, si l'on déshonore le mariage, les passions gagnent; elles perdent au contraire si le mariage est respecté.

Au reste, quand on veut juger un principe, quand on veut juger une loi, il ne faut pas uniquement s'occuper des inconvéniens qu'elle ne peut empêcher, et qui sont toujours sensibles; il faut voir encore ceux qu'elle prévient et qu'elle étouffe. Car si on ne voyait que les inconvéniens qu'une loi ne peut empêcher, il y aurait des raisons de proscrire la morale même. Pour ne pas tomber dans l'erreur, il faut tout balancer. Le contrat de mariage doit au moins avoir autant de solidité que les autres contrats. Tout père de famille tremblerait si le divorce était rendu trop facile, et si la durée du mariage dépendait du libre arbitre de chacun des époux. À la vérité, dans le système proposé, quelques individus seront malheureux : mais le mariage n'est pas seulement institué pour les époux; l'époux n'est là que le ministre de la nature pour perpétuer la société. La société, dans ce contrat, vient s'enter sur la nature; le mariage n'est pas un pacte, mais un fait; c'est le résultat de la nature; qui destine les hommes à vivre en société.

LE PREMIER CONSUL pense que le mariage prend sa forme des mœurs, des usages, de la religion de chaque peuple. C'est par cette raison qu'il n'est pas le même partout; il est des contrées où les femmes et les concubines vivent sous le même toit, où les esclaves sont traités comme les enfans. L'organisation des familles ne dérive donc pas du droit naturel: les ménages des Romains n'étaient pas organisés comme ceux des Français.

Les précautions établies par la loi pour empêcher qu'à quinze et à dix-huit ans on ne contracte avec légèreté un engagement qui s'étend à toute la vie sont certainement sages; cependant sont-elles suffisantes? Qu'après dix ans de mariage le divorce ne soit plus admis que pour des causes très-graves, on le conçoit : mais puisque les mariages contractés dans la première jeunesse sont si rarement l'ouvrage des époux; puisque ce sont les familles qui les forment d'après certaines idées de convenance, il faut que les premières années soient un temps d'épreuve, et, que si les époux reconnaissent qu'ils ne sont pas faits l'un pour l'autre, ils puissent rompre une union sur laquelle il ne leur a pas été permis de réfléchir. Cependant cette facilité ne doit favoriser ni la légèreté, ni la passion. Qu'on l'entoure donc de toutes les précautions, de toutes les formes propres à en prévenir l'abus; qu'on décide, par exemple, que les époux seront entendus dans un conseil secret de famille, formé sous la présidence du magistrat; qu'on ajoute encore, si l'on veut, qu'une femme ne pourra user qu'une seule fois du divorce; qu'on ne lui permette de se remarier qu'après cinq ans, afin que le projet d'un autre mariage ne la porte pas à dissoudre le premier; qu'après dix ans de mariage, la dissolution soit rendue très-difficile. On a donc des moyens de restreindre les effets de la cause trop vague de l'incompatibilité d'humeur.

M. Boulay dit qu'il ne regarde pas l'allégation d'incompatibilité comme une cause de divorce qui soit immorale dans tous les cas. Un époux vertueux se trouve lié à une épouse adultère; plus il a de mœurs, et plus elle lui inspire d'horreur : il veut donc la repousser; mais les preuves lui manquent; s'il en a, la commisération, l'honneur de ses enfans, son propre honneur, l'empêchent de s'en servir, précisément parce qu'il a de la morale; il ne lui reste de moyens de briser le joug qui l'accable, que dans l'incompatibilité d'humeur.

M. Portalis répond que cette hypothèse est favorable; mais qu'il faut voir aussi celle où un époux corrompu abuserait de la cause d'incompatibilité pour chasser une épouse vertueuse et fidèle.

M. Boulay continue et déclare que cependant il rejette la simple allégation d'incompatibilité, attendu que, dans la masse de ses effets, elle serait plus désastreuse qu'utile.

M. Maleville dit que le mariage n'est plus qu'un concubinage, si la volonté de l'une des parties suffit pour le dissoudre : comment un homme sensé oserait-il se marier, ou un père tendre donner sa fille à quelqu'un qui pourrait la déshonorer, et la renvoyer huit jours après avec ce facile prétexte?

La cause d'incompatibilité, alléguée par une seule partie, n'a été admise chez aucun peuple : les Romains même n'ont admis le divorce pour consentement mutuel que par une erreur évidente ; ils mettaient le contrat de mariage sur la même ligne que les autres contrats. *Henri VIII* avait introduit en Angleterre la cause d'incompatibilité : depuis, elle a été abrogée ; et le divorce n'est plus admis que pour cause d'adultère ; encore faut-il un acte du parlement pour déclarer le mariage dissous.

On fait valoir la considération de la jeunesse des époux ; mais la jeunesse est précisément l'âge où l'on abusera le plus de la cause d'incompatibilité. On dit qu'il faut conserver le motif de l'incompatibilité, pour ne pas obliger un mari délicat à se couvrir de honte en accusant sa femme d'adultère : mais, sans examiner ici s'il ne serait pas plus politique et plus juste de punir sévèrement l'adultère que d'en faire un sujet de risée, pour une demande en divorce pour incompatibilité d'humeur, qui aura pour cause secrète l'adultère, il y en aura vingt qui n'auront d'autres motifs que la légèreté et le libertinage.

Au fond, dans des questions de morale, où l'on ne peut rien démontrer, où il n'y a point de règles certaines pour discerner la vérité, il est fort aisé de faire des raisonnemens séduisans, quelque parti que l'on embrasse ; et tous ces raisonnemens se réduisent à ceci : telle chose vous paraît probable, et à moi, non. Mais il y a un moyen plus sûr que les raisonnemens pour découvrir cette vérité si difficile à démêler, c'est l'expérience.

Or, pourquoi, à Rome, quand les divorces étaient si communs? fut-on obligé de faire des lois pour forcer les citoyens à se marier? Pourquoi l'Angleterre, après avoir autorisé le divorce pour cinq causes, l'a-t-elle réduit au seul adultère? Pourquoi, depuis que nous avons le divorce, y a-t-il tant de mariages annulés, quoique les mœurs n'en soient pas devenues meilleures, ni les mariages qui restent plus heureux? Pourquoi y a-t-il cent fois plus de divorces qu'il n'y avait autrefois de séparations?

Comment, après cette expérience de tous les temps et de tous les pays, pourrait-on croire à la justesse de tous les raisonnemens qui se font en faveur du divorce, et spécialement pour conserver les motifs d'incompatibilité d'humeur et de consentement mutuel? Comment se persuader qu'ils contribuent, en effet, au bonheur des mariages, à la population, et à la pureté des mœurs?

C'est surtout l'admission de ces motifs qui a fait élever les divorces au nombre effrayant qui nous est certifié : et l'on voudrait encore conserver ces moyens de dissolution du mariage! Il est cependant deux vérités qu'on ne peut pas mettre en problème : la première, qu'il n'y a que les mariages qui puissent perpétuer la République ; la seconde, que le nombre des mariages diminue toujours en proportion de l'augmentation de celui des divorces.

M. Tronchet réduit la question à savoir si l'on doit permettre la dissolution du mariage pour motif non prouvé. Or, le mariage est un acte important ; il est la base de la société ; on doit donc l'entourer de tout ce qui peut le faire respecter et chérir. Ce motif a porté tous les peuples à repousser le divorce pour causes indéterminées.

Ce qu'on a dit de la situation fâcheuse où se trouve un mari qui sait sa femme adultère, et qui ne veut pas divulguer ce scandale, ne peut pas faire d'impression : on doit juger chaque chose par la masse des effets et des inconvéniens qu'elle produit. Si donc on compare quelques inconvéniens qui suivent l'exclusion de la simple allégation d'incompatibilité avec l'immense latitude que son admission présente aux passions et aux caprices, on demeure convaincu que ce dernier inconvénient est infiniment plus grave et plus fréquent que les autres.

L'objection tirée de l'état des mineurs est plus frappante.

Mais si, malgré l'assistance du père et de la famille, un mineur se trouve lésé, et qu'on croie juste de lui accorder la restitution en entier, il ne pourra l'obtenir, si l'on suit exactement les principes des contrats, qu'autant qu'il prouvera la lésion.

Le Ministre de la Justice dit que toutes les lois ont leurs inconvéniens ; que la meilleure est celle qui en a le moins. Le divorce pour incompatibilité peut, en quelques cas, être un remède salutaire ; mais cet avantage n'est rien si on le compare à tous les inconvéniens qui en peuvent naître, et qui peuvent compromettre le mariage lui-même. Qu'est-ce en effet que cette allégation d'incompatibilité d'humeur ? Ou elle se résout en faits, ou ce n'est plus que le résultat du caprice. Dans ce dernier cas, peut-on admettre le divorce ? ne serait-ce pas se jouer du mariage, le plus saint des contrats ? Dans le premier, ou les faits sont graves, ou ils sont légers : s'ils sont légers, tout le monde convient que le divorce ne doit pas avoir lieu ; s'ils sont graves, la loi les admet pour causes de divorce, sans qu'il soit besoin d'invoquer l'incompatibilité. A quoi sert donc le divorce pour incompatibilité d'humeur?

Prenez-y garde, continue le ministre ; dans ce mode de divorce, je trouve presque toujours un des époux sacrifié. Une femme veut se séparer d'un époux qui lui déplaît ; elle alléguera l'incompatibilité d'humeur ; et malgré toutes les protestations que fera le mari de la compatibilité de son caractère, de sa bonne conduite et de sa douceur, le divorce sera prononcé, et le mariage dissous. Il en sera de même lorsque le mari, par inconstance, ou pour former de nouveaux liens, voudra se débarrasser de sa femme ; une incompatibilité qui n'a jamais existé sera invoquée avec succès. Ainsi, contre la règle fondamentale des contrats, le mariage sera dissous par le fait et par la volonté d'un seul, malgré l'opposition et la résistance de l'autre.

Au reste, l'expérience éclaire sur les deux systèmes. Dans la législation ancienne on ne connaissait pas la cause d'incompatibilité, et on ne prononçait la séparation de corps que pour des cas graves ; et cependant, dans ce système, les époux n'en étaient pas plus malheureux : la patience étouffait les premiers germes de division ; l'idée que le mariage était indissoluble accoutumait insensiblement un époux à l'autre, et finissait par en faire des époux unis. Depuis qu'il y a plus de facilité pour se quitter, les divorces sont devenus innombrables.

M. EMMERY dit que *Montesquieu* regarde l'incompatibilité d'humeur comme la cause la plus puissante pour rompre le mariage, mais par le divorce seulement, et non pas la répudiation de la part d'un seul, laquelle, dans cette discussion, on confond mal à propos avec le divorce.

Par les lois romaines, la répudiation n'était d'abord permise qu'au mari, et seulement en trois cas : lorsque la femme était adultère ; lorsqu'elle avait formé des desseins sur sa vie ; lorsqu'elle se servait de fausses clefs.

La répudiation a été ensuite permise à la femme, et alors elle est devenue plus générale. Alors aussi, parce que l'un et l'autre époux avaient le droit de répudiation, et que la volonté d'en user se rencontrait quelquefois dans tous les deux, on a reçu le divorce pour le cas où ce concours existerait, et on l'a admis sans cause. Il n'y a donc de vrai divorce que par consentement mutuel : lorsqu'un seul demande la dissolution du mariage, on doit exiger des causes ; et alors il n'y a plus de divorce, il y a répudiation. La faculté donnée à un seul des époux de rompre le mariage sans cause prouvée serait une tyrannie. L'incompatibilité ne peut donc être admise que lorsqu'elle est mutuelle.

Ce système, au surplus, est très-propre à cacher les causes honteuses du divorce. Presque toujours celui qui aura lieu de craindre qu'on ne les allègue contre lui se prêtera au divorce par consentement mutuel, afin d'éviter un éclat qui le couvrirait de honte.

Le Consul Cambacérès dit que, si l'on admettait le divorce par consentement mutuel, il serait nécessaire de déclarer les époux qui en auraient usé incapables de contracter ensemble un mariage nouveau; autrement, l'on abuserait de ce moyen pour opérer un divorce fictif, dont l'objet réel serait de changer les conventions matrimoniales.

M. Cretet dit qu'on a prouvé, à la vérité, les dangers du divorce pour simple allégation d'incompatibilité; mais qu'on n'a pas cherché le moyen d'en corriger les inconvéniens.

Ce moyen consisterait peut-être à soumettre d'abord les époux à l'épreuve d'une séparation momentanée, mais assez longue pour leur donner le temps de réfléchir; d'essayer, en quelque sorte, la vie qui les attend après le divorce; de laisser calmer les passions impétueuses, et de donner lieu à des regrets que le temps amène souvent, et qui infailliblement viendraient trop tard, si le mariage avait été d'abord rompu ; mais cette séparation ne devrait pas être absolue.

Le Premier Consul dit que, dans l'état de la discussion, la première question qu'il paraisse nécessaire de traiter est celle de savoir si le divorce par consentement mutuel sera admis.

M. Bigot-Préameneu soutient que ce divorce est inadmissible. Le contrat de mariage n'appartenant pas aux époux seuls, ne peut être détruit par eux : les enfans, la société, y sont parties intéressées.

Le Premier Consul dit que le mariage ayant été formé sous l'autorisation des familles, on pourrait exiger cette même autorisation pour le dissoudre par le consentement mutuel, afin qu'il ne fût rompu que de la même manière qu'il a été contracté. Cette condition du consentement de la famille serait une garantie que le mariage ne serait dissous que pour des causes graves et réelles ; et cependant il existerait un moyen de couvrir les causes de divorce que l'intérêt des mœurs ne permet pas de divulguer.

Le Ministre de la Justice dit que si le divorce par consentement mutuel n'avait lieu que pour couvrir des causes graves, il serait possible de l'admettre ; mais que si on l'admettait à ce titre, bientôt les causes graves disparaîtraient, et il ne resterait plus que le consentement mutuel : de manière que la dissolution du mariage pourrait être l'effet d'un caprice mutuel ; ce que la loi et les mœurs ne pourront jamais tolérer.

Il ajoute que, jusqu'ici, les conseils de famille ont été de peu de secours. Les hommes sont naturellement égoïstes ; ils sont froids pour les affaires d'autrui : on ne trouve guère l'esprit de famille que dans les ascendans et dans les descendans. L'expérience prouve que les parens n'interviennent ordinairement dans les divorces que d'une manière purement officieuse ; qu'ils se prêtent à tout ce qu'on veut, et semblent ne satisfaire qu'à une simple formalité.

M. Bigot-Préameneu dit que si l'on veut que le conseil de famille se décide d'après des preuves, ce ne sera qu'un tribunal intérieur ; qu'ainsi il n'y aura de changement que dans la forme. Mais il importe d'examiner, avant tout, si les preuves sont exigées.

M. Boulay dit que l'idée de faire intervenir la famille est dans la nature des choses : si, par le passé, cette intervention n'a produit que peu d'effet, c'est que les lois révolutionnaires avaient dissous les familles.

Le Premier Consul (*) dit qu'on se méprend sur son sys-

(*) Le Premier Consul : « Les lois sont faites pour les mœurs. Il y aurait de l'inconvénient à obliger un époux de poursuivre devant les tribunaux le divorce pour adultère. Cette cause doit être couverte par le consentement mutuel, qui n'est pas une raison de divorce, mais un indice de sa nécessité. Le conseil de famille examine les faits et décide. En procédant ainsi, vous êtes bien éloignés du système de ceux qui admettent la simple incompatibilité, et qui me paraît absurde. On craint d'ouvrir la porte au divorce pour des

tème. Ce n'est pas un tribunal de famille qu'il veut, c'est le consentement de la famille, ou plutôt des deux familles. Le tribunal public serait le seul qui prononcerait le divorce, mais sans procédure et sans examen, quand les époux lui auraient justifié de ce double consentement. Il faudrait que les pères, les mères, en un mot tous les parens, appelés des deux côtés, eussent été unanimes. Leur aveu serait une garantie suffisante qu'il y a des causes réelles de divorce ; car ils ont intérêt de maintenir un mariage qu'ils ont formé, et ils ne partagent pas l'égarement et les passions qui peuvent faire agir les époux.

M. Portalis dit qu'il n'adopte le divorce par consentement mutuel sous aucun rapport; mais que, si ce moyen de divorce était admis, il faudrait au moins qu'il fût restreint au cas où il n'y aurait pas d'enfans.

M. Emmery admet que l'autorité qui a formé le mariage intervienne pour le dissoudre, quand le divorce est demandé pour consentement mutuel par des époux mineurs; mais il voudrait que, lorsque les époux sont majeurs, ils fussent abandonnés à leur propre discernement.

Le Premier Consul dit qu'ils doivent toujours être considérés comme mineurs, parce que les passions ne leur permettent pas d'user de leur maturité d'esprit.

Le Consul Cambacérès dit que le mode proposé est ingénieux, en même temps qu'il ne blesse point la réciprocité, première loi des contrats. En effet, parmi les antagonistes du divorce, on en remarque peu qui s'élèvent contre cette institution, lorsqu'elle est fondée sur le changement de vo-

---

motifs trop légers. Si le mari et son père étaient, par exemple, d'accord, le père de la femme refuserait son consentement; il dirait : je m'oppose, ma fille est sage; si je consentais, on la croirait coupable. Vous la menacez d'une action en justice; eh bien ! allez, elle ne craint rien ; nous soutiendrons le procès. Si au contraire la femme était coupable d'adultère, ses parens consentiraient au divorce. L'adultère qui, dans un Code civil, est un mot immense, n'est dans le fait qu'une galanterie, une affaire de bal masqué. »

(*Tiré des Mémoires de M. Thibaudeau sur le Consulat*, pages 441 et 442).

lonté des deux époux : ici il est question de faire du consentement mutuel une véritable ressource, pour laisser à des époux qui se méprisent ou se détestent des moyens de se désunir sans les assujétir à une preuve souvent impossible, et sans les exposer à des révélations dont la pudeur serait alarmée.

Toutefois, le Consul estime qu'il serait dangereux de subordonner le succès de cette demande au consentement donné par des collatéraux, que des raisons d'intérêt rendraient souvent injustes ou difficiles. Il n'en est pas de même de l'aveu des ascendans : l'intervention nécessaire de ceux à qui les époux doivent la naissance peut souvent servir à les rapprocher. Il reste à examiner si ce divorce doit être admis quand il y a des enfans de l'union. Au premier aspect, il semble que la négative doive prévaloir. Le mariage est un contrat dans lequel les enfans sont des tiers intéressés; or, s'il est vrai de dire que la convention peut être annulée par la volonté de ceux qui l'ont formée, il est également vrai de dire qu'elle doit subsister si, en la détruisant, l'on préjudicie à des tiers : qui peut douter que des enfans en minorité n'aient à souffrir d'une résolution qui les rend orphelins, et qui, pour ainsi dire, ne leur laisse plus de maison, de famille? D'un autre côté, le divorce par consentement mutuel, paraissant, dans la proposition qui est faite, avoir essentiellement pour objet de garantir les époux et leur postérité de cette espèce d'opprobre que le préjugé se plaît à répandre, peut-être y aurait-il de l'avantage à permettre le divorce par consentement mutuel, lors même que les deux époux ont des enfans.

Le Premier Consul dit que le divorce par consentement mutuel ne devrait pas être admis après dix ans de mariage, et sans l'autorisation des ascendans; que cependant, à défaut d'ascendans, on pourrait appeler des hommes graves par leur réputation et par leur âge, qui porteraient la responsabilité morale du divorce, et arrêteraient les écarts de l'opinion, si elle interprétait mal les causes qui l'ont fait prononcer.

Le tribunal serait obligé de suivre la décision de ce jury.

M. Tronchet dit qu'on ne voit pas facilement quelle serait l'utilité de l'intervention de la famille. Si c'est pour réconcilier les époux, elle sera sans succès ; jamais un conseil de famille ne rapprochera des époux las l'un de l'autre. Si la famille devient juge, elle ne sera pas impartiale ; elle se divisera; et chacun, suivant ses inclinations et ses rapports, prendra parti entre les époux. Voudra-t-on, pour empêcher cet effet, que la famille prononce d'après les motifs secrets des demandeurs? alors elle n'est plus qu'un tribunal, et le divorce a lieu pour causes déterminées. Les parens, d'ailleurs, ne mettent jamais un grand intérêt à ces sortes de discussions : les amis épousent les intérêts de l'époux avec lequel ils sont le plus liés.

En général, il ne faut pas perdre de vue l'importance du mariage. Ce contrat ne doit être présenté, même dans l'ordre civil, que comme un engagement sacré : ainsi, tout ce qui tend à l'affaiblir est dangereux. Le mariage perd sa dignité, et on le contractera avec moins d'attention, s'il est possible que les volontés qui l'ont formé le dissolvent.

Le Premier Consul dit que, dans le système de M. *Emmery*, le consentement mutuel n'est pas la cause du divorce, mais un signe que le divorce est devenu nécessaire. Ainsi le tribunal prononcera le divorce, non parce qu'il y aura consentement mutuel, mais quand il y aura consentement mutuel : il s'arrêtera à ce signe, et n'ira pas jusqu'aux causes réelles qui peuvent avoir amené la rupture entre les époux. Ce mode a l'avantage de dérober au public les motifs qu'on ne pourrait énoncer sans alarmer la pudeur.

De toutes les causes pour lesquelles la législation a admis le divorce, l'adultère est la seule qui rompe l'engagement du mariage ; elle doit donc être la seule cause déterminée du divorce, la seule pour laquelle il puisse être prononcé d'après un examen et une procédure judiciaires. On laisserait cependant à l'époux outragé la faculté de couvrir le déshonneur de sa femme, en recourant au divorce par consentement mutuel, entouré des formes et des précautions qui ont été proposées. Ce dernier mode, qui n'entraîne pas d'examen judiciaire, serait le seul admis, lorsque le divorce serait demandé pour d'autres causes que pour adultère : il n'aurait pas les inconvéniens du divorce pour incompatibilité d'humeur, lequel en effet blesse l'essence du mariage.

M. TRONCHET dit que le système de la section a aussi l'avantage d'ensevelir la procédure dans le secret. La cause serait plaidée à huis clos, les procédures demeureraient cachées dans le greffe ; le jugement n'exprimerait pas la cause du divorce.

Ce qu'on doit surtout craindre dans l'autre système, c'est l'indulgence des familles, c'est leur intérêt ; car, puisque ordinairement cette dernière cause porte l'un des époux à résister au divorce, elle peut aussi déterminer l'opinion de la famille.

LE PREMIER CONSUL dit que le système du consentement mutuel, tel qu'il est proposé, est même plus rigoureux que le projet de la section. Les articles de ce dernier projet sont vagues ; et en admettant pour le divorce des causes très-légères, ils détruisent la belle théorie sur laquelle ils sont fondés.

M. BIGOT-PRÉAMENEU observe que, devant le conseil de famille, les époux s'accorderont pour alléguer et avouer tous les faits qui peuvent conduire à un divorce qu'ils désirent également ; qu'ainsi le divorce par consentement mutuel se trouverait rétabli sans modifications.

LE PREMIER CONSUL dit qu'il ne propose pas d'établir un conseil de famille proprement dit ; que chacun des époux prendrait separément l'autorisation de la sienne. Si un seul des ascendans refuse son consentement, il n'y a pas de divorce.

M. Devaines dit que quand la véritable cause de la demande en divorce sera l'impuissance ou les sévices, le défendeur ne se prêtera pas à le laisser prononcer par consentement mutuel.

M. Tronchet dit que le système de n'admettre le divorce que pour cause d'adultère et par consentement mutuel entraînerait deux inconvéniens.

Il priverait les parties du droit de faire valoir d'autres causes légitimes de divorce, si la famille n'y avait pas égard.

Il ouvrirait, sous un autre rapport, la porte à toutes les causes de divorce, s'il plaisait à la famille de les adopter.

On a dit, contre le projet de la section, qu'il permet le divorce pour des causes légères ; par exemple, pour des mauvais traitemens qui sont tels qu'ils ne méritent pas qu'on leur donne quelque importance. Mais il faut observer que le projet se sert du mot *sévices*, qui signifie des mauvais traitemens graves, suivant la condition des époux ; des mauvais traitemens habituels. Cependant, si l'on ne peut obtenir le divorce en justice que pour cause d'adultère, et que pour toute autre cause il ne puisse être prononcé que par consentement mutuel, jamais on n'obtiendra ce consentement du mari qui maltraite sa femme, et qui a intérêt de ne pas rendre la dot. Alors l'action de la famille est paralysée, et le divorce devient impossible.

Ensuite la famille se trouvera embarrassée, si la loi ne lui donne pas de règle ; ou, maîtresse de ses décisions et indifférente aux intérêts des époux, elle consentira à un divorce sans cause réelle.

Le Premier Consul pense qu'en général les sévices sont des causes de séparation et non de divorce.

Il est d'ailleurs difficile de prouver que les sévices que se permet l'un des époux rendent la vie insupportable à l'autre.

M. Tronchet dit qu'il n'avait pas conçu d'abord que, dans le système du consentement mutuel, l'adultère serait si absolument la cause unique du divorce, que toutes les autres ne dussent donner lieu qu'à la séparation. S'il en est ainsi, ajoute-t-il, le mariage acquerra une grande dignité.

La discussion est continuée à la prochaine séance.

(Procès-verbal de la séance du 16 vendémiaire an X. —8 octobre 1801.)

M. PORTALIS résume la discussion de la dernière séance. Il fixe ainsi les questions dont elle a amené l'examen :

Le divorce par consentement mutuel sera-t-il admis? L'admettra-t-on indéfiniment, ou ne pourra-t-il avoir lieu lorsqu'il y a des enfans, ou lorsqu'il se sera écoulé un temps considérable depuis la célébration du mariage?

Ne l'admettra-t-on qu'avec le concours des familles ou de notables?

Ces précautions ôtent-elles au divorce par consentement mutuel les inconvéniens du divorce pour incompatibilité d'humeur?

Pour décider ces diverses questions, il faut agiter d'abord la question préliminaire de savoir si le divorce par consentement mutuel doit être admis avec des modifications.

M. BERLIER dit qu'il ne reportera point l'attention du Conseil sur les faits que l'on a reconnus être essentiellement des causes de divorce, tels que l'adultère et l'attentat, causes auxquelles il pourra convenir d'en ajouter d'autres, telles que l'infamie encourue ou l'absence déclarée par jugement; mais qu'il y a d'autres points sur lesquels il lui semble bon de se fixer.

Après avoir remarqué, contre ce qui a été avancé par divers orateurs, que la multiplicité des divorces atteste bien plus la corruption des mœurs qu'elle ne la produit, et qu'un mariage en désaccord est plus scandaleux et plus funeste encore à la société qu'un divorce, M. *Berlier* exprime ses regrets sur la défaveur dans laquelle l'abus du divorce fondé sur l'incompatibilité d'humeur a fait tomber ce mode de dissoudre l'union conjugale : il pense que ce mode, aujourd'hui beaucoup trop facile, est dès-là même essentiellement vicieux ; mais qu'il eût été possible de l'organiser de manière à en faire une institution utile ; il cite à ce sujet l'opinion des commissaires du tribunal de cassation, et fait lecture de leurs motifs.

Selon l'opinant, il serait convenable d'ajouter encore quelques modifications à celles proposées par le tribunal de cassation, comme d'obliger l'époux qui divorcerait par cette voie à se dessaisir dès à présent d'une partie de ses biens au profit des enfans : en un mot, le problème serait résolu là où une telle somme d'entraves et de sacrifices serait imposée à l'époux qui voudrait divorcer par ce mode, que l'usage qu'il en ferait ne pût jamais être l'effet du caprice ou de la légèreté, mais la résolution évidente d'un individu qui succombe au malheur de sa position.

Or, si une telle action ne pouvait s'introduire qu'après que le mariage a duré plusieurs années, si elle n'était plus recevable après tel autre nombre d'années, si le demandeur était soumis à des délais de résipiscence, s'il ne pouvait se remarier qu'après un certain laps de temps depuis la prononciation du divorce, et s'il était privé de la faculté de rien donner au second époux ; si des sacrifices pécuniaires lui étaient même imposés, soit envers son conjoint, soit envers ses enfans, conçoit-on que l'incompatibilité d'humeur fût, dans un tel système, accompagnée des abus qui l'ont signalée jusqu'à ce jour, et qu'ainsi épurée, elle ne devînt pas la plus utile peut-être de toutes les voies de divorce, et celle qui obvierait le mieux à tout éclat scandaleux?

M. *Berlier* observe, au surplus, que l'objection tirée de ce qu'un contrat formé par la volonté de deux ne saurait se dissoudre par celle d'un seul, est, dans cette espèce, plus spécieuse que solide ; qu'en effet, le contrat de mariage, tout sacré qu'il est, n'en est pas moins une espèce d'aliénation de soi-même dont on peut être relevé sans autres limitations que celles qui peuvent être jugées utiles dans l'intérêt social.

Après avoir émis ces réflexions, qu'il soumet à la sagesse des Consuls et du Conseil, M. *Berlier* s'attache plus spécialement à reprendre la discussion dans l'état où elle a été laissée.

Il admet le divorce *sur consentement mutuel*, en ce sens qu'il ne fera point obstacle à la preuve des sévices et mauvais traitemens, à l'égard de l'époux vexé, contre celui qui se refuserait au divorce.

Il désirerait même que l'on admît, comme l'avaient proposé les rédacteurs du projet de Code civil, la preuve légale de la conduite de l'un des époux qui rend à l'autre la vie commune insupportable ; disposition que l'on pourrait environner d'une partie des conditions proposées par le tribunal de cassation pour l'incompatibilité d'humeur, et qui différerait pourtant de ce mode de divorce, en ce qu'il ne suffirait pas d'alléguer l'incompatibilité, mais qu'il serait nécessaire de soumettre à l'appréciation du juge les faits qui rendent la vie commune insupportable.

Dans ce système, la vie conjugale devrait, selon l'opinant, être divisée en deux époques ; et le mode de divorce dont il s'agit ne devrait être admis qu'à la première : car ceux-là seraient naturellement non recevables qui, durant un temps assez considérable, auraient vécu ensemble sans se plaindre.

Mais M. *Berlier* insiste particulièrement sur le maintien de la cause de divorce fondée sur les sévices et les mauvais traitemens.

On incline, dit-il, à rejeter cette cause comme devenant inutile, et devant être couverte par le consentement mutuel ; c'est une erreur.

Contre qui les sévices et les mauvais traitemens auront-ils lieu ? contre le plus faible des époux, contre la femme : or, quels moyens la victime aura-t-elle pour amener son oppresseur à ce consentement ?

On a dit encore que des sévices et mauvais traitemens n'étaient pas une cause suffisante de divorce : mais ne donnaient-ils pas autrefois ouverture à la séparation de corps? Ici M. *Berlier* observe qu'il croit avoir entendu proposer que la simple séparation de corps et de biens fût substituée au divorce en cas de sévices ; mais pourrait-on allier ainsi l'ancienne et la nouvelle institution, en leur attribuant à chacune une part, telle que le divorce s'opérât en certains cas, et la simple séparation en d'autres?

Que, si l'on a voulu parler d'une séparation à temps, ou d'un délai qui doit être d'autant plus long que la cause est moins grave, cela se conçoit bien ; mais que la séparation de corps *indéfinie*, cette institution qui, contre le vœu de la nature et l'intérêt social, condamnait deux époux, et même l'époux innocent, à un perpétuel célibat, exclue nécessairement le divorce en aucun cas; c'est ce à quoi l'opinant s'oppose.

Tout au plus, et si l'on voulait respecter jusqu'aux préjugés d'un époux qui répugnerait à ce mode de dissolution, pourrait-on lui accorder le droit de faire prononcer une simple séparation ; mais en réservant toujours à l'autre époux le droit de faire convertir une telle séparation en un vrai divorce.

M. *Berlier* termine son opinion, en insistant pour que les sévices *prouvés* ne soient point retranchés des causes qui peuvent opérer le divorce.

M. Tronchet examine le principe du contrat de mariage, les conséquences de ce principe, si le mode proposé ne blesse pas ces conséquences, enfin s'il existe un moyen de prévenir cette contradiction.

Le principe fondamental du contrat de mariage, principe avoué par tous, et même par ceux qui ont poussé le plus loin l'abus du divorce, est que le mariage est le plus saint des engagemens, parce qu'il tient à l'harmonie sociale ; qu'il forme les familles particulières dont se compose la grande famille de l'État ; qu'il est le conservateur des mœurs. De là sont nés les empêchemens que l'intérêt des mœurs a réclamés, et les formes destinées à donner de la stabilité au mariage ; de là cette intervention de l'officier public, qui, en même temps qu'il annonce aux époux les obligations auxquelles ils se soumettent, sanctionne le contrat au nom de la société.

La conséquence de ce principe est qu'un pareil engagement ne peut être légèrement dissous : peut-être même devrait-il être indissoluble. Il ne s'agit point ici des maximes religieuses : la loi civile, qui ne régit point la conscience, peut cependant établir tout ce que réclame l'intérêt public; et, sous ce rapport, son pouvoir va jusqu'à restreindre la liberté individuelle. Elle peut donc du moins rendre le divorce difficile : il y a plus, elle le doit.

Par suite de ces principes, le Conseil inclinait, dans la précédente séance, à rejeter la cause d'incompatibilité d'humeur, à n'admettre le divorce que pour cause d'adultère, en laissant néanmoins la facilité de couvrir cette cause honteuse par un divorce mutuellement consenti.

D'abord toute transaction sur les principes est dangereuse, et surtout quand ces principes tiennent à la morale. Mais il faut indiquer positivement la source de l'erreur dans laquelle on est tombé.

Une première réflexion se présente ici : on a pensé que la cause d'incompatibilité n'était inadmissible que parce qu'un contrat formé par la volonté de deux ne peut être résolu par la volonté d'un seul. L'analogie a conduit à dire que le même obstacle n'empêchait pas la dissolution du mariage par consentement mutuel. Cette erreur vient de ce qu'on n'a vu qu'une raison contre la cause d'incompatibilité, tandis qu'elle est combattue par d'autres raisons non moins puissantes.

Une seconde réflexion, c'est que les préliminaires et les modifications qu'on a proposées pour le divorce par consentement mutuel sont autant d'aveux de ses abus et de ses dangers.

Une troisième réflexion, c'est qu'on n'a pu méconnaître que l'engagement du mariage n'est pas borné aux époux, mais qu'il s'étend aux enfans ; et par suite, l'on est convenu que, lorsqu'il en existe, le divorce par consentement mutuel devient inadmissible. Reste à savoir s'il doit être admis quand il n'y en a pas.

Mais le véritable objet de la délibération est d'examiner si le divorce par consentement mutuel peut être admis avec des modifications.

On avoue que le caprice, que le dégoût, que l'inconstance, peuvent déterminer le consentement mutuel des époux ; et comme ces motifs ne paraissent pas devoir détruire le mariage, on propose des conditions qui assurent que le divorce est demandé pour des causes plus réelles, et qu'il ne sera pas l'ouvrage des passions.

C'est, en effet, le point auquel il faut arriver. Cependant toutes les conditions dont on a parlé sont impossibles.

On a proposé de déterminer une époque avant laquelle le divorce par consentement mutuel ne serait pas admis. Mais si ce délai est court ; si, par exemple, il n'est que de cinq ans, il devient inutile : car, dans les premiers temps du mariage, les époux cherchent à se plaire ; les caprices et les dégoûts n'ont point alors d'influence. Si ce délai est long, s'il est fixé à dix ans, par exemple, on porte une loi funeste. C'est après un certain temps que viennent les dégoûts, l'inconstance, l'ambition, et que se développent des passions qui ne sont plus contenues par les premières douceurs de l'union conjugale. La possibilité du succès les irrite : elles seraient moins actives si elles étaient sans espoir.

Mais on est frappé de l'idée qu'un consentement mutuel, librement donné, est l'indice le plus certain que les époux n'étaient pas faits l'un pour l'autre.

C'est encore une erreur de croire que le consentement mutuel sera libre. Il sera toujours forcé de l'un des deux côtés : l'époux qui voudra arriver au divorce aura toujours une foule de moyens de rendre la vie insupportable à l'autre, ou il emploiera les menaces pour déterminer un consentement que l'autre époux refuserait s'il pouvait le refuser sans danger.

On objecte que près des époux seront un conseil de famille, un père, une mère, des ascendans, qui tempéreront les passions, et empêcheront le divorce, lorsqu'il ne sera pas réellement nécessaire.

L'expérience a détruit depuis long-temps cette illusion. Qu'on interroge les magistrats, les hommes de loi, même ces individus qui vivent de divorces, tous attesteront que l'intervention des familles est une ressource vaine et abusive. Des pères et des mères partagent assez souvent l'ambition de leurs enfans ; ils veulent aussi que le mariage subsistant fasse place à un mariage plus avantageux ; et, séduits par cette perspective, ils osent même provoquer le divorce. Il y a plus; on ira jusqu'à acheter le consentement de la famille ; et le mariage deviendra ainsi un foyer de crimes et de malheurs.

Mais quand les familles n'auraient que des vues pures et des intentions morales, que feront-elles ?

On répondra qu'elles pèseront les faits ; qu'elles jugeront si l'union est en effet malheureuse. Comment pourront-elles porter ce jugement, lorsque le consentement ne sera pas libre des deux côtés ? Ou l'époux dont la volonté aura été forcée n'osera désavouer les faits ; ou, si l'on suppose que les deux époux donneraient également un consentement libre, on autorise le divorce sans causes.

Veut-on des causes ? alors les parens deviennent de mauvais juges : les préventions particulières et l'intérêt les empêcheront de prononcer avec impartialité. S'il faut des juges, que ce soient les magistrats. On objectera qu'alors il faut aussi des faits et des preuves : mais on les suppose dans tous les systèmes : et, en effet, un contrat aussi sacré que le mariage ne doit être dissous que quand il devient évidemment impossible de le maintenir.

Mais, dit-on, c'est une condition bien dure que de vivre avec un époux, ou avec une épouse, qu'on sait criminel, mais dont on ne peut prouver le crime. Cet inconvénient existe; mais ce n'est qu'un mal particulier : un mal public est un bien plus grand malheur.

On a parlé du danger de donner de l'éclat à ces sortes de contestations.

Il est possible d'étouffer cet éclat par des formes. Les rédacteurs du projet de Code civil en ont proposé qui ensevelissent les procédures sur divorce dans le plus profond secret. D'ailleurs, la cause du divorce qu'on veut cacher, c'est l'adultère : mais quel serait donc l'inconvénient de flétrir celui qui s'en serait rendu coupable? il faudrait même aller jusqu'à punir le séducteur, à qui le crime appartient.

L'autre époux, dit-on, sera déshonoré. C'est là une idée populaire, à laquelle le législateur ne doit pas s'arrêter. Une épigramme ne blesse que légèrement dans cette triste position; et les âmes sensibles et honnêtes n'ajoutent pas au malheur de l'époux outragé; elles le plaignent, elles le consolent.

On a observé que le plus grand nombre des mariages est contracté par des mineurs, que la loi protége, et qu'elle restitue lorsqu'ils ont été lésés.

D'abord la loi a pris des précautions pour empêcher qu'ils ne le fussent; ensuite on ne restitue le mineur que contre une lésion prouvée; et d'ailleurs la séduction des passions donne à tous les hommes, par rapport au mariage, les faiblesses de la minorité.

Une dernière réflexion, c'est que, dans le temps où les séparations de corps étaient seules en usage, on ne souffrait pas qu'elles fussent volontaires; comment souffrirait-on que la dissolution du mariage le fût?

M. Cretet propose les bases suivantes :

« Le mariage peut être dissous par le divorce, ou suspendu
« à temps par la séparation de corps des conjoints, pour les
« causes déterminées par la loi.

« Les causes du divorce sont.....

« Les causes de la séparation à temps sont.....

« L'action en divorce se porte devant les tribunaux par

« une requête non motivée; les tribunaux, avant de pronon-
« cer, assemblent les familles des conjoints pour être con-
« sultées.

« Si, dans l'assemblée des familles, les conjoints, d'une
« part, et la majorité des membres des familles, d'autre
« part, consentent au divorce, il est prononcé par le tri-
« bunal.

« Faute de ces consentemens mutuels, la cause est portée
« à l'audience et plaidée à huis clos.

« L'action en séparation de corps à temps se porte devant
« les tribunaux par simple requête non motivée, tendant à
« ordonner l'assemblée des familles, qui prononceraient sur
« la demande en séparation, et sur le temps pendant lequel
« le mariage sera suspendu par la séparation de corps et de
« biens des conjoints. »

Le Premier Consul demande à M. *Tronchet* s'il adopte les causes de divorce énoncées dans l'article 2.

M. Tronchet répond que, dans son opinion, ces causes ne devraient, pour la plupart, être que des motifs de séparation de corps; que, si on en veut faire des causes de divorce, il importe de les examiner avec une grande maturité.

Il consent à ce que l'adultère soit une cause de divorce : mais on est sorti de l'article 2 pour proposer la cause d'incompatibilité, et subsidiairement le divorce par consentement mutuel; c'est ce système qu'il entend combattre.

Les rédacteurs du projet de Code civil avaient d'abord rejeté la séparation de corps, parce qu'elle devait être prononcée pour les mêmes causes que le divorce; néanmoins, comme elle est moins scandaleuse, il paraît convenable de la rétablir, et de laisser le choix aux époux. Mais aux causes énoncées par le projet de Code civil, l'on a ajouté des causes nouvelles qu'il faut d'abord discuter; on verra ensuite lesquelles des causes adoptées doivent opérer le divorce, et lesquelles doivent opérer la séparation de corps.

M. Bigot-Préameneu dit que la question de l'intervention

de la famille est celle qui doit être d'abord discutée, parce qu'elle est dans tous les systèmes : cette intervention, telle qu'elle est proposée, n'aurait pas les effets qu'on en espère ; et elle est d'ailleurs contre la nature des choses.

Le mariage est un contrat, non seulement entre les époux, mais encore entre les familles, les enfans, la société : les familles n'en peuvent donc pas être juges, puisqu'elles y sont parties.

D'un autre côté, l'expérience prouve que les parens d'un caractère tranquille et paisible ne prennent point de part aux querelles entre époux ; qu'au contraire les parens passionnés prennent parti dans ces querelles ; et ainsi les haines s'étendent et se perpétuent dans les familles. Quel que soit le caractère des parens, leur jugement ne sera que de pure forme ; car ils en seront les maîtres absolus, puisque les causes du divorce seront arbitraires, et que le divorce sera prononcé sans faits prouvés.

Dans ce système de causes indéterminées, que fera le père, si la fille vient se plaindre de la conduite de son mari ; si elle vient déclarer qu'elle ne peut vivre avec lui ; si, par ses larmes, elle parvient à émouvoir la sensibilité paternelle? Le père cédera à sa faiblesse, et consentira au divorce. Il arrivera, le plus souvent, qu'un époux paraîtra coupable lorsque l'autre seul le sera.

Les rédacteurs du projet de Code civil faisaient aussi intervenir la famille, mais seulement pour donner son avis : ils réservaient la décision aux tribunaux. En effet, si c'est la famille qui prononce, le divorce sera arbitraire. Au surplus, l'opinant pense, comme M. *Tronchet*, qu'il est indispensable de rétablir la séparation de biens.

Le Premier Consul(*) dit que la question n'a pas encore

(*) Le Premier Consul : « J'ai entendu beaucoup d'objections qui n'ont pas une grande force. La matière est difficile. La loi autorise le mariage à un âge tendre. On suppose dans les époux volonté et consentement. L'expérience a souvent donné un démenti à cette supposition. La religion elle-même admet le divorce pour cause d'adul-

été traitée dans son entier. Le projet de la section amenerait plus certainement les inconvéniens dont a parlé M. *Tronchet*, que le système que M. *Tronchet* combat.

Le mariage pourra-t-il être dissous pour cause d'incompatibilité? voilà la première question.

On a répondu que le mariage n'aurait plus de stabilité, s'il ne devait subsister que jusqu'au moment où les époux changent d'inclination et d'humeur.

On a répondu encore qu'un contrat formé par le concours de deux volontés ne peut être rompu par la volonté d'un seul des contractans.

Ces deux réponses sont fondées.

tère dans tous les pays, dans tous les siècles. Il n'est pas vrai que le mariage soit indissoluble. Cela n'a jamais existé. Le projet du Code prouve, pour plusieurs cas, qu'il peut être dissous. Le divorce étant admis, le sera-t-il pour incompatibilité? Il y aurait à cela un grand inconvénient; c'est qu'en le contractant, on semblerait penser déjà qu'il pourrait être dissous. Ce serait comme si l'on disait : je me marie, jusqu'à ce que je change d'humeur. Ce n'est que la volonté d'une des parties. Deux individus qui se marient ont bien la volonté de cœur de s'unir pour la vie. Le mariage est bien indissoluble dans leur intention, parce qu'il est impossible qu'alors les causes de dissolution soient prévues. C'est donc dans ce sens que le mariage est indissoluble. Il ne peut pas y avoir eu d'autre pensée quand on a contracté. La simple allégation d'incompatibilité est donc contraire à la nature du mariage, qui est fait en intention pour toute la vie. Que ceux qui ne voient pas cette perpétuité dans l'intention, mais dans l'indissolubilité du mariage, me citent une religion sous l'empire de laquelle on n'ait pas cassé des mariages de princes ou de grands seigneurs, un siècle où cela ne soit pas arrivé. Est-il dans la nature que deux individus d'une organisation différente soient tenus de vivre ensemble? L'institution du mariage doit être telle qu'au moment où on le contracte on ne pense pas à le dissoudre. Mais la loi doit prévoir les cas où il doit et peut être dissous. Il n'y a point de mariage en cas d'impuissance. Le contrat est violé quand il y a adultère. Ce sont deux cas de divorce convenus.

« Les rédacteurs du projet ont énoncé des causes de divorce aussi vagues, aussi dangereuses que l'incompatibilité. Ils devraient opposer un système à celui que nous défendons. Tant qu'on ne fera que critiquer, on ne parviendra à aucune décision.

« Les crimes sont des causes déterminées de divorce. Quand il n'y a point de crimes, c'est le consentement mutuel. Je crois ce système le meilleur. Le citoyen Tronchet dit que les parens consentiront toujours, quand les époux seront d'accord ; je réponds qu'ils ont la faculté de refuser leur consentement. L'indissolubilité du mariage n'est qu'une fiction. La séparation a beaucoup d'abus, elle attaque aussi le mariage. »

(*Tiré des Mémoires de M. Thibaudeau sur le Consulat*, pages 442 à 445.)

Mais est-il également vrai que l'indissolubilité du mariage soit absolue?

Le mariage est indissoluble en ce sens, qu'au moment où il est contracté, chacun des époux doit être dans la ferme intention de ne jamais le rompre, et ne doit pas prévoir alors les causes accidentelles, quelquefois coupables, qui, par la suite, pourront en nécessiter la dissolution. Mais que l'indissolubilité du mariage ne puisse recevoir de modification dans aucun cas, c'est un système démenti par les maximes et par les exemples de tous les siècles. Il n'est pas dans la nature des choses que deux êtres organisés à part soient jamais parfaitement identifiés : or, le législateur doit prévoir les résultats que la nature des choses peut amener. Aussi, la fiction de l'identité des époux a-t-elle été toujours modifiée : elle l'a été par la religion catholique, dans le cas de l'impuissance; elle l'a été partout par le divorce. Dans cette discussion même, on s'est montré disposé à admettre la séparation de corps, qui est une modification du mariage, puisqu'elle en fait cesser les effets. On est convenu aussi, dans le cours de la discussion, que, lorsqu'il y a impuissance, la matière du mariage manque ; que, quand il y a adultère, l'engagement du mariage est violé.

Ces deux causes de divorce sont positives : celles que propose la section sont au contraire tellement indéterminées, qu'elles impriment au mariage le caractère d'incertitude que lui donnerait l'usage du divorce pour incompatibilité d'humeur.

C'est pour prévenir cette instabilité du mariage, que les rédacteurs du projet de Code civil ont proposé de n'autoriser le divorce que quand il y aurait crime : cependant, si l'un des époux rendait la vie insupportable à l'autre, il faut que celui-ci ait la faculté de s'en séparer.

Au surplus, pour suivre le véritable ordre de la discussion, il faudrait embrasser tous les systèmes, les comparer l'un avec l'autre ; et si aucun ne paraissait entièrement admissible, les remplacer par un projet nouveau.

Quant à l'objection faite contre l'intervention de la famille, elle est fondée sur la fausse idée que la famille s'érigerait en tribunal. La famille ne serait pas appelée pour prononcer sur le divorce, mais pour l'autoriser par son consentement, ou pour l'empêcher par son refus.

M. Boulay (*) voudrait que le divorce absolu fût admis pendant tout le cours du mariage, mais seulement pour crimes, ou pour toute autre cause grave et déterminée ; que la séparation de corps fût également admise pour les autres causes moins graves ; et que si, dans l'espace de cinq ans, il n'y avait pas de rapprochement entre les époux, chacun d'eux pût demander le divorce, parce qu'alors l'incompatibilité serait prouvée. On adapterait à ce divorce les formes proposées par le projet de Code civil.

Le Consul Cambacérès dit que si le système du divorce

(*) M. Boulay propose de faire précéder le divorce d'une séparation pendant cinq ans, comme épreuve.

Le Premier Consul : « Votre projet est plus serré, et il écarte le divorce. Il est impossible de dire que deux individus ne font qu'un pendant toute leur vie. Je veux bien qu'on respecte la sainteté du mariage, excepté dans les cas de nécessité. Je ne fais rien contre les époux, puisque je veux le consentement mutuel ; je ne fais rien contre la sainteté du mariage, puisque j'exige le consentement des parens. Je considère les époux qui veulent divorcer comme en état de passion et ayant besoin de tuteurs. S'il y a eu une époque où le mariage ait été absolument indissoluble, je serai de l'avis du citoyen Tronchet. Il n'y a plus de famille ni de mariage quand il y a séparation de corps. Je me souviens assez de l'histoire ecclésiastique pour savoir qu'il y a eu des cas où les papes ont autorisé le divorce. L'union que forme le mariage ne peut être comparée à une greffe entée sur un pommier, qui ne font réellement qu'un. Mais la nature humaine est différente. Quand je propose le consentement des pères au divorce, on oppose que cette précaution sera illusoire, qu'ils seront trop sensibles, trop indulgens ; et quand il est question d'adopter le divorce, on oppose l'intérêt des enfans qui seront sacrifiés par leurs pères ; on leur fait alors des entrailles de plomb. Les Romains épousaient des femmes grosses, nous en sommes là. Il faut approprier les lois à nos mœurs. On a des femmes joueuses, débauchées, etc. : faudra-t-il aller plaider pour les chasser de sa maison ? »

(*Tiré des Mémoires de M. Thibaudeau*, pages 445 et 446.)

par consentement mutuel est adopté, il y a lieu d'examiner les modifications que l'on y apportera.

La première consiste à prohiber cette faculté à ceux qui ont des enfans de leur mariage.

Cette proposition peut étonner au premier aspect, attendu que, dans cette matière, toute l'attention se porte sur les deux époux.

Mais le législateur ne doit-il pas aussi s'occuper des enfans? ceux-ci ne sont-ils point des tiers intéressés au contrat de mariage? Or, combien sont à plaindre ceux qui, devant le jour à des époux divorcés, se sont vus presque en naissant déposés dans des familles qui leur sont à demi étrangères!

L'autre modification tend à faire intervenir les familles dans la procédure du divorce. A cet égard, le Consul distingue; il croit que l'avis des pères et mères des époux, ou celui de leurs ascendans, peut souvent prévenir ou faire cesser des projets de désunion qu'un caprice a suggérés, et qu'un peu de réflexion dissipe. Mais pour ce qui est des collatéraux, même des frères et sœurs, le Consul croit que leur concours ne ferait qu'embarrasser, et que leur avis serait souvent dicté par des vues d'intérêt personnel.

M. PORTALIS dit qu'il faut rendre le divorce toujours utile, et l'empêcher d'être jamais dangereux.

Le divorce est utile lorsque les causes pour lesquelles il est prononcé sont des infractions au mariage; c'est pourquoi l'adultère a été une cause de divorce partout où le divorce a été reçu. L'impuissance, cause honteuse et difficile à prouver, a toujours été aussi un principe de nullité en matière de mariage.

Mais le consentement mutuel doit-il donner lieu au divorce?

Il est, sans doute, préférable à la cause d'incompatibilité, puisqu'il suppose le concours des volontés. Cependant le consentement mutuel sera très-rare, parce qu'il sera rare que des époux s'accordent pour rompre leur mariage.

« Au reste, il est nécessaire de n'admettre le divorce que pour des causes déterminées ; de ne donner d'effets au consentement mutuel que lorsqu'il n'y a point d'enfans, que lorsqu'il est appuyé de l'autorisation des pères, et en le soumettant à l'épreuve d'un délai.

Le Ministre de la Justice observe qu'en effet le divorce par consentement mutuel ne devrait plus avoir lieu quand il y a des enfans, parce qu'alors les choses ne sont plus entières, comme au moment ou le consentement qui a formé le mariage a été donné.

Dans le cas où il n'y a pas d'enfans, le consentement mutuel ne peut encore suffire. On veut qu'il ne serve qu'à couvrir des causes particulières de divorce : ce vœu de la loi sera trompé ; car quelle est la garantie que le divorce ne sera pas prononcé, par cela seul qu'il y a consentement mutuel, sans qu'il y ait d'autre cause? Sera-ce l'intervention des familles? mais les familles sont ou indifférentes ou passionnées, et il en est ainsi même des ascendans ; d'ailleurs les familles souvent sont absentes.

On veut que les tribunaux puissent examiner après la famille, et soient tenus de prononcer aveuglément : cependant le mariage tient tellement à l'ordre public qu'il ne peut être rompu sans que la société ait quelque garantie qu'il y a véritablement des causes graves de divorce. Cela est si vrai, qu'autrefois l'intervention du ministère public était nécessaire, même pour la séparation de corps, et qu'on n'admettait pas de séparation volontaire. Il faudrait donc que du moins le ministère public fût introduit au milieu de la famille ; qu'il pesât avec elle les motifs vrais de la demande en divorce. Mais alors on revient au système des causes déterminées, au système des procédures judiciaires ; et le consentement mutuel n'opère plus les effets qu'on voulait obtenir.

Le Premier Consul (*) dit qu'il est important de réduire dans

(*) Le Premier Consul : « Nous venons de dire qu'il y avait, lors de la célébration du mariage, l'idée de sa perpétuité. On pourrait admettre le divorce par consen-

le fait l'intervention des tribunaux au seul effet de prononcer sans examen le divorce, et d'empêcher cependant que le consentement mutuel sans motifs ne donne au mariage une telle instabilité qu'il ne subsiste plus que tant qu'il plaît aux époux d'y rester. Cependant les motifs ne doivent pas être déduits devant les juges. Pour obtenir ce résultat, on pourrait déclarer que le divorce sera admis pour sévices, et pour plusieurs des autres causes moins graves énoncées dans l'article II du projet; mais que ces causes seront réputées constatées lorsque les parens autoriseront le divorce. Par là on éviterait la nécessité de prouver publiquement devant les tribunaux, et l'on se ménagerait un moyen de dissimuler des causes scandaleuses de divorce, comme serait celle de l'impuissance.

M. Tronchet dit qu'il n'y aura jamais de divorce par consentement mutuel dans le cas de sévices, parce que le consentement ne sera jamais donné par le mari qui aura maltraité son épouse, n'eût-il d'autre motif pour le refuser que l'intérêt de ne pas restituer la dot : ce motif portait autrefois les maris à combattre les demandes en séparation de corps.

Au reste, la facilité de se divorcer par consentement mutuel rend le mariage aussi instable que le ferait la possibilité de se divorcer par incompatibilité d'humeur, à moins d'une garantie qu'on ne peut trouver, puisqu'il est reconnu que l'intervention de la famille n'en donnerait pas une suffisante.

M. Bigot-Préameneu pense qu'en admettant le divorce, il doit être autorisé seulement pour des causes graves; que les causes moins graves ne doivent donner lieu qu'à une sé-

---

tement mutuel avec celui des parens, pour les causes détaillées dans l'article 2 du projet. Car si l'on ne parlait pas de ces causes, on ne serait pas assez clairement compris par le public, qui croirait que le divorce est admis sans causes. On semblerait dire : on peut se marier jusqu'à ce que l'on change d'avis et que l'on soit d'accord pour divorcer. Mais je ne voudrais pas l'intervention des tribunaux. Les causes devraient être jugées par le conseil de famille, afin d'éviter le scandale des accusations d'adultère. »
(*Mémoires de M. Thibaudeau*, pages 446 et 447.)

paration de corps. Mais les familles ne doivent intervenir que pour donner leur avis ; cet avis même apprendra aux tribunaux si elles y consentent : le secret le plus profond envelopperait toute la procédure.

Le Premier Consul(*) dit que vouloir n'admettre le divorce que pour cause d'adultère publiquement prouvé, c'est le proscrire absolument : car, d'un côté, peu d'adultères peuvent être prouvés ; de l'autre, il est peu d'hommes assez déhontés pour proclamer la turpitude de leur épouse. Il se-

(*) Le Premier Consul. : « C'est ne pas vouloir du divorce. On ne considère la question que sous un seul point de vue. Voyez l'inconvénient des séparations. Les deux époux se livrent au libertinage, la famille est dissoute, les biens sont mangés. Ainsi les bonnes mœurs et l'intérêt des enfans réclament le divorce. Si l'on exigeait le jugement d'un tribunal, le divorce serait illusoire. Vous placez le demandeur entre deux précipices. Ce n'est pas envisager la question du point le plus élevé. Elle est fort simple. On oppose les bonnes mœurs ; il n'y a de bonnes mœurs qu'à maintenir les bons mariages. Je le répète, les lois sont faites pour les mœurs. Il n'y a rien qui les blesse davantage qu'une loi qui rend le divorce impossible. Les avocats de l'indissolubilité marchent toujours à leur but, sans considérer les besoins de la société. Mais l'indissolubilité n'est pas dans l'intention au moment du contrat ; elle n'existe pas malgré les événemens imprévus, tels que la disparité de caractères, de tempéramens, et les autres causes de désunion. Quand il y a réunion de volontés pour le divorce, cela prouve que le mal est grand. Quel homme sera assez éloigné des mœurs de son pays pour attaquer sa femme en justice ?

On cite l'exemple de l'Angleterre. Mais c'est la risée de l'Europe que ces discussions. Elles démoraliseraient nos provinces. Il y a à Paris plus de six cents mariages dont on n'a pas d'idée dans les départemens. Il ne faut pas rendre publiques des manières de vivre dangereuses, et qui y sont tout-à-fait inconnues.

« Enfin, la question, telle qu'on la traite encore actuellement, est de savoir s'il y aura ou s'il n'y aura pas de divorce. Que l'on consulte donc les mœurs de la nation ! tout ce que l'on a dit est en opposition avec elles. On cède à des préjugés religieux et non aux lumières de la raison. J'ai été de bonne foi, je vous ai dit mon secret, et vous en profitez pour attaquer le divorce. L'adultère n'est pas un phénomène, c'est une affaire de canapé, il est très-commun. Vous ne voulez absolument que l'action devant les tribunaux, et moi je n'en veux que comme un moyen d'amener au consentement mutuel. Les femmes ont besoin d'être contenues dans ce temps-ci, et cela les contiendra. Elles vont où elles veulent, elles font ce qu'elles veulent, c'est comme cela dans toute la République. Ce qui n'est pas français, c'est de donner de l'autorité aux femmes ! elles en ont trop. Il y a plus de femmes qui outragent leurs maris que de maris qui outragent leurs femmes. Il faut un frein aux femmes qui sont adultères pour des clinquans, des vers, Apollon, les muses, etc. »

(*Mémoires de M. Thibaudeau*, pages 447 à 449.)

rait d'ailleurs scandaleux, et contre l'honneur de la nation, de révéler ce qui se passe dans un certain nombre de ménages: on en conclurait, quoique à tort, que ce sont là les mœurs des Français.

Il importe de voir la matière sous ce point de vue. Si l'intérêt des mœurs et de la société exige que les mariages aient de la stabilité, il exige peut-être aussi qu'on sépare des époux qui ne peuvent vivre ensemble, et dont l'union, si elle était prolongée, engloutirait souvent le patrimoine commun, dissoudrait la famille et produirait l'abandon des enfans. C'est offenser la sainteté du mariage que de laisser subsister de pareils nœuds.

M. Boulay dit qu'on aplanirait beaucoup de difficultés, si l'on posait d'abord les principes sur la manière de procéder. Son opinion est que, dans toutes les hypothèses, la procédure doit être secrète : si elle ne l'était pas, un mari qui voudrait ménager l'honneur de ses enfans, et qui même, par générosité, ne voudrait pas flétrir son épouse, quoique coupable, serait réduit à se taire et à souffrir.

Il répète qu'il ne voudrait de divorce que pour des causes graves ; et que, pour les autres, on n'admît que la séparation de corps : elle serait facultative, lorsqu'elle devrait être sans retour ; elle serait forcée, lorsqu'elle devrait avoir lieu avant le divorce et par forme d'épreuve.

M. Maleville dit qu'il ne faut pas perdre de vue les conditions proposées par le Consul *Cambacérès*, et ne pas admettre le divorce par consentement mutuel lorsqu'il y a des enfans : dans ce cas, il ne devrait plus y avoir lieu qu'à séparation de corps.

M. Regnaud (de Saint-Jean-d'Angély) dit que la séparation n'est ni plus morale ni moins dangereuse que le divorce. En effet, le mariage subsiste ; et cependant, chaque époux jouit, de son côté, d'une entière liberté ; chacun d'eux donne de mauvais exemples aux enfans communs, ils n'en sont pas moins et plus souvent encore exposés à l'abandon et aux malheurs qui le suivent.

M. Maleville répond qu'il y a cette importante différence entre le divorce et la séparation de corps, que des époux séparés n'en ont pas moins l'œil sur leurs enfans; leurs entrailles n'en sont pas moins émues à ce spectacle : mais un époux divorcé et remarié est, par cela même, constitué hors d'état de remplir à leur égard les devoirs dont la nature l'a chargé; une nouvelle femme, un nouveau mari, rebutent et éloignent ces enfans : mais c'est pour les enfans que le mariage a été établi, et c'est leur intérêt qu'il faut surtout considérer dans toutes les questions relatives au mariage.

Si les enfans étaient mis, comme à Lacédémone, sous la surveillance de magistrats, et élevés en commun, le divorce leur serait à peu près indifférent; mais peut-on soutenir qu'un tuteur ait la même affection, le même zèle et encore le même pouvoir qu'un père pour leur conservation et leur direction? Toujours il y a eu des tuteurs; et pourquoi cependant toujours les orphelins ont-ils excité la pitié?

De plus, la séparation de corps laisse une porte ouverte à la réconciliation : une rencontre fortuite, l'isolement où se trouvent des époux habitués à vivre ensemble, la réflexion qui met à leur place des torts que les passions avaient exagérés, l'aspect surtout des enfans communs, peuvent faire répandre autour d'eux les pleurs du repentir et ceux de la clémence; mais le divorce ferme toute issue à cette réconciliation si désirable, et ne laisse après lui que des remords et des regrets.

Il n'y a donc pas de doute que, si on admet le divorce, on ne doive le réserver du moins pour les cas très-graves et qui ne laissent pas d'espoir possible de réconciliation, tels que l'adultère, et ne permettre, pour tous les autres, que la séparation de corps.

M. Bérenger dit que la sainteté du mariage consiste dans

les affections morales qui unissent les deux époux, et que ce caractère n'existe plus dans les cas où le divorce est admissible, puisque alors ces sentimens sont éteints ; que la sainteté religieuse du mariage n'est ni reconnue ni attaquée par le législateur qui permet le divorce, mais qui ne le commande point, et aux yeux duquel le mariage est un contrat purement civil ; que la morale n'est point intéressée au maintien d'une union mal assortie, puisqu'il n'est pas nécessaire de divorcer pour mener une conduite scandaleuse ; qu'enfin l'intérêt des enfans ne s'oppose point au divorce par consentement mutuel de deux époux qui projettent de nouveaux mariages ; car il est bien évident qu'ils ont perdu tout sentiment paternel, et que la seule ressource des enfans qu'ils veulent abandonner est dans les précautions que la loi peut et doit prendre en leur faveur.

M. Boulay dit que souvent l'un des deux époux mérite la confiance de la loi, et qu'alors le juge lui remet les enfans.

M. Defermon observe que le but du système du divorce par consentement mutuel est de couvrir les causes graves du divorce : il demande si le législateur doit se proposer ce but.

Le Premier Consul dit qu'un homme honnête ne se détermine au divorce que pour cause d'adultère, et pourvu que le divorce puisse s'effectuer sans éclat. Ces idées sont dans les mœurs françaises ; la loi doit donc s'y plier.

Or, il serait dur d'obliger un mari qui d'ailleurs n'est pas retenu par les opinions religieuses, à garder une femme qui le déshonore ; il faut donc lui offrir un moyen d'éviter la publicité des tribunaux.

M. Emmery dit que quand il y a une véritable incompatibilité d'humeur, et non un simple caprice, le mariage devient un supplice pour les deux époux ; tous deux alors cherchent à s'en affranchir, et le consentement mutuel a lieu : ce consentement doit être la seule cause du divorce proprement dit.

Mais il importe de bien s'assurer de la force et de la permanence de la volonté qui produit le consentement mutuel.

Là se placent les précautions qu'il convient de prendre. On peut, par exemple, fixer les âges avant et après lesquels le consentement mutuel n'aura point d'effets ; on peut déterminer des délais, établir une séparation préalable ; faire intervenir la famille pour travailler à rapprocher les époux pendant la séparation. Si, malgré toutes ces épreuves, ils persistent, on prononcera le divorce, mais seulement avec l'autorisation du père. En général, l'incompatibilité bien caractérisée naît ou de l'adultère, ou de sévices graves, ou de tentatives d'assassinat, ou d'impuissance. Toutes ces causes sont couvertes si le consentement mutuel opère le divorce.

Il n'est cependant pas possible de le défendre absolument en ce cas lorsqu'il y a des enfans ; car il faudrait alors l'interdire, même quand il y aurait adultère. On pourrait pourvoir à l'intérêt des enfans, et faire de leur existence un obstacle moral au divorce, en leur affectant une portion des biens de leurs père et mère divorcés.

Toute autre cause que le consentement mutuel n'est jamais alléguée que par un des époux. Dès-lors elle ne peut donner lieu qu'à la répudiation : car il n'y a de divorce que lorsque la dissolution du mariage est demandée également par les deux époux ; il n'y a que répudiation lorsqu'elle est demandée par un seul.

Pour régulariser la discussion, il importerait peut-être de rédiger en projet les divers systèmes.

Le Conseil, après avoir rejeté le projet de la section, adopte la proposition de M. *Emmery*.

(Procès-verbal de la séance du 24 vendémiaire an X. — 16 octobre 1801.)

M. Boulay dit que le Conseil ayant arrêté en principe que le divorce aurait lieu, il faut en déterminer les causes et le mode. Les articles qu'il va proposer sont moins un projet complet à cet égard, qu'une série des idées principales qui doivent entrer dans ce projet, et qui paraissent propres à bien fixer la discussion et à la conduire à un résultat utile.

Il est nécessaire de distinguer d'abord les causes absolues de divorce, celles qui sont de nature à le faire prononcer immédiatement, sans aucune épreuve ni restriction.

La première de ces causes est l'adultère : c'est sans doute la plus forte, la plus légitime de toutes, puisqu'elle attaque dans son essence et dissout le lien du mariage, qui consiste dans la fidélité que se sont promise les époux ; et que d'ailleurs elle entraîne des conséquences aussi fatales à l'intégrité des familles qu'à leur honneur et à leur tranquillité. Cependant on ne doit pas rendre cette cause aussi facile à la femme qu'au mari, parce que les suites n'en sont pas aussi dangereuses d'un côté que de l'autre ; et M. *Boulay* admet volontiers les distinctions qu'il a trouvées là-dessus dans le projet de Code. Toutefois il n'insiste pas beaucoup sur ces distinctions; et, comme le crime est véritablement égal des deux côtés, si on croit qu'il ne doit pas y avoir de différence dans le droit de poursuivre l'action qui en résulte, M. *Boulay* ne combattra pas cette opinion.

La seconde cause absolue est l'attentat à la vie d'un des époux de la part de l'autre. Comment, en effet, pourrait-on exiger qu'un époux continuât d'associer sa vie à un être dans lequel, au lieu d'un appui fidèle et dévoué, il ne trouve qu'un assassin?

Une troisième cause est la condamnation d'un des époux à une peine afflictive ou infamante. On stipule ici pour l'époux honnête et délicat contre l'époux coupable et flétri : vouloir qu'ils vivent ensemble, c'est vouloir réunir un cadavre à un corps vivant. Cette cause de divorce doit être admise, sans doute, chez tous les peuples, mais surtout chez une nation dont l'honneur paraît être le sentiment spécial.

Voilà les trois causes essentielles et absolues du divorce : du moment où elles existent, et qu'elles sont présentées à la justice, elles doivent produire leur effet.

306   L'article suivant autorise celui des époux qui, pour une de ces causes, a droit de demander le divorce, à se borner à la demande en séparation de corps et de biens. Cette séparation facultative a été réclamée par la plupart des tribunaux : on peut assurer qu'elle est dans le vœu de la grande majorité du peuple français ; elle lui est dictée par le sentiment de sa religion, qui a consacré l'indissolubilité du mariage ; elle a même, abstraction faite de toute opinion religieuse, une base respectable dans un sentiment noble et généreux, qui fait que l'on veut tenir à la foi donnée, lors même que la personne à laquelle on a juré une éternelle fidélité y manque de son côté : et c'est sans doute d'après ce motif que cette séparation facultative est admise, même dans les pays protestans, où le divorce n'est pas en opposition avec la religion. Tout exige donc de la sagesse et de la politique du législateur français, qu'il accorde cette faculté aux époux à qui le divorce répugne.

310   Mais, outre cette séparation facultative et politique qui remplace le divorce, M. *Boulay* en admet une autre, que l'on peut appeler *séparation d'épreuve*, qui ne tient pas lieu du divorce, mais qui, dans certains cas, est un moyen de s'assurer que le divorce peut être légitime.

Il faut considérer que, s'il est des causes qui anéantissent pour ainsi dire d'un seul coup le mariage, il en est aussi qui, sans produire immédiatement le même effet, le produisent par leur continuité : telles sont celles indiquées par l'article 5. Ces causes, considérées dans un instant donné, ne sont pas très-graves par leur nature : elles peuvent être l'effet d'un caprice ou d'une passion passagère ; elles sont susceptibles d'oubli : elles diffèrent d'ailleurs par les nuances des caractères, de l'éducation et des conditions. Ainsi, les admettre comme causes immédiates de divorce, ce serait porter une atteinte trop funeste à la sainteté du mariage : il ne faut donc les admettre d'abord que comme causes de séparation. La séparation laisse subsister le mariage ; les époux, quoique séparés, restent toujours engagés l'un à l'autre : mais étant séparés, les causes qui avaient altéré leur union peuvent s'anéantir ou s'affaiblir; le temps peut les ramener à des sentimens plus calmes; des parens, des amis peuvent s'interposer; enfin l'amitié peut renaître, ou du moins la raison se faire entendre, et ramener les époux l'un à l'autre. Mais si, malgré la séparation et l'intervalle de trois années, les époux restent désunis; si rien n'a pu les rapprocher, que doit-on en conclure? qu'il existe entre eux un obstacle insurmontable; que les causes qui ont amené la séparation sont plus graves qu'on ne l'avait d'abord cru, et que peut-être même elles en cachent de plus secrètes qu'on n'a pas voulu dévoiler. Alors il est clair qu'il ne peut plus y avoir d'union entre les époux, ni par conséquent plus de mariage. Dèslors, l'intérêt des époux, celui de la société, la raison, tout commande d'accorder le divorce à l'époux qui a obtenu la séparation; car il ne conviendrait pas que l'autre pût se faire un titre de ses propres torts pour le demander.

Tel est le fond du système de M. *Boulay*, d'après lequel jamais le divorce ne peut être prononcé que d'après une cause vérifiée et légitime.

Quelques membres du Conseil, ajoute-t-il, ne veulent pas de cette vérification : ils opposent le scandale de cette sorte de procès, et le déshonneur qui, d'après nos mœurs, en rejaillit toujours, même sur l'époux innocent. Ils veulent donc qu'on puisse arriver au divorce par une route absolument secrète, sans alléguer aucune des causes ci-dessus désignées, et en mettant seulement en avant ou l'incompatibilité d'humeur, ou le consentement mutuel.

Mais si le divorce pouvait être prononcé sur la simple allégation d'incompatibilité d'humeur, proposée par un des époux, de quelques formes qu'on environnât ce moyen, à quelques délais qu'on l'assujettît, il est clair que le mariage n'aurait pas même la force de la plus simple et de la moins importante convention, puisqu'il n'en est aucune qui puisse être rompue par la seule volonté d'une des parties contractantes : ce moyen ne peut donc jamais être admis, sans quoi le mariage ne serait plus qu'une dérision. Aussi les partisans les plus raisonnables de l'incompatibilité d'humeur entendent-ils qu'elle soit réciproque ; qu'elle soit une véritable antipathie de la part des deux époux ; qu'elle soit, par conséquent, alléguée ou convenue de la part des deux ; et dèslors elle rentre dans le consentement mutuel.

A l'appui de ce consentement, on dit d'abord : La loi ne considère le mariage que comme un contrat civil : or, tout contrat peut être rompu par le même concours de volontés qui lui a donné l'existence ; donc le mariage peut être dissous par le consentement mutuel des époux. Cet argument serait bon si le mariage n'intéressait que les époux, et s'il pouvait être considéré comme un contrat ordinaire : mais, outre le caractère de perpétuité et d'inviolabilité que lui imprime la nature des choses, et dont la sagesse des législateurs et l'intérêt du genre humain l'ont constamment revêtu, ce contrat intéresse non seulement les époux, mais encore leurs familles ; il intéresse spécialement les enfans ; enfin, il a des rapports essentiels avec l'ordre public. Il ne peut donc pas être brisé par la seule volonté des parties ; il ne peut l'être que pour des causes légitimes et vérifiées. On ne peut pas admettre, comme juges, les enfans, parce qu'il serait contre toutes les convenances naturelles et morales que des enfans fussent les juges de leurs père et mère. On pourrait peut-être faire intervenir les deux familles dans cette contestation ; mais, outre que l'expérience paraît avoir démontré l'inutilité des assemblées et des tribunaux de famille, il n'est que trop vrai que, dans une pareille matière, les parens, épousant les passions des époux, et ayant souvent des intérêts opposés, sont, en général, très-peu propres à justifier la confiance de la loi, et à rendre des décisions sages.

Quel est donc le véritable juge dans cette matière ? celui qui, seul, peut bien stipuler dans l'intérêt public, et, par conséquent, dans celui des familles, des époux et des enfans : car l'intérêt public embrasse tous ces intérêts particuliers ; c'est le ministère public ; c'est le juge public. C'est à lui qu'il appartient d'examiner les causes alléguées par les époux, d'en peser l'importance et d'en vérifier la sincérité. Il ne suffit pas que les époux, paraissant devant le juge, allèguent, pour raison unique, leur consentement mutuel ; il ne suffit pas même qu'ils le motivent sur des causes positives : il faut que ces causes soient prouvées, sans quoi le mariage reste toujours le jouet des caprices, des passions, et d'un concert frauduleux de la part des époux ; il n'y a plus de garantie pour l'intérêt des familles, pour celui des enfans, pour celui de la société, dont la stabilité repose essentiellement sur celle des familles, et, par conséquent, sur celle des mariages. D'ailleurs, ce consentement mutuel, peut-on s'assurer de sa sincérité ? Si l'un des époux est le tyran de l'autre, donnera-t-il son consentement, et surtout s'il faut le motiver sur sa tyrannie ? L'époux qui se verra menacé de la part de l'autre, consentira-t-il librement ? et peut-on regarder comme une cause légitime de divorce un consentement arraché par la violence ?

On veut que ce consentement, quel qu'il soit, serve de voile à des causes scandaleuses, et prévienne l'éclat d'un procès déshonorant même pour l'époux innocent. Éviter le scandale de ces procès, ne pas forcer un époux honnête à divulguer la honte de sa maison, c'est assurément un but très-louable ; mais l'article 7 du projet présenté, article conforme aux vues des rédacteurs du Code, ne remédie-t-il pas, autant qu'il est possible de le faire, à ces inconvéniens ? Si la procédure est secrète, si le motif du jugement n'est pas même exprimé, où est alors la publicité que l'on craint ? Mais, dit-on, les juges sauront au moins de quoi il s'agit ; le greffier du tribunal le saura, d'autres personnes le sauront ; et par conséquent point de secret. Mais, de bonne foi, peut-on, dans cette matière, se flatter d'un secret impénétrable ?

existera-t-il même dans le cas du simple consentement mutuel? Plus on s'enveloppera du mystère, plus la malignité ne s'exercera-t-elle pas contre les époux? Quand on a évité le scandale et l'humiliation d'une procédure publique, dont l'effet se répand toujours au loin, quand on échappe à la preuve authentique et éternelle qui résulte d'une énonciation de cause dans le jugement, n'a-t-on pas obtenu tout ce qu'on peut raisonnablement espérer? n'a-t-on pas fait tout ce qu'il est possible de faire dans l'intérêt des mœurs et de la décence publique, dans celui des familles, des enfans et des époux? Vouloir en obtenir davantage, c'est véritablement courir après une chimère; et c'est à ce faux espoir qu'on sacrifierait, en se contentant d'un consentement mutuel, la sainteté du mariage, le repos des familles et l'ordre public!

Enfin, aujourd'hui qu'on voudrait rétablir les mœurs, aujourd'hui que la nature du gouvernement en exige de plus sévères, voudrait-on se montrer plus relâché qu'on ne l'était dans l'ancien régime, et rendre le divorce plus facile que ne l'était alors la séparation de corps et de biens? Or, il est constant que jamais celle-ci n'a été admise sur le consentement mutuel, ni même sur le seul aveu que les époux auraient pu faire de la vérité des faits allégués pour motiver la demande. La justice voulait en être assurée, et recourait toujours aux divers genres de preuves qui pouvaient lui donner cette conviction. Comment donc pourrait-on s'écarter maintenant d'une règle aussi sage et aussi nécessaire?

Le dernier article admet l'absence déclarée comme cause de divorce. Ce moyen est préférable à celui de l'abandon, que l'on a mis en avant, qui paraît trop difficile à bien caractériser, et sujet d'ailleurs à trop d'inconvéniens. Il faut avouer que celui de l'absence déclarée n'en est pas exempt. Aussi M. *Boulay* ajoute qu'il n'insistera pas, si on veut renoncer à celui de l'abandon.

A la suite de ces développemens, M. *Boulay* présente la rédaction suivante:

TITRE VI.
Du Divorce.

Art. 1ᵉʳ. « Le mari pourra demander le divorce pour l'a-
« dultère de sa femme, s'il est accompagné de scandale pu-
« blic, ou prouvé par des écrits émanés d'elle.

« La femme pourra demander le divorce pour l'adultère
« de son mari, lorsque celui-ci tiendra sa concubine dans la
« maison commune. »

Art. 2. « L'attentat de l'un des époux à la vie de l'autre
« sera pour celui-ci une cause de divorce. »

Art. 3. « Si l'un des époux est condamné à une peine af-
« flictive, l'autre époux pourra demander le divorce. »

Art. 4. « L'époux qui aura le droit de demander le divorce
« pour une des causes portées aux trois articles précédens
« pourra se borner à la demande en séparation de corps et de
« biens. »

Art. 5. « Les sévices et les mauvais traitemens, la diffa-
« mation publique, et toute autre cause dont l'effet continué
« rendrait impossible la vie commune entre les époux, don-
« neront lieu à la séparation de corps et de biens. »

Art. 6. « Quand la séparation aura été prononcée aux termes
« de l'article précédent, si elle subsiste pendant trois ans
« sans qu'il y ait eu de rapprochement entre les époux, le
« divorce sera prononcé sur la demande de celui qui aura
« obtenu la séparation. »

Art. 7. « La procédure qui aura lieu, soit sur la demande
« en divorce, soit sur la demande en séparation, sera secrète,
« et le motif du jugement ne sera pas exprimé. »

Art. 8. « L'absence déclarée sera une cause de divorce; et
« néanmoins il ne pourra être prononcé qu'une année après
« le jugement qui aura déclaré l'absence. »

Un autre projet est présenté. M. BERLIER, rédacteur de
ce deuxième projet, observe qu'il est moins le tableau de
ses opinions personnelles exposées dans la dernière séance,

que celui des principes que la discussion lui a indiqués comme pouvant entrer dans les vues du Conseil, et qu'un de ses collègues l'avait invité à recueillir.

Qu'au reste, et puisque cette rédaction purement officieuse a été imprimée, et se trouve soumise à la délibération, il déclare que, sauf la cause des sévices légalement prouvés, qu'il regrette de n'avoir pu y insérer, d'après l'esprit qui a présidé à cette rédaction, il y a beaucoup de choses qu'il adopte personnellement.

M. *Berlier* lit ce projet ainsi conçu :

TITRE VI.
Sur le Divorce et les Séparations de corps.

CHAPITRE Ier.
DES CAUSES DU DIVORCE.

§ Ier. *Du Divorce pour causes donnant lieu à poursuites judiciaires.*

Art. 1er. « La loi n'admet que deux causes de divorce sus-
« ceptibles d'être poursuivies devant les tribunaux et jugées
« par eux. »

Art. 2. « Ces causes sont, 1° l'adultère de la femme, ac-
« compagné d'un scandale public, ou prouvé par des écrits
« émanés d'elle ; celui du mari qui tient sa concubine dans la
« maison commune ;

« 2°. L'attentat par l'un des époux à la vie de l'autre. »

Art. 3. « Le mode à suivre pour le jugement de ces deux
« causes de divorce sera déterminé dans le titre suivant. »

§ II. *Du Divorce pour infamie ou absence.*

Art. 4. « Il y a ouverture à divorce, sans débats judiciaires,
« ni intervention des familles, dans les deux cas suivans :

« 1°. Lorsque l'un des époux a été condamné à une peine
« afflictive ou infamante ;

« 2°. Lorsque l'un des époux, absent depuis plus de cinq
« ans sans qu'on ait reçu de ses nouvelles, a été déclaré tel
« par jugement. »

Art. 5. « Dans ces deux cas, l'officier de l'état civil, sur
« la demande de l'autre époux, prononce le divorce à la vue
« du jugement soit de condamnation, soit de déclaration
« d'absence.

« Il y sera joint, au premier cas, un certificat du tribunal
« criminel; au second cas, un certificat du tribunal d'appel
« portant que le jugement n'est pas susceptible d'être attaqué
« par appel ou pourvoi en cassation, ni d'être anéanti d'au-
« cune autre manière. »

§ III. *Du Divorce sur consentement mutuel.*

Art. 6. « Les tribunaux ne peuvent admettre de demandes
« en divorce fondées sur de simples sévices, injures, mauvais
« traitemens ou vices imputés à l'un des époux.

« Néanmoins, si ces circonstances, leur réunion et leur
« durée prenaient un tel caractère que la vie commune de-
« vînt insupportable aux deux époux, il pourra y avoir lieu
« au divorce, mais sur le seul consentement *mutuel* des époux,
« *ratifié* par leurs ascendans, ou, à leur défaut, par un jury
« spécial, selon que le tout sera expliqué au titre suivant. »

§ IV. *Du Divorce pour délaissement.*

Art. 7. « Dans le cas de délaissement ou abandon de l'un
« des époux par l'autre, l'époux délaissé pourra demander
« le divorce, en justifiant:

« 1°. De trois sommations à fin de réunion, faites à l'autre
« époux, à intervalle de six mois au moins chacune ;

« 2°. D'un certificat de non-réunion, donné tant par le juge
« de paix du canton que par la municipalité du domicile de
« l'époux délaissé. »

Art. 8. « L'officier de l'état civil donnera acte de la demande
« et de la justification énoncées en l'article précédent.

« Si, un an après, les époux ne se sont point rapprochés, le
« demandeur en divorce pourra requérir l'officier de l'état
« civil de le prononcer à la vue d'un nouveau certificat délivré

« par les mêmes autorités que ci-dessus, et constatant que,
« dans l'année, il n'y a pas eu de rapprochement. »

§ V. *Des causes des Séparations de corps.*

Art. 9. « Les causes des séparations de corps sont les
« mêmes que celles du divorce.

« Dans tous les cas où le divorce est autorisé, la demande
« peut être bornée à une séparation de corps; mais quand
« cette séparation est prononcée, elle se convertit de plein
« droit en un divorce, lorsque cette conversion est demandée
« par l'autre époux. »

M. Emmery dit que le projet de M. *Boulay* fait dépendre
la dissolution du mariage de la séparation de corps dans les
cas de son article 5; qu'en conséquence, il faudrait déduire
d'abord, devant le juge, même les motifs secrets qui, après
avoir opéré la séparation, pourraient par la suite opérer le
divorce : car, si ces motifs n'étaient allégués et prouvés, les
tribunaux ne prononceraient pas la séparation, et, par une
suite nécessaire, le divorce n'aurait jamais lieu.

Un autre inconvénient, c'est que le divorce indirect deviendra arbitraire; car le juge, n'étant pas lié par l'obligation
de prononcer la séparation d'après des causes déterminées,
peut la refuser dans les cas les plus graves, et l'admettre aussi
pour les motifs les plus légers.

Ce n'est pas cependant qu'il ne soit nécessaire d'établir une
séparation provisoire afin d'éprouver la volonté des époux ;
mais elle doit être autrement organisée.

Quant au système de M. *Berlier*, la coupe en est très-heureuse, et M. *Emmery* l'adopte.

Il admet également en principe les causes de divorce que
ce projet énumère, et qui doivent conduire les parties devant
les tribunaux : il n'admet point cependant la cause du délaissement.

Ces idées sont consignées dans les trois premiers articles
du projet de M. *Berlier*, que M. *Emmery* adopte, et dans
les articles suivans qu'il présente :

Art. 4. « La condamnation de l'un des époux à une peine   232
« afflictive et infamante,

« L'absence légalement déclarée,

« Donneront ouverture au divorce, qui sera prononcé, dans
« les deux cas, par l'officier de l'état civil, sur la représen-
« tation qui lui sera faite par l'époux demandeur du juge-
« ment définitif, soit de condamnation, soit de déclaration
« d'absence de l'autre époux. »

Art. 5. « L'époux qui aurait le droit de demander le divorce   306
« pourra se borner à demander la séparation de corps et de
« biens. »

Art. 6. « Les tribunaux ne pourront admettre de demande   231
« en divorce qui serait fondée sur de simples sévices, injures,
« mauvais traitemens; mais seulement des demandes en sé-
« paration de corps et de biens. »

Art. 7. « Néanmoins, la nature et la continuité des sévices,   233
« injures et mauvais traitemens, pouvant rendre la vie in-
« supportable aux deux époux, dans ce cas, le divorce pourra
« avoir lieu par leur consentement mutuel, autorisé par leurs
« père et mère s'ils sont vivans, ou par leurs autres ascendans
« vivans, si les père et mère sont morts. »

Art. 8. « Le consentement mutuel sera reçu par le juge de   280-281
« paix du domicile des deux époux, qui en dressera l'acte,
« par lequel ils conviendront du lieu où la femme sera tenue
« de se retirer dans les vingt-quatre heures, et de résider
« pendant le temps des épreuves, ainsi que des moyens
« d'existence que le mari devra lui assurer pour l'année. »

Art. 9. « Le consentement mutuel ne sera définitif qu'a-   285
« près avoir été répété quatre fois, à trois mois de distance
« l'une de l'autre, toujours devant le juge de paix, et avec
« l'autorisation des père et mère ou autres ascendans vivans. »

Art. 10. « Le juge de paix qui recevra le consentement des   286
« parties se fera assister de quatre vieillards notables du dé-
« partement. Il donnera chaque fois lecture de la loi concer-
« nant le divorce. Il fera mention de cette lecture dans son

« procès-verbal. Le juge de paix et ses assistans pourront
« faire aux parties telles remontrances et exhortations qu'ils
« jugeront convenables. »

280   Art. 11. « Le mariage dont il existe des enfans ne peut
« être dissous par le consentement mutuel. »

276-277   Art. 12. « Le consentement mutuel ne pourra être donné
« qu'après un an de mariage et d'habitation commune non
« interrompue ; il ne pourra plus l'être après dix ans de
« mariage. »

275   Art. 13. « Le mari qui n'aura pas vingt-un ans accom-
« plis, la femme qui n'aura pas plus de dix-huit ans, ne
« pourront consentir au divorce. »

295   Art. 14. « Les époux divorcés ne pourront jamais se
« réunir. »

296   Art. 15. « Les époux divorcés par consentement mutuel ne
« pourront contracter un nouveau mariage qu'après trois
« ans révolus depuis le divorce. »

M. Boulay dit que les points sur lesquels on paraît d'accord, c'est que l'adultère et l'attentat à la vie sont des
causes de divorce dont l'allégation et la preuve doivent
donner lieu à une procédure publique; que cette procédure
n'est pas nécessaire lorsque le divorce est demandé à cause
de la condamnation de l'un des époux, ou de son absence
déclarée, parce qu'alors la preuve est faite; qu'enfin les
demi-causes de divorce doivent être des causes de séparation
de corps.

306   Mais M. Boulay ne convient point avec M. Emmery que
la séparation puisse être ordonnée sur la seule volonté des
époux : autrefois on n'autorisait point les séparations volontaires; il fallait des causes déterminées et jugées : il doit en
être de même aujourd'hui.

Ainsi la différence entre les deux opinions ne porte que
sur la manière d'arriver au divorce.

M. Tronchet dit qu'il donnerait la priorité au projet de
M. Boulay, sauf quelques modifications.

Le divorce par consentement mutuel paraît à M. *Tronchet* 233 contraire à la stabilité du mariage et aux mœurs ; il reproduit indirectement cette cause d'incompatibilité que le Conseil a proscrite ; et, sous ce rapport, M. *Tronchet* ne l'admet avec aucune modification. Les précautions même dont on entoure ce divorce prouvent qu'on en sent les dangers ; mais elles prouvent aussi qu'on veut qu'il ne soit pas prononcé sans causes légitimes. M. *Tronchet* rappelle, à cet égard, qu'il a déjà observé que ce système se contredit lui-même, parce que l'époux qui a donné lieu à des plaintes ne consentira jamais au divorce.

M. Thibaudeau répond que, dans cette discussion, l'on reproduit sans cesse une foule d'objections qui ont été plusieurs fois réfutées. Il est inutile de revenir sur des points déjà décidés. Ceux qui croient utile d'introduire dans la législation civile le dogme de l'indissolubilité du mariage, en paraissant admettre le divorce, n'accordent que le mot et refusent la chose par les difficultés, le scandale et le déshonneur dont ils environnent l'exercice de ce droit. On prend les argumens contre le divorce dans les abus du divorce pour incompatibilité : mais si l'on a dit qu'il ne pouvait pas y avoir de cause plus raisonnable et plus honnête de divorce, on n'a pas entendu parler de l'incompatibilité alléguée par un seul des époux, ce qui n'est qu'une répudiation odieuse, arbitraire, et souvent sans juste cause ; mais de l'incompatibilité mutuelle, qui ne blesse les droits d'aucun des époux ; qui suppose des motifs, et qui produit enfin le consentement mutuel que l'on jette comme un voile sur les motifs pour éviter le scandale de leur publicité.

On a répété que le consentement mutuel sera un moyen illusoire, parce que l'époux qui aura des torts refusera son consentement, et que l'époux victime ne pourra pas obtenir le divorce.

On répond que, comme l'on admet des causes absolues de divorce, l'époux victime pourra, dans ce cas, au moins poursuivre l'autre époux s'il refuse son consentement. Ensuite, si, dans les cas qui ne seraient pas des causes absolues de divorce, le consentement mutuel n'intervient pas, il y aura lieu, du moins, à la séparation de corps, si elle est admise; et, s'il n'y a pas de divorce, ceux qui veulent le rendre rare et difficile ne peuvent pas s'en prévaloir pour le proscrire entièrement.

On a repoussé l'intervention des conseils de famille comme une formalité illusoire : mais si cette institution n'a point eu de succès, c'est que les conseils n'ont jamais eu d'autorité; ils n'ont été appelés que comme des conciliateurs, et les époux avaient le droit de ne pas déférer à leur avis : mais il en sera autrement lorsque les conseils auront le droit de donner ou de refuser leur consentement; ils seront d'ailleurs retenus par l'opinion publique autant que par l'intérêt de la famille.

En un mot, toutes les objections sont moins dirigées contre tel ou tel mode de divorce, que contre le divorce en lui-même. Mais, dès que le principe a été admis, il faut s'occuper de son organisation.

M. REGNAUD (de Saint-Jean-d'Angely) demande la priorité pour le projet de M. *Berlier,* parce qu'il présente des idées que le Conseil paraît avoir adoptées, et que, dans son paragraphe III, il organise le système proposé par le Premier Consul. Cependant il resterait à expliquer comment serait formé le jury dont parle ce paragraphe. Le projet de la section déshonorait le divorce; celui-ci rentre dans les principes du Premier Consul, adoptés par MM. *Portalis* et *Maleville.*

La priorité est mise aux voix.

Il y a partage.

LE PREMIER CONSUL fait une seconde épreuve, et le projet de M. *Boulay* obtient la priorité.

L'article 1er est soumis à la discussion.

Le Premier Consul demande pourquoi cet article exige qu'il y ait scandale public.

M. Boulay répond que c'est parce qu'alors seulement il y a preuve certaine de l'adultère.

Le Premier Consul dit qu'on pourrait admettre la preuve par témoins.

M. Regnier demande que, lorsque le mari se trouve saisi de lettres qui forment un commencement de preuve, il puisse la compléter par la preuve testimoniale.

M. Boulay dit que ce serait exposer les femmes honnêtes à être compromises par tout malveillant qui se plairait à écrire, sans leur participation, des lettres capables de faire naître des soupçons.

M. Tronchet dit que, dans ce cas, des écrits simplement suspects ne suffisent point aux juges; qu'ainsi les craintes de M. *Boulay* sont sans fondement. L'adultère est un délit grave, et par cette raison il doit être prouvé.

Il faut laisser les juges peser les circonstances. Ainsi il conviendrait de retrancher de l'article ce qui est dit du scandale et des écrits émanés de la femme.

Le Premier Consul dit que l'adultère du mari ne suffirait même pas pour autoriser sa femme à demander le divorce, puisque l'article y joint la circonstance qu'il tiendra sa concubine dans la maison commune.

M. Tronchet répond que les rédacteurs du projet de Code civil ont pris des lois romaines la distinction qu'ils ont établie entre le mari et la femme par rapport à l'adultère. Le motif de ces lois est sage; car, quoique l'adultère soit de la part des deux époux une infraction égale au mariage, il n'a cependant pas les mêmes conséquences quand il est commis par le mari que quand il est commis par la femme, puisque, dans ce dernier cas, il introduit dans la famille des enfans étrangers. D'ailleurs, la preuve de l'adultère commis par le mari est plus difficile que la preuve de l'adultère de la femme, laquelle ordinairement ne peut s'abandonner au crime que dans sa propre maison. Au reste, les lois romaines qualifient d'*horrible* l'introduction de la concubine dans la maison commune, parce que, disent-elles, rien n'exaspère plus les épouses chastes. Aussi cette circonstance suffisait-elle pour prouver l'adultère.

M. Lacuée observe que punir l'adultère du mari dans ce cas seulement, c'est l'autoriser tacitement dans les autres.

M. Regnier dit que l'adultère ne doit être considéré que dans les effets qu'il produit entre les époux. Sous ce rapport, le tort est le même, soit que le crime appartienne au mari, soit qu'il appartienne à la femme. Cependant la femme ne doit pas être admise à accuser son mari; mais elle doit être autorisée à demander le divorce pour cause d'adultère.

M. Tronchet adopte cet avis. En effet, dit-il, les lois romaines prononçaient une peine contre l'adultère; et alors il était juste d'établir une distinction qui servait à graduer la peine d'après les conséquences : mais lorsque l'adultère n'est considéré que par rapport au divorce, tout doit être égal entre les deux époux.

M. Boulay propose de rédiger ainsi : « L'adultère est une « cause de divorce. »

Cette rédaction est adoptée.

av. 232   L'article 2 est adopté.

232   L'article 3 est soumis à la discussion.

M. Tronchet observe que cet article est trop général. Le Code pénal actuel met au rang des peines afflictives la réclusion pour les femmes, les fers pour les hommes, même lorsque cette peine ne doit être que de peu de durée, et qu'ainsi elle ne paraît pas devoir donner lieu à la dissolution du mariage.

M. Emmery répond que dans ce cas même la peine est précédée de l'exposition, qui imprime une flétrissure au condamné.

M. Regnier ajoute que toute peine infamante doit donner

lieu au divorce, parce que c'est un supplice pour un époux vertueux de vivre avec un être flétri par la justice.

M. REGNAUD (de Saint-Jean-d'Angely) dit que, d'après l'article 604 du Code des délits et des peines, toute peine afflictive est aussi infamante.

LE PREMIER CONSUL propose de dire *afflictive et infamante*, parce que la disposition du Code pénal peut changer.

M. REGNIER demande qu'on dise *afflictive ou infamante*, attendu que les lois criminelles peuvent dans la suite distinguer ces deux sortes de peines.

L'article est adopté avec l'amendement de M. *Regnier*.

L'article 4 est soumis à la discussion.

M. TRONCHET demande qu'on ajoute à cet article la disposition de l'article 9 du projet de M. *Berlier*, afin que si l'un des époux n'est pas déterminé par ses principes religieux à ne demander que la séparation, il lui soit permis de demander le divorce.

M. BOULAY observe que, par cet article, le droit de former une demande et de choisir entre les deux moyens n'est accordé qu'à l'époux offensé ; qu'il serait inconvenant que le crime de l'autre lui donnât le droit de déranger ce choix et de demander le divorce.

M. REGNAUD (de Saint-Jean-d'Angely) dit qu'il ne faut cependant pas priver la femme qui a des torts d'un moyen de revenir à la vertu, et de reprendre les titres honorables d'épouse et de mère.

M. REGNIER dit que l'article est sage, attendu qu'il suffit de donner des facilités à la conscience de l'époux offensé.

LE MINISTRE DE LA JUSTICE ne partage pas cette opinion : il observe que ce serait même alors interdire aux âmes timorées la ressource de la séparation, puisqu'elles auraient à craindre d'arriver au divorce par la séparation ; que la demande en séparation ne doit jamais pouvoir aboutir au divorce, puisqu'elle est pour en tenir lieu : ce sont deux voies parallèles, qui dès-lors ne doivent jamais coïncider.

M. Berlier dit qu'il importe de préciser la question ; que si l'on entend, pour ne pas rendre l'option du demandeur illusoire, que, durant le litige, l'autre époux ne pourra en changer le but, ni s'opposer, par exemple, à une séparation de corps pour y faire substituer *de plano* le divorce, cette prétention est raisonnable ; mais que, poussée plus loin, elle deviendrait injuste ; qu'ainsi le défendeur, après la séparation de corps prononcée, ne doit pas rester perpétuellement dans cet état, s'il lui plaît d'en changer ; que la distinction d'époux offenseur et d'époux offensé est ici plus subtile que solide ; et que si l'on veut bien, par respect pour le domaine des consciences, admettre d'abord la séparation de corps, si elle est demandée, et même maintenir ensuite cette bizarre situation, cela ne doit avoir lieu, sans doute, qu'autant que l'autre époux s'en contente ; mais qu'une institution qui laisse subsister le mariage en séparant les époux est trop peu favorable pour que le corps social veuille la faire prévaloir contre la volonté même de cet autre époux, après la séparation prononcée et consommée.

M. *Berlier* conclut de là que ce dernier doit essentiellement avoir la faculté de faire convertir en divorce la séparation de corps, nonobstant l'opposition du demandeur originaire, dont les scrupules ont été suffisamment respectés, et ne doivent pas devenir, pour un tiers, un perpétuel sujet d'entraves.

M. Portalis partage l'avis de M. *Berlier;* mais il croit que ce n'est pas ici la place des dispositions relatives aux séparations absolues. On ne devrait parler ici que de la séparation par forme d'épreuve et incidente au divorce ; et quand les principes du divorce seraient entièrement posés, alors on s'occuperait de l'autre séparation, comme objet principal ; on dirait qu'elle a lieu pour les mêmes causes que le divorce, et qu'elle peut être convertie en divorce sur la demande de l'un des époux. Par là on éviterait toute équivoque sur l'application de cette dernière disposition ; car la liberté de contracter un mariage nouveau ne peut naître d'une séparation de simple épreuve.

Le Premier Consul dit qu'on n'a pas encore expliqué ce que c'est que la séparation à laquelle l'époux outragé pourrait se borner. Cette matière présentera beaucoup de questions ; elle ne doit donc pas être traitée incidemment au divorce.

On demandera, sans doute, comment on peut admettre, pour cause d'adultère, la séparation de corps, qui comporte l'idée d'un rapprochement possible ; on demandera pourquoi la séparation, qui empêche les époux de contracter un nouveau mariage, serait accordée pour les mêmes causes que le divorce ; on demandera comment organiser la séparation, lorsqu'il n'existe plus de couvens qui puissent devenir la retraite de l'épouse. Toutes ces questions méritent d'être examinées séparément ; elles sont de l'essence de la matière.

L'article est renvoyé au titre *de la Séparation de corps.*

M. Boulay dit que, d'après cette décision, c'est ici le lieu de discuter l'article 8.

Cet article est discuté.

M. Boulay dit qu'on avait proposé d'admettre le divorce pour cause d'abandon : mais cette cause est trop difficile à définir ; et elle rentre d'ailleurs ou dans la cause des sévices et mauvais traitemens, ou dans celle de l'absence.

Le Premier Consul dit qu'il y a cependant des différences essentielles ; car un des époux peut s'absenter sans avoir intention d'abandonner l'autre : le tribunal jugerait de l'abandon d'après les circonstances. Le mariage est contracté pour la vie : si un mari s'absente avec le consentement de sa femme, et que celle-ci puisse se remarier, il arrivera qu'à son retour ce mari retrouvera tous ses biens, et cependant aura perdu son épouse. Il paraît donc convenable de distinguer entre l'absence et l'abandon.

M. Tronchet dit qu'il n'est point d'avis d'admettre la cause de l'abandon, parce que c'est encore un moyen de rompre le mariage par la volonté d'un seul; et qu'il rejette également la cause de l'absence.

On ne sait si le mari est mort ou vivant; la loi lui conserve ses propriétés; et par la contradiction la plus bizarre, elle lui enleverait la propriété de sa femme! Ce serait un scandale. Jamais la femme d'un absent n'a été autorisée à se remarier qu'après avoir acquis la preuve de la mort de son mari. Il est vrai que la *novelle* 22 lui avait donné cette faculté, lorsque son mari se trouvait engagé dans une expédition militaire : mais la *novelle* 118 a changé cette jurisprudence; elle n'a permis à la femme de se remarier que lorsque le tribun sous lequel servait son mari certifiait sa mort; et elle punissait le tribun s'il donnait un faux certificat.

M. Boulay dit qu'il n'a proposé la cause d'absence que pour suppléer la cause d'abandon; mais que son avis est d'écarter l'une et l'autre.

M. Berlier pense que l'on doit admettre au moins la cause d'absence : il cite l'ancienne législation de Rome, qui était très-favorable à cette espèce, et ne cessa de l'être qu'au temps de *Justinien*, repris à ce sujet par *Montesquieu*, lequel observe que l'empereur *choquait le bien public en laissant une femme sans mariage*, *et choquait l'intérêt particulier en l'exposant à mille dangers*.

M. *Berlier* examine ensuite la question, surtout dans l'intérêt des femmes, vu que la guerre, les voyages et presque toutes les causes qui font perdre les traces d'un individu, pèsent plus spécialement sur les hommes.

Il observe que l'absence du mari laisse la femme dans un célibat malheureux et dans un état de délaissement; qu'on doit donc lui permettre le mariage, qui lui rend un appui. Si l'on trouve le terme de cinq années trop court, qu'on n'autorise le divorce qu'après vingt ans, c'est-à-dire, à l'époque où l'envoi en possession des héritiers de l'absent devient définitif; mais que le célibat de la femme ne soit pas perpétuel. Il y a lieu de présumer que l'absent qui n'a pas donné de ses nouvelles pendant vingt ans a cessé d'exister.

M. THIBAUDEAU dit que l'article lui paraît en contradiction avec les principes adoptés sur l'absence. Quand un individu a disparu depuis cinq ans, on commence par le déclarer absent; il n'y a encore rien de préjugé contre lui : on envoie ensuite ses héritiers présomptifs en possession provisoire de ses biens, et cela pour en assurer l'administration. Après dix ans, ils ne gagnent encore que les fruits. Enfin, après un délai que les uns veulent porter à trente ans, et d'autres à quinze ou vingt, on prononce l'envoi définitif en possession des biens de l'absent; et on les lui restitue à quelque époque qu'il reparaisse.

Lorsque la loi agit avec cette circonspection lente et graduelle, il serait inconséquent de permettre à la femme de divorcer dès que le mari n'est que déclaré absent, ce qui ne prouve encore rien contre son existence; il faudrait au moins ne lui accorder cette faculté que lorsque l'absence s'est assez prolongée pour que la loi ait des présomptions de la mort de l'absent.

Au titre *des Absens*, on avait même été plus loin; on avait pensé que l'absence de l'un des époux, quelque longue qu'elle fût, ne pouvait suffire pour autoriser l'autre à contracter un nouveau mariage, et qu'il ne devait y être admis que sur la preuve positive du décès. On avait cru cette doctrine conforme à la raison et aux mœurs.

LE CONSUL CAMBACÉRÈS partage cette opinion.

Il propose de laisser l'article en suspens, jusqu'à ce que le titre *des Absens* ait été définitivement arrêté.

M. TRONCHET observe que, dans le titre *des Absens*, il y avait une disposition relative aux effets de l'absence par rapport au mariage, et qu'elle a été renvoyée au titre *du Mariage*.

M. BOULAY dit qu'on n'est pas rigoureusement tenu de

suivre, à l'égard du mariage de l'absent, les dispositions qui concernent ses biens; car, si la femme est la propriété du mari, le mari est aussi la propriété de la femme.

M. Regnier distingue l'absence, qui peut n'être qu'un accident, de l'abandon criminel, qui peut donner lieu à la dissolution du contrat.

D'ailleurs, la faculté qu'on propose d'accorder à la femme est illusoire. On ne peut, en effet, autoriser le divorce dans un délai trop court; et cependant, si le délai est un peu long, lorsqu'il expirera, la femme aura atteint l'âge où une femme ne se remarie guère, pour peu qu'elle ait de raison.

M. Portalis dit que presque toujours l'absent s'est éloigné par des motifs de fortune, et pour servir ainsi l'intérêt de sa femme et de ses enfans; il serait donc odieux que son absence tournât contre lui-même. Le divorce pour absence ne doit être admis que quand l'absent s'éloigne, par des motifs criminels, de sa famille et de ses enfans.

Le Premier Consul ajoute que d'ailleurs la femme de l'absent est ordinairement chargée de la conduite de ses affaires; que lorsqu'il a des enfans, il se trouverait accablé à son retour, si sa femme s'était permis d'oublier que ces enfans avaient un père.

Cependant on pourrait autoriser les tribunaux à prononcer le divorce après dix ans d'absence, lorsque, d'après une enquête, ils présumeraient la mort de l'absent.

M. Tronchet dit qu'en établissant le principe que l'absent n'est réputé ni vivant ni mort, on avait cependant admis des cas où les tribunaux pourraient avoir égard aux présomptions capables de faire croire à la mort de l'absent, comme lorsqu'il se serait trouvé dans un naufrage, dans un incendie, etc. On peut, dans ces cas, déclarer sa succession ouverte et son mariage dissoluble; mais il n'est pas de raison d'autoriser la rupture de son mariage, lorsque son absence est l'effet d'un voyage entrepris de concert avec sa femme et pour leurs intérêts communs.

M. Thibaudeau observe qu'on ne peut décider ces questions sans préjuger l'effet des présomptions à l'égard de l'absence, et qu'il conviendrait de les ajourner.

Le Consul Cambacérès rappelle qu'il y a eu déjà un ajournement.

L'opinion du Consul sur le fond est qu'on doit avoir égard aux présomptions qui naissent des circonstances.

M. Thibaudeau dit que la section ne crut pas devoir adopter l'exception pour les incendies, naufrages ou batailles. Elle pensa qu'elle pouvait être dangereuse. Chez une nation qui a des armées considérables composées de citoyens de toutes les classes, adopter aussi légèrement des présomptions de mort, ce serait compromettre souvent les intérêts des défenseurs de la patrie. Il vaut mieux confondre tous ces cas dans la règle générale, au risque de prendre quelquefois des précautions inutiles pour conserver les droits d'un homme qui serait réellement mort. Il ne peut pas y avoir d'inconvéniens à cette réserve; il y en aurait beaucoup à réputer mort un homme réellement vivant, et à agir, pour tout ce qui le concerne, d'après cette présomption. Le plus scandaleux de ces inconvéniens serait d'autoriser le divorce d'une femme que son mari pourrait venir réclamer le lendemain entre les bras d'un autre époux.

M. Regnier dit qu'il est inutile d'ajourner la discussion de cet article, parce que la matière est suffisamment connue. On sait que les questions relatives à la vie ou à la mort des individus sont du nombre des questions d'état dont les tribunaux jugent d'après des preuves. Au surplus, on n'exposera pas les intérêts de l'absent, si l'on n'autorise le divorce que d'après des présomptions jugées.

M. Portalis dit que la présomption de mort, lorsqu'elle acquiert force de preuve par un jugement, n'est plus une simple cause de divorce, mais qu'elle rompt le mariage. *Montesquieu*, en parlant de la dissolution du mariage, dit qu'il serait trop rigoureux d'exiger des preuves positives dans des cas qui n'en comportent que de négatives.

Toutes ces questions de présomptions paraissent devoir être renvoyées au titre *de l'Absence.*

Le Conseil renvoie l'article au titre *des Absens.*

Les articles 5 et 6 sont soumis à la discussion.

M. RÉAL dit que le résultat de l'article 5 serait de remettre en question ce qui a été admis en principe par le Conseil; et qu'après avoir décidé que le divorce aurait lieu, le Conseil, s'il adoptait l'article proposé, et s'il n'adoptait que cet article, prononcerait que l'usage du divorce sera interdit au plus grand nombre, à la presque totalité des citoyens.

L'adultère est, comme l'a dit M. *Boulay*, la plus forte, la plus légitime, il faudrait dire peut-être la seule cause qui portera un homme honnête à demander le divorce.

L'article 1er lui permet, il est vrai, de demander le divorce sur ce motif; et on conçoit que quelques hommes qui auront perdu toute honte auront le triste courage de profiter du moyen que la loi n'a pu leur refuser, et qu'ils introduiront devant les tribunaux une action en divorce fondée sur l'adultère.

Mais un homme qui n'est pas tout-à-fait insensible à l'honneur, avant de faire retentir les tribunaux des faits scandaleux qui prouveront l'adultère, pensera que le succès même de sa demande attirera sur lui la haine d'un sexe, le mépris de l'autre, et qu'un ridicule ineffaçable le poursuivra partout.

Si cet homme a des enfans, il pensera qu'il va les déshonorer, qu'il va flétrir ses filles, les couvrir de la honte de leur mère, et les condamner au célibat.

Or, ce moyen lui fût-il présenté par la loi, il le rejettera avec horreur; et malheur à celui qui ne préférera pas le supplice de vivre auprès d'une femme qui l'aura déshonoré, à la flétrissure qui suivra sa vengeance!

On a pendant deux séances cherché un terme moyen;

ce moyen, indiqué par le Premier Consul, et que l'on retrouvait dans le projet de M. *Emmery* et dans celui de M. *Berlier*, on le cherche en vain dans celui de M. *Boulay*. Il n'offre, pour venger de l'adultère, que la plainte devant le tribunal ; c'est-à-dire que, pour remède à un déshonneur secret, il offre un déshonneur public.

Dira-t-on qu'au lieu de recourir au consentement mutuel, on pourra, si l'on ne veut pas proclamer l'adultère, qui serait cependant le véritable motif de l'action intentée, prendre pour prétexte les sévices et mauvais traitemens ? D'abord ce serait conseiller de bâtir un roman, et de mentir à la justice. Mais ensuite il faudrait prouver ces sévices, ces mauvais traitemens ; et comment parvenir à la preuve de faits qui n'existeraient pas ?

Mais supposez même que l'on puisse prouver l'existence de ces sévices réels ou mensongers ; toujours faut-il convenir qu'il dépendra des juges de ne point y avoir égard ; et, d'ailleurs, ne peut-on pas prévoir facilement un cas où tous ces matériaux ne pourraient jamais servir ? ne peut-on pas supposer que les principes religieux de quelques-uns des juges du tribunal seraient un obstacle invincible au succès de la séparation proposée ? ne peut-on pas prévoir que ce juge, que ces juges, lorsqu'ils sauront qu'en dernière analyse, la séparation se convertira en un divorce, n'écouteront que le cri d'une conscience qui leur présentera le divorce comme un crime, et qui leur défendra de s'en rendre complices ?

M. BOULAY observe que, si l'adultère est la seule cause raisonnable de divorce, on ne peut pas donc admettre le divorce qui s'opérerait par la volonté d'un seul.

La cause d'incompatibilité et le consentement mutuel ont été débattus ; on a reconnu que l'un et l'autre réduiraient le mariage à une durée limitée et dépendante du caprice des époux.

On a cru ensuite devoir distinguer deux sortes de causes de divorce : les unes graves et absolues, qui l'opéreraient directement; les autres moins graves, qu'on peut appeler *demi-causes*, qui n'opéreraient le divorce qu'après l'épreuve d'une séparation.

M. Emmery dit que cette réponse n'est pas assez directe. Il s'agit de trouver un moyen de couvrir la cause d'adultère, qu'un époux honnête ne fera presque jamais valoir publiquement. On est fondé à penser que le prétexte d'incompatibilité, prouvé par le consentement mutuel, donne ce moyen. Mais s'il faut d'abord une séparation prononcée par les tribunaux pour cause de sévices, le plus grand nombre des époux ne pourra l'obtenir; car il leur sera impossible de prouver des sévices qui souvent n'auront pas existé : cette allégation serait même ridicule dans la bouche d'un mari. Recourir à la cause de diffamation, ce serait un peu dévoiler la vraie cause de la demande, et cependant pas assez pour réussir. Quand on obtiendrait même la séparation, il faudrait, pour la convertir en divorce, prouver que, pendant trois ans, il n'y a pas eu de rapprochement : ce qui sera très-difficile; car, suivant la disposition des juges, quelques visites, quelques entrevues, peuvent être prises pour une réconciliation. Au milieu de tant de difficultés, il ne reste plus à l'époux offensé que d'alléguer publiquement la cause d'adultère.

On remédie à ces inconvéniens en organisant d'une autre manière la séparation préliminaire. Que les époux, autorisés par leurs ascendans, se présentent devant le juge de paix, qui sera assisté de quelques notables : là, la séparation sera prononcée, sans qu'il soit besoin d'en révéler les véritables causes. Il y aurait ensuite quatre épreuves sérieuses, qui seraient une garantie contre la légèreté.

M. Maleville pense que ce système contrarie d'abord ce qui a été décidé; car on a adopté en principe que l'adultère, l'attentat contre la vie, donneraient lieu directement au divorce.

Ensuite, il est fondé sur une fausse application. En effet, si ce mode de divorce n'était jamais employé que pour cou-

DU DIVORCE. 325

vrir l'adultère, on ne devrait pas hésiter à l'adopter : mais on s'en servira aussi pour couvrir la légèreté, le dégoût, enfin tous ces motifs dont la loi ne peut pas faire des causes de divorce; et alors il deviendrait plus scandaleux que l'allégation publique de la cause d'adultère.

En général, le divorce par consentement mutuel ne pourrait être légitime que dans le cas où le mariage n'intéresserait que les deux époux.

Le Premier Consul dit qu'on pourrait tout concilier en admettant la séparation par consentement mutuel, et en décidant que, trois ans après, elle deviendra une cause de divorce.

M. Tronchet dit que c'est là le vrai point de la difficulté, qui paraît avoir échappé à M. *Emmery*. Le projet de M. *Boulay* est clair; il distingue les causes absolues et fortes qui doivent amener le divorce sur-le-champ, et les causes moins graves qui laissent l'espoir d'une réconciliation. Cette distinction est sage, parce qu'elle permet de différer le divorce pendant un délai qui fera reconnaître si les causes moins graves qui ont produit la séparation rendent en effet le divorce inévitable.

M. *Emmery* n'a pas aperçu ce motif du projet, et il n'a été frappé que de ce qu'il fallait trouver un moyen de prononcer le divorce sans alléguer de causes.

Au reste, le Premier Consul présente une troisième question, qui ne contrarie pas les dispositions de l'article 5.

Le Premier Consul dit que cependant les articles 5 et 6 blessent la dignité du mariage, puisqu'ils admettent, sous le titre de sévices, la véritable cause d'incompatibilité. En effet, un mari qui veut arriver au divorce maltraite sa femme pour l'obliger à demander la séparation, et, trois ans après, il demande lui-même le divorce : ainsi, dans ce cas, le mariage est rompu par la volonté d'un seul, de la même manière que dans le divorce par incompatibilité; au lieu que, dans le système de M. *Emmery*, le délai de trois ans ne donne le droit de faire prononcer le divorce que lorsqu'il y a consentement mutuel.

M. Tronchet dit qu'il sent toute la force de cette objection, et qu'aussi son opinion n'est pas qu'après trois ans de sépararation le divorce soit admis sur la demande d'un seul des époux.

Le Premier Consul dit que son opinion est plus sévère que le projet de M. *Boulay* : il ne veut pas de la cause d'incompatibilité, sous quelque forme qu'on la déguise; mais il voudrait que le consentement mutuel fût l'aveu et la preuve des sévices qui seraient le seul motif apparent du divorce, et qui cacheraient des causes plus graves; que quand il y aurait aveu et consentement mutuel, le tribunal fût tenu de prononcer le divorce sans examen.

M. Regnaud (de Saint-Jean-d'Angely) dit que l'article ne produirait pas les effets qu'on en espère. Autrefois la séparation n'était pas prononcée sur le seul aveu du défendeur : il fallait des preuves; il fallait aussi que la partie publique fût entendue : il fallait donc aussi que le scandale eût été énorme, puisqu'une foule de témoins devaient pouvoir l'attester. On reviendrait à ce point, s'il était besoin d'une procédure quand le fait est avoué; et, comme autrefois, un époux malheureux n'oserait se pourvoir, pour ne pas être exposé à l'humiliation, qui poursuit le ridicule plus sûrement que le vice : il peut même arriver que les faits allégués soient vrais, et que cependant il soit impossible de les prouver.

M. Boulay dit qu'il n'y aura point de publicité, puisque la procédure sera secrète; mais, si l'on admet le consentement mutuel, on admet le divorce sans cause.

M. Bigot-Préameneu dit que le consentement mutuel ne couvrirait pas, comme on l'espère, le déshonneur de la véritable cause; car il faudra que la cause réelle soit connue de la famille, dont l'autorisation est nécessaire; et, en prononçant le divorce, elle rend la cause publique, ou elle la fait supposer quand elle n'existe pas.

Le Premier Consul dit que, pour ne point se diffamer, les époux n'allégueront que la cause des sévices, et se diront d'accord sur le divorce : le public n'apercevra que cette cause ; car les époux se contenteront de réclamer en général l'application de l'article qu'on discute. Si ensuite quelques personnes soupçonnent et devinent la cause plus réelle, ce ne sera qu'un de ces bruits qui passent, et qui ne sont point comparables à la diffamation résultant des preuves judiciaires.

Le Ministre de la Justice dit que d'un côté il est reconnu que le consentement sans cause ne doit pas opérer le divorce ; que de l'autre, les sévices n'ont pas paru dans la discussion devoir être des causes de divorce, mais seulement de séparation. Comment deux causes nulles pourraient-elles produire un effet ?

Le Premier Consul dit que lorsque les sévices sont portés au dernier degré ils doivent amener le divorce ; mais que, dans le système proposé, ils ne l'opéreraient qu'avec le concours du consentement mutuel. C'est donc une erreur de dire qu'on veut faire produire un effet au concours de deux causes nulles.

L'article 5 est mis aux voix et adopté, sauf rédaction.

Le Premier Consul met aux voix la question de savoir si les sévices sont réputés prouvés, lorsqu'il y aura consentement mutuel des deux époux.

Le Ministre de la Justice répond que c'est une autre question ; qu'en admettant que le consentement mutuel joint aux sévices fût un motif de divorce, encore faudrait-il prouver les sévices devant l'assemblée de famille.

L'affirmative de la proposition du Premier Consul est adoptée.

Le Premier Consul demande s'il ne serait pas convenable de réduire à un an le délai dont parle l'article VI, lorsque après ce terme les deux époux demandent également le divorce.

M. Cretet dit que ce concours de demandes équivaut au consentement mutuel.

Le Premier Consul dit que, si le délai était nécessairement prolongé au-delà d'un an, le mari aurait à craindre que la femme, à laquelle on ne peut plus assigner de retraite, telle qu'étaient autrefois les couvens, n'introduisît dans la famille des enfans étrangers.

M. Tronchet répond que ces enfans n'appartiendraient au mari que dans le cas où la femme prouverait qu'il a cohabité avec elle.

Le Consul Cambacérès dit que ces sortes de questions seront toujours décidées d'après les circonstances; que, si la position du mari est embarrassante, d'un autre côté le mari pourrait aussi désavouer, par mauvaise foi, des enfans qui seraient vraiment de lui. Tout dépend donc des faits particuliers dans ces contestations. Mais il faut fixer la question principale, et prononcer d'une manière précise entre les deux opinions, dont une est de couvrir les causes du divorce par le consentement mutuel, l'autre de n'admettre en aucun cas le divorce par l'effet de ce consentement.

Le Conseil adopte,

1°. Que, dans le cas de l'article 6, les deux époux pourront demander le divorce après un an de séparation, s'ils y consentent mutuellement;

2°. Que la séparation pour sévices et mauvais traitemens pourra être obtenue par un seul, lorsque les faits seront prouvés.

(Procès-verbal de la séance du 26 vendémiaire an X. — 18 octobre 1801.)

306 M. Portalis dit que la troisième question qu'il avait proposée dans la séance du 14 de ce mois est celle de savoir si la séparation de corps sera admise comme action parallèle à celle du divorce; que la marche de la discussion amène l'examen de cette question.

La séparation de corps relâche le lien du mariage, mais ne le rompt pas : les époux continuent de demeurer unis ; la femme conserve le nom de son mari, et reste sous sa surveillance : si elle manque à l'honneur, il a contre elle l'action en adultère. Enfin la séparation a cet avantage, que la réconciliation des époux est toujours possible.

Dans l'ancienne législation, la séparation était toujours prononcée pour un temps soit fixe, soit indéterminé, jamais à perpétuité : on eût craint de blesser le principe de l'indissolubilité absolue du mariage.

Les tribunaux demandent que la séparation de corps soit rétablie et marche parallèlement avec le divorce, afin de mettre à l'aise la conscience des personnes qui regardent le mariage comme indissoluble.

Ce motif doit en effet la faire admettre. Cependant, l'usage de la séparation paraît rencontrer quelque difficulté, lorsque les deux époux n'ont pas les mêmes principes ; que l'un croit à l'indissolubilité absolue du mariage, que l'autre croit le divorce légitime : mais cette difficulté n'est pas réelle ; car l'action en séparation ou en divorce sera au choix du demandeur, qui sera libre de suivre ses principes.

Mais qu'arrivera-t-il après la séparation obtenue ?

Si elle n'est que séparation d'épreuve, le divorce n'est pas encore possible ; si elle est absolue, l'autre époux sera libre de demander que la séparation soit convertie en divorce.

Le Premier Consul dit que le système de la séparation de corps ne présente aucun moyen de réprimer et de punir la femme adultère, qui continue à vivre dans le désordre et à déshonorer son mari.

M. Portalis répond que le mari qui, en conséquence de ses principes religieux, a préféré la séparation au divorce, a connu les inconvéniens et les suites de son option. Quand cette vue ne l'a pas arrêté, c'est une preuve que ses principes lui eussent fait dévorer en silence ses chagrins et dissimuler l'adultère de sa femme, si la loi ne lui eût pas présenté la ressource de la séparation : on allége donc sa condition, lorsqu'on lui donne un moyen conforme à sa conscience.

M. REGNAUD (de Saint-Jean-d'Angely) dit qu'il serait cependant nécessaire de pourvoir aux inconvéniens que le Premier Consul a fait apercevoir.

Autrefois, la femme convaincue d'adultère était authentiquée, c'est-à-dire déclarée déchue de ses avantages matrimoniaux, rasée et enfermée dans un couvent, d'où elle ne sortait qu'autant que son mari consentait à la reprendre dans un délai fixé. Aujourd'hui qu'il n'existe plus de couvens, et qu'on ne connaît de lieux de détention que les maisons correctionnelles, il faut chercher un autre moyen d'appliquer les peines de l'authentique. Sans cette précaution, on offre au mari, dans la séparation, un moyen dont les résultats lui paraîtront trop funestes pour qu'il ose y consentir. Ainsi, il convient ou de renoncer à ce moyen, ou de chercher comment on peut le rétablir d'une façon analogue à l'ancienne législation.

M. PORTALIS dit que, si l'on punit l'adultère, lorsqu'il donne lieu à la séparation, on ne peut se dispenser de le punir également quand il donne lieu au divorce : il est impossible de laisser, dans un cas plus que dans l'autre, un libre cours à la corruption. Mais cette discussion doit être renvoyée au Code criminel. La séparation de corps et le divorce étant parallèles, on prendra alors des mesures contre la femme adultère, soit divorcée, soit séparée de corps.

LE PREMIER CONSUL dit que, quand le divorce a été prononcé à la suite de l'adultère, l'honneur du mari est satisfait, et la femme coupable punie. La femme perd le nom de son époux. Il n'en est pas de même dans le cas de la séparation. Cette différence doit être saisie par les lois.

M. BIGOT-PRÉAMENEU dit que, si on punit l'adultère, on manque le but qu'on s'était proposé ; car on voulait le cacher.

LE PREMIER CONSUL dit que cette réflexion prouve que la séparation de corps ne doit pas être admise quand il y a adultère. La séparation, en effet, ne peut être prononcée pour cette cause, sans que l'adultère soit divulgué : on parvient au contraire à le masquer, lorsqu'il est employé comme cause de divorce.

M. Portalis observe que l'objection n'a été faite que dans l'intérêt du mari : or, la loi lui offre un moyen de couvrir son honneur, puisqu'elle lui permet le divorce. C'est donc parce qu'il le veut, que son honneur se trouve sacrifié à sa conscience : dès-lors, la loi n'est pas injuste à son égard; *volenti non fit injuria*. Ainsi, la peine de l'adultère ne peut plus être considérée qu'autant qu'elle serait dans l'intérêt public; mais, sous ce rapport, elle doit porter également et sur la femme divorcée, et sur la femme séparée de corps.

Le Premier Consul dit que le divorce et la séparation de corps sont des parallèles, et que, des parallèles ne pouvant jamais se rencontrer, il convient de raisonner séparément sur les deux cas. Au surplus, la séparation doit être admise ; car il serait injuste d'abandonner au malheur qui l'attend le mari que sa conscience empêche de faire usage du divorce.

Le Consul demande si, sous l'ancienne législation, l'adultère donnait lieu à la séparation de corps.

M. Tronchet répond que le mari ne pouvait, en ce cas, demander la séparation de corps, parce que cette action lui était absolument interdite; mais qu'il avait un moyen équivalent.

Pour bien saisir la jurisprudence ancienne, il faut se rappeler qu'elle était fondée sur le principe de l'indissolubilité absolue du mariage. La séparation n'attaquait pas ce principe, puisqu'elle ne rompait pas le mariage, et qu'elle laissait toujours une porte ouverte à la réconciliation des époux : la dissolution du mariage était donc impossible, même pour cause d'adultère. Mais le mari poursuivait sa femme au criminel, et la faisait condamner à une réclusion perpétuelle; ce qui produisait une séparation de fait, dont les effets étaient les mêmes que ceux de la séparation judiciaire et directe : la tranquillité du mari était au surplus assurée ; de plus, il lui était permis de reprendre sa femme, s'il la croyait revenue aux principes de l'honneur et à ses devoirs : c'était là un avantage.

Il n'est plus possible aujourd'hui de suivre cette jurisprudence : mais la question est de savoir si l'on doit donner à l'époux d'une femme adultère un moyen plus conforme que le divorce à ses principes religieux.

L'adultère, considéré dans ses effets par rapport au mariage, conduit au divorce, parce qu'il est une infraction au contrat formé entre les époux, et une violation de la foi donnée : l'adultère, considéré comme un délit, appartiendrait au Code pénal ; mais, parce qu'il n'y a pas de peine établie contre l'adultère, on a observé que la position d'un mari qui aurait obtenu la séparation de corps contre sa femme pour cause d'adultère serait très-fâcheuse, qu'il demeurerait exposé au déshonneur que cette femme continuerait d'imprimer à son nom. C'est sans doute un inconvénient ; mais il est bien compensé par le soulagement que la faculté d'user de la séparation de corps donne à la conscience du mari ; et son sort sera toujours moins malheureux que si, ce moyen lui manquant, et n'ayant que la ressource du divorce, qu'il ne veut pas employer, il était obligé de garder sa coupable épouse.

On pourrait, au surplus, ordonner que la femme séparée de corps pour cause d'adultère sera, comme la femme divorcée, obligée de quitter le nom de son mari. Mais cette disposition en contrarierait d'autres qu'il est important d'établir : ce sont celles qui ordonneraient que la procédure fût secrète, toutes les fois qu'il s'agirait d'une cause honteuse, et qu'elle serait invoquée pour obtenir soit la séparation de corps, soit le divorce.

M. Boulay dit que la loi ne peut se dispenser de venir au secours du mari malheureux à qui ses principes ne permettent pas de faire usage du divorce, et qu'elle ne doit pas le placer entre le désespoir et sa conscience. Ceci mérite d'autant plus d'attention, que les principes de la plus grande partie des Français ne se concilient pas avec l'usage du divorce; c'est pour cette raison que la plupart des tribunaux ont demandé le rétablissement de la séparation de corps, et qu'elle est en usage même dans les pays protestans.

Le Premier Consul dit qu'on peut renvoyer au Code pénal les dispositions sur le châtiment de l'adultère, mais qu'il ne faut pas déroger à l'usage universel en laissant ce crime impuni; autrement la législation serait immorale, puisqu'elle autoriserait une séparation qui permettrait à la femme adultère d'aller vivre avec son séducteur.

L'opinion du Consul est que la séparation de corps doit être admise pour sévices, ou comme un échelon pour arriver au divorce; mais qu'il serait dangereux de se borner à ce moyen lorsqu'il y a adultère, et qu'il conviendrait de rétablir à cet égard la législation ancienne.

M. Emmery dit que si le mari est protestant, il n'hésitera pas de faire usage de l'action en divorce dans le cas de l'adultère, et qu'alors il est bon d'établir une peine contre la femme; que si, au contraire, le mari est catholique, il prendra la voie de la plainte, qui le conduira à la séparation de corps, sans qu'il y ait divorce; et alors on appliquera à la femme les peines de l'authentique. On l'enfermera dans une maison de correction; et si au bout de deux ans son mari ne la reprend pas, elle sera rasée, et sa réclusion deviendra perpétuelle.

M. Roederer observe que la séparation de corps est proposée en faveur des catholiques; qu'en conséquence il convient d'examiner d'abord si leur croyance l'admet dans le cas d'adultère. L'affirmative est très-douteuse : on ne voit pas que la religion catholique ait autorisé la séparation de corps pour cette cause; elle n'a avoué que la procédure criminelle qui a lieu alors, et le séquestre de la femme condamnée, lequel amène une séparation de fait. En cela elle n'a considéré le crime d'adultère que comme les autres crimes.

Une autre observation, c'est que la procédure secrète ne sauvera pas le scandale de la cause; car dès-lors qu'il sera connu qu'il y aura procédure secrète toutes les fois qu'il y aura adultère, on saura qu'il y a eu adultère précisément parce qu'il y aura procédure secrète.

M. Boulay répond que puisque la procédure sera secrète dans tous les cas, et qu'il y aura plusieurs causes de divorce, le public ne pourra pas reconnaître celle qui sera le motif de la demande.

Le Premier Consul dit que si le crime d'adultère est allégué et prouvé dans une demande de séparation, il sera impossible à la partie publique de ne pas poursuivre la femme coupable; que la justice ne pourra surtout se taire, si le motif de la demande est une tentative d'empoisonnement ou d'assassinat. On ne peut donc se dispenser d'établir une peine contre la femme.

La question n'est pas encore parfaitement éclaircie. Il faut en effet distinguer.

Quand le Code civil prononce qu'il y aura divorce lorsqu'il y aura eu attentat, il dit tout ce qu'il doit dire, et il n'a pas à s'occuper ensuite de ce qu'ordonnera la loi criminelle à l'égard de l'époux coupable, puisque le mariage se trouve rompu.

Mais il n'en est pas de même lorsqu'il s'agit de la séparation. Le mariage, qui est du domaine de la loi civile, continue de subsister; et la loi civile doit continuer aussi à en régler les suites et les effets. Il faut donc qu'elle fixe la condition de chacun des époux; qu'elle explique ce que deviendra la femme, ce que deviendront les enfans.

M. Portalis dit que la section adopte cette idée.

M. Tronchet dit qu'il ne sait si le rétablissement de la

séparation, que les tribunaux ont demandé d'après des motifs peut-être plus spécieux que réels, est un remède absolument nécessaire.

En effet, la loi civile ne s'occupe point de ce qui se passe dans les consciences. Si elle n'autorise que le divorce seul, le catholique, qui ne verra que ce moyen de quitter son époux, l'emploiera ; et pour obéir à ses principes, il ne contractera pas un mariage nouveau.

M. Devaines observe que le mari, s'il est conséquent dans ses principes, craindra que son épouse soit moins scrupuleuse que lui ; et alors, pour ne pas lui donner une liberté qu'il ne croit pas légitime, il s'abstiendra de demander le divorce.

M. Portalis dit que la législation doit être concordante dans toutes ses parties. Elle consacre la liberté des cultes : or, partout où cette liberté existe le divorce et la séparation ont été également établis, afin que chacun pût en user suivant sa conscience. La Prusse surtout a donné cet exemple, quoiqu'il ne s'y trouve que peu de catholiques.

Mais, dit-on, le catholique, en ne se remariant pas, satisfait à sa conscience. Non, il n'y satisfait pas, puisque, par le divorce qu'il a obtenu, il donne à l'autre époux la faculté de méconnaître le principe de l'indissolubilité du mariage. Il se trouve même des personnes qui, sans professer la religion catholique, croient cependant que l'engagement du mariage ne peut se rompre ; ceux-là aussi aimeront mieux souffrir que d'induire l'autre époux dans l'erreur, et de lui donner la facilité de se remarier. Ainsi la liberté des opinions religieuses et la liberté des opinions morales réclament également la séparation de corps.

Au reste, les observations faites par le Premier Consul sur le châtiment que peut mériter le crime des époux sont infiniment sages, et l'on ne peut qu'y souscrire

Le Ministre de la Justice observe que la question de savoir si l'adultère doit être puni criminellement est indifférente à celle de savoir si l'adultère peut être un motif de séparation ; que la peine dans ce cas est extrinsèque à la demande en séparation, comme elle l'est à la demande en divorce ; que dans l'un et l'autre cas l'époux offensé ne demande qu'un remède civil ; sauf au ministère public à faire, pour l'intérêt de la loi, si elle l'y autorise, ce qu'il jugera convenable ; sauf même à l'époux offensé à prendre lui-même la voie criminelle, s'il veut obtenir la punition des coupables. Mais on ne peut refuser à l'époux, comme moyen de séparation, ce qu'on lui accorde comme moyen de divorce. On ne peut refuser le moins à celui à qui on accorde le plus.

Le Consul Cambacérès dit qu'il faut examiner avant tout si la cause d'adultère amenera directement la dissolution du mariage, ou s'il faudra d'abord faire condamner l'époux coupable, afin que la condamnation devienne la preuve de la cause pour laquelle le divorce est demandé. Si ce dernier système était admis, il en résulterait que le tribunal pourrait absoudre la femme, et que cependant il resterait au mari des preuves et une conviction assez forte pour lui persuader qu'il ne peut plus vivre avec son épouse.

Aujourd'hui que la cause d'incompatibilité est rejetée, et que le divorce par consentement mutuel est adopté, l'ordre des idées veut qu'on fixe d'abord les conditions sous lesquelles ce divorce sera autorisé.

Ici le Consul rappelle ce qu'il a dit, à cet égard, dans la séance du 24 ; puis il ajoute que quand ce point sera réglé, on déterminera les causes qui pourront donner lieu au divorce judiciairement prononcé. Le mari qui croira devoir faire usage de l'une de ces causes menacera l'autre époux de s'en servir, si celui-ci refuse de se prêter au divorce par consentement mutuel. La cause est-elle réelle ; l'autre époux acceptera la proposition pour sauver son honneur : la cause est-elle imaginaire ; l'autre époux, fort de son innocence, résistera ; les parens interviendront, et désabuseront l'époux trompé par de fausses apparences.

Le Premier Consul dit que toute la question est dans l'article 21 du chapitre intitulé *des Formes du Divorce*. Cet article porte :

« Quelle que soit la nature des faits ou délits imputés par « le demandeur à l'autre époux, le divorce ne peut être « poursuivi que par la voie civile.

« Le divorce sera autorisé ou rejeté nonobstant l'action « criminelle qui pourrait être intentée d'office par le com- « missaire du gouvernement, et sans préjudice de cette « action.

« Le jugement portant absolution de l'époux accusé ne « produira aucun effet contre celui qui aura autorisé le di- « vorce. S'il intervient, au contraire, un jugement de con- « damnation contre l'époux accusé, ce jugement rétablira le « droit de l'époux demandeur, nonobstant le jugement qui « aurait rejeté sa demande en divorce.

« En conséquence, sur la représentation du jugement de « condamnation, et sur la simple requête du demandeur, le « divorce sera autorisé. »

Le Consul adopte cet article si ses dispositions doivent être appliquées au divorce, parce qu'alors le mariage est rompu.

Il ne l'adopte plus, si on veut l'appliquer à la séparation de corps, parce qu'alors le mariage subsiste. Il voudrait que la séparation absolue fût toujours la suite d'une procédure criminelle, attendu que, si elle était prononcée avant la condamnation, on ne saurait plus ce que deviendrait la femme.

M. Portalis dit que l'article 21 ne s'applique qu'au divorce; que l'intention de la section était d'obtenir d'abord le vœu du Conseil sur le principe de la séparation de corps; et cette raison l'a empêchée de rédiger jusqu'ici aucun article de développement. Mais il faudra certainement décider si la séparation de corps sera admise pour les mêmes causes que le divorce, et en déterminer les formes.

M. Maleville demande pourquoi on ne pourrait arriver à la séparation que par la voie criminelle, dans les mêmes cas où l'on parviendrait au divorce par la voie civile ; pourquoi la séparation serait rendue plus difficile que le divorce, lorsque la majorité de la nation la réclame, et qu'il y a, au contraire, un intérêt morale à rendre le divorce plus difficile.

M. BOULAY dit que, s'il ne s'agit que de punir l'adultère, on peut le frapper dans le cas de la séparation comme dans le cas du divorce : mais ce châtiment, qui ne serait pas dans l'intérêt de la société, ne serait pas non plus dans l'intérêt des familles, parce qu'il leur importe, au contraire, que la honte de l'adultère soit couverte par le secret.

ch. 5. LE PREMIER CONSUL dit que cette discussion se prolongera inutilement, tant qu'on ne séparera pas les deux objets sur lesquels elle porte. Il serait donc convenable de placer la matière de la séparation dans un chapitre à part, et de ne s'occuper d'abord que du divorce.

Cette proposition est adoptée.

M. PORTALIS présente le chapitre II, intitulé *des Formes du Divorce.* Il observe que ce chapitre n'est applicable qu'au divorce qui serait judiciairement prononcé, et que ses dispositions n'ont point de rapport au divorce par consentement mutuel.

La section Ire, intitulée *de la Poursuite du Divorce*, est soumise à la discussion.

Les articles 1 et 2 sont adoptés ; ils sont ainsi conçus :

234 Art. 1er. « Toute demande en divorce sera directement
« portée au tribunal de première instance de l'arrondisse-
« ment dans lequel les époux auront leur domicile ; elle y
« sera instruite et jugée à huis clos. »

236 Art. 2. « La demande détaillera les faits. Elle sera pré
« sentée au président, ou à celui qui en fera la fonction : elle
« sera signée par la partie. Si la partie ne sait ou ne peut si-
« gner, il en sera fait mention dans le procès-verbal que le
« juge sera tenu de rédiger, pour constater la présentation

« de la demande et la remise des pièces qui pourront y être
« jointes. »

L'article 3 est discuté ; il porte :

« L'époux demandeur présentera en personne sa demande,
« à moins qu'il n'en soit empêché pour cause de maladie ;
« et, dans ce cas, le juge, sur le certificat de deux officiers
« de santé, se transportera au lieu du domicile du deman-
« deur, pour y recevoir sa déclaration. »

Le Consul Cambacérès demande si la disposition de cet article est tellement absolue qu'elle n'admette pas d'exception, même en faveur de celui qui est absent pour le service public.

M. Tronchet dit que l'objet de cet article est de mettre les parties en présence, afin qu'on puisse essayer des moyens de conciliation ; que, sous ce rapport, toute exception est impossible.

L'article est adopté.

Les art. 4, 5, 6, 7 et 8 sont adoptés ; ils sont ainsi conçus :

Art. 4. « Sur la demande en divorce, le juge ordonnera que
« les parties comparaîtront devant lui en la chambre du con-
« seil, en personne, aux jour et heure par lui indiqués. »

Art. 5. « Au jour indiqué, le juge fera aux deux parties
« comparantes, ou à celle qui aura comparu, les observations
« convenables et propres à opérer le rapprochement des
« époux. »

Art. 6. Si le demandeur persiste, le juge ordonnera que la
« demande et le procès-verbal soient communiqués au com-
« missaire du gouvernement. Le tribunal, après l'avoir en-
« tendu, pourra accorder, suspendre ou refuser la permis-
« sion de citer. La suspension ne pourra excéder le terme de
« deux décades.

« La permission de citer ne pourra être refusée que dans le
« cas où les causes alléguées par le demandeur ne seront pas
« du nombre de celles déterminées par la loi. »

340

241 Art. 7. L'époux admis à suivre la demande en divorce
« fera citer le défendeur à comparaître en personne devant
« le tribunal, dans le délai de la loi. »

242 Art. 8. « A l'échéance du délai, soit que le défendeur com-
« paraisse ou non, le demandeur exposera, devant le tribu-
« nal, les causes de sa demande ; il représentera les actes qui
« l'appuient, ou il indiquera les témoins qu'il croira utile de
« faire entendre.

243 « Si le défendeur comparaît, il proposera ses observa-
« tions, tant sur les faits allégués par le demandeur, que sur
« les actes par lui produits et sur les témoins par lui indiqués.
« Il indiquera, de son chef, les témoins qu'il croira utiles ou
« nécessaires à sa défense.

244 « Il sera dressé procès-verbal des comparutions, dires et
« observations des parties, ainsi que des aveux que l'une ou
« l'autre aura pu faire. Le procès-verbal leur sera lu ; elles
« seront requises de le signer, et il sera fait mention de leur
« signature, ou de leur déclaration qu'elles ne veulent ou ne
« peuvent signer.

245 « Le tribunal ordonnera la communication du procès-
« verbal, et des actes y énoncés, au commissaire du gou-
« vernement. Il commettra un rapporteur, et il ajournera les
« parties à comparaître à un jour fixe.

« Si le défendeur n'a point comparu, le demandeur lui fera
« signifier l'ordonnance, et le citera à comparaître au jour
« indiqué. »

L'article 9 est soumis à la discussion ; il porte :

246-247 Art. 9. « Au jour indiqué par l'ordonnance ci-dessus, sur
« le rapport fait par le juge commis, et après avoir ouï le
« commissaire du gouvernement, le tribunal rejettera la de-
« mande si elle lui paraît non recevable ; et dans le cas où elle
« lui paraîtra recevable, il y fera droit, s'il la trouve suffi-
« samment justifiée, ou il admettra le demandeur à faire
« preuve des faits par lui allégués, et le défendeur à la
« preuve contraire. »

Le Consul Cambacérès dit que cet article semble présenter l'idée que le tribunal délibérera et prononcera deux fois sur la même demande.

M. Portalis dit que le tribunal est obligé de délibérer d'abord sur les fins de non recevoir qui peuvent être opposées; mais que cette délibération n'a rien de commun avec celle sur le fond de la contestation. Ces fins de non recevoir sont celles qui écartent la demande, sans en permettre même l'examen. Après le jugement des fins de non recevoir, vient la question de savoir si la demande est mal fondée.

Le Consul Cambacérès dit que la rédaction de l'article est du moins inexacte, puisqu'elle conduit à croire que le tribunal prononcera sur le fond même de la demande.

M. Tronchet propose, pour rendre la loi plus claire, d'ajouter à l'article 8, *que le défendeur qui comparaît proposera ses exceptions en même temps que ses observations.*

L'article est adopté sauf rédaction.

Les articles 10, 11, 12, 13, 14, 15, 16 et 17 sont adoptés; ils sont ainsi conçus :

Art. 10. « Le jugement qui admettra la preuve testimo-
« niale dénommera les témoins indiqués par chaque partie,
« autres que ceux qui auront été valablement reprochés. Il
« n'est permis à aucune d'elles d'en produire d'autres, à
« moins qu'un nouveau jugement ne l'y ait autorisée.
« Le jour et l'heure auxquels les témoins seront entendus
« seront indiqués par le même jugement qui admettra la
« preuve. »

Art. 11. « Les parties pourront respectivement faire en-
« tendre leurs parens, à l'exception de leurs enfans et des-
« cendans; elles pourront aussi faire entendre leurs domes-
« tiques.

« Le tribunal aura tel égard que de raison à ces dépositions. »

Art. 12. « Les dépositions seront reçues en présence de trois
« juges au moins, du commissaire du gouvernement et des

« parties, lesquelles pourront faire aux témoins telles obser-
« vations et interpellations qu'elles jugeront à propos, sans
« pouvoir les interrompre dans le cours de leurs dépositions.
« Il sera dressé procès-verbal de chaque déposition, des dires
« et observations des parties. Le procès-verbal, après sa clô-
« ture, sera lu tant aux parties qu'aux témoins, avec invita-
« tion aux uns et aux autres de le signer. Il sera fait mention
« de leur signature, ou de leur déclaration de ne vouloir ou
« de ne pouvoir signer. »

256   Art. 13. « Soit que le défendeur ait comparu ou non à ce
« procès-verbal, et qu'il ait présenté ou non ses témoins,
« après la clôture des deux enquêtes ou de celle du deman-
« deur seulement, le tribunal indiquera le jour auquel il sera
« procédé au jugement définitif sur le rapport d'un des juges
« à ce commis.

« Si le défendeur n'a point comparu, l'ordonnance qui in-
« diquera le jour du jugement lui sera signifiée à la dili-
« gence du demandeur, avec citation de comparaître au jour
« indiqué. »

239   Art. 14. « Au jour indiqué pour le jugement, le président
« fera de nouveau aux parties présentes, ou à celle qui com-
« paraîtra, toutes les observations propres à opérer une ré-
« conciliation. »

257   Art. 15. « Si le demandeur persiste, le rapport sera fait au
« tribunal par le juge commis : les parties, si elles sont pré-
« sentes, proposeront ensuite leurs observations; après quoi,
« et le commissaire du gouvernement entendu, les parties et
« le commissaire se retireront pour laisser délibérer les juges. »

258   Art. 16. « Le jugement définitif sera arrêté à huis clos, et
« prononcé publiquement. Lorsqu'il admettra le divorce, il
« n'en exprimera pas les causes; il autorisera seulement le de-
« mandeur à se retirer devant l'officier de l'état civil pour le
« faire prononcer. »

262   Art. 17. « En cas d'appel, soit du jugement qui aurait re-
« fusé la permission de citer, soit de celui qui aurait ordonné

« ou refusé la preuve, soit du jugement définitif, la cause
« sera instruite et jugée à huis clos par le tribunal d'appel,
« sur le rôle des affaires urgentes. »

L'article 18 est soumis à la discussion ; il porte :   av. 264
« Dans tous les actes de l'instruction sur une demande en
« divorce, les parties ne pourront se faire représenter par un
« fondé de pouvoir ; elles pourront néanmoins être assistées
« d'un avoué ou défenseur.

« Il est défendu, dans l'instruction, soit de première ins-
« tance, soit d'appel, de publier de part ni d'autre aucun
« mémoire imprimé, à peine de 1,000 francs d'amende, tant
« contre la partie qui l'aura produit, que contre chacun des
« signataires, auteurs et imprimeurs. »

Le Consul Cambacérès pense qu'il ne faudrait pas interdire l'impression des défenses, parce qu'il est possible que
l'un des époux ait intérêt de redresser l'opinion publique
qu'on serait parvenu à égarer.

M. Boulay observe que ce serait rendre la contestation publique.

Le Consul Cambacérès dit qu'il voudrait qu'elle le fût ; que
cette publicité serait un moyen d'amener plus sûrement les
époux au divorce par consentement mutuel ; que d'ailleurs
on se flatte vainement que la procédure sera secrète ; qu'il ne
peut pas y avoir de mystère là où il y a tant de témoins. Le
secret devrait être réservé pour la procédure primaire, pendant laquelle on peut encore espérer la réconciliation ; au-
delà de ce terme, cet espoir est détruit.

M. Emmery pense que si la section eût prévu que le système
du consentement mutuel serait adopté, elle eût autrement
rédigé ce chapitre ; qu'il serait donc nécessaire de le revoir
depuis l'article 16.

M. Tronchet dit qu'on pourrait sans inconvénient changer
la disposition qui défend d'exprimer dans le jugement la
cause du divorce ; mais qu'il importe de ne pas donner de pu-

blicité à une procédure dont les détails sont scandaleux, et qui devient un vrai spectacle pour la malignité.

La proposition de M. *Tronchet* et l'article 18 sont adoptés.

Les articles 19 et 20 sont adoptés; ils sont ainsi conçus :

Ib.   Art. 19. « Tous les procès-verbaux relatifs à l'instruction
« de la demande en divorce resteront déposés au greffe, pour
« y demeurer secrets. On ne pourra en délivrer des expédi-
« tions qu'aux personnes qui y auront été parties, ou à leurs
« héritiers et ayans-cause, dans les cas où ceux-ci y auront
« intérêt, et sur une permission spéciale du président du tri-
« bunal, le commissaire du gouvernement préalablement
« ouï. »

264-265   Art. 20. « En vertu de tout jugement en dernier ressort ou
« passé en force de chose jugée, qui autorisera le divorce,
« l'époux qui l'aura obtenu pourra, dans les deux mois au
« plus tard de la date du jugement, se présenter devant l'of-
« ficier de l'état civil, le défendeur appelé, pour faire pro-
« noncer le divorce.

266   « Ce délai passé, le demandeur sera censé s'être désisté du
« bénéfice du jugement, qui demeurera nul et comme non
« avenu. »

ap. 266   L'article 21 est soumis à la discussion ; il porte :

« Quelle que soit la nature des faits ou délits imputés par le
« demandeur à l'autre époux, le divorce ne peut être pour-
« suivi que par la voie civile.

« Le divorce sera autorisé ou rejeté nonobstant l'action cri-
« minelle qui pourrait être intentée d'office par le commis-
« saire du gouvernement, et sans préjudice de cette action.

« Le jugement portant absolution de l'époux accusé ne
« produira aucun effet contre celui qui aura autorisé le di-
« vorce. S'il intervient, au contraire, un jugement de con-
« damnation contre l'époux accusé, ce jugement rétablira le
« droit de l'époux demandeur, nonobstant le jugement qui
« aurait rejeté sa demande en divorce.

« En conséquence, sur la présentation du jugement de con-
« damnation, et sur la simple requête du demandeur, le di-
« vorce sera autorisé. »

M. Tronchet dit que cet article décide qu'il y aura d'abord une procédure civile, quoique, dans le cours de la discussion, on ait paru adopter que, lorsqu'il y aurait lieu, il y aurait d'abord une procédure criminelle.

L'article et le reste du projet sont ajournés.

Les articles non discutés sont ainsi conçus :

Art. 22. « Le divorce fondé sur l'abandon de la part de l'un
« des deux époux ne pourra être demandé qu'après deux
« ans, à compter du jour auquel l'époux défendeur se sera
« éloigné de la maison commune ; l'abandon imputé à cet
« époux sera constaté par trois sommations faites de mois en
« mois à l'époux éloigné, de se réunir au domicile matrimo-
« nial, suivies d'un jugement qui le lui ait ordonné, et qui
« lui ait été signifié trois fois de mois en mois. Les sommations
« et les significations doivent être faites, après le délai ci-
« dessus de deux années, à sa résidence de fait, si elle est
« connue ; sinon elles doivent être faites au lieu du domicile
« matrimonial, visées par le juge de paix de l'arrondissement,
« et notifiées aux plus proches de ses parens résidant dans la
« même commune. »

Art. 23. « Le jugement qui ordonnera à l'époux éloigné de
« revenir dans la maison commune ne pourra être rendu
« qu'après avoir entendu ceux de ses parens qui résident dans
« la même commune, ou, à leur défaut, ses voisins et ses
« amis, sur les circonstances et les motifs de son éloignement
« ou de sa retraite.

« Les parens, voisins ou amis seront cités au tribunal à la
« diligence du commissaire du gouvernement. »

Art. 24. « Les demandes en divorce pour cause d'abandon
« seront jugées trois mois après la troisième signification du
« jugement dont est mention dans l'article précédent, et non

« plus tôt, sur le vu des sommations, jugement et significations
« ci-dessus prescrits, et le commissaire du gouvernement en-
« tendu, sans qu'il soit besoin d'autres instructions. »

Art. 25. « Les questions de divorce ne pourront, dans au-
« cun cas, être portées à des arbitres. Le divorce volontaire
« est prohibé. »

La section II, intitulée *des Mesures provisoires auxquelles peut donner lieu la Poursuite d'une demande en divorce*, est soumise à la discussion.

L'article 1er est ainsi conçu :

« S'il y a des enfans communs dont chacun des deux époux
« réclame l'administration provisoire pendant l'instance en
« divorce, le juge en décidera d'après les circonstances et
« pour la plus grande utilité des enfans. »

Le Consul Cambacérès demande s'il convient de laisser le sort des enfans entièrement à l'arbitrage du juge, ou s'il ne serait pas préférable d'établir, à cet égard, quelques règles. Il faudrait du moins donner aux tribunaux une instruction qui les mît en état de décider suivant les circonstances. La position, en effet, n'est pas la même lorsque le divorce est demandé par le mari, que lorsqu'il est demandé par la femme; lorsque les enfans sont mâles, que lorsque ce sont des filles.

M. Portalis dit que la section avait fait ces distinctions; mais, comme c'est une doctrine reçue, que le juge doit avoir égard aux circonstances, et que l'intérêt des enfans est le principe décisif dans cette matière, la section a cru les détails inutiles.

Le Consul Cambacérès demande si, par ce mot *le juge*, la section entend le tribunal entier, ou seulement le président.

M. Portalis répond qu'elle a entendu désigner le tribunal entier.

Le Consul Cambacérès dit qu'alors il est nécessaire de s'expliquer plus positivement.

M. Emmery dit que la décision paraît devoir appartenir au

président, parce que, pendant une longue instruction, il est quelquefois nécessaire de changer fréquemment les dispositions prises pour régler le sort des enfans.

Le Consul Cambacérès dit qu'on pourrait obliger le président à en référer au tribunal.

L'article est adopté, ainsi que la dernière proposition du Consul *Cambacérès* et celle de M. *Emmery*.

L'article 2 est soumis à la discussion; il porte :

« Si la femme qui demande le divorce a quitté ou déclaré
« vouloir quitter le domicile du mari, le tribunal indiquera
« la maison dans laquelle elle devra résider pendant la pour-
« suite du divorce.

« La femme sera tenue de justifier de cette résidence,
« toutes les fois qu'elle en sera requise; faute d'en justifier,
« toute poursuite sera suspendue. »

M. Portalis dit que l'objet de cet article est de ménager la décence, et de faciliter la surveillance du mari.

Le Consul Cambacérès dit que l'article est incomplet, en ce qu'il ne pourvoit pas au cas où la demande en divorce est formée par le mari.

M. Portalis dit que l'article est commun aux deux cas.

L'article est adopté sauf rédaction.

L'article 3 est soumis à la discussion; il porte :

« Si la femme n'a pas de revenus suffisans pour fournir
« à ses besoins pendant la poursuite du divorce, le tribunal
« lui accordera une pension alimentaire proportionnée aux
« facultés du mari.

« Le mari ne sera tenu de lui payer cette pension qu'au-
« tant que la femme justifiera qu'elle a constamment résidé
« dans la maison indiquée par le tribunal. »

Le Consul Cambacérès demande si le jugement qui accorde la pension sera sujet à l'appel.

M. Portalis répond que la section a entendu réserver cette faculté au mari.

348   DISCUSSIONS, MOTIFS, etc.

M. REGNAUD (de Saint-Jean-d'Angely) demande si ces mots, *revenus suffisans*, s'appliquent aussi à la femme commune en biens, et, dans ce cas, si sa pension alimentaire sera prise sur la communauté, ou sur les biens personnels du mari.

M. PORTALIS dit que la disposition s'étend à tous les cas où la femme manque du nécessaire.

M. TRONCHET ajoute que l'esprit de l'article étant d'assurer à la femme une pension alimentaire, cette pension sera prise indistinctement sur les revenus de la femme ou sur les revenus du mari, en un mot sur tous les biens qui pourront la fournir.

L'article est adopté.

L'article 4 est soumis à la discussion; il porte :

« La femme, commune ou non commune, pourra, pour la
« conservation de ses droits, requérir l'apposition des scellés
« sur les meubles et effets dont le mari est en possession.

« L'apposition des scellés pourra avoir lieu, même dans
« les cas où le tribunal suspendra l'admission de la demande
« en divorce, pour les causes prévues dans les articles précé-
« dens.

« Le tribunal, saisi de la demande en divorce, connaîtra
« de la demande en apposition de scellés. »

M. REGNIER demande si l'apposition des scellés sera accordée par le juge sans examen.

M. TRONCHET répond que les articles suivans prévoient la difficulté; qu'en autorisant le mari à demander la main-levée des scellés, on lui permet à plus forte raison de s'opposer à leur apposition; que son opposition sera jugée à l'instant sur référé.

LE CONSUL CAMBACÉRÈS demande dans quel cas il y aura lieu à recevoir l'opposition du mari.

M. TRONCHET répond que ce sera toutes les fois que les scellés nuiraient à ses affaires; et que c'est pour donner, en ce cas, une sûreté à la femme, que la section propose de faire dresser un inventaire, ou d'obliger le mari à fournir caution.

Le Consul Cambacérès dit qu'en effet les articles 6 et 7 donnent une garantie à la femme, dans le cas où des raisons particulières doivent empêcher l'apposition des scellés ; mais que ces articles se bornent à autoriser l'apposition, sans examen des droits de la femme, au lieu que l'article 5, par l'effet de sa rédaction, semble autoriser le mari à contester ces droits, pour échapper au scellé.

M. Tronchet dit que l'expression *contester l'apposition* est vicieuse, et qu'il est préférable de dire, *le mari s'opposera à l'apposition des scellés*.

M. Regnaud (de Saint-Jean-d'Angely) dit que l'apposition des scellés doit avoir lieu nonobstant l'opposition du mari, afin que toute distraction devienne impossible pendant le référé qui sera introduit; sans cela le mari ne permettra jamais l'apposition des scellés, et pendant le délai qu'il se procurera, il enlevera les meilleurs effets, il dénaturera tout ce qui sera susceptible d'être changé de forme et caché. Alors les femmes ne trouveront qu'une communauté spoliée, et seront quelquefois réduites à la misère, tandis que leurs époux, du côté desquels pourront être les torts, vivront dans l'opulence.

M. Tronchet dit qu'alors, comme dans le cas de la saisie de meubles, un huissier restera dans la maison, ou le juge de paix établira un gardien jusqu'après le référé, qui devra avoir lieu à l'instant.

M. Regnaud (de Saint-Jean-d'Angely) objecte que ces précautions ne suffiraient pas pour empêcher la soustraction d'un portefeuille qui pourrait renfermer des sommes considérables.

M. Emmery observe qu'un mari prévoit ordinairement qu'il va être exposé à l'apposition des scellés, et que s'il est de mauvaise foi, ses précautions sont prises avant le moment où le juge de paix se présente.

L'article est adopté.

Les articles 5 et 6 sont adoptés ; ils sont ainsi conçus :

Art. 5. « Quand le mari contestera l'apposition des scellés, « ou lorsqu'il en demandera la main-levée, le tribunal sta- « tuera, sauf l'appel. L'appel, dans ce cas, n'aura point d'ef- « fet suspensif.

« Le tribunal d'appel statuera dans le mois. »

Art. 6. « La main-levée des scellés sera toujours accordée, « si le mari consent qu'il soit procédé à l'inventaire, et s'il « présente une sûreté suffisante dans ses biens personnels, « ou s'il offre une caution suffisante des droits apparens de la « femme. »

L'article 7 est soumis à la discussion ; il porte :

« A compter du jour de la demande en divorce, l'état de la « communauté ne pourra être changé relativement à la « femme, ni par les engagemens que le mari pourra contrac- « ter, ni par les aliénations qu'il pourra faire. Le mari en « devra la garantie à sa femme, et celle-ci aura action pour « prévenir ou pour faire réparer les fraudes faites à son pré- « judice. »

M. Regnier demande au profit de qui tournera l'augmentation qui pourra survenir dans la communauté.

Il observe que cet article gênera beaucoup le mari dans l'administration de ses affaires.

M. Portalis répond que cependant, sans la précaution établie par cet article, on doit craindre beaucoup de fraudes ; qu'au surplus il suffirait peut-être de dire que les actes frauduleux seront déclarés nuls.

L'article est adopté, sauf rédaction.

(Procès-verbal de la séance du 4 brumaire an X. — 26 octobre 1801.)

M. Emmery présente des bases *sur les causes du divorce.*

Elles sont ainsi conçues :

Art. 1ᵉʳ. « L'adultère prouvé est une cause de divorce. »

Art. 2. « L'attentat prouvé de l'un des époux sur la vie de « l'autre est une cause de divorce. »

Art. 3. « La condamnation définitive de l'un des époux à « une peine infamante est une cause de divorce. »

Art. 4. « Les sévices et mauvais traitemens ne donnent « lieu qu'à l'action en séparation de corps, lorsqu'elle a été « prononcée judiciairement; la non-réconciliation dans les « trois ans est une cause de divorce. »

Art. 5. « La conduite habituelle d'époux qui se rendent « l'un à l'autre la vie commune insupportable est une cause « de divorce, lorsqu'elle est constatée par le consentement « mutuel des deux époux, et par l'effet des épreuves et des « conditions que la loi prescrit. »

Les articles 1 et 2 sont soumis à la discussion.

M. Defermon demande que l'adultère du mari ne soit pas une cause de divorce, parce qu'il est contre les mœurs et contre la décence de permettre à une femme de faire valoir une semblable cause.

La proposition de M. *Defermon* est adoptée.

M. Boulay demande que la proposition de M. *Defermon* soit modifiée par l'amendement qu'avait proposé la section, en faisant de l'adultère du mari une cause de divorce lorsqu'il tient sa concubine dans la maison commune.

M. Roederer dit qu'on ne doit pas accorder le divorce à la femme pour le concubinage du mari. Jamais la loi n'a puni ces sortes d'écarts, même civilement. On a dit dans tous les temps, *tori conjugalis maritus solus vindex*. Il y a plus : ce n'est pas l'adultère directement que les lois ont puni, mais seulement l'introduction possible d'enfans étrangers dans la famille, et même l'incertitude que l'adultère laisse à cet égard. Or, l'adultère du mari n'a pas de semblables suites. Au reste, il serait contre les bonnes mœurs d'autoriser une femme à se plaindre que son mari la néglige, et que ses soins sont pour une concubine.

M. Regnier dit qu'on ne peut raisonner dans cette matière par comparaison avec la législation ancienne, puisqu'elle n'admettait pas le divorce ; que si l'adultère peut devenir une cause de divorce, il serait injuste que les deux époux ne pussent pas la faire valoir réciproquement : car il faut que les choses soient égales entre eux. On autorise le divorce pour empêcher les époux d'être malheureux ; or, toute cause qui est jugée capable de rendre amère l'union conjugale ne produit pas moins cet effet à l'égard de la femme qu'à l'égard du mari. Il est vrai que les conséquences de l'adultère sont plus graves dans la femme ; mais le crime est le même dans les deux époux : c'est toujours la violation de la foi donnée ; et cette violation est, par elle-même, le principe du divorce.

M. Tronchet dit que M. Rœderer s'est trompé, lorsqu'il a supposé que les lois romaines n'admettaient pas la femme à demander le divorce pour l'adultère du mari. Elles autorisaient cette action, mais dans le seul cas où le mari avait introduit sa concubine dans la maison. Elles regardaient ce procédé comme la plus grande injure qui pût être faite à une femme chaste et honnête ; et, sous ce rapport, elles accordaient l'action en divorce, non pour punir le crime du mari, mais pour donner une réparation à la femme.

L'amendement de M. Boulay est adopté.

Le Consul Cambacérès demande si, pour intenter le divorce fondé sur l'adultère, il ne faudra pas, avant tout, introduire une procédure criminelle, afin de parvenir à la preuve de ce délit.

M. Tronchet dit que, dans une des précédentes séances, le projet proposé a été modifié, en ce que l'on a décidé que, pour punir la femme adultère, le jugement exprimerait la cause du divorce ; mais les dispositions qui établissaient la procédure secrète ont été maintenues.

Cependant, comme le divorce, tel qu'il est pratiqué, excepté dans les pays protestans, donne à la femme adultère la faculté d'épouser le complice de son crime, peut-être serait-il nécessaire de la déclarer incapable de contracter un nouveau mariage.

Le Conseil adopte en principe,

1°. Que l'action en divorce pour cause d'adultère est purement civile ;

2°. Que la femme contre laquelle le divorce a été prononcé pour cette cause est incapable de contracter un nouveau mariage.

M. Portalis demande que l'incapacité de la femme ne soit pas absolue, mais qu'elle soit limitée au complice de son crime.

M. Tronchet observe qu'il n'a pas entendu restreindre sa proposition au seul cas de l'adultère ; qu'il croit que, dans les pays protestans, l'incapacité doit frapper l'époux coupable, pour quelque crime que le divorce ait été prononcé.

Le Premier Consul met aux voix la proposition de M. Portalis.

Le Conseil décide que l'incapacité de la femme adultère sera absolue.

Le Premier Consul met aux voix la question de savoir si l'incapacité sera étendue au mari ; si elle sera absolue, ou seulement relative.

Le Conseil adopte en principe que le mari contre lequel le divorce a été prononcé pour cause d'adultère ne sera pas incapable de contracter un nouveau mariage, si ce n'est avec sa concubine.

Le Premier Consul rappelle que M. *Tronchet* a également proposé d'étendre ces incapacités aux époux divorcés pour cause d'attentat. Il soumet cette proposition à la discussion.

Le Consul Cambacérès dit que les attentats ne peuvent donner lieu au divorce, s'ils ne sont prouvés ; qu'ainsi l'action en divorce pour cette cause est nécessairement subordonnée à l'événement d'une procédure criminelle. Il ajoute que, dans le cas où l'essence du mariage est attaquée pour des causes qui ne sont pas des délits, on peut sans doute poursuivre le divorce par une procédure civile ; mais, quand il y a un délit, ce serait dénaturer les idées et mettre les lois en contradiction, que de ne pas exiger une procédure criminelle. Le Consul observe que les rédacteurs du projet de Code civil ont à peu près raisonné d'après ces idées, lorsqu'ils ont dit, en traitant de la suppression d'état, que l'action criminelle ne pourrait commencer qu'après le jugement définitif sur la question d'état.

M. TRONCHET dit qu'on a dû distinguer dans les délits ceux qui n'offensent que les époux, et ceux qui offensent l'ordre public. S'il y a attentat, le seul intérêt qu'ait l'époux, c'est de ne pas demeurer avec celui qui forme des desseins contre sa vie. Cependant la nature des rapports qui existent entre le mari et la femme ne permet pas qu'ils prennent l'un contre l'autre la voie criminelle; mais s'il y a un fait positif dans la procédure qui s'instruit, le commissaire du gouvernement doit s'en emparer, rendre plainte, et poursuivre la punition du coupable. La partie publique a seule le droit de provoquer la peine publique : ce droit n'appartient pas à la partie civile, qui ne peut, en aucun cas, conclure qu'à des dommages et intérêts.

LE CONSUL CAMBACÉRÈS demande laquelle des deux procédures marchera la première dans ce système.

M. TRONCHET répond que ce sera la procédure criminelle.

LE CONSUL CAMBACÉRÈS dit qu'alors le divorce demeure suspendu jusqu'au jugement de la procédure, suivant la maxime *le criminel tient toujours le civil en état*; et si, quoique les faits soient constans, la femme obtient un jugement d'absolution sur la question intentionnelle, le mari ne pourra reprendre son action civile, puisqu'elle n'aurait plus de fondement. Il sera, en conséquence, obligé de vivre avec une femme qu'il a accusée d'assassinat, et qu'il en croit coupable. Veut-on, au contraire, que l'action civile puisse être reprise : on s'expose, dans cette hypothèse, à voir deux jugemens contradictoires : l'un criminel, qui déclare la femme innocente; l'autre civil, qui la déclare coupable.

M. Tronchet dit que cette contradiction est peu à craindre; que les preuves qui convaincraient le juge civil opéreraient sans doute aussi la conviction du juge criminel.

M. Regnaud (de Saint-Jean-d'Angely) fait observer que, devant un tribunal civil, il faut des preuves légales, c'est une déposition précise et formelle des témoins pour que les juges puissent prononcer; tandis que, devant les tribunaux criminels, ce sont les jurés qui prononcent, d'après leur conscience, sur l'ensemble des faits, des apparences, des considérations.

M. Tronchet répond que, dans ces sortes de contestations, les juges civils, qui instruiraient à huis clos, qui ne seraient pas obligés de compter le nombre des témoins, qui pourraient tirer leur conviction des aveux du coupable, de sa contenance, de ses explications, en un mot, des circonstances, feraient véritablement office de jurés, et prononceraient comme le tribunal criminel.

M. Regnaud (de Saint-Jean-d'Angely) réplique que, comme il y a lieu à l'appel, les dépositions des témoins et l'interrogation des parties devront être recueillies par écrit, et que tout ce qui aura frappé les premiers juges ne frappe plus les juges supérieurs.

M. Roederer dit qu'il pourra néanmoins y avoir des différences entre les jugemens des deux tribunaux, attendu que le juge criminel ne peut condamner que sur un fait positif, tandis que le juge civil peut condamner pour un ensemble de faits et de sévices, dont aucun cependant, pris isolément, n'a le caractère d'assassinat.

M. Tronchet répond que le projet ne confond pas les sévices avec les attentats.

M. Regnier observe que l'objection du Consul *Cambacérès* demeure cependant dans toute sa force, attendu que la question intentionnelle sauve quelquefois un accusé, quoique le fait soit prouvé de manière à emporter la condamnation civile. Il peut donc y avoir contradiction entre les deux jugemens : elle sera même souvent inévitable ; car, dans l'instruction criminelle, on s'attache surtout à l'intention ; dans la procédure civile, on s'attache au fait; d'ailleurs, le ministère public sera obligé d'agir : la procédure criminelle ne sera point écrite. Toutes ces considérations ne permettent pas d'admettre la procédure civile dans le divorce demandé pour cause d'attentat, comme on l'a admise dans le divorce pour cause d'adultère.

Le Ministre de la Justice dit que la voie criminelle ne doit rien avoir de commun avec l'action civile ; que la demande en divorce est essentiellement civile; qu'elle a pour objet la dissolution d'un contrat civil ; que les moyens pour arriver à cette fin sont donc de la connaissance du tribunal civil. S'il en était autrement, la demande en divorce courrait souvent risque d'échouer, parce que les tribunaux criminels, ayant à punir un crime qui entraîne la peine de mort, demandent des preuves plus claires que le jour ; au lieu que les tribunaux civils, n'ayant qu'un contrat civil à dissoudre, pourraient se déterminer par des circonstances, qui, si elles n'établissaient pas dans leur esprit la preuve complète d'un attentat, les convaincraient néanmoins de la nécessité du divorce. Le ministère public n'en aurait pas moins la faculté ensuite de suivre la voie criminelle, s'il le jugeait à propos, et alors on conçoit qu'il ne pourrait y avoir de contradiction même dans l'absolution du crime d'attentat par le tribunal criminel.

Le Conseil adopte en principe que l'action en divorce pour cause d'attentats est criminelle.

Le Premier Consul soumet à la discussion la question de savoir si, dans le cas du divorce pour cause d'attentats, l'époux coupable pourra contracter un nouveau mariage.

M. Boulay observe que, d'après la décision qui vient d'être rendue, cette question devient inutile. La procédure étant toujours criminelle, il y aura absolution ou condamnation : dans le premier cas, l'action en divorce tombe; dans le deuxième, la condamnation emporte la peine de mort.

L'article 3 est adopté.

L'article 4 est soumis à la discussion.

M. THIBAUDEAU demande si les sévices seront une cause que pourront faire valoir également les deux époux. Il observe que l'allégation de sévices serait ridicule de la part du mari.

Cet article est d'ailleurs incohérent; il confond deux choses qui ont toujours été regardées, dans le cours de la discussion, comme devant être distinctes, la séparation et le divorce. Les motifs de la première deviennent, par un laps de temps, des motifs de l'autre. On ne voit pas le fondement d'une telle disposition; pour procéder avec méthode, il faut revenir à distinguer du divorce la séparation simple, et ne pas les subordonner l'une à l'autre. Il n'y a que la séparation par forme d'épreuve, antérieure au divorce, qui doive se trouver ici. La séparation par action principale doit faire l'objet d'un autre titre.

M. BOULAY dit qu'un mari peut éprouver, de la part de sa femme, des injures et des mauvais traitemens capables de devenir une cause de divorce.

LE MINISTRE DE LA JUSTICE dit qu'il avait compris que des sévices ne seraient que des causes de séparation, et ne deviendraient jamais des motifs de divorce. Cela posé, il est impossible que des causes de séparation changent de nature après trois ans, et deviennent des causes de divorce. Il faut donc séparer d'abord ces deux espèces de causes; on a ensuite un terme moyen dans le consentement mutuel.

M. BOULAY dit qu'on a admis des demi-causes de divorce qui, de leur nature, ne doivent conduire d'abord qu'à la séparation, mais qui doivent ensuite conduire également au divorce, lorsqu'on aura reconnu, en les soumettant à l'épreuve du temps, qu'elles sont les indices d'une véritable incompatibilité et d'une antipathie caractérisée.

Le Ministre de la Justice dit que le délai de trois ans n'ajoutera rien au poids de ces sortes de causes; elles seront, après ce terme, les mêmes qu'elles étaient d'abord. Les époux passeront le temps du délai dans un état de froideur l'un envers l'autre, et sans montrer une plus grande antipathie que dans le principe. Le délai de trois ans devient donc inutile, et, d'ailleurs, on pourrait ajourner ainsi la séparation jusqu'à l'époque où il serait expiré. Il n'y aura donc au bout de ce délai aucun grief nouveau qui puisse amener le divorce.

M. Regnier dit que les demi-causes dont on parle sont de véritables causes de divorce; mais qu'on peut en suspendre l'effet pendant trois ans, afin de démêler si l'on n'avait pas pris pour antipathie réelle quelques emportemens et de simples querelles de ménage. Or, si, pendant trois ans, les époux n'ont marqué aucun désir de se rapprocher, il est démontré que la haine qu'ils se portent a un caractère durable, qu'il y aurait de la cruauté à les forcer de vivre ensemble. La rédaction pourrait exprimer plus clairement cette idée.

Le Premier Consul dit que si les sévices et les mauvais traitemens devenaient par eux-mêmes des causes éloignées de divorce, après avoir opéré une séparation, les tribunaux prononceraient indirectement le divorce pour des motifs qu'ils n'auraient pas jugés capables de l'opérer s'ils eussent été la base d'une demande positive.

C'est ainsi que le divorce qui vient après trois années de séparation attaque plus fortement la stabilité du mariage que le divorce qui aurait été prononcé d'abord pour sévices. Le mariage ne serait plus qu'un jeu, si les motifs qui font prononcer la séparation pouvaient ensuite opérer le divorce, sans qu'ils fussent devenus plus graves, et sans qu'il intervînt de jugement nouveau.

Le Consul ne convient pas que le terme de trois ans puisse amener des rapprochemens entre les époux, s'il est vrai qu'ensuite il leur soit permis de divorcer. Ils se seraient peut-être réconciliés, s'ils n'avaient eu le divorce en perspective, et s'ils n'avaient été sûrs d'y arriver par le seul laps du temps.

M. REGNIER répond que la séparation de corps n'est jamais prononcée que pour des sévices très-graves. Si on pense que de tels sévices ne puissent pas être des causes de divorce, l'article en discussion doit être rejeté : il doit être adopté, au contraire, si ces sévices avaient pu faire d'abord prononcer le divorce.

Quant aux juges, qui ont toujours difficilement prononcé les séparations de corps, ils se montreront bien plus sévères encore lorsque la séparation pourra conduire au divorce.

LE PREMIER CONSUL dit que, dans son opinion, les sévices ne sont des causes de divorce que quand ils dégénèrent en attentats, à moins qu'ils ne soient couverts et avoués par le consentement mutuel : cependant, s'il fallait opter entre le système du projet de Code civil et celui qu'on propose, le Consul n'hésiterait pas à préférer le premier, parce que le juge, en prononçant d'abord le divorce, connaît mieux le résultat de son jugement.

M. BOULAY dit que les juges, se prêtant difficilement au divorce, et sachant qu'il peut être la suite d'une séparation, ne se montreront que trop sévères, et que cette sévérité est peut-être au contraire l'objection la plus grave que l'on puisse opposer au système de l'article.

M. MALEVILLE fait observer qu'il n'est pas exact de dire que tout ce qui est cause de séparation soit un motif suffisant de divorce. Les remèdes doivent être proportionnés aux maux, les peines aux délits; et comme il y a une très-grande différence entre le divorce et la séparation, soit par rapport au nœud du mariage que l'un détruit, et que l'autre conserve, soit par rapport aux enfans, les causes du divorce doivent être plus graves nécessairement que celles de la séparation.

S'ensuit-il, pour cela, que la séparation doive être légèrement prononcée? Non, sans doute. Dans tout objet relatif, il y a trois termes, le positif, le comparatif et le superlatif. La séparation ne doit sans doute être prononcée que pour causes graves; mais pour le divorce, il faut des causes plus graves encore, des causes très-graves.

La loi, telle qu'elle est proposée, aurait ces deux inconvéniens : ou les juges, se fondant sur l'espoir de la réconciliation, lorsqu'on ne leur demande qu'une simple séparation, l'accorderont pour des causes qui ne devraient pas autoriser le divorce, ou bien, de crainte que cette séparation n'amène en définitif le divorce, ils refuseront la séparation lorsqu'elle serait nécessaire, ne fût-ce que pour laisser refroidir la mauvaise humeur qu'irrite la présence d'un objet qui déplaît dans le moment.

Il faudrait donc en revenir à laisser seulement les sévices comme cause de séparation, et ne pouvant amener le divorce.

M. Tronchet dit qu'il rejette également et le projet de la section, et le système qui fait des sévices une cause de divorce, pourvu que le consentement mutuel intervienne.

Le consentement mutuel sera toujours illusoire.

Quant aux sévices, lorsqu'ils sont portés au point qu'ils doivent entraîner la dissolution du mariage, comment pourraient-ils l'opérer, si on fait dépendre le divorce du consentement de l'époux coupable, qui certainement refusera de le donner? Ainsi le malheur de l'autre époux est sans remède, et cependant la loi doit lui en présenter un.

Les rédacteurs du projet de Code civil avaient pensé que les causes de séparation sont aussi des causes de divorce; car il est évident, comme l'a observé le Ministre de la Justice, que ces causes ne peuvent changer de nature : cette considération doit faire rejeter la séparation proposée par l'article en discussion.

Elle est d'ailleurs impraticable. Autrefois la séparation s'étendait aux biens des époux, parce qu'elle était définitive, et que, sauf le lien du mariage qu'elle ne rompait pas, elle leur donnait presque autant de liberté que leur en donne aujourd'hui le divorce; mais quelle disposition peut-on prendre à l'égard des biens, quand la séparation n'est que provisoire?

Il est un autre moyen plus conforme à la nature des choses.

Il consiste à distinguer deux espèces de divorce ; un divorce absolu et définitif, et un divorce de simple épreuve : ce dernier serait prononcé pour sévices; le tribunal autoriserait les époux à vivre séparément pendant un certain nombre d'années, et à l'expiration de ce terme il jugerait, tant d'après les faits anciens que d'après les faits postérieurs, s'il y a lieu à divorce définitif.

Au surplus, ce système n'a pas besoin d'être établi par une disposition expresse : d'après les formes adoptées, les juges auront le pouvoir de suspendre le jugement définitif du divorce, et d'ordonner que, provisoirement, les époux vivront séparément pendant un temps déterminé.

Le Premier Consul dit qu'en suspendant ainsi le jugement, on échapperait à l'inconvénient de faire changer de nature la sentence après un certain temps.

M. Regnier observe que, dans le système de l'article, le jugement de séparation ne serait pas converti de plein droit en un jugement de divorce; mais qu'il autoriserait la demande du divorce après trois ans.

Le Premier Consul objecte que néanmoins le divorce serait prononcé sans faits nouveaux et sans nouvelle procédure, et que le juge ne pourrait se dispenser de l'ordonner, quoiqu'il fût convaincu, par des circonstances, que l'allégation de sévices qui a fait prononcer la séparation est fausse et calomnieuse.

Il faut d'abord s'expliquer nettement, et dire si le second jugement sera rendu en connaissance de cause, ou ne sera que de forme; si la procédure d'instruction sera close après le premier jugement, ou si elle demeurera ouverte pendant les trois ans, de manière que les faits nouveaux et les preuves nouvelles servent à déterminer le second jugement.

M. Regnier dit qu'il suppose la procédure fermée après le premier jugement, parce que le droit au divorce est acquis dès ce moment. Ses effets seuls sont suspendus pour donner lieu à la réconciliation des époux.

Le Premier Consul dit que le droit au divorce ne doit être acquis que par le dernier jugement, afin que le juge ne soit pas obligé de confirmer contre sa conscience une procédure qui se trouverait détruite par des faits nouveaux ou par des preuves nouvelles.

M. Tronchet dit que la marche naturelle de cette délibération mène à examiner d'abord si les sévices seront des causes immédiates du divorce absolu. Dans le cas où le Conseil déciderait la négative, on examinera si les sévices seront des causes du divorce d'épreuve.

M. Emmery dit qu'il conviendrait donc de discuter d'abord l'article 5.

L'opinant explique la théorie de la section.

Le principe du divorce est admis, dit-il : il est également admis que le divorce pourra s'opérer par le consentement mutuel, lequel sera surtout employé pour cacher les causes graves.

Ceci posé, on a dit : les sévices réels, et qui rendent à l'un des époux la vie insupportable, doivent opérer le divorce lorsqu'ils sont avoués ; le consentement mutuel est l'aveu tacite des sévices.

On a observé que cependant il serait difficile d'amener au consentement mutuel le mari qui tyranniserait sa femme : dans cette vue, l'on a imaginé de ménager à celle-ci la ressource ancienne de la séparation de corps, et l'on a supposé, avec raison, que les juges ne la prononceraient pas légèrement. S'ils l'ordonnent, il sera reconnu que le mari est un tyran, et que sa femme est sa victime ; mais cette femme, reconnue victime, serait cependant obligée de vivre dans le célibat, et conserverait des rapports avec son mari tant que le lien qui les unit ne serait pas entièrement rompu. Or, on a voulu qu'après trois ans elle pût sortir de cette position fâcheuse, et qu'elle pût faire valoir le défaut de réconciliation comme une preuve certaine de l'incompatibilité. Tout ce système est donc conçu dans l'intérêt de la femme.

D'ailleurs, on doit observer, 1° que la séparation ne peut devenir un abus ; car le mari conservant l'action d'adultère, la femme est forcée de vivre honnêtement ; 2° que quand la femme demandera le divorce, elle sera obligée de prouver qu'il n'y a pas eu de réconciliation. Il s'engagera donc une instance qui rendra le divorce incertain, qui permettra aux juges de se livrer à un nouvel examen, et de n'admettre la demande que quand le divorce sera en effet le seul remède possible.

D'après cette théorie, l'article 5 doit être placé avant l'article 4, attendu qu'il faut établir les causes directes de divorce, avant de dire lesquelles de ces causes autorisent la femme à demander la séparation, quand elle ne pourrait amener son mari au divorce par consentement mutuel.

M. PORTALIS dit que lorsqu'après trois ans le juge s'aperçoit que la séparation a été prononcée sur des motifs insuffisans pour fonder une demande en divorce, il ne doit pas avoir les mains liées. Si le second jugement est rendu en connaissance de cause, tous les inconvéniens disparaissent. On pourrait donc donner l'action en séparation pour cause de sévices, décider qu'après trois ans la séparation sera convertie en divorce sur la demande de la femme ; mais que le juge prononcera en connaissance de cause, fera droit, et déboutera, si la demande lui paraît non recevable et mal fondée.

M. REGNIER dit que, dans ce système, le premier jugement serait illusoire, puisque la séparation sans réconciliation postérieure ne serait pas la cause du divorce, mais qu'il faudrait qu'elle fût appuyée d'autres moyens. Cependant, ajoute-t-il, ce jugement, s'il subsiste encore, ou aura été confirmé sur l'appel, ou sera devenu définitif faute d'appel : dans l'un et l'autre cas, il a passé en force de chose jugée ; or, la chose jugée est toujours considérée comme la vérité. L'ajournement proposé par M. *Boulay* serait plus convenable.

Le Premier Consul dit que si les sévices n'étaient pas une succession de faits dont la dimension varie, mais se réduisaient comme le vol à un fait unique et positif, la sentence de séparation pourrait être définitive. Mais il n'en est pas ainsi, puisque l'on est forcé de reconnaître divers degrés dans les sévices. On peut cependant, dans cette gradation, choisir deux degrés de sévices : les uns plus légers, et qui ne seraient que des moyens de séparation ; les autres plus graves, qui seraient des moyens de divorce. Que les juges prononcent donc la séparation pour les sévices qui sont de nature à l'opérer ; mais qu'ensuite, quand on vient demander la conversion de la séparation en divorce, ils examinent de nouveau si les anciens motifs subsistent encore, si les faits ne sont pas détruits par les preuves postérieures, s'il est survenu d'autres faits, et s'il y a dans tout cela une masse de causes suffisante pour prononcer la dissolution du mariage. Ce nouvel examen aura même l'avantage de contenir, pendant la séparation, l'époux qui aura eu des torts ; car il saura qu'il sera jugé de nouveau, et que sa conduite pendant les trois années d'épreuve influera beaucoup sur l'opinion des juges.

M. Boulay, pour éviter que le même tribunal ne paraisse revenir sur sa première décision, propose de faire prononcer la séparation par le tribunal de première instance, et de porter devant le tribunal d'appel la demande en divorce qui est formée trois ans après.

Le Premier Consul dit que, dans le système qu'il a développé, le tribunal ne réformerait pas sa propre décision, mais qu'il ouvrirait une procédure nouvelle.

M. Tronchet dit que le tribunal ne se rétracterait pas,

puisque le premier jugement ne serait qu'un provisoire.

Cependant il y a un autre inconvénient : les preuves peuvent avoir péri pendant trois ans ; le mari peut avoir corrompu les témoins : il paraît donc juste d'établir que le divorce sera prononcé sans nouvel examen, lorsque la séparation l'a été pour des faits graves et prouvés.

L'opinant rappelle, en finissant, l'ordre de délibération qu'il a proposé.

M. ROEDERER dit qu'il est une marche beaucoup plus simple.

D'abord, il est impossible d'admettre plusieurs degrés dans les sévices. Le mot *sévices* signifie cruauté, *sævitia;* ils sont partout des causes de divorce. Pourquoi donc remettre à trois ans à leur donner leurs effets? S'ils ne sont pas de nature à faire prononcer le divorce, les parties, qui prévoient comment jugeront les tribunaux, se jugeront d'abord elles-mêmes, et ne demanderont que la séparation de corps ; mais lorsqu'il y a cause de divorce, il serait inouï qu'on remît à trois ans un jugement qui peut être rendu d'abord, et que, par cette suspension bizarre, on laissât dépérir les preuves. D'ailleurs, si après ce délai le juge ne trouve pas qu'il y ait lieu à divorce, il s'accuse d'avoir prononcé trop légèrement la séparation ; car il y a peu de différence entre ces deux choses.

Ici se présente la question de savoir si le mari et la femme pourront également faire valoir la cause des sévices pour obtenir soit le divorce, soit la séparation.

Or, il est aussi peu naturel d'accorder au mari le droit de se plaindre des sévices de sa femme, qu'il serait contraire aux mœurs d'admettre la femme à prouver l'incontinence de son mari. Le mari, dans ce cas, s'accuserait de lâcheté, la femme d'impudence. Il ne doit donc être permis qu'à la femme de faire valoir la cause de sévices.

Mais en réduisant à ces termes le divorce ou la séparation

pour sévices, il faut examiner si le mari jugé coupable de sévices pourra se remarier.

Il est clair que l'incapacité qui lui serait imprimée ne lierait pas la femme; il est donc nécessaire de prévoir qu'elle pourra vouloir pardonner à son mari. Or, pour qu'un second mariage contracté trop précipitamment ne devienne pas un obstacle au pardon, on pourrait déclarer la femme incapable de se remarier pendant trois ans. Voilà comme on doit organiser l'épreuve qu'on désire. Mais il est indispensable que le divorce soit prononcé, d'abord avec les modifications qui viennent d'être proposées : elles feront connaître si les sévices avaient pour principe l'antipathie et la haine, ou s'ils n'étaient l'effet que d'une jalousie mal fondée, d'un emportement passager, ou d'autres causes que le temps a détruites.

Le Premier Consul n'avoue pas qu'il n'y ait qu'une différence légère entre la séparation et le divorce.

M. Roederer dit qu'ils ne diffèrent entre eux qu'en ce que la séparation laisse subsister le lien du mariage, au lieu que le divorce le rompt et donne aux deux époux le droit de contracter un nouveau mariage : au-delà les effets sont les mêmes. Mais on a quelquefois confondu, dans le cours de cette discussion, le divorce avec la répudiation, qui ne rend pas les deux époux libres.

Le Premier Consul dit que la séparation est au divorce ce que la suspension est à la cassation : dans la séparation, les époux peuvent rétablir leur union; la femme conserve le nom de son mari; un autre mariage est impossible. C'est tout le contraire dans le divorce : il ne doit donc pas être prononcé, comme la séparation, pour des causes qui, de leur nature, ne sont que momentanées, à moins qu'on ne vienne à s'apercevoir que ces causes sont plus grandes au fond que les apparences ne l'annonçaient; c'est ce que prouverait le consentement mutuel.

M. Boulay dit que, dans le système de M. *Rœderer*, le divorce étant d'abord prononcé, le rapprochement des époux ne pourrait s'effectuer que par un second mariage.

M. Roederer répond qu'il ne voit pas là d'inconvénient.

Au reste, il n'admet le divorce que dans deux cas : pour l'adultère de la femme, et pour les sévices du mari. Il n'admet pas le divorce par consentement mutuel.

Le Premier Consul dit que personne n'osera faire valoir la cause d'adultère, à moins qu'elle ne soit cachée sous le voile du consentement mutuel.

Le Premier Consul divise l'article 4, et met aux voix la question de savoir si les sévices et mauvais traitemens ne seront que des causes de séparation.

Le Conseil décide l'affirmative.

La discussion s'engage sur la question de savoir si, la séparation étant prononcée, la non-réconciliation, après un terme, deviendra une cause de divorce.

M. Lacuée fait observer que la perpétuité de la séparation serait contre l'intérêt de l'État. La séparation de corps a constamment été, dans le Conseil, liée avec la faculté de faire transformer cette séparation en divorce par la seule volonté de l'une des parties, après un laps de trois ans au plus.

M. Thibaudeau rappelle qu'il a été arrêté que la séparation serait la matière d'un chapitre particulier.

M. Regnaud (de Saint-Jean-d'Angely) dit qu'en effet on s'est proposé de traiter cette matière comme parallèle à celle du divorce; il demande que la question qu'on discute soit renvoyée à ce chapitre.

L'article 5 est soumis à la discussion.

Le Conseil adopte en principe,

1°. Que les sévices sont une cause de divorce lorsqu'ils sont accompagnés du consentement mutuel ;

2°. Qu'ils sont également une cause de divorce, quoique le consentement mutuel ne soit pas intervenu ; mais qu'alors ils devront être prouvés.

M. Roederer demande si, dans le cas du consentement mutuel, les sévices devront être prouvés.

Il observe que, si la négative était adoptée, on établirait le divorce par consentement mutuel pur et simple; parce que les époux, croyant à la dissolubilité arbitraire du mariage, allégueraient et avoueraient des sévices pour parvenir à se dégager mutuellement. Comment se préserver de ce mensonge, qui anéantit la stabilité du mariage?

Le Consul Cambacérès dit que la question est décidée, puisqu'on subordonne la preuve des sévices au consentement mutuel, pour lequel le juge ne peut refuser le divorce.

M. Roederer observe que c'est accorder au mari le droit de se pourvoir pour cause de sévices; ce qui n'est pas naturel.

Le Premier Consul répond qu'il est encore moins naturel d'accorder à une femme le droit de tourmenter impunément son mari.

Le Premier Consul met aux voix la question de savoir si la demande en divorce pour sévices, non accompagnée du consentement mutuel, sera admise sans délai ou sous des conditions.

Le Conseil décide qu'elle sera admise sous des conditions.

M. Regnaud (de Saint-Jean-d'Angely) observe qu'on avait proposé diverses épreuves, et particulièrement les comparutions répétées.

Le Premier Consul renvoie à la section pour proposer des modifications.

M. Emmery fait lecture d'un projet contenant des conditions pour le divorce par consentement mutuel.

Ce projet est ainsi conçu:

Art. 1er. « Le mariage dont il existe des enfans ne peut « être dissous par le consentement mutuel. »

Art. 2. « Les époux mineurs ne peuvent opérer le divorce « par consentement mutuel. »

Art. 3. « Les époux, même majeurs, ne le peuvent qu'a- « près ..... ans de mariage et d'habitation commune. »

Art. 4. « Le consentement mutuel n'est pas admis pour « dissoudre un mariage qui a subsisté ..... ans. »

Art. 5. « Le consentement mutuel des époux n'est définitif « qu'après avoir été répété quatre fois, à trois mois de dis- « tance l'une de l'autre. »

Art. 6. « L'autorisation des pères et mères vivans est indis- « pensable; celle des autres ascendans vivans l'est pareille- « ment, si les pères et mères sont morts. »

Art. 7. « Les époux divorcés par consentement mutuel ne « peuvent contracter un nouveau mariage qu'après ..... an- « nées révolues. »

La première condition est soumise à la discussion.

M. RÉAL observe qu'au lieu de défendre au mari d'employer le divorce par consentement mutuel, lorsqu'il a des enfans et que la femme est adultère, il serait utile, au contraire, pour l'honneur des enfans, de ne pas l'obliger à les flétrir, par une action publique contre leur mère.

LE PREMIER CONSUL dit qu'il faut décider avant tout, si, lorsqu'il y a des enfans, le divorce sera admis pour sévices. La circonstance du consentement ne change rien à l'état de la question; car le consentement n'influe que comme preuve.

M. BOULAY dit qu'il est difficile d'admettre le consentement comme preuve des faits, parce qu'il sera tantôt frauduleux, tantôt forcé, ou qu'on ne pourra l'obtenir.

LE PREMIER CONSUL dit qu'admettre les sévices comme cause de divorce, sans les faire servir à couvrir l'adultère à l'aide du consentement mutuel, c'est adopter cette cause sans en tirer aucun avantage politique. Cette opinion relâche le lien du mariage, bien plus que l'opinion qui, ne reconnaissant pour cause de divorce que l'adultère, n'emploie la cause de sévices que comme un voile. Sans ce motif, les sévices ne peuvent être que des causes de séparation.

M. BOULAY pense que le divorce par consentement mutuel pur et simple serait préférable au mode proposé; car, dit-il, jamais un homme d'honneur ne voudra paraître avouer qu'il a maltraité son épouse.

Le Premier Consul répond qu'on peut donner le nom de sévices à des actes produits par de simples mouvemens d'humeur.

Au surplus, quand sur ces divorces il n'y en aurait que vingt dans lesquels le prétexte des sévices, appuyé du consentement mutuel, masquerait l'adultère, ce système aurait cependant des résultats très-heureux, puisqu'il viendrait au secours de vingt maris honnêtes, et les tirerait de la pénible alternative, ou de rester spectateurs muets des désordres de leurs femmes, ou d'intenter une action scandaleuse.

M. Regnaud (de Saint-Jean-d'Angely) dit que M. *Emmery* donne sans doute pour base à la condition qu'il propose le principe qu'un contrat ne peut être détruit par la volonté de ceux qui l'ont formé, lorsque sa destruction blesserait l'intérêt de tiers; mais cette considération doit céder ici aux raisons qui viennent d'être développées par le Premier Consul; et, d'ailleurs, l'intervention de la famille, les délais et les autres précautions que l'on propose sont une garantie pour tous que le mariage ne sera dissous que dans le cas d'une nécessité absolue.

M. Boulay dit que la circonstance des enfans est ici absolument indifférente, ou plutôt qu'elle milite en faveur du divorce pour sévices et avec consentement mutuel.

D'abord la violation du contrat est la même, soit qu'il y ait, soit qu'il n'y ait pas d'enfans.

Quant à l'intérêt de ces enfans, il consiste sans doute à ne pas voir des étrangers venir prendre place dans la famille, et à n'être pas perpétuellement scandalisés par la division qui régnerait dans la maison paternelle, et par les désordres de leur mère.

Le Premier Consul propose de décider que la demande en divorce pour cause de sévices sera présentée d'abord, et ne pourra l'être que par la femme; qu'ensuite, et si le consentement mutuel intervient pendant le cours de la procédure, le divorce sera prononcé pour cette cause, sans instruction ultérieure.

Ce moyen rassure sur la crainte que l'on a que le consentement de la femme ne soit donné que forcément : une telle crainte ne pouvant raisonnablement s'étendre au mari, le consentement mutuel qui interviendrait après une demande en divorce formée par lui ne changerait pas l'état de la procédure. Cette modification serait plus dans la nature des choses que celle qu'on tire de l'existence des enfans.

M. ROEDERER dit que, puisqu'il est reconnu que le divorce par consentement mutuel entraînera des abus, et qu'on ne le tolère que pour couvrir l'adultère, on conçoit qu'il faut donc lui donner des limites. Or, on a pensé qu'une des plus sûres serait la tendresse que les pères et les mères ont naturellement pour leurs enfans.

Mais cette modification n'est pas suffisante; elle n'arrêterait pas les époux qui n'ont pas d'enfans; elle n'arrêterait pas ceux qui n'ont que des enfans mâles, ou des filles soit mariées, soit nées dans un temps non suspect. Si vous retranchez toutes ces classes, ceux qui profiteraient du consentement mutuel se réduisent à un bien petit nombre; et les femmes à qui ce moyen pourrait être nécessaire ne seront qu'une faible minorité auprès de celles qui se prêteront au divorce par consentement mutuel, pour obéir aux passions ou pour complaire à leurs maris.

La première condition proposée par M. *Emmery* est rejetée.

La seconde et la troisième conditions sont adoptées. 275-276

La quatrième condition est adoptée, avec l'amendement 277 que le divorce ne pourra être demandé que lorsque les époux auront plus de quarante ans.

La cinquième et la sixième condition sont adoptées. 281-285-278

La septième l'est, avec l'amendement que les époux ne 297 pourront contracter ensemble un nouveau mariage.

(Procès-verbal de la séance du 6 nivose an X. — 27 décembre 1801.)

M. Emmery présente une nouvelle rédaction du projet de loi sur le divorce.

Le chapitre Ier., intitulé *des Causes du Divorce*, est soumis à la discussion.

Les articles 1 et 2 sont adoptés ainsi qu'il suit :

229   Art. 1er. « Le mari pourra demander le divorce pour cause « d'adultère de sa femme. »

230   Art. 2. « La femme pourra demander le divorce pour cause « d'adultère de son mari, lorsqu'il aura tenu sa concubine « dans la maison commune. »

231   L'article 3 est soumis à la discussion ; il est ainsi conçu :

« La femme pourra demander le divorce pour sévices ou « injures graves qu'elle aura éprouvés de la part de son mari. »

Le Consul Cambacérès dit qu'à la vérité, la femme seule doit avoir le droit de demander le divorce pour cause de sévices ; mais que, comme le mari peut aussi avoir à se plaindre d'injures graves de la part de la femme, il ne paraît pas juste de lui refuser cette cause de divorce.

M. Regnier dit qu'en effet il y a parité de raisons, et que la loi ne peut supposer au mari moins de sensibilité qu'à la femme.

M. Emmery observe que le mari a une latitude de puissance et de moyens assez grande pour réprimer les injures de la femme ; que cependant, si l'on croit devoir permettre au mari de se pourvoir en divorce pour cette cause, il est nécessaire de changer la rédaction, de séparer la cause des sévices de celle des injures, et de dire que la femme pourra faire valoir la première, et le mari la seconde ; qu'il faudra également changer la forme de procéder indiquée par le projet, et la diversifier suivant la nature de chacune des deux actions.

Le Consul Cambacérès dit que le mari peut recevoir de la

part de la femme des injures tellement graves, qu'il soit juste de l'autoriser à demander le divorce : telle est, par exemple, la diffamation publique. On pourrait donc accorder le divorce à la femme pour sévices, aux deux époux pour injures et pour attentats.

M. DEFERMON pense que le mari doit se faire respecter dans sa maison ; que la loi a assez fait en l'établissant le chef de la famille ; qu'elle ne doit pas lui donner l'action en divorce pour de simples injures qu'il lui est permis de réprimer.

M. REGNIER dit qu'il ne s'agit pas ici de quelques injures passagères auxquelles la loi ne peut pas avoir égard, surtout entre gens de la classe la moins éduquée du peuple ; mais d'une suite d'injures graves et persévérantes ; de celles, par exemple, qui attaqueraient la probité du mari : les tribunaux jugeraient si elles sont assez fortes pour autoriser le divorce.

M. BÉRENGER dit que toute action en réparation d'injures est mal vue dans la société, même lorsqu'elle est dirigée contre un homme ; mais qu'elle est plus ridicule encore lorsqu'elle est intentée par un homme contre une femme. On serait choqué d'entendre le chef de la famille se plaindre des injures qu'il reçoit d'une épouse qui est sous son autorité, et qui, à raison de son état de subordination, ne peut que bien difficilement le diffamer.

M. TRONCHET dit qu'autrefois, en matière de séparation, on n'appelait injure grave que la diffamation publique. On n'y avait pas égard quand elle était alléguée par le mari, parce que jamais la séparation de corps n'était prononcée sur sa demande ; mais, quand il avait attaqué l'honneur de sa femme, celle-ci pouvait se faire séparer. La diffamation, en ce cas, était regardée comme calomnieuse ; attendu que, si la femme était réellement adultère, le mari était autorisé à la traduire en justice. Quant aux simples grossièretés, à moins qu'elles ne dégénérassent en sévices, elles n'étaient pas des moyens de séparation.

L'article serait plus clair et plus précis, si l'on substituait le mot *diffamation publique* à l'expression *injures graves*.

La rédaction de la section est rejetée.

La substitution proposée par M. Tronchet est adoptée, et le Conseil arrête que la diffamation ne sera pas une cause de divorce pour le mari.

M. Réal observe que quelquefois, cependant, il peut être juste de permettre au mari de demander le divorce pour sévices. On a vu des maris malades, infirmes, aveugles, éprouver les traitemens les plus durs de la part de leur femme.

M. Maleville répond que ce sont là des cas particuliers, et que la loi ne doit se régler que par ce qui arrive communément.

Les articles 4 et 5 sont adoptés ; ils sont ainsi conçus :

Art. 4. « L'époux qui aura le droit de demander le divorce
« pour une des causes portées aux trois articles précédens
« pourra se borner à la demande en séparation de corps et
« de biens. »

Art. 5. « La condamnation de l'un des époux à une peine
« infamante sera pour l'autre époux une cause de divorce. »

L'article 6 est soumis à la discussion.

Art. 6. « Le consentement mutuel et persévérant des
« époux, exprimé de la manière prescrite par la loi, sous
« les conditions et après les épreuves qu'elle détermine,
« prouvera suffisamment que la vie commune leur est insup-
« portable, et qu'il existe, par rapport à eux, une cause
« péremptoire de divorce. »

M. Fourcroy dit que le mot *prouvera* est une expression extraordinaire, et annonce un raisonnement plutôt qu'une disposition législative.

M. Emmery dit que le consentement mutuel n'est pas une cause de divorce, mais une simple preuve qu'il y a une autre cause légitime. Comme c'est ici un droit nouveau, la section a cru utile d'expliquer clairement l'intention du législateur.

M. Bérenger pense que la rédaction n'est pas exacte.

La section a-t-elle voulu que, derrière le consentement mutuel, il y eût une cause quelconque? La conduite de l'époux qui rend à l'autre la vie insupportable en est une.

A-t-elle voulu qu'il y eût une autre cause? Alors elle ne devait pas parler de la vie insupportable.

M. Emmery dit que la section a d'abord admis des causes déterminées qui sont soumises à la preuve et au jugement des tribunaux : mais elle a considéré ensuite que, parmi ces causes, il en est de scandaleuses et qu'il est bon de voiler ; qu'il est encore d'autres causes qui rendent la vie commune réellement insupportable aux deux époux, et que cependant il n'est pas possible d'articuler, parce qu'elles se composent non d'un fait unique, mais d'une suite de faits et de sentimens qu'on ne peut ni préciser ni prouver. En conséquence, la section a admis le consentement mutuel comme un moyen de faire valoir les unes et de couvrir les autres. Le juge, pour prononcer, n'a pas besoin d'aller plus loin : la persévérance du consentement, soumise à des épreuves multipliées, lui atteste qu'il existe une cause légitime de divorce.

Peut-être le développement qu'on trouve dans l'article serait-il mieux placé dans l'exposé des motifs ; cependant il n'est pas déplacé dans l'article même.

M. Devaines dit qu'il ne sait si l'on a voulu donner plus de force à cet article qu'aux articles précédens, mais qu'on s'est borné dans ceux-ci à dire que des faits qu'ils spécifient seront des causes de divorce, ou bien qu'on dit de la cause énoncée en l'article 6 qu'elle sera péremptoire.

M. Emmery répond que, dans les cas exprimés dans les cinq premiers articles, il y a des faits que le demandeur doit articuler et prouver, et que les tribunaux doivent examiner, peser et juger : mais qu'un tel examen n'a pas lieu dans le cas du consentement mutuel ; que tout se réduit, pour les tribunaux, à vérifier si les épreuves et les formes établies pour s'assurer de la persévérance du consentement ont été observées. Il a fallu faire sentir cette distinction dans la rédaction de la loi.

M. Regnier dit que cette rédaction suppose que la vie insupportable est une cause de divorce, et que, comme la vie commune peut devenir insupportable par l'incompatibilité d'humeur, l'article ramène indirectement cette dernière cause, qui cependant a été rejetée par le Conseil.

M. Emmery répond que le Conseil n'a rejeté la cause d'incompatibilité que dans le cas où elle serait proposée par un seul des époux ; mais qu'on n'a pas entendu l'exclure lorsqu'elle serait alléguée par les deux, et qu'elle les déciderait à consentir mutuellement au divorce. On a supposé, en général, que ce consentement serait toujours déterminé par une cause tellement grave, que le législateur en eût fait un motif de divorce, s'il lui eût été possible de la prévoir.

M. Bérenger attaque de nouveau la rédaction. Il dit que, quand la loi parle au juge, elle doit se borner à lui indiquer ce qu'il prononcera : or, ici la loi ne parle qu'au juge ; elle donne pour base à ses jugemens le fait matériel du consentement mutuel, qui ne peut pas être mis en question, et dont la preuve est acquise. Dès-lors, la loi a dit tout ce qu'elle avait besoin de dire aux tribunaux ; et il est contre l'ordre qu'elle leur parle comme elle parlerait au législateur.

Le Premier Consul explique le système de l'article 6.

On a observé dans les précédentes séances, dit-il, qu'il n'y aurait plus de mariage, si, au moment où des époux s'unissent, ils pouvaient prévoir qu'ils rompront leurs nœuds quand ils voudront. Cette considération avait fait écarter l'allégation d'incompatibilité et le divorce par consentement mutuel, en tant qu'il serait employé à couvrir cette cause.

On avait décidé, en conséquence, que les causes énoncées

dans les cinq premiers articles pourraient être alléguées, et qu'elles opéreraient le divorce, pourvu qu'elles fussent prouvées; mais que, quand, pendant le cours de la procédure, le consentement mutuel surviendrait, les juges prononceraient le divorce sans autre examen, et d'après le seul concours de la procédure et du consentement mutuel.

De là est venu l'article 6, que la section a rédigé dans ce sens, mais qu'on attaque sous le rapport de l'explication qu'il donne. Peut-être conviendrait-il de placer cet article parmi les dispositions sur la procédure en divorce, sur laquelle il a une influence nécessaire. Par exemple, une femme contre laquelle le divorce est poursuivi pour cause d'adultère, sachant que, si elle succombe, elle sera mise en réclusion, se défendra avec plus d'opiniâtreté que si elle peut étouffer l'action par le consentement mutuel. Elle donnerait également son consentement, quand elle serait sûre que son mari doit être débouté; car elle ne peut plus espérer de bonheur avec l'homme qui l'a indignement calomniée. Le consentement mutuel terminerait d'une manière bien plus simple encore une procédure en divorce pour cause de sévices et de mauvais traitemens.

Cependant, s'il ne devait avoir d'effet que lorsqu'il y a d'ailleurs une autre cause déterminée et prouvée, il n'en aurait aucun; car le juge prononcerait le divorce pour cette autre cause.

Ainsi, en faisant intervenir le consentement mutuel en la manière qui vient d'être expliquée, on en obtient tous les bons effets qu'il peut produire, et l'on en évite tous les inconvéniens.

M. ROEDERER dit que cette théorie régularise le système du consentement mutuel.

LE PREMIER CONSUL reprend, et ajoute que l'embarras qu'on a remarqué dans la rédaction de l'article 6 prouve que le consentement mutuel doit être réduit à ces termes : il ne faut pas que les époux prévoient qu'ils pourront s'en servir pour rompre à leur gré leur mariage, quand il cessera de leur convenir. Il ne faut pas qu'ils l'emploient par calcul et pour se quitter amis.

C'est ainsi que le Consul a conçu le système du divorce par consentement mutuel, adopté par le Conseil.

M. Emmery dit que la section avait conçu que le divorce serait prononcé pour des causes déterminées et prouvées, et que cependant ces causes, et d'autres encore que la loi n'aurait pas prévues, pourraient être couvertes par le consentement mutuel.

La cause d'incompatibilité avait été également proposée; mais le Conseil avait cru devoir la rejeter, parce que le mariage ne peut être rompu par la volonté d'un seul des époux. Alors on mit en avant le divorce par consentement mutuel. On rappela qu'il avait été admis chez les Romains par suite de la répudiation, et dans le cas où elle était réciproque. On pensa qu'en France le consentement mutuel devait aussi opérer le divorce, non comme cause, mais comme indice d'une cause valable.

Le système du divorce par consentement mutuel, tel qu'il vient d'être présenté, n'atteindrait plus le but : on ne pourrait plus, en effet, faire usage de ce mode de divorce pour couvrir des causes qu'on ne voudrait pas alléguer.

Le Premier Consul dit que, dans les séances précédentes, le système n'a pu être présenté avec tous ses développemens, puisqu'il n'était pas réduit en projet. On ne l'envisageait alors que d'une manière plus générale, et par rapport à l'opinion émise de restreindre le divorce au seul cas de l'adultère. Il était évident qu'en n'admettant que cette cause, et en obligeant de l'articuler, on rendait le divorce impossible à la plus grande partie des maris; car il est peu d'hommes honnêtes qui ne craignent l'éclat d'une semblable procédure. Il s'agissait donc de trouver un mode et des formes qui conciliassent l'usage du divorce avec le juste désir d'éviter le scandale. C'est dans ces vues qu'on a proposé le consentement mutuel : on a pensé qu'il serait pour les époux et pour les familles un moyen de dissimuler la cause d'adultère, si, le divorce étant demandé pour une autre cause, pour cause de sévices, par exemple, le consentement mutuel pouvait survenir après la procédure commencée, dispenser de la preuve le demandeur, et devenir, non la cause du divorce, mais une circonstance qui dût le faire prononcer. Il a été reconnu que les sévices sont une mauvaise cause de divorce, parce que le succès de l'action fondée sur cette cause dépend souvent de l'adresse des défenseurs : on l'a néanmoins maintenue, parce qu'elle amène le consentement mutuel. En effet, le consentement survenu dispense de la prouver ; et cependant les autres causes de divorce demeurent cachées.

M. Réal observe que ce système entraîne plusieurs inconvéniens :

1°. Il oblige d'avouer que la cause des sévices n'est employée que par fiction et pour couvrir la véritable cause ;

2°. Il serait sans avantages pour le mari, puisque le mari ne peut demander le divorce pour cause de sévices ;

3°. Le public soupçonnerait toujours qu'il y a adultère, lorsqu'il verrait intervenir le consentement mutuel.

Le Premier Consul dit que la cause des sévices et mauvais traitemens ne serait pas une simple fiction ; car l'adultère est doublé des mauvais traitemens et des outrages : d'ailleurs, il ne marche jamais qu'accompagné de froideurs et de dédains, qui sont aussi un genre de mauvais traitemens. Celui qui pourrait aller jusqu'à faire valoir la cause de l'adultère, doit, à plus forte raison, alléguer la cause des sévices.

On objecte qu'une semblable action n'appartient pas au mari : pourquoi lui serait-elle refusée, lorsque son épouse se permettrait contre lui des diffamations qui seraient accréditées par des flatteurs ?

Les soupçons que l'on craint sont peu probables ; car le divorce est véritablement accordé pour cause de sévices : et quand, d'ailleurs, il s'éleverait quelques soupçons, il est peut-être utile que l'action en divorce rencontre quelques difficultés morales, afin qu'on n'y recoure que dans le cas d'une véritable nécessité.

M. MALEVILLE propose de décider que la première demande en divorce ne sera pas motivée, afin de faciliter entre les époux une transaction qui, ne pouvant avoir son effet par la volonté d'un seul, serait consommée par le consentement mutuel. Si ensuite ce consentement n'intervenait pas, le demandeur motiverait son action, et en poursuivrait l'effet.

M. EMMERY dit que la facilité d'intenter une demande sans cause rendrait le divorce trop commun, et donnerait trop de force au mari, qui est déjà le plus fort.

Les formes proposées comme une garantie deviendraient illusoires ou funestes. D'un côté, si les parties s'entendaient, elles pourraient à leur gré dissoudre leur mariage; de l'autre, même dans le cas d'adultère, il y aurait déni de justice pour l'époux outragé. Il suffirait, en effet, que le père et la mère de l'autre époux refusassent leur consentement; que les deux époux eussent passé l'âge où le divorce est autorisé. La condition de donner la moitié de son bien, et de ne pouvoir se remarier qu'après un laps de quatre années, deviendrait une injustice. On ne peut attacher de conditions onéreuses aux actes forcés : or, la femme, quoique innocente, serait forcée de consentir au divorce pour conserver son honneur. Ainsi, si le système proposé est adopté, il devient nécessaire de changer les conditions et les formes, et de donner beaucoup plus de latitude.

M. BOULAY dit que, puisque le consentement mutuel ne doit pas être par lui-même une cause de divorce, mais seulement intervenir pour couronner la demande formée pour une autre cause, on peut, si l'on veut, couvrir la cause d'attentat et celle d'adultère, en convenant qu'elles pourront être présentées sous la dénomination de *sévices*.

M. Roederer dit que ce serait changer la langue, le mot *sévices* ne s'entendant pas dans le sens que M. *Boulay* propose de lui donner.

M. Boulay ajoute que, dans son système, le divorce pour sévices serait accordé au mari; et qu'au moment où la procédure serait sur le point de devenir publique, le consentement mutuel pourrait survenir pour l'étouffer.

M. Bérenger dit que ce système rendrait le divorce ou trop facile ou trop rigoureux. Un des époux forme l'action en divorce pour cause déterminée; tous les deux s'accordent à l'éteindre par le consentement mutuel; cependant les parens refusent leur autorisation; alors il faudra reprendre la première action, et il s'élevera un préjugé contre le défendeur. On lui opposera que le fait est prouvé par le consentement qu'il a donné; qu'il n'eût pas consenti, s'il eût été sûr de son innocence.

Le Premier Consul dit qu'avant de produire leur consentement mutuel, les époux s'assureraient de celui de leurs parens.

M. Bérenger dit que le consentement mutuel ne devant intervenir qu'après la procédure, et pour sauver la preuve des faits, on doit se contenter de celui des époux si l'on veut être conséquent, et que celui des parens devient inutile.

D'un autre côté, si les formes proposées ne sont pas admises, le divorce s'opérera par la connivence des époux, et ils demeureront libres de se délier à volonté.

Enfin le consentement mutuel ou est une cause de divorce, et alors il faut le déclarer franchement; ou il n'en est pas une, et alors il ne peut changer l'état de la procédure.

Le Premier Consul dit que le divorce par consentement mutuel doit être considéré comme une conciliation entre les familles.

On a objecté que, s'il est mis au rang des causes de divorce, il convient de le dire franchement; que s'il n'en est pas une, il ne peut avoir l'effet de changer la procédure.

On se trompe sur les faits. Avant la procédure, le consentement mutuel n'est rien ; pendant la procédure, il est un acte nouveau. Cette procédure même, et l'accusation sur laquelle elle est fondée, devient un sévice et un mauvais traitement capable de déterminer le consentement mutuel. Les inculpations qui sortent de la défense, la révélation de certains détails intérieurs et cachés, peuvent jeter entre les deux époux des semences d'aigreur, dont l'effet soit de les dégoûter sans retour l'un de l'autre ; car l'identité que forme le mariage entre ceux qu'il unit cesse d'être parfaite, dès que le ressentiment ou de fâcheux souvenirs indisposent les époux. Alors se présente une cause qui n'est plus celle de la première procédure, mais que la première procédure a produite ; une cause toute nouvelle ; et cette cause devient le principe du consentement mutuel.

M. DEFERMON observe que, d'après le projet, le juge reçoit les aveux des parties ; qu'ainsi, si la femme avoue le fait de l'adultère, la demande est vérifiée, et le consentement mutuel devient inutile. Il conviendrait donc de faire intervenir le consentement mutuel avant les aveux. Alors il faudrait lier l'article 6 aux articles 17 et 20, et modifier les dispositions du projet.

M. EMMERY répond que les articles 17 et 20 ne concernent que le divorce pour causes déterminées ; que, quant à la disposition relative aux aveux, elle ne suppose pas l'aveu précis du fait principal, mais l'aveu de faits accessoires, qui deviennent des inductions.

M. THIBAUDEAU rappelle les motifs du système de divorce par consentement mutuel, tel qu'il l'avait d'abord conçu.

L'incompatibilité réciproque d'humeur et de caractère avait paru la plus raisonnable des causes pour lesquelles le divorce pût être admis : mais, comme elle ne se réduit pas à un fait précis, on avait pensé qu'il convenait de l'admettre sous la forme du consentement mutuel ; que ce mode aurait encore l'avantage de suppléer à l'énumération, d'ailleurs impossible, de toutes les causes de divorce, et de couvrir les causes honteuses; que cependant, pour qu'il ne blessât pas le principe de la stabilité du mariage, en le rendant résoluble à volonté, il importait de ne pas l'admettre comme cause de divorce, mais comme un moyen de suppléer et de couvrir d'autres causes.

Le projet de la section présente la meilleure organisation qu'on puisse donner à ce système.

Quant au système dans lequel le consentement mutuel ne pourrait intervenir qu'après une procédure commencée sur une autre cause de divorce, il donne lieu aux fraudes, si cette cause ne doit pas être prouvée; il rend le consentement mutuel inutile, si elle doit l'être.

L'opinant pense que le consentement mutuel doit être une cause directe de divorce, parce qu'il serait trop pénible d'alléguer les autres.

M. EMMERY dit que, dans le cours de la discussion, on a semblé perdre de vue les formes qui sont proposées. On a paru supposer, par exemple, que le consentement mutuel opérait le divorce sans l'autorité du tribunal; c'est là une erreur. Les parties sont obligées de subir un jugement : ce jugement est sujet à l'appel; les époux ne peuvent se remarier qu'après un laps de temps considérable; le divorce par consentement mutuel n'est pas permis indistinctement à tous; enfin, il est soumis à des conditions si pénibles, qu'on ne l'emploiera que comme un remède extrême pour se délivrer de la situation la plus malheureuse.

M. PORTALIS dit qu'il est avoué que le consentement mutuel n'est pas une cause de divorce, parce que, s'il le devenait, le mariage serait dénaturé; il n'est donc qu'une preuve d'une autre cause légitime. Reste à savoir dans quelles circonstances il peut être une preuve.

Le Premier Consul exige une procédure consommée, alors il y a une cause; mais jusqu'à quel point sera-t-elle vérifiée par la survenance du consentement mutuel? C'est là la difficulté.

L'opinant pense que le consentement est une preuve irréfragable de la nécessité du divorce, lorsque l'intérêt des parties se trouve en opposition avec l'usage de ce mode de divorce : or, quand on les voit renoncer à leurs biens, et se soumettre à tant d'autres conditions rigoureuses, on a une garantie que la légèreté n'a pas été le principe de leur détermination. Tout se réduit donc à examiner si les conditions sont assez sévères. Peut-être serait-il utile de les discuter, pour juger si elles remplissent leur objet.

M. Boulay propose la rédaction suivante :

« Le consentement mutuel et persévérant des époux, ex-
« primé de la manière prescrite ci-après par la loi, sous les
« conditions et après les épreuves qu'elle détermine, sera
« admis par le juge comme preuve suffisante de l'existence
« d'une cause légitime de divorce. »

Le Premier Consul demande ce que ferait le juge, dans le cas où le mari nierait le fait des sévices, et déclarerait que, néanmoins, il consent au divorce, à cause de l'injure que sa femme lui a faite par l'action qu'elle a intentée contre lui, et à cause des dispositions que cette conduite découvre en elle.

M. Emmery répond que le juge renverrait le mari à prendre la marche indiquée par le titre V. L'aveu même du mari ne suffirait pas pour opérer le divorce : on n'écoute pas celui qui convient de sa honte.

Le Premier Consul dit que cette maxime est vraie en matière criminelle; mais qu'en matière civile, on donne acte des aveux.

M. Emmery dit qu'autrefois l'aveu du mari ne suffisait pas pour faire prononcer la séparation de corps; qu'il doit avoir bien moins de force encore lorsqu'il s'agit de la dissolution du mariage. La loi ne peut pas admettre la collusion et la fraude.

Le Premier Consul dit que la législation nouvelle doit, autant qu'il est possible, se rapprocher de la législation ancienne, qui ne se contentait pas de l'aveu du mari, et qui voulait qu'il y eût en outre une enquête : on pourrait, dans le cas proposé, donner acte au mari de son consentement au divorce, et renvoyer les parties à se mettre en règle.

M. Boulay demande que ce renvoi soit prononcé, à quelque degré que la procédure soit parvenue, quand le consentement mutuel intervient.

M. Emmery dit que les articles 32 et 33 établissent en partie les dispositions qu'on demande : ils exigent une séparation préalable et temporaire, après laquelle le consentement doit intervenir.

Quant au renvoi des parties, il ne peut se concilier avec les conditions de l'article 47 et des articles subséquens : on va s'en convaincre. Supposons que l'épouse d'un mineur se soit rendue coupable d'adultère, et que, pour échapper au déshonneur, elle se prête à amener le divorce par consentement mutuel, en formant contre son mari une demande en divorce pour cause de sévices. Le mineur laisse commencer la procédure ; il déclare ensuite qu'il consent au divorce : le juge renvoie les parties à prendre la voie indiquée par le titre V. La minorité du mari les empêchera de suivre l'effet du renvoi.

Supposons maintenant les deux époux majeurs.

La femme se pourvoit pour sévices ; le mari avoue quelques mauvais traitemens : il finit par consentir au divorce, parce que, dit-il, la démarche de sa femme l'offense : le père de la femme refuse son consentement. Il faudra donc revenir à l'action primitive, ou avouer qu'elle n'était qu'un jeu ; cependant les aveux subsisteront.

Ainsi le système proposé oblige de changer les conditions établies par le projet. Il devient nécessaire de supprimer la distinction entre les majeurs et les mineurs ; l'obligation d'obtenir le consentement des parens, celle imposée en ce cas au mari de sacrifier une partie de ses biens, et de ne se remarier qu'après un long terme.

Le Premier Consul dit qu'on ne doit pas supposer des aveux de la part du mari; car, dans cette hypothèse, le juge serait obligé d'ordonner l'enquête. Il s'agit, au contraire, du cas où le mari nie tous les faits, mais ajoute que, blessé de l'injure que sa femme lui a faite, et n'espérant plus de vivre en bonne intelligence avec elle, il consent au divorce, et réclame le bénéfice de la loi.

Ce système se concilie avec les conditions proposées. En effet, si les époux sont mineurs, on suit la procédure indiquée par le titre V; mais on diffère jusqu'à la majorité à prononcer le divorce. Elle marcherait, quand même les parens n'auraient pas encore donné leur consentement; mais il interviendrait sans doute; les époux s'en assureraient avant de recourir au divorce par consentement mutuel. Quant au sacrifice d'un portion des biens, le mari en accepte la condition; les deux parties sont d'accord à cet égard. Ainsi les conditions rigoureuses qu'il est nécessaire d'opposer à la légèreté et à la dépravation des mœurs existent; mais il existe aussi un tempérament pour rompre un mariage qui ne peut plus être heureux. Le mode proposé ne doit pas être considéré comme constituant un aveu, mais comme un moyen de conciliation entre les parties.

M. Emmery dit que cette explication éclaircit parfaitement le système. Pour le rendre par la rédaction, il convient de dire explicitement que le consentement mutuel ne peut intervenir qu'incidemment et comme une conciliation.

Le Premier Consul dit que ce système lui paraît conforme à la théorie du mariage. Il ne faut pas que les époux, au moment où ils s'unissent, prévoient qu'il existe pour eux un moyen de rompre leurs liens. Le mariage ne doit être dissous que par l'effet d'un délit. La procédure commence pour ce délit, et ensuite le consentement mutuel intervient comme conciliation entre les parties : afin qu'on ne s'en serve pas pour opérer un divorce amené par l'inconstance ou par l'intérêt, et non par des faits inattendus, il est nécessaire qu'il y ait d'abord un éclat quelconque, que le consentement mutuel assoupit par voie de conciliation.

Le Consul Cambacérès dit que ce but ne sera pas atteint. Des époux dégoûtés l'un de l'autre, et qui ne pourront se séparer en employant directement le divorce par consentement mutuel, se concerteront pour en faire usage d'une manière indirecte. L'un d'eux formera contre l'autre une demande appuyée sur une cause légitime, mais simulée, et le consentement mutuel surviendra ensuite pour les dégager. A Genève, par exemple, où le divorce n'est reçu que pour adultère ou abandon, on suppose fréquemment, pour y parvenir, l'existence de ces deux causes. Autrefois, les dispenses pour mariage entre parens à certains degrés étaient accordées lorsqu'il y avait eu fréquentation entre les parties; on trouvait des témoins qui attestaient la fréquentation. Ainsi le système proposé, quoique très-moral, n'aurait pas un résultat heureux. Il y aurait peut-être moins d'inconvénient et plus de simplicité à admettre directement le divorce par consentement mutuel. Ce mode, renfermé dans de justes limites, et soumis à des épreuves, ne peut avoir de conséquences dangereuses. Les mauvais mariages, au contraire, sont un scandale qui blesse perpétuellement la société.

Le Premier Consul dit que l'opinion du *Consul Cambacérès* diffère très-peu de la sienne. Dans la première, le divorce serait admis par l'effet du consentement pur et simple : la seconde tend à le rendre plus difficile.

M. Tronchet dit qu'il est difficile de bien organiser un système dont on n'adopte pas le principe. L'opinant n'admet pas le divorce par consentement mutuel, sous quelque forme qu'on le présente; mais il raisonne d'après le principe reçu par le Conseil.

On est convenu que le consentement mutuel ne serait pas une cause directe de divorce, mais un signe qui indiquerait et couvrirait une cause légitime. La question ne porte donc plus que sur les formes.

La section a fait, à cet égard, une distinction juste entre le divorce pour causes déterminées et le divorce par consentement mutuel ; mais il faut également établir une distinction entre les deux actions. Dans le système qui conduit à une transaction, on suppose une cause réelle de divorce ; car on ne veut pas que le mariage puisse être dissous par le seul effet du consentement mutuel : or, une transaction, une conciliation annoncent que la réussite de la cause est incertaine. Cependant le demandeur a allégué une cause et s'est soumis à la prouver. Il n'a pas donné un consentement pur et simple : le juge ne peut donc, d'après l'intervention du consentement du défendeur, renvoyer les parties à se pourvoir suivant les formes établies par le titre V. Il y a plus : autrefois il n'était pas permis de transiger sur une semblable demande, comme tenant à l'ordre public ; mais, dans tous les cas, il est indispensable de séparer les deux actions.

Le Conseil adopte la proposition du *Consul Cambacérès*.

(Procès-verbal de la séance du 14 nivose an X. — 4 janvier 1802.)

Le chapitre II du projet de loi sur le divorce, intitulé *des Formes du divorce*, est soumis à la discussion.

La section première, intitulée *des Formes du Divorce pour causes déterminées*, est discutée.

234 L'article 7, qui est le premier de ce chapitre, est adopté ; il est ainsi conçu :

« Quelle que soit la nature des faits ou des délits qui don-
« neront lieu à la demande en divorce pour cause déterminée,
« cette demande ne pourra être formée qu'au tribunal de
« l'arrondissement dans lequel les époux auront leur do-
« micile. »

235 L'article 8 est discuté.

« Dans le cas d'attentat de l'un des époux à la vie de l'autre,

« le commissaire du gouvernement pourra toujours intenter
« l'action criminelle; mais, si elle a été précédée d'une de-
« mande en divorce, fondée sur la même cause, il sera sursis
« au jugement du tribunal criminel jusqu'à ce qu'il ait été
« statué sur la demande en divorce. »

Le Consul Cambacérès dit que la section s'est écartée de la règle commune, qui veut qu'en cas de concours, la procédure criminelle marche toujours la première. Ici, au contraire, elle est subordonnée à la procédure civile. Un des principaux inconvéniens de ce nouveau système sera que les preuves pourront périr ou être dénaturées avant que la procédure criminelle commence.

M. Emmery explique les motifs de l'article. Il dit qu'on a craint que le jugement criminel, s'il intervenait d'abord, n'influençât le jugement civil au point de le réduire à une simple formalité. La section a considéré qu'il était possible de prévenir cet inconvénient, et de rendre les deux procédures indépendantes l'une de l'autre, en donnant d'abord cours à la procédure civile; qu'au surplus on peut les séparer, puisqu'il est dans la nature des choses que des faits et des preuves qui ne seraient pas suffisans pour déterminer la condamnation à une peine le soient cependant pour déterminer le juge civil à prononcer le divorce.

Le Premier Consul dit que les deux actions sont essentiellement différentes, et indépendantes entre elles; ainsi, le principe, très-vrai en soi, que le criminel emporte le civil, ne peut pas recevoir ici d'application. Il est possible, en effet, que des preuves et des faits assez forts pour faire prononcer un divorce ne le soient pas assez pour amener une condamnation pénale, surtout lorsque la décision est remise à des jurés qui se règlent d'après les considérations de l'équité, plus que par le fait positif. D'ailleurs, dans la procédure civile, les parties peuvent se désister, au lieu que le désistement de la partie n'arrête point la procédure criminelle, et cependant il est juste de ménager à l'époux demandeur la faculté de renoncer à son action. Enfin, il serait odieux de réduire l'époux outragé à ne pouvoir demander le divorce sans faire infliger à l'autre une peine capitale; ce qui serait cependant inévitable si la procédure criminelle devait marcher la première.

Le Consul Cambacérès dit que ce système, approprié d'ailleurs à l'esprit de la chose, exposerait à voir dans la même affaire deux jugemens contradictoires. Il serait possible, en effet, que le tribunal criminel prononçât qu'il n'y a pas d'attentat, tandis que le juge civil déciderait que l'attentat existe.

Le Premier Consul dit que les deux tribunaux ne peuvent se contredire, puisque les deux actions ne sont pas de la même nature. Le mari, qui se pourvoit d'abord au civil, ne demande point le châtiment de sa femme, mais le divorce; et il n'a besoin d'articuler des faits, et d'administrer des preuves, que dans la mesure exactement nécessaire pour obtenir l'effet de sa demande. Cependant le commissaire du gouvernement est là, et, s'il s'aperçoit que l'attentat soit tellement grave que l'intérêt de la société ne permette pas de le dissimuler, il en poursuit la punition.

Le Consul Cambacérès dit que le fait soumis aux deux tribunaux, étant le même, peut être jugé d'une manière contradictoire, si les deux procédures marchent dans l'ordre que propose la section; car il est impossible que les jurés déclarent que le fait n'est pas constant après que le tribunal civil l'aura admis comme motif de prononcer le divorce. Il ne peut, au contraire, y avoir de contradiction si la procédure criminelle marche en premier ordre, et qu'on n'autorise la poursuite au civil que lorsque les jurés auront prononcé que le fait existe; car, peu importe, d'ailleurs, pour le succès de la demande en divorce, que l'accusé ait été acquitté, s'il ne l'a été que sur l'intention, ou à raison de circonstances atténuantes.

Le Premier Consul dit que l'on ne peut pas raisonner dans

la supposition que l'accusé serait acquitté sur l'intention, parce que, probablement, la question intentionnelle sera rejetée de la procédure criminelle. Il est absurde qu'un jury déclare tout à la fois qu'un accusé a commis un vol, et que cependant il n'a pas eu intention de voler.

Le Consul Cambacérès répond que, néanmoins, l'accusé pourra être absous pour raisons de circonstances atténuantes. En général, il paraît difficile de faire juger deux fois le même fait, et de se placer dans une situation telle qu'un tribunal déclare que le fait existe, et qu'un autre déclare que le fait n'existe pas.

Le Premier Consul dit que l'article serait inutile, s'il était nécessaire, pour obtenir le divorce, que le défendeur fût condamné au criminel; puisqu'alors il énoncerait au moins une peine infamante qui deviendrait une cause de divorce.

Le Consul Cambacérès dit que, même dans le système de la section, la procédure criminelle pourrait commencer presque aussitôt que la procédure civile, car on ne défendra sans doute pas au ministère public de poursuivre criminellement l'époux défendeur, dès qu'il aura reconnu que les faits peuvent être le fondement d'une accusation. Il ne reste donc qu'à laisser agir d'abord la justice criminelle, et, en cas d'absolution, à donner au demandeur la faculté de procéder à fins civiles.

M. Boulay dit que la section a suivi l'opinion contraire, par la crainte qu'au criminel l'époux demandeur n'obtînt point justice. Il paraîtrait trop odieux aux jurés, qui répugneraient à envoyer, sur sa demande, l'autre époux à l'échafaud. D'un autre côté, si le tribunal criminel condamnait le défendeur, la demande en divorce aurait été jugée par le tribunal criminel. Au contraire, si le juge civil peut se déterminer à prononcer le divorce pour des faits, et d'après des preuves qui, au criminel, ne paraîtraient pas assez graves pour motiver une condamnation, de ce moment l'époux demandeur sort de la cause, et la poursuite n'a plus rien d'odieux. Si le tribunal criminel prononce l'absolution, il ne contredit pas nécessairement le jugement civil, puisque, comme il vient d'être dit, des faits, assez graves pour faire prononcer un divorce peuvent ne l'être pas assez pour motiver un arrêt de mort. On craint que le commissaire du gouvernement ne s'empare de l'action au civil, et ne la convertisse en action criminelle; mais il est facile de lui interdire cette faculté, jusqu'à ce que le tribunal civil ait statué.

M. Portalis dit qu'il n'y a point de raison pour suspendre la procédure criminelle; car si l'époux demandeur y recourt, c'est une preuve évidente qu'il l'a préférée à l'action civile. Si c'est le commissaire du gouvernement, alors il convient de considérer que le droit d'accuser n'est pas dans ses mains un instrument mobile, et dont il puisse se servir arbitrairement : l'usage ne lui en est permis que quand il y a, d'une part, un corps constant de délit, de l'autre une dénonciation; sans ces entraves, la sûreté des citoyens serait compromise. Le commissaire du gouvernement serait libre, en effet, d'accuser, d'après le soupçon le plus léger, sans que l'accusé pût espérer de réparation. Le commissaire du gouvernement s'excuserait en alléguant que son zèle l'a égaré, et que d'ailleurs il n'a point encouru de forfaiture. Les deux conditions auxquelles son action est subordonnée sont donc nécessaires pour assurer la tranquillité individuelle. Or, si les faits ne sont connus que par une requête, il n'y a ni dénonciation, ni corps de délit; car une requête ne contient que des allégations, et souvent des allégations exagérées. Si, au contraire, il y a un corps de délit, rien ne peut arrêter l'action du ministère public. Dès-lors, toute contradiction est impossible; car, si le tribunal civil déclare qu'il n'y a point d'attentat, il est prouvé qu'il n'y a point de corps de délit, et, dans le cas contraire, le commissaire est obligé d'agir. On pourrait donc décider que, lorsque les circonstances sont telles qu'elles donnent lieu à la poursuite d'office par le ministère public, l'instruction criminelle aura lieu d'abord; mais que, quand les faits sont simplement énoncés dans une requête, le commissaire du gouvernement ne pourra poursuivre au criminel.

M. Réal demande le maintien de la rédaction proposée. Il est avoué, dit-il, que le ministère public a le droit de poursuivre au criminel quand il y a un corps de délit : il est donc inutile de le lui accorder. D'ailleurs, dans le cas de la poursuite d'après une dénonciation, le ministère public est obligé de nommer le dénonciateur. Ainsi, la poursuite au criminel ne peut avoir lieu que dans les deux cas dont a parlé M. *Portalis*. Le Premier Consul a parfaitement saisi le principal motif de la section : un autre encore l'a déterminée; elle a voulu empêcher que les jurés, qui ne sont que juges du fait et non du droit, ne fussent appelés à décider des questions d'état. Le système du Consul *Cambacérès* aurait l'inconvénient de faire discuter l'absolution de l'accusé ; car on serait obligé d'examiner sur quelle question il a été acquitté, tandis que, de telle manière qu'il l'ait été, il doit être considéré comme parfaitement innocent.

Le Premier Consul adopte la proposition de M. *Portalis*, précisément par les motifs que vient d'alléguer M. *Réal*. Dans l'hypothèse dont il s'agit, la question d'état pose sur un délit; ainsi, quand ce délit est constaté, l'action de la justice criminelle intervient; mais il doit l'être d'abord par la justice civile. En effet, si la connaissance du délit ne parvient au ministère public que de l'intérieur du ménage, le ministère public ne doit pas y avoir égard ; à Rome, on n'entendait point l'esclave en témoignage contre son maître. Il convient donc de distinguer ; lorsqu'il y a un corps de délit, la poursuite doit être faite au criminel ; quand il n'y a pas de corps de délit, il faut, par respect pour les mœurs et pour la tranquillité individuelle, qu'il n'y ait qu'une procédure civile.

M. Regnier observe que l'article suppose que le criminel est subordonné au civil. C'est une erreur, dit-il, puisque, quand le demandeur aurait été débouté, le ministère public pourrait cependant poursuivre criminellement le défendeur.

D'un autre côté, la décision au criminel influe nécessairement sur la décision au civil; car, si les jurés déclarent que le fait n'est pas constant, il n'est plus possible au juge civil d'admettre la demande. Ces motifs ont fait établir le principe que le criminel emporte le civil.

Le Ministre de la Justice objecte qu'il peut y avoir assez de faits et assez de preuves pour prononcer le divorce, sans qu'il y en ait assez pour prononcer la peine de mort. Il faudrait donc rétablir l'article qui se trouvait dans le premier projet, et qui disait que le jugement au civil ne formait aucun préjugé pour le criminel.

M. Emmery cite l'exemple d'une femme absoute sur l'accusation d'empoisonnement, quoique des circonstances graves s'élevassent contre elle, et condamnée seulement à la réclusion pour cause d'inconduite. Dans cette espèce, dit-il, il n'y avait pas de corps de délit, et cependant il existait des faits suffisans pour faire réussir une demande en divorce.

Son opinion est qu'il faut juger d'abord le criminel dans tous les cas où le ministère public est fondé à intenter une action, sans le borner au cas où il existe un corps de délit.

M. Regnier dit que, dans l'espèce de M. *Emmery*, il y avait rumeur publique, et, par conséquent, corps de délit; qu'un corps de délit est nécessaire dans tous les cas; mais la question est de savoir si, quand la justice criminelle déclare que le délit n'est pas constant, on peut revenir procéder à fins civiles. L'opinant pense qu'il serait trop rigoureux d'admettre que, lorsqu'un accusé a échappé à la condamnation, on pourra le rechercher encore, fût-ce au civil : cette opinion, dit-il, est celle de tous les criminalistes. Les faits sont indivisibles; la vérité est une, et la vérité de la chose jugée est considérée comme une vérité morale.

M. Réal observe que le jury d'accusation, devant lequel on ne pose point de question, peut renvoyer le défendeur en divorce : il demande ce que pourra faire en ce cas le demandeur. Il ajoute que l'intérêt du demandeur en divorce est que l'action soit suivie au criminel, parce que là la preuve devient plus sûre. Il pense, en conséquence, que l'instruction criminelle doit marcher la première, et qu'on doit prendre pour dénonciation la requête en divorce.

M. Regnier dit que le ministère public ne se mettrait pas en mouvement d'après une simple requête ; mais qu'il attendrait les lumières qui naîtraient de la procédure. La demande en divorce ne doit pas être éteinte quand le défendeur n'a été acquitté que sur l'intention ; mais il est impossible de la laisser se reproduire, quand l'absolution est prononcée sur la non-existence du fait.

M. Boulay propose de retrancher l'article. S'il est jugé, dit-il, que l'attentat n'existe pas, il ne peut devenir une cause de divorce. S'il est jugé qu'il existe, il survient une condamnation ou à la peine de mort, ou à une autre peine du nombre de celles que la loi met au rang des causes de divorce. L'attentat ne peut donc être, sous aucun rapport, cause directe du divorce.

M. Portalis dit que ce raisonnement prouve que la procédure criminelle doit marcher la première ; mais qu'il ne prouve pas la nécessité de retrancher l'article. Tous les attentats, en effet, ne sont pas de la même nature ; tel qui ne suffirait pas pour faire infliger une peine, suffit pour donner lieu au divorce : et pourquoi ? parce que la société conjugale, qui identifie les époux, ne peut exister que lorsqu'ils sont l'un vis-à-vis de l'autre dans l'état de la plus parfaite sécurité. L'article doit donc être conservé.

Vient ensuite la question de la priorité entre les deux procédures. Il est impossible que la procédure criminelle ne marche point la première, puisque le commissaire du gouvernement serait forcé d'interrompre la procédure civile, s'il s'apercevait que les faits et les preuves le mettent en état de former une accusation.

Mais le jugement criminel sera-t-il préjudiciel ? Le juge

civil en pesera l'effet suivant les circonstances. Autrefois, on civilisait aussi les informations.

Le Conseil adopte l'avis de M. *Portalis*.

236 L'article 9 est discuté; il est ainsi conçu :

« Toute demande en divorce détaillera les faits; elle sera re-
« mise, avec les pièces à l'appui, s'il y en a, au président du
« tribunal ou au juge qui en fera les fonctions, par l'époux
« demandeur en personne, à moins qu'il n'en soit empêché
« par maladie; auquel cas, sur sa réquisition et le certificat
« de deux officiers de santé, le magistrat se transportera au
« domicile du demandeur pour y recevoir sa demande. »

Le Consul Cambacérès dit que cet article empêcherait l'absent de se pourvoir en divorce.

M. Boulay répond que toujours on a supposé que le divorce serait prononcé entre époux présens.

Le Consul Cambacérès dit que cette nécessité de la présence était fondée sur ce qu'on pouvait se pourvoir en divorce pour cause d'incompatibilité. Mais un absent pour service public peut apprendre des faits qui le forcent à recourir au divorce. Il serait injuste de le priver des moyens de rétablir l'ordre dans sa maison.

M. Boulay dit que, parmi les causes de divorce, il n'en est qu'une qui paraisse susceptible de donner lieu à une demande par procuration : c'est celle qui résulte d'une condamnation à une peine afflictive ou infamante. Il est peut-être utile qu'on n'attache pas le même privilége à la cause d'adultère. L'époux absent peut avoir été trompé par de faux rapports; on doit donc exiger qu'il examine par lui-même, et même le mettre en état d'accorder au repentir un généreux pardon.

Le Consul Cambacérès dit que, dans le cas de condamnation à peine afflictive ou infamante, il suffit, pour obtenir le divorce, de présenter le jugement; qu'ainsi la demande en divorce peut, en ce cas, être formée par un absent qui, en se tenant éloigné, évite d'ailleurs le désagrément de se produire dans un lieu où son nom a été entaché. Le Consul se rend également aux raisons alléguées pour le cas d'adultère. Cependant il est touché de l'état auquel les enfans de l'absent se trouvent réduits.

M. EMMERY observe qu'il établit l'exception dont a parlé M. *Boulay*.

M. TRONCHET, pour prévenir toute difficulté, propose d'énoncer formellement en l'article l'exception portée en l'article 34.

L'article et la proposition de M. *Tronchet* sont adoptés.

Les articles 10, 11, 12, 13, 14, 15, 16, 17, 18, 19, 20, 21, 22, 23, 24, 25, 26, 27, 28, 29, 30, 31, 32, 33, 34, 35 et 36 sont adoptés ainsi qu'il suit :

Art. 10. « Le juge, après avoir entendu le demandeur, et
« lui avoir fait les observations qu'il croira convenables, pa-
« raphera la demande et les pièces, et dressera procès-verbal
« de la remise du tout en ses mains. Ce procès-verbal sera
« signé par le juge et par le demandeur, à moins que celui-ci
« ne sache ou ne puisse pas signer ; auquel cas il en sera fait
« mention. »

Art. 11. « Le juge ordonnera, au bas de son procès-verbal,
« que les parties comparaîtront en personne devant lui, tel
« jour, à telle heure ; et à cet effet, copie de son ordonnance
« sera par lui adressée à la partie contre laquelle le divorce
« est demandé. »

Art. 12. « Au jour indiqué, le juge fera aux deux époux,
« s'ils se présentent, ou au demandeur, s'il est seul compa-
« rant, les représentations qu'il croira propres à opérer un
« rapprochement ; s'il ne peut y parvenir, il en dressera pro-
« cès-verbal, et ordonnera la communication de la demande
« et des pièces au commissaire du gouvernement, et le référé
« du tout au tribunal. »

Art. 13. « Dans les trois jours qui suivront, le tribunal,

« sur le rapport du président ou du juge qui en aura fait les
« fonctions, et sur les conclusions du commissaire du gou-
« vernement, accordera ou suspendra la permission de citer.
« La suspension ne pourra excéder le terme de vingt
« jours. »

241   Art. 14. « Le demandeur, en vertu de la permission du
« tribunal, fera citer le défendeur, dans la forme ordinaire,
« à comparaître en personne à l'audience, à huis clos, dans
« le délai de la loi ; il fera donner copie, en tête de la cita-
« tion, de la demande en divorce et des pièces produites à
« l'appui. »

242   Art. 15. « A l'échéance du délai, soit que le défendeur
« comparaisse ou non, le demandeur en personne, assisté
« d'un conseil, s'il le juge à propos, exposera ou fera expo-
« ser les motifs de sa demande ; il représentera les pièces qui
« l'appuient, et nommera les témoins qu'il se propose de
« faire entendre. »

243   Art. 16. « Si le défendeur comparaît en personne ou par
« un fondé de pouvoir, il pourra proposer ou faire proposer
« ses observations, tant sur les motifs de la demande que
« sur les pièces produites par le demandeur et sur les témoins
« par lui nommés. Le défendeur nommera, de son côté, les
« témoins qu'il se propose de faire entendre, et sur lesquels
« le demandeur fera réciproquement ses observations. »

244   Art. 17. « Il sera dressé procès-verbal des comparutions,
« dires et observations des parties, ainsi que des aveux que
« l'une ou l'autre pourra faire. Lecture de ce procès-verbal
« sera donnée auxdites parties, qui seront requises de le si-
« gner ; et il sera fait mention expresse de leur signature, ou
« de leur déclaration de ne pouvoir ou ne vouloir signer. »

245   Art. 18. « Le tribunal renverra les parties à l'audience pu-
« blique, dont il fixera le jour et l'heure ; il ordonnera la
« communication de la procédure au commissaire du gouver-
« nement, et commettra un rapporteur. Dans le cas où le dé-
« fendeur n'aurait pas comparu, le demandeur sera tenu de

« lui faire signifier l'ordonnance du tribunal dans les vingt-
« quatre heures. »

Art. 19. « Au jour et à l'heure indiqués, sur le rapport du
« juge commis, le commissaire du gouvernement entendu,
« le tribunal statuera d'abord sur les fins de non recevoir,
« s'il en a été proposé. En cas qu'elles soient trouvées con-
« cluantes, la demande en divorce sera rejetée ; dans le cas
« contraire, ou s'il n'a pas été proposé de fin de non recevoir,
« la demande en divorce sera admise. »

Art. 20. « Immédiatement après l'admission de la demande
« en divorce, sur le rapport du juge commis, le commissaire
« du gouvernement entendu, le tribunal statuera au fond. Il
« fera droit à la demande, si elle lui paraît suffisamment jus-
« tifiée ; sinon, il admettra le demandeur à la preuve des
« faits par lui allégués, et le défendeur à la preuve contraire. »

Art. 21. « A chaque acte de la cause, les parties pourront,
« après le rapport du juge, et avant que le commissaire du
« gouvernement ait pris la parole, proposer ou faire propo-
« ser leurs moyens respectifs, d'abord sur les fins de non
« recevoir, et ensuite sur le fond ; mais, en aucun cas, le
« conseil du demandeur ne sera admis, si le demandeur n'est
« pas comparant en personne. »

Art. 22. « Aussitôt après la prononciation du jugement qui
« ordonnera les enquêtes, le greffier du siége donnera lec-
« ture de la partie du procès-verbal qui contient la nomina-
« tion déjà faite des témoins que les parties se proposent de
« faire entendre. Elles seront averties, par le président,
« qu'elles peuvent encore en désigner d'autres, mais qu'a-
« près ce moment elles n'y seront plus reçues. »

Art. 23. « Les parties proposeront de suite leurs reproches
« respectifs contre les témoins qu'elles voudront écarter. Le
« tribunal statuera sur ces reproches, après avoir entendu le
« commissaire du gouvernement. »

Art. 24. « Les parens des parties, à l'exception de leurs
« enfans et descendans, ne sont pas reprochables du chef de

« la parenté, non plus que les domestiques des époux, en
« raison de cette qualité; mais le tribunal aura tel égard que
« de raison aux dépositions des parens et des domestiques. »

252   Art. 25. « Tout jugement qui admettra une preuve testi-
« moniale dénommera les témoins qui seront entendus, et
« déterminera le jour et l'heure auxquels les parties devront
« les présenter. »

253   Art. 26. « Les dépositions des témoins seront reçues par
« le tribunal, séant à huis clos, en présence du commissaire
« du gouvernement, des parties et de leurs conseils ou amis,
« jusqu'au nombre de trois de chaque côté. »

254   Art. 27. « Les parties, par elles ou par leurs conseils, pour-
« ront faire aux témoins telles observations et interpellations
« qu'elles jugeront à propos, sans pouvoir néanmoins les in-
« terrompre dans le cours de leurs dépositions. »

255   Art. 28. « Chaque déposition sera rédigée par écrit, ainsi
« que les dires et observations auxquels elle aura donné lieu.
« Le procès-verbal d'enquête sera lu tant aux témoins qu'aux
« parties : les uns et les autres seront requis de le signer; et
« il sera fait mention de leur signature, ou de leur déclara-
« tion qu'ils ne peuvent ou ne veulent signer. »

256   Art. 29. « Après la clôture des deux enquêtes, ou de celle
« du demandeur, si le défendeur n'a pas produit de témoins,
« le tribunal renverra les parties à l'audience publique, dont
« il indiquera le jour et l'heure; il ordonnera la communi-
« cation de la procédure au commissaire du gouvernement,
« et commettra un rapporteur. Cette ordonnance sera signi-
« fiée au défendeur, à la requête du demandeur, dans les
« vingt-quatre heures. »

257   Art. 30. « Au jour fixé pour le jugement définitif, le rap-
« port sera fait par le juge commis : les parties pourront en-
« suite faire, par elles-mêmes ou par l'organe de leurs con-
« seils, telles observations qu'elles jugeront utiles à leur
« cause; après quoi le commissaire du gouvernement don-
« nera ses conclusions. »

Art. 31. « Le jugement définitif sera prononcé publique-
« ment : lorsqu'il admettra le divorce, le demandeur sera
« autorisé à se retirer devant l'officier de l'état civil pour le
« faire prononcer. »

Art. 32. « Lorsque la demande en divorce aura été formée
« pour cause de sévices et d'injures graves, encore qu'elle
« soit bien établie, les juges n'admettront pas immédiate-
« ment le divorce : mais avant faire droit, ils autoriseront la
« femme demanderesse à quitter la compagnie de son mari,
« sans être tenue de le recevoir, si elle ne le juge à propos ;
« et ils condamneront le mari à lui payer une pension ali-
« mentaire proportionnée à ses facultés, si la femme n'a pas
« elle-même des revenus suffisans pour fournir à ses besoins. »

Art. 33. « Après une année d'épreuve, si les parties ne sont
« pas réunies, la demanderesse pourra faire citer son mari à
« comparaître au tribunal dans les délais de la loi, pour y
« entendre prononcer le jugement définitif, qui pour lors
« admettra le divorce. »

Art. 34. « Lorsque le divorce sera demandé par la raison
« qu'un des époux est condamné à une peine infamante, les
« seules formalités à observer consisteront à présenter au tri-
« bunal civil une expédition en bonne forme du jugement de
« condamnation, avec un certificat du tribunal criminel, por-
« tant que ce même jugement n'est plus susceptible d'être
« réformé par aucune voie légale. »

Art. 35. « En cas d'appel d'aucun jugement, soit prépara-
« toire, soit définitif, rendu par le tribunal de première ins-
« tance, en matière de divorce, la cause sera instruite et
« jugée par le tribunal d'appel, sur le rôle des affaires ur-
« gentes. »

Art. 36. « En vertu de tout jugement rendu en dernier
« ressort ou passé en force de chose jugée, qui autorisera le
« divorce, l'époux qui l'aura obtenu sera obligé, dans le
« délai de deux mois au plus tard de la date du jugement,
« de se présenter devant l'officier de l'état civil, l'autre partie

« dûment appelée, pour faire prononcer le divorce ; ce délai
« passé, le demandeur sera censé s'être désisté du jugement,
« qui demeurera comme non avenu. »

La section II, intitulée *des Mesures provisoires auxquelles peut donner lieu la demande en divorce formée devant les tribunaux*, est soumise à la discussion.

Les articles 37, 38, 39, 40 et 41 qui la composent sont adoptés.

267 Art. 37. « L'administration provisoire des enfans restera
« au mari demandeur ou défendeur en divorce, à moins
« qu'il n'en soit autrement ordonné par le tribunal, sur la
« demande soit de la mère, soit de la famille ou du commis-
« saire du gouvernement, pour le plus grand avantage des
« enfans. »

268 Art. 38. « La femme demanderesse ou défenderesse en di-
« vorce pourra quitter le domicile du mari pendant la pour-
« suite ; et si elle n'a pas de revenus suffisans pour fournir à
« ses besoins, exiger une pension alimentaire proportionnée
« aux facultés du mari. Le tribunal indiquera la maison dans
« laquelle la femme sera tenue de résider, et fixera la pro-
« vision alimentaire que le mari sera obligé de lui payer. »

269 Art. 39. « La femme sera tenue de justifier de sa résidence
« dans la maison indiquée, toutes les fois qu'elle en sera re-
« quise ; à défaut de cette justification, le mari pourra refu-
« ser la provision alimentaire, et si la femme est demande-
« resse en divorce, la faire déclarer non recevable à continuer
« ses poursuites. »

270 Art. 40. « La femme commune en biens, demanderesse ou
« défenderesse en divorce, pourra, en tout état de cause,
« requérir, pour la conservation de ses droits, l'apposition
« des scellés dans les habitations du mari. Les scellés ne se-
« ront levés qu'en faisant inventaire, et à la charge par le
« mari de donner caution de la représentation des choses in-
« ventoriées. »

Art. 41. « A compter du jour de la demande en divorce, « le mari ne pourra plus contracter de dettes à la charge de « la communauté, ni disposer des immeubles qui en dépen-« dent; toute aliénation qu'il en fera sera nulle de droit. »

La section III, intitulée *des Fins de non recevoir contre l'action en divorce portée devant les tribunaux*, est soumise à la discussion.

Les articles 42, 43 et 44 sont adoptés ainsi qu'il suit :

Art. 42. « L'action en divorce sera éteinte par la réconci-« liation des époux, survenue, soit depuis les faits qui au-« raient pu autoriser cette action, soit depuis la demande en « divorce. »

Art. 43. « Dans l'un et l'autre cas, le demandeur sera dé-« claré non recevable dans son action; il pourra néanmoins « en intenter une nouvelle pour causes survenues depuis la « réconciliation, et alors faire usage des anciennes causes « pour appuyer sa nouvelle demande. »

Art. 44. « Si le demandeur en divorce dénie la réconcilia-« tion, le défendeur en fera preuve, soit par écrit, soit par « témoins, dans la forme prescrite au chapitre II. »

L'article 45 est discuté ; il est ainsi conçu :

« Quoique l'adultère soit prouvé et le divorce prononcé, « l'enfant appartiendra au mari, si les deux époux habitaient « ensemble à l'époque de la conception; mais s'ils étaient « déjà séparés d'habitation, l'enfant n'appartiendra pas au « mariage, à moins que le mari ne le reconnaisse. »

LE PREMIER CONSUL remarque que la sévérité de cet article retombe sur l'enfant.

M. EMMERY dit que la section a cru devoir faire une dis-tinction dans le cas où il y a eu cohabitation entre les deux époux ; elle fait prévaloir la règle *pater is est*, mais elle pense que cette règle ne doit plus recevoir son application lorsque, d'une part, les époux ont cessé d'habiter ensemble, et que, de l'autre, la femme est déjà signalée comme adultère.

Le Premier Consul dit que cet article mérite l'attention la plus sérieuse. En législation, c'est par le seul calcul des distances qu'on juge de l'impossibilité du rapprochement entre les époux. Cette expression, *habitation commune*, est d'ailleurs indéfinie, et il est difficile d'y attacher une idée précise.

M. Boulay observe que la disposition de l'article est bornée au cas de l'adultère ; qu'il suppose que la femme est déjà jugée, et que la conception est postérieure à la séparation de fait judiciairement ordonnée.

M. Emmery ajoute que, d'après l'article 38, la femme est obligée, après la demande formée contre elle, de se retirer dans une maison que le juge indique. La section a pensé que l'enfant conçu depuis cette séparation ne doit plus appartenir au mariage.

M. Tronchet dit que la réconciliation des époux faisant tomber la demande en divorce, la loi ne peut plus permettre qu'il y soit donné suite, si elle admet que l'enfant survenu depuis appartient au mari. Dès lors, pour donner à l'enfant le caractère de fils légitime, et cependant laisser un libre cours à la demande en divorce, on serait obligé de supposer que l'enfant était conçu auparavant. Ainsi, au lieu de dire que l'enfant n'appartient pas au mariage, s'il a été conçu après la séparation des époux, il conviendrait d'expliquer qu'il en sera ainsi de l'enfant conçu depuis la demande en divorce pour cause d'adultère. Il résulterait de la séparation la présomption que l'enfant n'est pas légitime ; ce serait à la femme à la détruire, en alléguant et en prouvant que son mari l'a fréquentée.

M. Emmery adopte cette proposition.

L'article est adopté avec l'amendement de M. *Tronchet.*

Le chapitre III, intitulé *des Formes du divorce par consentement mutuel,* est soumis à la discussion.

Les articles 46 et 47 sont adoptés ainsi qu'il suit :

Art. 46. « Le consentement mutuel d'époux mineurs ne
« sera point admis. »

Art. 47. « Le consentement mutuel d'époux majeurs ne
« sera admis qu'après deux ans de mariage. »

L'article 48 est discuté ; il est ainsi conçu :
« Il ne pourra plus l'être après vingt ans de mariage, ni
« lorsque la femme aura quarante-cinq ans. »

LE PREMIER CONSUL pense que le divorce par consentement mutuel ne doit être limité, ni par la durée du mariage, ni par l'âge des époux. Il ne serait juste de donner ces bornes qu'au divorce provoqué par un seul d'entre eux.

M. EMMERY dit que l'incompatibilité d'humeur sera la cause réelle de ces sortes de divorces, et qu'il n'est pas raisonnable de l'admettre après que les époux ont vécu pendant vingt ans en bonne intelligence.

L'article est adopté avec le retranchement de la disposition qui interdit le divorce à la femme âgée de quarante-cinq ans.

L'article 49 est adopté sans discussion ; il est ainsi conçu :
« Dans aucun cas, le consentement mutuel des époux ne suf-
« fira, s'il n'est autorisé par leurs pères et mères, ou par leurs
« autres ascendans vivans, si les pères et mères sont morts. »

L'article 50 est discuté.

« Les époux déterminés à opérer le divorce par consente-
« ment mutuel seront tenus de faire préalablement inven-
« taire et estimation de tous leurs biens, meubles et im-
« meubles, et de régler leurs droits respectifs, sur lesquels
« il leur sera néanmoins libre de transiger. »

M. DEFERMON fait observer que la femme ne peut transiger tant qu'elle est en la puissance de son mari, et que cependant elle y demeure jusqu'à ce que le divorce soit prononcé.

M. BOULAY répond que, dans le cas de l'article, l'autorisation de la loi supplée celle du mari.

M. Emmery ajoute que d'ailleurs la transaction est subordonnée à une longue procédure, et ne reçoit sa force que d'un jugement.

M. Tronchet pense qu'il est, en effet, très-important d'ordonner le règlement des droits. Plus il y a lieu de craindre que le consentement de la femme ne soit pas libre, et plus on doit prendre de précautions pour empêcher que la femme ne soit obligée de plaider après le divorce, à l'effet d'obtenir la liquidation de ses droits, et ne demeure cependant dans l'indigence pendant le cours du procès.

On objecte que la femme est sous la puissance maritale : elle y est, sans doute, tant que le mariage subsiste encore ; mais, en général, elle se fait autoriser par le juge toutes les fois que les circonstances la forcent de traiter avec son mari. Ici, d'ailleurs, la transaction ne serait que provisoire et conditionnelle.

M. Defermon observe que l'article n'oblige pas la femme à prendre l'autorisation du juge.

M. Boulay répond que l'autorisation donnée par la loi équivaut à l'autorisation que pourraient accorder les tribunaux.

M. Tronchet ne partage pas cette opinion. Le juge, en effet, n'autorise qu'en connaissance de cause : il veille aux intérêts de la femme, et refuse son autorisation, s'il craint qu'elle ne lui soit préjudiciable. Il convient donc d'ajouter à l'article *que la femme se fera autoriser par le tribunal.*

M. Regnaud (de Saint-Jean-d'Angely) dit que, sans cette précaution, le mari aurait trop d'ascendant.

M. Berlier dit que l'autorisation ne serait que de forme, puisque l'acte ne serait pas soumis à l'approbation du juge ; que d'ailleurs l'article se borne à rendre la transaction facultative, au lieu qu'elle deviendrait forcée si elle était ordonnée par la loi.

M. Regnaud (de Saint-Jean-d'Angely) dit qu'on pourrait ordonner que l'autorisation serait accordée après l'inventaire et l'estimation des biens, et qu'elle porterait sur le projet de partage.

M. Emmery dit qu'il est difficile de renvoyer les parties devant les tribunaux, lorsque, pour les éviter, elles recourent au consentement mutuel. Lorsque les parties préfèrent ce dernier mode, c'est qu'elles sont d'accord sur les conséquences qu'il entraînera; les sacrifices sont une de ces conséquences.

L'obligation en est imposée pour rendre le divorce plus difficile.

M. Defermon observe qu'il ne faut pas perdre de vue que le mari, pour s'emparer des biens de la femme à la faveur d'un divorce, emploierait la violence, à l'effet de lui arracher son consentement. Elle acheterait la tranquillité par une transaction. Dans ce cas, lui sera-t-il permis de réclamer contre un tel acte après le divorce prononcé?

M. Emmery pense que toute réclamation devrait lui être interdite. Il y a, en effet, des épreuves et une séparation provisoire; or, il est impossible qu'à une des époques de cette longue procédure, la femme n'ait pas trouvé l'occasion de réclamer contre la lésion qu'elle a soufferte, et contre les violences qu'on a employées pour l'y faire consentir.

M. Tronchet dit qu'il est facile de tout concilier.

On craint que la femme ne soit lésée; mais quelquefois cette lésion est juste, parce qu'elle est le prix du silence qu'on a gardé sur les causes scandaleuses du divorce. On pourrait donc soumettre la transaction aux parens, au lieu de la soumettre aux tribunaux, et les parens jugeraient si la femme se trouve lésée, s'il est juste qu'elle le soit.

M. Berlier dit que l'autorisation du juge serait sans objet; il est ridicule qu'il autorise là où la loi ordonne. L'amendement de M. *Tronchet* ôte à l'article tous ses inconvéniens et lui conserve tous ses avantages.

L'article est adopté avec l'amendement de M. *Tronchet*.

Les articles 51, 52, 53, 54, 55, 56, 57, 58, 59, 60, 61, 62,

63, 64 et 65 sont adoptés sans discussion; ils sont ainsi conçus :

280 Art. 51. « Ils seront pareillement tenus de constater par
« écrit leurs conventions sur les trois points qui suivent :

« 1°. A qui les enfans nés de leur union seront confiés,
« soit pendant le temps des épreuves, soit après le divorce
« prononcé;

« 2°. Dans quelle maison la femme devra se retirer et ré-
« sider pendant le temps des épreuves;

« 3°. Quelle somme le mari devra payer à sa femme pen-
« dant le même temps, si elle n'a pas des revenus suffisans
« pour fournir à ses besoins. »

281 Art. 52. « Les époux se présenteront ensemble et en per-
« sonne devant le président du tribunal civil de leur arron-
« dissement, ou devant le juge qui en fera les fonctions, et
« lui feront la déclaration de leur volonté, en présence de
« deux notaires amenés par eux. »

282 Art. 53. « Le juge fera aux deux époux réunis, et à chacun
« d'eux en particulier, en présence des deux notaires, telles
« représentations et exhortations qu'il croira convenables;
« il leur donnera lecture du chapitre IV du présent titre qui
« règle les *Effets du divorce*, et leur développera toutes les
« conséquences de leur démarche. »

283 Art. 54. « Si les époux persistent dans leur résolution, il
« leur sera donné acte par le juge de ce qu'ils demandent et
« consentent mutuellement au divorce, et ils seront tenus de
« produire et déposer à l'instant, entre les mains des no-
« taires, outre les actes mentionnés aux articles 50 et 51,

« 1°. Les actes de leur naissance et celui de leur mariage;

« 2°. Les actes de naissance et de décès de tous les enfans
« nés de leur union;

« 3°. La déclaration authentique de leurs père et mère ou
« autres ascendans vivans, portant que, pour les causes à
« eux connues, ils autorisent tel *ou* telle, leur fils *ou* fille,
« petit-fils *ou* petite-fille, marié *ou* mariée à tel *ou* telle, à
« demander le divorce et à y consentir. »

Art. 55. « Les notaires dresseront procès-verbal détaillé
« de tout ce qui aura été dit et fait en exécution des articles
« précédens ; la minute en restera au plus âgé des deux no-
« taires, ainsi que les pièces produites, qui demeureront
« annexées au procès-verbal, dans lequel il sera fait mention
« de l'avertissement qui sera donné à la femme de se retirer,
« dans les vingt-quatre heures, dans la maison convenue
« entre elle et son mari, et d'y résider jusqu'au divorce
« prononcé. »

Art. 56. « La déclaration ainsi faite sera renouvelée dans
« la première décade de chacun des quatrième, septième et
« dixième mois qui suivront, en observant les mêmes forma-
« lités. Les parties seront obligées à rapporter chaque fois
« une nouvelle autorisation de leurs pères et mères ou autres
« ascendans vivans, mais ne seront tenues à répéter la pro-
« duction d'aucun autre acte. »

Art. 57. « Dans la décade du jour où sera révolue l'année,
« à compter de la première déclaration, les époux, assistés
« chacun de deux notables du département, âgés de cin-
« quante ans au moins, se représenteront ensemble et en
« personne devant le président du tribunal ou le juge qui
« en fera les fonctions ; ils lui remettront les expéditions en
« bonne forme des quatre procès-verbaux contenant leur
« consentement mutuel, et de tous les actes qui auront été
« annexés, et requerront du magistrat, chacun séparément,
« en présence néanmoins l'un de l'autre et des quatre no-
« tables, l'admission du divorce. »

Art. 58. « Après que le juge et les notables assistans au-
« ront fait leurs observations aux époux, s'ils persévèrent, il
« leur sera donné acte de leur réquisition et de la remise
« par eux faite des pièces à l'appui : le greffier du siége dres-
« sera procès-verbal, qui sera signé tant par les parties (à
« moins qu'elles ne déclarent ne savoir ou ne pouvoir signer,
« auquel cas il en sera fait mention) que par les quatre no-
« tables, le juge et le greffier. »

288 Art. 59. « Le juge mettra de suite au bas de ce procès-
« verbal son ordonnance portant que, dans les trois jours, il
« sera par lui référé du tout au tribunal, en la chambre du
« conseil, sur les conclusions par écrit du commissaire du
« gouvernement, auquel les pièces seront, à cet effet, com-
« muniquées par le greffier. »

289 Art. 60. « Si le commissaire du gouvernement trouve dans
« les pièces la preuve que les deux époux étaient majeurs
« lorsqu'ils ont fait leur première déclaration, qu'à cette
« époque ils étaient mariés depuis deux ans, que le mariage
« ne remontait pas à plus de vingt, que la femme avait
« moins de quarante-cinq ans, que le consentement mutuel
« a été exprimé quatre fois dans le cours de l'année, après
« les préalables ci-dessus prescrits, et avec toutes les forma-
« lités requises par le présent chapitre, notamment avec
« l'autorisation des pères et mères des époux, ou avec celle
« de leurs autres ascendans vivans, en cas de prédécès des
« pères et mères, il donnera ses conclusions en ces termes,
« *la loi permet*; dans le cas contraire, ses conclusions seront
« en ces termes, *la loi empêche*. »

290 Art. 61. « Le tribunal, sur le référé, ne pourra faire
« d'autres vérifications que celles indiquées par l'article pré-
« cédent. S'il en résulte que, dans l'opinion du tribunal, les
« parties ont satisfait aux conditions et rempli les formalités
« déterminées par la loi, il admettra le divorce, et renverra
« les parties devant l'officier de l'état civil pour le faire pro-
« noncer : dans le cas contraire, le tribunal déclarera qu'il
« n'y a pas lieu à admettre le divorce, et déduira les motifs
« de la décision. »

291 Art. 62. « L'appel du jugement qui aurait déclaré ne pas
« y avoir lieu à admettre le divorce ne sera recevable
« qu'autant qu'il sera interjeté par les deux parties, et néan-
« moins par actes séparés, dans les dix jours au plus tôt, et
« au plus tard dans les vingt jours de la date du jugement
« de première instance. »

Art. 63. « Les actes d'appel seront réciproquement signifiés 292
« tant à l'autre époux qu'au commissaire du gouvernement
« près le tribunal de première instance. »

Art. 64. « Dans la décade, à compter de la date du second 293
« acte d'appel à lui signifié, le commissaire du gouverne-
« ment près du tribunal de première instance fera passer au
« commissaire du gouvernement près du tribunal d'appel
« l'expédition du jugement et les pièces sur lesquelles il est
« intervenu. Le commissaire près le tribunal d'appel donnera
« ses conclusions par écrit, dans la décade suivante; le pré-
« sident, ou le juge qui le suppléera, fera son rapport au tri-
« bunal d'appel, en la chambre du conseil, et il sera statué
« définitivement dans la troisième décade. »

Art. 65. « En vertu du jugement qui admettra le divorce, 294
« et dans les dix jours de sa date, les parties se présenteront
« ensemble et en personne devant l'officier de l'état civil,
« pour faire prononcer le divorce. Ce délai passé, le juge-
« ment demeurera comme non avenu. »

(Procès-verbal de la séance du 16 nivose an X. — 6 janvier 1802.)

Le chapitre IV du projet de loi sur le divorce, intitulé *des Effets du divorce*, est soumis à la discussion.

L'article 66 est discuté; il est ainsi conçu :

« Les époux qui auront divorcé pour quelque cause que ce 295
« soit ne pourront plus se réunir. »

LE MINISTRE DE LA JUSTICE dit qu'il ne peut être dans le vœu de la loi d'empêcher les époux de se réunir, s'ils se concilient, ou s'ils s'y déterminent par des principes de religion.

Quel motif pourrait faire adopter la prohibition qui est proposée? Serait-ce l'intérêt des créanciers? Ils peuvent intervenir et s'opposer au divorce, lorsqu'ils ont la preuve qu'il est demandé en fraude de leurs droits. D'ailleurs, on ne voit pas comment le divorce pourrait compromettre les droits antérieurs et acquis. Dans tous les cas, les créanciers peuvent faire annuler les actes frauduleux.

M. Maleville dit que Montesquieu a comparé les deux systèmes et préféré le système prohibitif.

La commission avait d'abord adopté cette opinion.

Elle l'a abandonnée depuis, parce qu'elle a réfléchi que la réunion des époux est toujours désirable, et que la faveur qu'elle mérite doit l'emporter sur toute autre considération.

Montesquieu craint que la facilité de reprendre le lien du mariage ne détermine à divorcer plus légèrement ; mais il est très-douteux que l'impossibilité de contracter un mariage nouveau retienne les époux.

M. Emmery dit que certainement on se portera plus facilement au divorce, quand on pourra le faire cesser à son gré ; qu'il est même à craindre qu'avec cette facilité, beaucoup ne divorcent que pour changer leurs conventions matrimoniales.

M. Boulay dit que du moins la prohibition ne devrait pas être absolue. Ce sera sans doute une précaution utile, lorsque le divorce aura été prononcé par consentement mutuel : mais, lorsqu'il aura pour causes l'attentat ou les sévices, quelle fraude peut-on craindre ?

M. Regnaud (de Saint-Jean-d'Angely) dit qu'il est très-important d'empêcher qu'à la faveur d'un divorce concerté, les époux ne puissent, par un mariage nouveau, changer leurs conventions matrimoniales au préjudice de leurs enfans ou de leurs familles.

Cet inconvénient est à craindre dans tous les cas, mais plus particulièrement dans le divorce par consentement mutuel, qui, pour dissoudre le mariage, n'a besoin que d'être autorisé par les ascendans. On séduirait ceux-ci ; on leur présenterait le projet de divorce comme une simple transaction ; peut-être même irait-on jusqu'à rédiger d'avance un nouveau mariage.

Le divorce doit être rendu facile, quand il y a des causes réelles et vraies : on ne saurait, au contraire, le rendre trop difficile, lorsqu'il n'est employé que pour des raisons d'intérêt.

Le Ministre de la Justice dit que le mariage est le plus saint des contrats; que la loi n'en autorise qu'à regret la dissolution; qu'on ne peut donc trop désirer qu'il se rétablisse : c'est l'intérêt de la société, des enfans, des familles.

Tout ce qu'on objecte ne détruit pas ces considérations. Auprès de si grands intérêts, que sont les intérêts purement pécuniaires? Mais, après tout, à qui donc préjudicie le changement des conventions matrimoniales?

Sera-ce aux époux? Ils sont maîtres de leur fortune. Sera-ce aux enfans? Cela ne se peut : ils sont également appelés à la succession de leur père et de leur mère. Sera-ce aux collatéraux? Qu'importe l'intérêt des collatéraux!

Au surplus, si l'on persiste à trouver de l'inconvénient à ce que le mariage nouveau se forme sous des conditions nouvelles, le remède est facile : il suffit de ne permettre aux époux de se remarier qu'en rentrant dans les limites de leur premier contrat.

On objecte qu'on se portera plus facilement au divorce.

Il vaut mieux, après tout, qu'on se joue du divorce que du mariage.

Mais l'expérience ne justifie pas ces craintes : la législation actuelle permet aux époux divorcés de rentrer dans leurs premiers liens, et cependant très-peu ont usé de cette faculté, hors ceux qui, pendant nos troubles civils, n'avaient divorcé qu'afin de pourvoir à leur sûreté ou à la conservation de leur fortune.

M. Portalis observe que c'est par respect pour le mariage qu'on attaque la disposition, et que cependant c'est par ce sentiment même qu'elle doit être maintenue; autrement on se jouera également et du mariage et du divorce.

L'un et l'autre est un état absolu; l'un et l'autre est fondé sur le vœu de la perpétuité. Il est dans l'essence du mariage qu'on ne se joue pas du divorce; ce qui arriverait infailliblement, si l'on pouvait passer alternativement du mariage au divorce, du divorce au mariage. Quand le spectacle affligeant du divorce a été donné, il faut que ce soit par l'effet d'une nécessité réelle. Une telle nécessité est invariable.

Ainsi, sans considérer la disposition sous le point de vue des spéculations pécuniaires, et en l'envisageant sous le même point de vue que le ministre, on conçoit que, par respect pour le mariage, la loi ne doit pas prévoir qu'il pourra être rétabli.

La seule objection qui puisse faire impression, c'est celle qu'on a tirée de l'attention de ne pas gêner les consciences, de ne pas empêcher le rapprochement auquel la religion des époux peut les porter.

Mais la loi civile ne se règle pas sur ces considérations qui regardent plus l'homme que le citoyen.

M. Bérenger dit que si le mariage, quoiqu'il soit de sa nature un contrat perpétuel, peut être dissous, le divorce, quoique également perpétuel, peut donc aussi être détruit. Il ne faut pas accorder au divorce plus de priviléges qu'au mariage.

Des causes graves, il est vrai, l'ont fait prononcer : mais est-il donc impossible que le temps fasse cesser ces causes, et alors quel motif reste-t-il pour maintenir le divorce ? La loi place les individus divorcés dans la situation où ils seraient s'ils n'avaient pas été mariés ; comment pourrait-elle, sans se contredire, leur imprimer une incapacité ?

Au reste, il arrivera bien rarement que des époux divorcés changent de sentiment et se rapprochent. Les causes pour lesquelles le divorce est accordé sont trop graves, les épreuves trop sérieuses ; on ne se remariera que lorsqu'on n'aura divorcé que dans la vue de changer ses conventions matrimoniales. Or, d'une part, peu de personnes éprouvent ce besoin ; de l'autre, il n'y a pas d'intérêt d'empêcher les époux de réformer leur contrat de mariage, surtout lorsqu'on donne une si grande étendue à la faculté de disposer.

On n'a pas à craindre la tyrannie du mari. La femme divorcée est devenue libre, et ne rentrera jamais malgré elle sous le joug du mariage.

On ne voit donc aucun motif qui puisse déterminer le législateur à élever une barrière entre des époux réconciliés et leurs enfans. Ce serait même compromettre l'état des enfans qui pourraient naître de ces personnes après leur divorce.

M. Emmery dit qu'on ne peut, sans pétition de principes, argumenter d'un mariage dissous, en faveur de ce mariage même.

Au reste, c'est par respect pour le mariage que la section a inséré dans le projet l'article qu'on attaque. Si le mariage est le plus saint de tous les contrats, il faut qu'il ne puisse se dissoudre que très-rarement, et par l'effet de circonstances impérieuses. Or, les époux seront plus réservés à demander le divorce, lorsqu'ils sauront qu'il est sans retour. C'est dans cette vue qu'un autre article du projet oblige le juge de leur bien faire apercevoir cette conséquence de leur démarche.

Le divorce, objecte-t-on, est perpétuel; mais il ne peut être ni plus saint, ni plus irrévocable que le mariage.

Mais, ce n'est pas par considération pour le divorce que la section propose de le déclarer irrévocable, c'est par respect pour le mariage.

A la vérité, il arrivera rarement que des époux divorcés pour causes déterminées se réunissent; leur désunion a un motif trop grave.

Mais en sera-t-il de même après le divorce par consentement mutuel? Ce mode de divorce, où la cause est le secret des familles, se prêterait facilement au projet de n'anéantir le mariage que pour réformer les conventions matrimoniales. Les époux pourraient donc se divorcer, se remarier tour à tour? Ce serait un scandale.

Le Ministre de la Justice dit que si l'on considère l'incapacité de se remarier comme châtiment, on fait porter la peine des torts des époux bien moins sur eux-mêmes que sur leurs enfans et sur la société. En effet, l'intérêt de la société, l'intérêt des enfans est que le mariage subsiste, et par conséquent, qu'il soit rétabli quand il a été dissous.

Ensuite, comment, lorsque le divorce rend les époux libres de contracter mariage avec toutes sortes de personnes, ne pas leur laisser cette liberté entre eux, c'est-à-dire entre les personnes qui doivent naturellement se préférer?

Cette restriction si peu naturelle est d'ailleurs sans objet; car elle ne sert pas l'intérêt de la société. Si le divorce est nécessaire, il n'en est pas moins un scandale. On doit donc désirer que le mariage, destiné à durer toujours, reprenne sa perpétuité.

M. REGNIER dit qu'il est particulièrement frappé du danger d'autoriser une succession scandaleuse de divorce et de mariage. Ce danger n'est pas hors de vraisemblance. Il n'existe pas de cause déterminée de divorce à l'égard de laquelle la récidive ne soit possible : l'attentat, les sévices, l'adultère, peuvent se répéter. Les mauvaises habitudes, quand elles ont jeté de profondes racines dans le cœur, ne changent que très-difficilement. On voit peu de caractères violens revenir à des mœurs douces; on voit peu de gens déréglés revenir à des mœurs pures. A l'égard de la légèreté qui a pu amener le consentement mutuel, elle est incorrigible.

La loi fait donc tout ce qui lui est possible, quand, pour s'assurer de la nécessité du divorce, elle établit des épreuves, et ménage aux époux le temps et les occasions de réfléchir sur les suites de leur projet. Quand ces moyens ne réussissent pas, il faut croire que le divorce était indispensable et dissoudre le mariage sans retour. L'honneur même des époux commande de ne pas leur permettre de varier : ils deviendraient des objets de mépris s'ils se faisaient impunément un jeu du mariage et du divorce.

M. TRONCHET dit que, dans un premier projet, la commission avait admis l'incapacité que la section propose, et chargé le juge de la faire connaître aux époux qui demanderaient le divorce. Elle s'était déterminée par ce que dit Montesquieu : permettre de se jouer du divorce, c'est permettre de se jouer du mariage; et cette réflexion est vraie. On ne voit pas comment la loi qui autoriserait les époux divorcés à se réunir respecterait davantage le vœu de la perpétuité du mariage; car le premier mariage est toujours rompu sans retour par le divorce; celui qui se forme ensuite est un mariage absolument nouveau.

Il n'y a pas de réponse à l'objection qu'on a tirée de l'inconvénient d'autoriser un cercle de mariages et de divorces.

En général, le législateur ne doit permettre le divorce que lorsqu'il y a des causes très-graves ; mais, quand de telles causes existent, il est de la nature des choses que les époux soient déliés à jamais.

On a dit qu'on s'élevait contre la prohibition proposée, moins pour l'intérêt des époux que pour celui de la société.

Mais le grand intérêt de la société, c'est de faire respecter le mariage en ne le faisant pas dépendre de la versatilité des circonstances.

L'article est adopté.

L'article 67 est adopté ainsi qu'il suit :
« La femme divorcée, pour quelque cause que ce soit, ne « pourra se remarier que dix mois après le divorce prononcé. »

L'article 68 est discuté; il est ainsi conçu :
« Dans le cas de divorce admis en justice pour cause d'a-
« dultère de la femme, elle sera condamnée à la réclusion
« dans une maison de correction pour un temps déterminé,
« qui ne pourra être moindre de trois mois, ni excéder deux
« années. La femme adultère ne pourra jamais se remarier. »

M. Maleville dit que, laisser au tribunal la liberté de ne condamner la femme qu'à une réclusion de trois mois, c'est affaiblir dans l'opinion la gravité du crime; que l'adultère étant toujours également criminel, il est juste de le punir, dans tous les cas, avec la même sévérité.

M. Berlier dit que l'adultère donne lieu non à une peine criminelle, mais à une peine correctionnelle; qu'il est de la nature de ces peines d'avoir un *minimum* et un *maximum*.

M. Emmery dit qu'au surplus l'impression pénible que la condamnation fera à la femme est déjà un châtiment très-rigoureux.

Le Consul Cambacérès dit qu'il y aurait une si grande distance entre le *minimum* et le *maximum*, qu'il serait difficile de se faire une idée de la gradation que le juge pourrait suivre.

M. Réal dit que l'article serait injuste. A la vérité, l'adultère de la femme a des suites plus graves que celui du mari; mais la loi, qui ne voit que le crime, doit le punir également dans les deux époux.

M. Boulay dit qu'on ne doit assigner qu'un même terme à la réclusion, que la mauvaise éducation, que les circonstances ne peuvent jamais atténuer la faute; que même l'adultère du mari n'excuse pas la femme.

La peine doit être mesurée sur le tort que le délit fait à la société.

M. Regnaud (de Saint-Jean-d'Angely) dit qu'il est nécessaire de distinguer entre l'adultère qui n'est qu'une faiblesse momentanée, et celui qui a pour principe le dérèglement habituel des mœurs, et de mettre le juge en état de graduer la peine sur cette différence.

L'article est adopté.

M. Berlier observe qu'il serait contradictoire d'établir une peine temporaire destinée à corriger le coupable, et de lui défendre cependant indéfiniment de se remarier. Condamner à un célibat éternel celle qui a violé les lois de la pudeur et du mariage, ce serait la condamner à persévérer dans ses dérèglemens.

M. Boulay dit que la femme adultère, en violant le mariage, s'en est rendue indigne; que, si l'on considère une union nouvelle comme un moyen nécessaire pour arrêter le cours de ses dérèglemens, la conséquence sera que, non seulement il faut lui permettre de se remarier, mais il faut même l'y contraindre.

M. Bérenger demande pourquoi, si la profanation du mariage demande un châtiment aussi sévère, on ne la punit cependant que dans la femme : le mari adultère doit-il donc demeurer impuni?

M. Boulay répond que cette différence est fondée sur une distinction qui déjà a été adoptée. L'intention de la section est d'attacher les mêmes effets à tout adultère qui opère le divorce. Mais celui de la femme l'opère dans tous les cas ; celui du mari, seulement quand il tient sa concubine dans la maison commune.

M. Emmery ajoute que le motif de cette distinction vient de ce que le crime de la femme a des suites plus graves, quelles que soient les circonstances qui l'accompagnent; et qu'au contraire on a cru ne devoir donner à l'adultère du mari l'effet de dissoudre le mariage, que lorsqu'il tient sa concubine dans la maison commune. L'injuste préférence qu'il lui donne sous les yeux de son épouse est un outrage que la loi ne doit pas forcer celle-ci de dévorer en silence.

Le Consul Cambacérès dit que c'est ici une loi civile, qu'elle ne doit donc s'occuper de l'adultère que pour en faire une cause de divorce. La peine que ce crime peut entraîner n'est pas de son sujet. Du moment que le divorce est prononcé, l'adultère devient indifférent à la législation civile; les autres suites qu'il peut convenir de lui donner doivent être réglées par les lois criminelles et de police. Des dispositions pénales contre l'adultère sont justes et nécessaires; mais il est d'autant plus convenable de ne pas s'en occuper ici, qu'on pourrait bien, lorsqu'on discutera le Code pénal, reconnaître que le crime est plus grave qu'il ne paraît au premier aspect, et qu'il mérite un châtiment plus rigoureux que celui qu'on lui aurait infligé.

On ferme la porte au repentir même lorsque la faute doit être imputée à une faiblesse momentanée, et non à une dépravation habituelle; et cependant on a vu plus d'une fois des individus, dont la jeunesse avait été très-licencieuse, revenir, dans un âge plus avancé, à des mœurs très-régulières.

Le Ministre de la Justice dit que cette incapacité absolue de la femme retomberait sur l'individu qui l'aurait épousée. Il est possible, en effet, qu'elle se soit éloignée du pays qui avait été témoin de ses désordres; qu'elle se soit transportée dans des contrées où elle n'était pas connue, et que, revenue de ses anciens égaremens, elle ait, par des qualités estimables, conquis l'affection d'un de ses nouveaux concitoyens.

Rompra-t-on impitoyablement le mariage qu'il aura contracté avec elle?

M. Boulay dit qu'à la vérité on pourrait renvoyer les dispositions pénales au Code criminel; que cependant elles ne sont pas déplacées dans le Code civil.

La suite de la discussion est ajournée.

Les autres articles du titre non discutés sont ainsi conçus :

296 Art. 69. « Dans le cas de divorce admis en justice pour
« cause d'adultère du mari, il ne pourra jamais se remarier
« avec sa concubine. »

297 Art. 70. « Dans le cas de divorce par consentement mutuel,
« aucun des deux époux ne pourra contracter un nouveau
« mariage que trois ans après la prononciation du divorce. »

299 Art. 71. « Pour quelque cause que le divorce ait lieu, hors
« le cas du consentement mutuel, l'époux contre lequel le
« divorce aura été admis perdra tous les avantages que l'au-
« tre époux lui avait faits, soit par leur contrat de mariage,
« soit depuis le mariage contracté. »

300 Art. 72. « L'époux qui aura obtenu le divorce conservera
« les avantages à lui faits par l'autre époux, encore qu'ils
« aient été stipulés réciproques, et que la réciprocité n'ait pas
« lieu. »

Art. 73. « Si les époux ne s'étaient fait aucun avantage, ou 301
« si ceux stipulés ne paraissaient pas suffisans pour indem-
« niser l'époux qui a obtenu le divorce, le tribunal pourra
« lui accorder, sur les biens de l'autre époux, une pension
« alimentaire, qui ne pourra être moindre du sixième, ni ex-
« céder le tiers des revenus de cet autre époux. »

Art. 74. « Les enfans seront confiés à l'époux qui a obtenu 302
« le divorce, à moins que la famille, convoquée par l'un de ses
« membres, n'estime, pour le plus grand avantage des en-
« fans, que tous ou quelques-uns d'eux doivent être confiés
« aux soins soit de l'autre époux, soit d'une tierce personne. »

Art. 75. « Quelle que soit la personne à laquelle les enfans 303
« seront confiés, les père et mère conserveront respective-
« ment le droit de surveiller l'entretien et l'éducation de
« leurs enfans, et seront tenus d'y contribuer à proportion
« de leurs facultés, suivant ce qui aura été réglé par la fa-
« mille. »

Art. 76. « La dissolution du mariage par le divorce admis 304
« en justice ne privera les enfans nés de ce mariage d'aucun
« des avantages qui leur étaient assurés par les lois, ou par
« les conventions matrimoniales de leurs père et mère ; mais
« il n'y aura d'ouverture aux droits des enfans que de la
« même manière et dans les mêmes circonstances où ils se
« seraient ouverts s'il n'y avait pas eu de divorce. »

Art. 77. « Dans le cas de divorce par consentement mu- 305
« tuel, la propriété de la moitié des biens de chacun des
« deux époux sera acquise de plein droit, du jour de leur
« première déclaration, aux enfans nés de leur mariage : les
« père et mère conserveront néanmoins la jouissance de cette
« moitié jusqu'à la majorité de leurs enfans, à la charge de
« pourvoir à leur nourriture, entretien et éducation, confor-
« mément à leur fortune et à leur état ; le tout sans préju-
« dice des autres avantages qui pourraient avoir été assurés
« auxdits enfans par les conventions matrimoniales de leurs
« père et mère. »

CHAPITRE V.
De la Séparation de corps.

Art. 78. « Dans le cas où il y a lieu au divorce pour cause
« déterminée, il sera libre aux époux de former demande
« en séparation de corps. »

Art. 79. « Elle sera intentée, instruite et jugée de la même
« manière que toute autre action civile. »

Art. 80. « La femme contre laquelle la séparation de corps
« sera prononcée pour cause d'adultère sera condamnée, par
« le même jugement, à la réclusion dans une maison de cor-
« rection, pendant un temps déterminé, qui ne pourra être
« moindre de trois mois ni excéder deux années. »

Art. 81. « Le mari restera le maître d'arrêter l'effet de cette
« condamnation, en consentant à reprendre sa femme. »

Art. 82. « Lorsque la séparation de corps, prononcée pour
« toute autre cause que l'adultère de la femme, aura duré
« trois ans, l'époux qui était originairement défendeur
« pourra demander le divorce au tribunal, qui l'admettra si
« le demandeur originaire ne consent pas immédiatement à
« faire cesser la séparation. »

Art. 83. « La séparation de corps emportera toujours sépa-
« ration de biens : elle ne pourra pas avoir lieu par le con-
« sentement mutuel des époux. »

(Procès-verbal de la séance du 22 fructidor an X. — 9 septembre 1802.)

M. EMMERY présente le titre relatif au Divorce.

Le chapitre Ier est soumis à la discussion et adopté ainsi
qu'il suit :

CHAPITRE Ier.
Des Causes du divorce.

Art. 1, 2, 3, 4, 5 et 6 (*les mêmes que ceux du procès-
verbal de la séance du 6 nivose an X, 27 décembre 1801*).

Le chapitre II, intitulé *du Divorce pour cause déterminée*,
est soumis à la discussion.

La section Ire est adoptée ainsi qu'il suit :

SECTION Ire. — *Des Formes du divorce pour cause déterminée.*

Art. 7 (*le même qu'au procès-verbal du* 14 *nivose an* X). 234

Art. 8. « Dans le cas d'attentat de l'un des époux à la vie 235
« de l'autre, le commissaire du gouvernement pourra tou-
« jours intenter l'action criminelle : si elle a été précédée
« d'une demande en divorce, fondée sur la même cause, il
« sera sursis à l'instruction de la demande en divorce jus-
« qu'après le jugement de l'accusation ; et sur la représenta-
« tion de ce jugement, suivant qu'il aura condamné ou ac-
« quitté l'époux accusé, le divorce demandé par l'autre
« époux sera admis ou rejeté par le tribunal civil. »

Art. 9 et 10 (*comme au procès-verbal du* 14 *nivose an* X). 236-237

Art. 11. « Le juge ordonnera, au bas de son procès-ver- 238
« bal, que les parties comparaîtront en personne devant lui,
« au jour et à l'heure qu'il indiquera ; et qu'à cet effet, copie
« de son ordonnance sera par lui adressée à la partie contre
« laquelle le divorce est demandé. »

Art. 12, 13, 14, 15, 16, 17, 18, 19, 20, 21, 22, 23, 24, 239 à 262
25, 26, 27, 28, 29, 30, 31, 32, 33, 34 et 35 (*les mêmes
que ceux du procès-verbal du* 14 *nivose an* X).

Art. 36. « En vertu de tout jugement rendu en dernier 264 à 266
« ressort ou passé en force de chose jugée, qui autorisera le
« divorce, l'époux qui l'aura obtenu sera obligé de se pré-
« senter, dans le délai de deux mois, devant l'officier de
« l'état civil, l'autre partie dûment appelée, pour faire pro-
« noncer le divorce ; à peine de déchéance du bénéfice du
« jugement, qui demeurera comme non avenu, si l'exécu-
« tion n'en a été poursuivie dans le délai ci-dessus. »

La section II est ainsi conçue :

SECTION II. — *Des Mesures provisoires auxquelles peut donner
lieu la demande en divorce pour cause déterminée.*

Art. 37, 38, 39, 40 et 41 (*comme ceux du procès-verbal de* 267 à 271
la séance du 14 *nivose an* X).

M. Regnier observe que ces mots de l'article 38, *si la femme n'a pas de revenus suffisans*, supposent qu'elle sera mise en possession de ses biens avant la dissolution du mariage par le divorce. Cependant, jusque là, la communauté subsiste, et le mari continue d'en être le maître.

M. Emmery répond que la disposition est nécessairement restreinte à la femme non commune.

M. Tronchet appuie l'observation de M. *Regnier*.

Il faut sans doute, dans tous les cas, pourvoir à l'entretien de la femme ; mais il est nécessaire de distinguer deux hypothèses : s'il y a communauté, une pension doit être payée à la femme, parce que la communauté subsiste jusqu'au divorce ; ce n'est que dans le cas où il n'y a pas de communauté qu'il convient d'examiner si la femme a un revenu suffisant.

M. Emmery propose de rédiger ainsi l'article :

« La femme demanderesse ou défenderesse en divorce
« pourra quitter le domicile du mari pendant la poursuite,
« et exiger une pension alimentaire proportionnée aux fa-
« cultés de son mari. Le tribunal indiquera, etc. »

Le Consul Cambacérès propose de substituer au mot *exiger* le mot *demander*, afin de laisser plus de latitude aux tribunaux.

La rédaction proposée par M. *Emmery* est adoptée avec cet amendement.

M. Regnier propose de rédiger ainsi :

« Pourra demander, *s'il y a lieu*, une pension *alimentaire*
« proportionnée aux facultés de son mari. »

M. Portalis combat cet amendement, parce que, dit-il, le mot *alimentaire* exprime suffisamment le cas où la pension est due. Cette expression *s'il y a lieu* l'affaiblirait ; elle semblerait permettre de refuser des alimens à la femme qui manque du nécessaire.

L'amendement est rejeté.

Les autres articles de la section sont adoptés.

La section III est ainsi conçue :

SECTION III.—*Des Fins de non-recevoir contre l'action en divorce pour cause déterminée.*

Art. 42, 43, 44 et 45 (*tels qu'ils sont rapportés au procès-verbal du 14 nivose an X*). 272 à 274

Le Consul Cambacérès dit que l'article 45 doit être mis en harmonie avec les dispositions relatives à *la paternité* et à *la filiation*.

Il y aurait sans doute de l'inconvénient à s'éloigner de la maxime qui veut que l'adultère de la mère ne décide point de l'illégitimité de l'enfant; toutefois il ne faut pas se lier de manière à ne point céder à l'évidence, dans une matière où les juges ont plus besoin d'exemples que de règles.

M. Tronchet pense que l'article est dangereux. Ces questions doivent être jugées d'après les principes généraux de la matière. Il est permis à la femme d'opposer à la demande en divorce l'exception de la réconciliation : elle ferait valoir que, depuis la séparation, son mari est venu la trouver, que l'enfant qui vient de naître est le fruit de ce rapprochement; et cependant la seconde partie défendrait au juge de l'écouter. La loi ne doit pas empêcher les tribunaux de prononcer sur tous les cas d'après les circonstances.

M. Emmery dit que, dans son opinion, l'article doit être retranché; qu'il n'a été proposé par la section que pour se conformer au sentiment qui a paru prévaloir dans le Conseil. On avait prévu que la femme pourrait devenir enceinte pendant le cours de la procédure : pour décider du sort de l'enfant, on avait distingué les temps et la situation respective des parties, et l'on avait pensé qu'il convenait de laisser à la conscience du mari à juger s'il est le père de l'enfant conçu depuis la séparation des époux.

M. Maleville dit que l'article est juste, parce qu'il ne porte que sur l'enfant conçu depuis que l'adultère a été prouvé et le divorce prononcé; qu'il n'est nullement probable que cet enfant appartienne au mari, et qu'il serait cruel de forcer ce dernier à l'adopter sur une fiction légale dont toutes les circonstances annoncent ici la fausseté, et au préjudice de ses enfans légitimes.

M. Tronchet répond que l'article serait juste, si ses effets se réduisaient à ce cas; mais que, rédigé comme il l'est, il s'étend également au cas où la conception de l'enfant a précédé la preuve de l'adultère et la dissolution du mariage.

M. Bigot-Préameneu pense que l'article doit être supprimé.

M. Berlier dit qu'on peut supprimer la seconde partie de l'article; mais il demande que la première partie soit maintenue. Le législateur ne doit pas laisser d'incertitude sur le cas auquel cette partie se rapporte; et la faveur due à l'enfant veut qu'il soit réglé comme il l'est par l'article.

Le Consul Cambacérès opine pour la suppression de l'article.

Il ne croit pas que la situation de l'enfant d'une femme convaincue d'adultère, et dont le mariage a été dissous pour cette raison, soit plus favorable que celle de l'enfant né pendant le mariage, de l'enfant qui peut réclamer l'application de la règle *pater is est* dans toute sa force : il convient donc du moins de les placer l'un et l'autre sur la même ligne. On examinera, lors de la discussion du titre *de la Paternité*, s'il est possible de trouver dans cette matière des règles assez générales pour qu'on puisse n'admettre aucune exception. Le Consul ne pense pas qu'on y parvienne; il est persuadé que, dans cette matière, la loi ne peut établir que des présomptions, qui doivent par conséquent céder devant l'évidence des faits.

M. Bigot-Préameneu ajoute que la circonstance de la demeure du mari dans une autre maison que la femme n'est pas assez décisive pour en faire dépendre le sort de l'enfant.

L'article est retranché, et les autres articles de la section adoptés.

DU DIVORCE. 427

Le chapitre III est soumis à la discussion; il est ainsi conçu :

CHAPITRE III.
Du Divorce par consentement mutuel.

Art. 46, 47, 48, 49, 50, 51, 52 et 53 (*les mêmes que* 275 à 282 *ceux rapportés au procès-verbal du* 14 *nivose an* X).

Art. 54. « Si les époux persistent dans leur résolution, il 283
« leur sera donné acte par le juge de ce qu'ils demandent et
« consentent mutuellement au divorce, et ils seront tenus de
« produire et déposer à l'instant, entre les mains des no-
« taires, outre les actes mentionnés aux articles 50 et 51 :

« 1°. Les actes de leur naissance et celui de leur mariage ;

« 2°. Les actes de naissance et de décès de tous les enfans
« nés de leur union ;

« 3°. La déclaration authentique de leurs père et mère, ou
« autres ascendans vivans, portant que, pour les causes à
« eux connues, ils autorisent tel *ou* telle, leur fils *ou* fille,
« petit-fils *ou* petite-fille, marié *ou* mariée à tel *ou* telle, à
« demander le divorce et à y consentir. Les pères, mères,
« aïeuls et aïeules, bisaïeuls et bisaïeules des époux, seront
« présumés vivans, jusqu'à la représentation des actes con-
« statant leur décès. »

«Art. 55 et 56 (*les mêmes qu'au procès-verb. du* 14 *niv. an* X). 284-285

Art. 57. « Dans la quinzaine du jour où sera révolue l'an- 286
« née, à compter de la première déclaration, les époux,
« assistés chacun de deux amis, personnes notables dans l'ar-
« rondissement, âgés de cinquante ans au moins, se repré-
« senteront ensemble et en personne devant le président du
« tribunal, ou le juge qui en fera les fonctions; ils lui re-
« mettront les expéditions en bonne forme des quatre procès-
« verbaux contenant leur consentement mutuel, et de tous
« les actes qui y auront été annexés, et requerront du ma-
« gistrat, chacun séparément, en présence néanmoins l'un
« de l'autre et des quatre notables, l'admission du divorce. »

Art. 58, 59, 60, 61, 62 et 63 (*les mêmes que ceux rap-* 287 à 292
portés au procès-verbal du 14 *nivose an* X).

293 Art. 64. « Dans les dix jours à compter de la date du se-
« cond acte d'appel à lui signifié, le commissaire du gouver-
« nement près du tribunal de première instance fera passer
« au commissaire du gouvernement près du tribunal d'appel
« l'expédition du jugement et les pièces sur lesquelles il est
« intervenu. Le commissaire près du tribunal d'appel don-
« nera ses conclusions par écrit, dans les dix jours qui sui-
« vront la réception des pièces ; le président, ou le juge qui
« le suppléera, fera son rapport au tribunal d'appel, en la
« chambre du conseil, et il sera statué définitivement dans
« les dix jours qui suivront la remise des conclusions du
« commissaire. »

294 Art. 65 (*tel qu'il est rapporté au procès-verbal du 14 nivose an X*).

Les dix premiers articles du chapitre sont adoptés.

M. Jollivet demande pourquoi l'article 56 impose aux époux l'obligation de prendre quatre fois le consentement de leurs ascendans.

M. Emmery répond que cette formalité a pour objet de donner aux parens le moyen de revenir sur un consentement ou surpris ou trop facilement accordé.

Le Consul Cambacérès propose de les assujétir seulement à rapporter la preuve que le premier consentement n'a pas été révoqué.

L'article est adopté ainsi qu'il suit :

« La déclaration ainsi faite sera renouvelée dans la pre-
« mière quinzaine de chacun des quatrième, septième et
« dixième mois qui suivront, en observant les mêmes for-
« malités. Les parties seront obligées à rapporter chaque fois
« la preuve, par acte public, que les pères, mères ou autres
« ascendans vivans, persistent dans leur première détermi-
« nation ; mais elles ne seront tenues à répéter la production
« d'aucun autre acte. »

Les autres articles du chapitre sont adoptés.

Le chapitre IV est soumis à la discussion ; il est ainsi conçu :

CHAPITRE IV.

Des Effets du Divorce.

Art. 66, 67, 68, 69, 70, 71, 72, 73 et 74 (*les mêmes que ceux du procès-verbal de la séance du 16 nivose an X*).

Art. 75. « Quelle que soit la personne à laquelle les enfans « seront confiés, les père et mère conserveront respective- « ment le droit de surveiller l'entretien et l'éducation de « leurs enfans, et seront tenus d'y contribuer à proportion « de leurs facultés. »

Art. 76 et 77 (*les mêmes que ceux contenus au procès-verbal du 16 nivose an X*).

M. Forfait demande si les articles 66, 67 et 68 s'appliquent également aux époux dont le divorce est consommé : la rédaction semble le faire croire.

Le Consul Cambacérès, pour lever toute équivoque, propose de substituer dans l'article 66 le mot *divorceront*, à ceux-ci, *auront divorcé*.

L'article est adopté avec cet amendement.

L'article 67 est adopté.

M. Tronchet dit que la disposition de l'article 68, qui condamne la femme adultère à ne plus se remarier, peut avoir une influence dangereuse sur les mœurs, en fournissant une excuse au libertinage de cette femme.

M. Bigot-Préameneu partage cette opinion : il demande que l'incapacité soit restreinte au complice de la femme adultère.

L'article est adopté ainsi qu'il suit :

« Dans le cas de divorce admis en justice pour cause d'a- « dultère, l'époux coupable ne pourra jamais se marier avec « son complice. La femme adultère sera condamnée à la ré- « clusion dans une maison de correction, pour un temps dé- « terminé, qui ne pourra être moindre de trois mois ni ex- « céder deux années. »

298   L'article 69 est retranché, ses dispositions étant comprises dans l'article précédent.

297-299 à 301   Les articles 70, 71, 72 et 73 sont adoptés.

302   Le Consul Cambacérès dit qu'il serait préférable de donner aux tribunaux la décision sur les difficultés que l'article 74 renvoie à l'arbitrage de la famille. On ne s'est pas bien trouvé de ces réunions de parens, dans lesquelles les préventions ne s'affaiblissent point, et où l'on rencontre souvent de la haine.

L'article est adopté ainsi qu'il suit :

« Les enfans seront confiés à l'époux qui a obtenu le di-
« vorce, à moins que le tribunal, sur la demande de la fa-
« mille ou du commissaire du gouvernement, n'ordonne,
« pour le plus grand avantage des enfans, que tous ou quel-
« ques-uns d'eux seront confiés aux soins soit de l'autre
« époux, soit d'une tierce personne. »

303-304   Les articles 75 et 76 sont adoptés.

305   M. Jollivet demande quelle sera la garantie des acquéreurs de bonne foi, dans le cas de l'article 77.

M. Emmery répond que le divorce étant public, ceux qui, postérieurement, acquerraient des époux divorcés n'ont aucune excuse.

Le Consul Cambacérès ajoute qu'on pourra d'ailleurs, au titre *de l'Hypothèque*, prendre des précautions pour prévenir de semblables erreurs.

L'article est adopté.

Le chapitre V est soumis à la discussion; il est ainsi conçu :

CHAPITRE V.
De la Séparation de corps.

306   Art. 78. « Dans les cas où il y a lieu à la demande en di-
« vorce pour cause déterminée, il sera libre aux époux de
« former demande en séparation de corps. »

307 à 311   Art. 79, 80, 81, 82 et 83 (*tels qu'ils sont rapportés au procès-verbal du 16 nivose an X*).

M. Tronchet rappelle que la séparation de corps n'a été ch. 5 admise que pour ne pas mettre en opposition avec la loi la conscience de ceux qui croient le mariage indissoluble. Il demande si l'époux qui, à raison de sa croyance religieuse, a préféré la séparation de corps, doit être admis ensuite à prétendre qu'il ne professe pas le culte auquel il a annoncé être attaché et dans lequel il a été marié, et demander que la séparation soit convertie en divorce.

M. Jollivet répond que souvent l'un des époux consent à faire célébrer son mariage dans le culte de l'autre époux, quoique lui-même ne professe pas ce culte.

M. Tronchet dit qu'il en était ainsi autrefois, parce que la loi civile ne reconnaissait pour enfans légitimes que ceux nés d'un mariage célébré suivant le rit catholique ; qu'il n'en est pas de même aujourd'hui, où la loi civile admet la liberté des cultes, et établit une forme commune pour tous les mariages.

M. Portalis dit que la loi ne voit plus dans le mariage qu'un contrat, et n'en fait dépendre la validité que de formes purement civiles. Les cérémonies du culte n'ajoutent rien à cette validité ; c'est aux parties à se régler, à cet égard, d'après leur conscience. Cette question est donc purement théologique. Il est possible que des personnes se soumettent à un acte religieux prescrit par un culte qu'ils ne professent pas ; que dans la suite elles changent de culte : elles ont à cet égard la plus entière liberté. La double action en divorce et en séparation de corps n'a été établie que pour mettre toutes les consciences à l'aise.

M. Réal dit que, d'après l'amendement fait à l'article 68, la femme adultère divorcée peut se remarier ; que cependant l'article 82 la priverait de cette faculté, dans le cas de la séparation de corps, puisque, n'étant pas demanderesse, il ne lui reste aucun moyen de convertir la séparation en divorce.

Le Consul Cambacérès répond que, lorsque le mari offensé

préfère au divorce la séparation de corps, ce serait favoriser l'adultère que de permettre à la femme coupable de s'affranchir du lien du mariage, que la séparation n'a pu rompre.

Les articles du chapitre sont adoptés.

Le Consul ordonne que le titre ci-dessus sera communiqué, par le secrétaire-général du Conseil d'État, au président de la section de législation du Tribunat.

COMMUNICATION OFFICIEUSE.

Le projet fut communiqué à la section de législation du Tribunat le 26 fructidor an X (13 septembre 1802), et elle l'examina dans sa séance du 5 vendémiaire an XI et dans les suivantes.

OBSERVATIONS DE LA SECTION.

La section entend le rapport fait au nom d'une commission sur le septième projet de loi, intitulé *du Divorce*.

Plusieurs observations sont faites sur l'ensemble du projet.

Les unes, qui en attaquaient les bases essentielles, et dont l'adoption en aurait exigé la refonte totale, après avoir subi la discussion, n'ont pas eu de suite.

Les autres, qui ont fixé l'attention de la section, quoique tendantes à modifier quelques-unes des bases du projet, n'ont pas paru empêcher qu'on ne l'examinât article par article, sauf à indiquer les changemens qu'elles nécessiteraient.

C'est donc sous ce mode que l'examen du projet a été fait, comme étant le plus propre à arriver aux résultats.

Pour abréger, on rappellera seulement les articles du projet qui ont paru susceptibles de rejet ou de modification. Le silence qu'on gardera sur les autres doit être pris comme un signe d'adoption.

Art. 3. La section propose de substituer à cet article la rédaction suivante :

« Les époux pourront demander le divorce pour sévices ou « injures graves de l'un d'eux envers l'autre. »

Le motif de ce changement est que la section pense que l'action en divorce pour sévices ou injures graves doit être réciproque pour le mari et pour la femme.

Cela paraît de toute évidence pour les injures graves. Sous ces expressions on doit comprendre les excès en diffamation, qui peuvent être regardés comme des attentats à l'honneur, et l'on ne concevrait pas comment il n'en résulterait pas l'action en divorce contre la femme, lorsqu'elle s'y livre contre son mari.

Par rapport aux sévices, il semble au premier abord que le mari ne peut les invoquer, pour fonder une demande en divorce. On peut penser que la force de son sexe peut l'en mettre à l'abri.

Cependant cela n'est pas toujours vrai : et si, par exemple, on se représente un mari infirme ou âgé, qui soit journellement exposé aux plus durs traitemens et à des sévices de la part de sa femme, il paraît de toute justice que l'action soit réciproque. C'est un moyen sage de contenir les emportemens d'une femme violente, et qui oublie ses devoirs.

Les juges pourront avoir plus particulièrement égard aux circonstances, lorsque l'action en divorce du mari sera fondée sur les sévices de la part de sa femme. Ces sévices pourront n'être pas toujours aussi décisifs : mais il suffit qu'ils le soient quelquefois, pour que l'action sur ce motif ne soit pas interdite au mari.

Mais ce qui en cela a le plus déterminé la section, c'est l'idée qu'elle s'est formée sur l'article 4, ainsi conçu : « L'attentat de l'un des époux à la vie de l'autre sera pour « celui-ci une cause de divorce. »

La section pense que cet article doit être rejeté.

Il en résulte, ainsi que des dispositions de l'article 8, que l'époux qui est dans la cruelle position d'avoir à alléguer un des motifs les plus légitimes du divorce, ne peut le demander, sans paraître aux yeux de la société se rendre le dénonciateur de l'autre époux, et sans courir quelquefois le risque de le traîner à l'échafaud.

Or, si on écoute la raison et le sentiment, on ne peut vouloir long-temps que ce ne soit qu'à ce prix que l'époux le plus malheureux invoque la faculté du divorce.

Cet inconvénient grave disparaîtra, ou au moins il sera considérablement affaibli, si, comme on vient de le proposer, l'action en divorce pour sévices et injures graves de la part de la femme est accordée au mari. Sous ces expressions, et principalement sous celle de sévices, le mari pourra se plaindre des plus grands excès de la part de sa femme, même d'un attentat caractérisé à sa vie.

Il est aisé de sentir que ce mode ne présentera pas l'odieux qui s'attacherait nécessairement à une dénonciation directe et positive d'un attentat à la vie. Il donnerait bien moins l'éveil à l'officier chargé du ministère public; et s'il ne prévenait pas absolument, il retarderait au moins une instruction criminelle, qui, en dernière analyse, pourrait être sans objet.

Ce qui occupe principalement, c'est l'intérêt de l'époux malheureux; et on doit à sa position et à son malheur même la faveur de pouvoir envelopper sa plainte sous les expressions les plus douces, pour écarter de lui le rôle toujours odieux de dénonciateur.

Il est vrai que le ministère public, dont rien ne doit arrêter la vigilance et la sévérité, pourra devenir partie plaignante. Mais ce ne sera au moins que lorsqu'en dernier résultat, il y aura un délit qualifié, c'est-à-dire une tentative de crime avec les circonstances qu'exige la loi pour provoquer une condamnation criminelle.

Une circonstance est encore entrée dans la détermination de supprimer du nombre des causes de divorce l'attentat à la vie de l'un des époux de la part de l'autre : c'est l'admission du divorce par consentement mutuel.

A la vérité, la section a pensé qu'il ne devait l'être que sous les modifications qu'elle propose : mais, malgré ces modifications mêmes, il arrivera, au moins dans plusieurs cas, que cette forme du consentement mutuel pourra dispenser l'un des époux de déférer aux tribunaux des excès scandaleux, tels que l'attentat à la vie.

Art. 4. D'après l'opinion de la section énoncée sur l'article précédent, cet article doit être rejeté.

Art. 8. Cet article doit être supprimé par les mêmes raisons que l'article 4.

Art. 18. La section propose de substituer à ces derniers mots de cet article, « *dans les vingt-quatre heures,* » ceux qui suivent, « *dans le délai qu'elle aura déterminé.* »

Il serait souvent impossible que le demandeur fît signifier l'ordonnance du tribunal dans le délai de vingt-quatre heures, soit à raison de la distance des lieux, soit à raison du temps nécessaire pour l'expédition et l'enregistrement. Il est plus sage d'accorder au tribunal la détermination du délai de la signification de l'ordonnance.

Art. 20. La section adopte la première partie de cet article; mais elle propose de substituer à la seconde partie la rédaction suivante :

« Il fera droit sur la demande, si elle lui paraît en état de « recevoir jugement; sinon, il admettra le demandeur à la « preuve des faits pertinens par lui allégués, et le défendeur « à la preuve du contraire. »

Le tribunal, après avoir porté une décision sur les fins de non-recevoir, peut statuer sur le fond de trois manières;

Ou en admettant la demande, ou en la rejetant, sans être obligé dans ces deux cas d'en venir à des enquêtes, ou enfin en ordonnant préalablement des preuves testimoniales. Mais, dans ce dernier cas, ces preuves ne doivent porter que sur des faits pertinens.

Or, ces trois idées paraissent mieux rendues par les expressions proposées que par celles employées dans l'article du projet.

Ces dernières expressions semblent réduire les fonctions du tribunal à l'une ou l'autre de ces deux opérations, ou d'admettre la demande, s'il la trouve justifiée, ou, dans le cas contraire, d'ordonner la preuve des faits, et d'ordonner encore cette preuve, par cela seul que ces faits sont allégués sans l'examen préalable de leur qualité de *pertinens* ou de *non pertinens*.

Le tribunal peut faire de trois choses l'une : ou admettre la demande, ou la rejeter, ou, enfin, ordonner la preuve des faits; et, dans ce cas, il ne peut être question que de faits pertinens.

249 Art. 22. La section observe que les mots *greffier du tribunal* seraient plus propres que ceux *greffier du siége*, employés dans cet article.

256 Art. 29. Par les raisons déduites sur l'article 18, la section propose de substituer, aux derniers mots de l'article, *dans les vingt-quatre heures*, ceux-ci, *dans le délai qu'elle aura déterminé*.

259 Art. 32. La section propose de substituer aux expressions de cet article, « lorsque la demande en divorce aura été for-
« mée pour cause de sévices et d'injures graves, encore
« qu'elle soit bien établie, les juges n'admettront pas immé-
« diatement le divorce; mais avant faire droit, ils auto-
« riseront la femme demanderesse à quitter, etc., » celles qui suivent : « Lorsque la demande en divorce aura été formée
« pour cause de sévices ou injures graves, encore qu'elle soit
« bien établie, les juges pourront ne pas admettre immédia-
« tement le divorce ; et alors, avant faire droit, ils autorise-
« ront la femme à quitter, etc. »

Cette disposition du projet, faite pour le cas où la demande en divorce aura été formée pour cause de sévices ou d'injures graves, encore qu'elle soit bien établie, a été sagement conque dans le sens du projet de loi, qui accordait à la femme seule l'action en divorce pour cette cause, et qui faisait ensuite de l'attentat à la vie une cause séparée et directe du divorce.

Mais dans le sens de la section, qui a pensé que d'un côté l'action en divorce pour cause de sévices et d'injures graves devait être réciproque entre les époux, et d'un autre côté, qu'on ne devait pas faire de l'attentat à la vie une cause déterminée du divorce, le changement proposé devient nécessaire.

Sous l'expression de *sévices*, il pourra se présenter des demandes en divorce qui auront les causes les plus graves, telles que l'attentat à la vie de l'un des époux envers l'autre.

La section a aussi pensé que, sous les expressions « ou « *d'injures graves*, » le mari pourrait demander le divorce dans un cas prévu au titre *de la Paternité et de la Filiation*, à l'article 3, qui est celui d'un enfant né avant le cent quatre-vingtième jour du mariage, et que le mari désavouerait. Il y a sans doute dans ce fait perfidie et injure grave.

Or, dans ce cas, il répugnerait que le tribunal fût dans la nécessité d'ordonner une épreuve qui serait peu convenable, évidemment inutile, et de forcer un mari, déjà très-malheureux, au paiement d'une pension alimentaire pendant la durée de cette épreuve.

La nécessité absolue de l'épreuve prescrite par le projet pouvait se concilier avec la restriction des causes entendues dans son sens, sous les expressions de *sévices ou d'injures graves* : mais elle présente trop d'inconvéniens, ces causes se rapportant, dans le sens de la section, à un plus grand nombre de cas, dont quelques-uns sont portés au dernier degré de gravité.

Il devient donc indispensable de convertir la nécessité voulue par le projet de loi en une simple faculté.

D'ailleurs, il n'y a aucun inconvénient à laisser cette faculté aux tribunaux. Ils pèseront les circonstances que la loi peut difficilement saisir. Pour être impérative, elle commanderait quelquefois des injustices.

On observe encore que c'est dans le même sens que l'action en divorce doit être réciproque entre les époux, qu'il faut dire seulement *la femme*, et non *la femme demanderesse*, parce que, d'après la réciprocité, elle peut être *défenderesse* comme *demanderesse*.

Enfin, on sentira aisément la justesse du changement des mots, *et d'injures graves*, en ceux-ci, *ou d'injures graves*, proposés par la section.

260 Art. 33. Dès que, d'après les raisons qu'on vient de déduire sur l'article 32, la femme peut être également défenderesse ou demanderesse, quoique le divorce ait pour cause des sévices ou des injures graves, au lieu de ces expressions de l'article du projet, « *la demanderesse pourra faire citer* « *son mari*, etc., » on doit dire : « *L'époux demandeur pourra* « *faire citer l'autre époux*. »

261 Art. 34. Cet article a pour objet d'établir les formalités dans le cas du divorce demandé par la raison qu'un des époux est condamné à une peine infamante.

Mais il n'explique pas suffisamment ce qu'il y a à faire pour le cas où le jugement est contradictoire, et pour celui où il est rendu par contumace : ce qu'il est nécessaire de bien distinguer.

C'est dans cette idée que la section propose les additions suivantes :

L'article 34 a paru pouvoir subsister tel qu'il est pour le cas du jugement contradictoire, en ajoutant néanmoins après les mots, « *une peine infamante*, » ceux-ci, « *par jugement* « *contradictoire*. »

Ensuite on croit qu'il doit être ajouté un nouvel article pour le cas de la contumace, qui a paru devoir être conçu ainsi qu'il suit :

« Si le jugement est rendu par contumace, la demande en « divorce ne pourra être formée qu'à l'expiration de cinq

« années, à compter du jour de l'exécution par effigie.

« Dans ce cas, le certificat du tribunal criminel constatera
« cette époque, et la non-rétractation du jugement.

« Si même après le délai de cinq années, le condamné se
« présentait à la justice, ou était arrêté avant le divorce pro-
« noncé, il y sera sursis jusqu'après le jugement contradic-
« toire et définitif. »

L'addition de cet article ne présente aucune superfluité dans le 34° article du projet. Ce qui est dit à la fin, qu'il sera rapporté un certificat du tribunal criminel portant que « ce « même jugement n'est plus susceptible d'être réformé par « aucune voie légale, » devient toujours nécessaire, quoiqu'il y soit question d'un jugement contradictoire, parce que ces expressions se rapportent au pourvoi en cassation, dont la faculté doit appartenir à celui qui est condamné, même par un jugement contradictoire.

Ensuite le développement qui fait l'objet de l'article dont on propose l'addition s'applique uniquement au cas du jugement par contumace ; et les dispositions sont conçues dans les principes.

Le jugement par contumace ne doit certainement pas donner lieu à l'ouverture de l'action en divorce, elle est fondée dans ce cas sur le seul fait de l'infamie ; et il n'y en a pas pendant le délai dans lequel la loi accorde la faculté de la rétractation du jugement. Tel a été l'avis de la section relativement à la mort civile, et il y a parité de raison.

Il a aussi paru juste que, quand même l'époux condamné ne se représenterait qu'après ce délai, il fût sursis au divorce jusqu'après le jugement contradictoire et définitif, si, depuis l'échéance du délai, le divorce n'avait pas été prononcé.

Nota. Malgré l'addition proposée et toutes les autres qui pourraient avoir lieu, pour éviter des confusions sur les articles, on en continue la discussion sous les numéros sous lesquels ils sont placés dans le projet de loi.

262 Art. 35. Cet article prescrit seulement un bref délai dans lequel l'appel qui serait interjeté d'un jugement, soit préparatoire, soit définitif, en matière de divorce, sera jugé au tribunal d'appel. Mais il s'est présenté bien d'autres difficultés relativement au délai dans lequel l'appel devra être interjeté. Il a fallu surtout prévoir l'inconvénient qui résulterait de la jurisprudence à laquelle un défaut d'explication dans notre législation judiciaire a donné lieu, et qui proroge jusqu'à trente ans la faculté d'interjeter appel d'un jugement par défaut.

De plus, le projet de loi laisse indécise la question de savoir si un jugement rendu en dernier ressort sur une demande en divorce est, ou non, susceptible de pourvoi en cassation.

Il est convenable d'éviter à ce sujet une incertitude qui pourrait se former dans une matière sur laquelle on sort en plusieurs points des règles ordinaires ; et le pourvoi en cassation a paru à la section devoir être maintenu contre les jugemens rendus sur les demandes en divorce comme sur les autres. C'eût été introduire une faveur contraire à l'esprit du projet de loi et aux principes.

263 En conséquence, la section propose d'ajouter après l'article 35 un nouvel article ainsi conçu :

« L'appel ne sera pas recevable, s'il n'a été interjeté dans
« les trois mois de la date du jugement, quand il est contra-
« dictoire : s'il est rendu par défaut, ce délai de trois mois
« ne courra contre le défendeur que du jour de la signifi-
« cation.

« Le délai pour se pourvoir au tribunal de cassation contre
« un jugement en dernier ressort sera aussi de trois mois.
« Il courra de la même manière que celui de l'appel. Le
« pourvoi sera suspensif. »

On fera courir le délai de l'appel et du pourvoi en cassation du jour même du jugement, lorsqu'il est contradictoire ; parce que, suivant le projet, ne pouvant être ainsi rendu qu'en présence des parties, chacune d'elles le connaît nécessairement.

On a cru que le pourvoi devait être suspensif, parce qu'il s'agit d'une chose irréparable par sa nature. Il est plus convenable de suspendre dans ce cas la prononciation du divorce, dont les traces pourraient devenir des motifs de mécontentement et d'aigreur entre les époux.

Art. 36. La section propose d'ajouter à cet article deux autres articles qui seraient ainsi conçus :

« Ces deux mois ne commenceront à courir qu'après l'ex-
« piration du délai d'appel pour les jugemens rendus en
« première instance; de celui d'opposition, pour ceux ren-
« dus en dernier ressort par défaut; et quant à ceux rendus
« en dernier ressort contradictoirement, à compter de l'ex-
« piration du délai du pourvoi en cassation. »

« L'époux demandeur qui aura laissé écouler le délai de
« deux mois ci-dessus déterminé, ne pourra pas reprendre
« son action en divorce, si ce n'est pour causes nouvelles,
« auquel cas il pourra faire valoir les causes anciennes. »

Ces deux dispositions sont évidemment nécessaires pour compléter celles de l'article 36.

Art. 40 et 41. Ces deux articles se lient dans leur objet : les motifs des changemens qu'on va proposer sur l'un et sur l'autre seront expliqués en même temps.

Au lieu de l'article 40, la section propose la rédaction suivante :

« La femme commune en biens, demanderesse ou défen-
« deresse en divorce, pourra, en tout état de cause, à partir
« de l'époque de l'ordonnance autorisée par l'article 12, re-
« quérir, pour la conservation de ses droits, l'apposition de
« scellés sur les effets mobiliers de la communauté. Ces scel-
« lés ne seront levés qu'en faisant inventaire avec prisée, et
« à la charge par le mari de représenter les choses invento-
« riées, ou de répondre de leur valeur comme gardien judi-
« ciaire. »

En place de l'article 41, la section propose de substituer ce qui suit :

« A compter de la même ordonnance, le mari ne pourra
« plus ni contracter de dettes à la charge de la communauté,
« ni disposer des immeubles qui en dépendent, sans le con-
« sentement formel de la femme, ou sans l'autorisation de la
« justice, accordée contradictoirement avec la femme, ou elle
« dûment appelée. Toute obligation ou toute aliénation
« contractée malgré cette prohibition ne produira aucun effet
« à l'égard de la femme, pourvu toutefois, audit cas d'alié-
« nation d'immeubles, qu'elle ait formé au bureau des hypo-
« thèques de leur situation une inscription conservatoire de
« ses droits dans la communauté. »

Le projet de divorce étant formé de la part de l'un ou de l'autre des époux, on peut craindre que le mari, comme chef de la communauté, ne cherche à la diminuer à son profit. Il a été sage de prendre des mesures pour conserver provisoirement à la femme les droits qu'elle devra avoir en définitif, si le divorce a lieu.

Mais il a paru que ces mesures ne devaient pas tellement grever le mari qu'il lui fût impossible de continuer la gestion de ses affaires ou de son commerce. Car il pourrait en résulter un dérangement total qui conduirait quelquefois à des banqueroutes.

Il faut donc tâcher de concilier les intérêts respectifs. Ainsi, par rapport au mobilier de la communauté, qui est l'objet de l'article 40, la section a pensé d'abord qu'il ne fallait pas autoriser les mesures conservatoires tout de suite après la présentation faite au président du tribunal de la demande en divorce. Ce n'est là qu'un projet qui est suspendu, et qui peut n'avoir point de suite par l'effet des voies conciliatrices indiquées par la loi.

Ensuite la nécessité prescrite par le projet de loi de donner caution de la part du mari a paru trop dure; car on doit présumer que presque toujours le mari, dans une pareille position, et vu l'incertitude des droits que la femme pourrait répéter à une époque indéterminée, serait dans l'impossibilité de fournir cette caution. Le tempérament qui consiste à laisser les objets inventoriés au pouvoir du mari, en le rendant gardien judiciaire, ce qui emporte la contrainte par corps, ce tempérament, dit-on, a paru plus sage : il veille également aux intérêts des deux époux.

Enfin il est dans la nature des choses que l'inventaire soit fait avec prisée ; ce qui devenait incertain d'après le projet de loi.

Relativement aux immeubles de la communauté, dont il est question dans l'article 41, il deviendrait souvent nuisible à la communauté que le mari ne pût ni les hypothéquer ni les vendre. Si les circonstances l'exigeaient, pourquoi ne pas le permettre? mais, ou avec le consentement de la femme, ou, en cas de difficulté de sa part, sous l'autorisation de la justice, qui alors doit devenir médiatrice.

Cette mesure pourvoit suffisamment aux intérêts de la femme.

Mais la section a porté son attention sur les suites de la nullité des obligations et des aliénations qui seraient faites sans le consentement de la femme, ou sans l'autorisation de la justice. Elle considère cette nullité sous le rapport de l'intérêt des tiers, qui, n'étant avertis par aucun signe de la position du mari, pourraient devenir victimes innocentes de leur bonne foi en contractant avec lui.

Pour remédier à cet inconvénient, on a cru que la nullité ne devait avoir lieu respectivement aux tiers qu'autant que la femme aurait fait au bureau des hypothèques une inscription indéterminée pour ses droits. Ainsi, les tiers, étant avertis, ne contracteront avec le mari qu'autant qu'il y aura le consentement de la femme, ou l'autorisation de la justice. Ce moyen donne au mari la facilité de se tirer de l'embarras dans lequel pourraient le mettre les précautions prises par la femme ; et il le met dans l'impossibilité de tromper des tiers.

SECTION III.

Cette section a pour titre : *Des Fins de non-recevoir contre l'action en divorce portée devant les tribunaux.*

Les dispositions qui composent ce titre n'ayant trait qu'aux divorces pour causes déterminées, et y ayant d'ailleurs des fins de non-recevoir qui peuvent être proposées dans le cas du divorce par consentement mutuel, il paraît convenable de limiter le titre de la section, et d'ajouter après ces mots, *contre l'action en divorce,* ceux-ci, *pour causes déterminées.*

CHAPITRE III.

Des Formes du divorce par consentement mutuel.

La section n'a pas cru que le divorce par consentement mutuel dût avoir autant de latitude que lui en donne le projet de loi.

Lorsqu'il existe des enfans de l'union, le contrat qui l'a formée leur appartient au moins autant qu'aux époux. Il ne paraît donc pas possible, au moins dans ce cas, d'admettre le consentement des époux comme preuve suffisante d'une incompatibilité capable de dissoudre le contrat.

Mais lorsqu'on ne peut opposer l'intérêt des enfans, sur lequel est principalement basé celui que la société doit prendre à la dissolution du mariage, alors la forme du consentement mutuel devient moins défavorable, mais elle doit être restreinte à ce seul cas.

Cette opinion amène donc des changemens dans le projet de loi. Mais ces changemens peuvent être combinés de manière qu'il n'en résulte pas la nécessité d'une refonte de cette section.

Il est d'abord à propos d'ajouter un nouvel article qui en fera le premier, et qui paraît devoir être ainsi conçu :

« Le mariage dont il existe des enfans ne pourra être « dissous par consentement mutuel. »

Art. 45. La section propose de substituer à cet article la rédaction suivante :

« Le consentement mutuel des époux ne sera point admis, « si le mari est mineur de vingt-cinq ans, et la femme de « vingt-un ans. »

Cette explication a paru nécessaire pour faire cesser l'équivoque qui résulterait de ce qu'il y a deux majorités, l'une qui est celle de droit, fixée à vingt-un ans ; l'autre qui est relative à la faculté du mariage, qui est de vingt-cinq ans pour les mâles, et de vingt-un ans pour les filles. Il a paru convenable de choisir, pour le cas dont il s'agit, la majorité matrimoniale. Il faut la même maturité de raison pour dissoudre un mariage que pour le contracter.

Art. 46. D'après l'explication qu'on vient de donner sur l'article précédent, cet article doit être ainsi conçu :

« Le consentement mutuel ne sera admis qu'après deux ans « de mariage, » en supprimant les mots *d'époux majeurs*.

Art. 48. La section propose de faire à cet article l'addition suivante :

« Cette autorisation sera obtenue conformément aux règles « prescrites par l'article 7 au titre *du Mariage*. »

L'objet de cette addition est de lever toute incertitude sur l'ordre dans lequel les parens doivent être appelés, et il paraît convenable que cet ordre soit, dans ce cas, le même que dans celui du mariage.

Art. 50. Des trois objets de cet article, le premier devient inutile, puisque, dans l'opinion de la section, le divorce par consentement mutuel ne doit point avoir lieu lorsqu'il y a des enfans. En conséquence, le paragraphe premier doit être supprimé ; au lieu de dire, dans la première partie de l'article, *sur les trois points*, il faut dire : *sur les deux points qui suivent*.

Art. 53. Cet article est adopté sous deux modifications ; l'une consiste à ajouter un nouveau paragraphe entre les deuxième et troisième, qui sera conçu ainsi :

« 3°. Un acte de notoriété qu'il n'existe pas d'enfans de leur « union. »

Cette addition est une suite de l'opinion de la section sur l'admission du divorce par consentement mutuel.

La seconde modification consiste dans la suppression de ces mots du troisième paragraphe, *bisaïeuls et bisaïeules.*

La section pense qu'il y a trop de rigueur a exiger la preuve du décès des bisaïeuls et bisaïeules, qui très-rarement existent lors du mariage de leurs arrière-petits-enfans : que d'ailleurs ceux-ci pourraient ignorer les dépôts, souvent éloignés, où seraient ces actes de décès. La présomption d'existence doit être bornée aux pères, mères, aïeuls et aïeules.

287 Art. 57. On observe, comme on l'a fait sur l'article 22, que les mots *greffier du tribunal* sont plus convenables que ceux employés dans l'article, *greffier du siége.*

289 Art. 59. Par les raisons déduites sur l'article 53, il doit être ajouté la condition « *qu'il n'existe point d'enfans nés de* « *leur union.* »

Cette condition peut être placée après les mots de l'article, « *quarante-cinq ans.* »

291 Art. 61. La section propose, pour obtenir plus de clarté et de précision, de substituer à la dernière partie de cet article la rédaction suivante :

« Il ne pourra l'être ni avant les dix jours, ni après les « vingt jours de la date du jugement de première instance. »

293 Art. 63. Dans cet article, on veut que l'appel soit jugé dans la troisième décade, à compter de la date du second acte d'appel; et on suppose que le commissaire près le tribunal d'appel recevra toujours les pièces de la part du commissaire près le tribunal de première instance, dans la décade, à compter du second appel signifié à ce dernier.

Mais il est possible, et on peut aisément présumer que cela n'arrivera pas toujours; en sorte que la loi qui aura prescrit impérieusement un délai de trois décades sera souvent sans effet. Il paraît plus convenable de substituer à la rédaction de l'article celle qui suit :

« Dans la décade, à compter de la signification qui lui

« aura été faite du deuxième acte d'appel, le commissaire
« du gouvernement près le tribunal de première instance
« fera passer au commissaire du gouvernement près le tri-
« bunal d'appel l'expédition du jugement et les pièces sur
« lesquelles il est intervenu. Le commissaire près le tribunal
« d'appel donnera ses conclusions par écrit dans la décade
« qui suivra la réception des pièces. Le président, ou le juge
« qui le suppléera, fera son rapport au tribunal d'appel en
« la chambre du conseil, et il sera statué définitivement dans
« la décade qui suivra la remise des conclusions du com-
« missaire. »

Art. 64. La section pense que le délai de dix jours, fixé par cet article, doit être porté à vingt jours.

Art. 65. La section ne croit pas devoir admettre la disposition absolue de cet article. Elle la croit très-sage pour le cas du divorce par consentement mutuel.

A l'égard du divorce pour cause déterminée, la faculté accordée aux époux divorcés de se remarier est morale, au moins lorsqu'il y a des enfans : elle rend les repentirs utiles ; elle ouvre des moyens de réparer des torts, et de réunir une famille dont on ne voit qu'avec peine les membres dispersés. Dans ce cas, le retour à l'ancien état de choses est favorable.

Il ne faut donc retirer la faculté de se remarier que dans deux cas, lorsqu'il n'y a point d'enfans de l'union, et lorsque l'un des époux aurait contracté un nouveau mariage après le divorce.

Enfin, dans le cas du second mariage entre les époux, il a paru sage que ce second mariage ne pût être dissous de nouveau par le divorce.

En conséquence, la section propose de substituer à cet article la rédaction suivante :

« Les époux qui auront divorcé par consentement mutuel
« ne pourront plus se réunir. »

Et de placer ensuite un nouvel article ainsi conçu :

« Les époux divorcés pour cause déterminée ne pourront

« se réunir que lorsqu'il y aura des enfans existans de leur « première union, et qu'il n'y aura pas eu de mariage inter- « médiaire de la part d'aucun d'eux.

« Ce nouveau mariage ne pourra plus être dissous par le « divorce. »

296   Art. 66. La section propose de substituer à ces mots de l'article, « *pour quelque cause que ce soit* », ceux-ci, « *pour* « *cause déterminée.* »

La limitation à la cause déterminée a pour motif que la défense relative au cas du consentement mutuel se trouve comprise dans l'article 68.

298   Art. 67. Cet article est adopté, avec l'addition qu'on pro- pose de faire après ces mots, « *sera condamnée*, » de ceux-ci, « *par le même jugement, et sur la réquisition du ministère* « *public.* »

Tout doit être ordonné, le divorce et la peine, par le même jugement, et il est à propos de l'exprimer.

La section a encore pensé qu'il était convenable que la peine fût demandée par l'officier chargé du ministère public, et non par le mari.

297   Art. 68. Adopté; mais on observe que, pour l'ordre et la liaison des idées, cet article doit être placé immédiatement avant l'article 67.

299-300   Art. 69 et 70. La section propose de fondre ces deux ar- ticles en un seul, qui sera ainsi conçu :

« Le divorce pour cause déterminée annule, nonobstant « toutes conventions contraires, tous les avantages matrimo- « niaux stipulés entre les époux, soit par le contrat de ma- « riage, soit depuis, et ceux qui ont pu être faits à l'un d'eux « par les père, mère et parens de l'autre; sauf aux juges à « accorder, à titre d'indemnité, à l'époux demandeur une « partie ou la totalité des avantages matrimoniaux, selon la « gravité des torts de l'époux défendeur. »

La section n'a pas cru devoir adopter l'idée consignée dans les deux articles du projet, qui est que l'époux qui a obtenu le divorce doit par cela seul conserver les avantages qui lui ont été faits, et que l'époux contre lequel il a été obtenu doit par cela seul perdre les siens.

Il est donc dans la nature des choses que la dissolution du mariage par le divorce opère l'extinction des avantages faits en vue de ce même mariage.

D'ailleurs, les circonstances peuvent être telles que l'époux qui obtiendra le divorce puisse ne pas être exempt de torts quelquefois assez graves.

Le système de l'indemnité que le juge pourra accorder paraît donc préférable à la disposition absolue des deux articles du projet; et la législation de la loi de 1792 sur le divorce, de laquelle la section se rapproche, lui a paru plus conforme à l'équité.

Ces mots, « *nonobstant toutes conventions contraires,* » ont pour objet d'empêcher des stipulations dans des contrats de mariage faites dans la prévoyance du divorce, dont on voit journellement des exemples. Elles sont indécentes et immorales; et d'après cette addition, elles disparaîtront, puisqu'elles seraient sans objet.

Art. 71. La section adopte cet article avec cette addition après ces mots, « *de cet autre époux :*

« *Cette pension cessera, si l'époux divorcé qui en jouit con-*
« *tracte un nouveau mariage.* »

Art. 75. Cet article doit être supprimé, dès que, dans l'opinion de la section, il ne doit pas y avoir de divorce par consentement mutuel lorsqu'il y a des enfans.

Art. 77. La section propose de substituer à cet article celui qui suit :

« Elle sera intentée, instruite et jugée dans les mêmes
« formes que toute autre action civile. Elle ne pourra pas
« avoir lieu par le consentement mutuel des époux. »

Cette addition a pour objet d'indiquer que les séparations de corps doivent nécessairement subir une instruction, sans égard au consentement des parties.

Art. 78. Par les raisons exposées sur l'article 67, il doit être ajouté après ces mots, « *par le même jugement,* » ce qui suit : « *et sur la réquisition du ministère public.* »

Art. 80. Cet article est adopté, avec l'addition qui doit être faite après ces mots, « *si le demandeur originaire,* » de ceux-ci, « *présent ou dûment appelé.* »

L'article du projet laisse du doute sur la question de savoir si, dans ce cas, l'époux contre lequel on demande le divorce doit être ou non cité préalablement devant le tribunal. La section s'est décidée pour l'affirmative, et a cru la mention nécessaire.

Art. 81. Cet article doit être ainsi réduit :

« La séparation de corps emportera toujours séparation de « biens. »

Le surplus se trouve dans la rédaction proposée de l'article 77, où cette disposition a paru mieux placée.

Dans une conférence qui eut lieu entre la section de législation du Conseil d'État et celle du Tribunat, on s'entendit sur les changemens proposés, excepté sur deux propositions que la section du Conseil ne voulut pas admettre sans les avoir soumises à l'approbation de l'assemblée générale du Conseil d'État.

RÉDACTION DÉFINITIVE DU CONSEIL D'ÉTAT.

(Procès-verbal de la séance du 20 brumaire an XI. — 11 novembre 1802.)

M. Emmery présente deux propositions faites par le Tribunat, dans la conférence sur le titre *du Divorce.*

Le Tribunat a demandé,

1°. Que le divorce par consentement mutuel fût interdit aux époux qui auraient des enfans.

2°. Que les époux divorcés par consentement mutuel pussent se remarier ensemble ;

Que cette faculté fût refusée aux époux divorcés pour cause déterminée, lorsqu'ils auraient des enfans;

Que les époux qui se remarieraient après le divorce ne pussent divorcer de nouveau.

La première question est soumise à la discussion.

av. 275

M. *Emmery* dit que la section ne partage pas l'avis du Tribunat.

Le divorce par consentement mutuel est institué principalement pour couvrir les causes déterminées qu'il serait honteux d'alléguer. Ainsi l'existence d'enfans, loin d'être un motif de le défendre, est au contraire une raison de l'admettre, puisqu'il leur épargne la honte d'entendre divulguer la conduite scandaleuse de leur père ou de leur mère.

M. BERLIER dit que la distinction proposée par le Tribunat découle d'une source honorable, puisque, dans les vues de ceux qui l'ont imaginée, elle a sa base dans l'intérêt des enfans; mais l'opinant démontrera dans un moment que l'on s'est mépris même sur ce point.

En appuyant ce que vient de dire M. *Emmery* sur le but général que l'on s'est proposé en admettant le *consentement mutuel* comme moyen de divorce, M. *Berlier* remarque d'abord qu'en privant de ce moyen les époux qui ont des enfans, c'est le retirer aux neuf dixièmes des époux, puisque le nombre des mariages stériles est heureusement très-petit : un tel amendement serait donc, par le fait, destructif du principe.

Mais s'il importe de jeter un voile officieux sur de graves écarts qui ne permettent plus à des époux de vivre ensemble, n'est-ce pas surtout quand il y a des enfans? n'est-ce pas alors qu'une rupture scandaleuse est plus funeste? Rien donc, dans l'ordre moral, ne justifie la distinction proposée.

Dans l'intérêt pécuniaire des enfans, elle est plus fausse encore. En effet, le *consentement mutuel* suppose nécessairement le désir ou le besoin réciproque de divorcer : or, qu'arriverait-il, si ce moyen était ôté à des époux ayant des enfans?

Il leur resterait d'autres voies, notamment celle des sévices et mauvais traitemens : ils l'emploieraient d'accord ; ils se distribueraient les rôles ; l'un attaquerait, l'autre ne se défendrait point ou se défendrait faiblement, et le divorce serait le résultat nécessaire de cette collusion, le plus souvent invisible.

L'opinant n'induit pas de cet exemple qu'il ne fût pas convenable d'admettre la cause positive des sévices ; il en a toujours regardé l'admission comme nécessaire, parce qu'elle peut très-souvent n'être que trop fondée : mais il a seulement voulu prouver que le reste du système devait se coordonner avec elle, et que, sous ce rapport, l'emploi du consentement mutuel a des avantages réels sur les autres moyens : 1° il évite le scandale ; 2° il pourvoit à l'intérêt des enfans, puisque, dès ce moment, leurs père et mère sont tenus de leur assurer *la moitié de leurs biens*.

Voilà, continue M. *Berlier*, le vrai frein en cette matière, la vraie garantie contre l'abus : le législateur, qui ne crée point les passions des hommes, ne peut empêcher que des époux soient malheureux ensemble, et ne doit pas leur interdire en ce cas le divorce par consentement mutuel ; mais il leur impose des sacrifices tels que l'emploi de ce moyen porte avec lui la preuve de sa nécessité.

En se résumant, l'opinant trouve que toutes les objections déduites de l'intérêt des enfans sont sans fondement dans l'espèce particulière, puisqu'elle est même la seule où l'intérêt *pécuniaire* des enfans ait été assuré par une disposition formelle.

Il s'étonne ensuite que la distinction proposée par le Tribunat ait tendu à priver les époux ayant enfans d'un droit que l'on conserve aux époux *sans enfans*. La proposition inverse, dit M. *Berlier*, eût peut-être été plus spécieuse, en ce que n'y ayant rien à assurer à des enfans qui n'existent point, la disposition qu'on examine perd sa principale garantie à l'égard des époux sans enfans, et peut, à leur égard, se prêter un peu trop à de simples caprices.

Cependant, comme, dans ce dernier cas, les conséquences sont moins graves, M. *Berlier* pense que le divorce par *consentement mutuel* peut être maintenu à l'égard d'époux sans enfans, mais qu'il ne doit point être ravi à ceux qui en ont.

Le Conseil adopte en principe que les époux qui ont des enfans pourront divorcer par consentement mutuel.

La seconde proposition est soumise à la discussion.

M. Emmery présente la question dans les termes suivans :
« Les époux divorcés pourront-ils contracter ensemble un
« nouveau mariage? »

M. Thibaudeau dit que le Tribunat a pensé que sa proposition était dans l'intérêt des enfans.

Le Consul Cambacérès dit que cette proposition repose sur le même principe que celle qui vient d'être rejetée : elle vient de ce que le Tribunat considère le mariage comme un contrat dans lequel les enfans sont des tiers intéressés.

Le Conseil adopte, en principe, que les époux ne pourront contracter ensemble un nouveau mariage, quelle que soit la cause de leur divorce.

M. Emmery fait ensuite lecture de la rédaction définitive du titre *du Divorce*.

Elle est adoptée ainsi qu'il suit :

CHAPITRE Ier.

Des Causes du divorce.

Art. 1er. « Le mari pourra demander le divorce pour cause
« d'adultère de sa femme. »

Art. 2. « La femme pourra demander le divorce pour cause
« d'adultère de son mari, lorsqu'il aura tenu sa concubine
« dans la maison commune. »

Art. 3. « Les époux pourront réciproquement demander le
« divorce pour excès, sévices ou injures graves, de l'un d'eux
« envers l'autre. »

Art. 4. « La condamnation de l'un des époux à une peine
« infamante sera pour l'autre époux une cause de divorce. »

233   Art. 5. « Le consentement mutuel et persévérant des « époux, exprimé de la manière prescrite par la loi, sous « les conditions et après les épreuves qu'elle détermine, « prouvera suffisamment que la vie commune leur est insup- « portable, et qu'il existe, par rapport à eux, une cause « péremptoire de divorce. »

CHAPITRE II.

Du Divorce pour cause déterminée.

SECTION Ire. — *Des Formes du divorce pour cause déterminée.*

234   Art. 6. « Quelle que soit la nature des faits ou des délits qui « donneront lieu à la demande en divorce pour cause détermi- « née, cette demande ne pourra être formée qu'au tribunal « de l'arrondissement dans lequel les époux auront leur do- « micile. »

235   Art. 7. « Si quelques-uns des faits allégués par l'époux de- « mandeur donnent lieu à une poursuite criminelle de la « part du ministère public, l'action en divorce restera sus- « pendue jusqu'après le jugement du tribunal criminel; « alors elle pourra être reprise, sans qu'il soit permis d'in- « férer du jugement criminel aucune fin de non recevoir ou « exception préjudicielle contre l'époux demandeur. »

236   Art. 8. « Toute demande en divorce détaillera les faits; elle « sera remise, avec les pièces à l'appui, s'il y en a, au prési- « dent du tribunal ou au juge qui en fera les fonctions, par « l'époux demandeur en personne, à moins qu'il n'en soit « empêché par maladie; auquel cas, sur sa réquisition et le « certificat de deux officiers de santé, le magistrat se trans- « portera au domicile du demandeur pour y recevoir sa de- « mande. »

237   Art. 9. « Le juge, après avoir entendu le demandeur, et « lui avoir fait les observations qu'il croira convenables, pa- « raphera la demande et les pièces, et dressera procès-verbal « de la remise du tout en ses mains. Ce procès-verbal sera « signé par le juge et par le demandeur, à moins que celui-ci

« ne sache ou ne puisse signer ; auquel cas il en sera fait
« mention. »

Art. 10. « Le juge ordonnera, au bas de son procès-verbal, « que les parties comparaîtront en personne devant lui, au « jour et à l'heure qu'il indiquera ; et qu'à cet effet, copie de « son ordonnance sera par lui adressée à la partie contre la-« quelle le divorce est demandé. »

Art. 11. « Au jour indiqué, le juge fera aux deux époux, « s'ils se présentent, ou au demandeur, s'il est seul compa-« rant, les représentations qu'il croira propres à opérer un « rapprochement ; s'il ne peut y parvenir, il en dressera pro-« cès-verbal, et ordonnera la communication de la demande « et des pièces au commissaire du gouvernement, et le référé « du tout au tribunal. »

Art. 12. « Dans les trois jours qui suivront, le tribunal, « sur le rapport du président ou du juge qui en aura fait les « fonctions, et sur les conclusions du commissaire du gou-« vernement, accordera ou suspendra la permission de citer. « La suspension ne pourra excéder le terme de vingt « jours. »

Art. 13. « Le demandeur, en vertu de la permission du « tribunal, fera citer le défendeur, dans la forme ordinaire, « à comparaître en personne à l'audience, à huis clos, dans « le délai de la loi ; il fera donner copie, en tête de la cita-« tion, de la demande en divorce et des pièces produites à « l'appui. »

Art. 14. « A l'échéance du délai, soit que le défendeur « comparaisse ou non, le demandeur en personne, assisté « d'un conseil, s'il le juge à propos, exposera ou fera expo-« ser les motifs de sa demande ; il représentera les pièces qui « l'appuient, et nommera les témoins qu'il se propose de « faire entendre. »

Art. 15. « Si le défendeur comparaît en personne ou par « un fondé de pouvoir, il pourra proposer ou faire proposer « ses observations, tant sur les motifs de la demande que

« sur les pièces produites par le demandeur et sur les témoins
« par lui nommés. Le défendeur nommera, de son côté, les
« témoins qu'il se propose de faire entendre, et sur lesquels
« le demandeur fera réciproquement ses observations. »

244 Art. 16. « Il sera dressé procès-verbal des comparutions,
« dires et observations des parties, ainsi que des aveux que
« l'une ou l'autre pourra faire. Lecture de ce procès-verbal
« sera donnée auxdites parties, qui seront requises de le si-
« gner; et il sera fait mention expresse de leur signature, ou
« de leur déclaration de ne pouvoir ou ne vouloir signer. »

245 Art. 17. « Le tribunal renverra les parties à l'audience pu-
« blique, dont il fixera le jour et l'heure; il ordonnera la
« communication de la procédure au commissaire du gouver-
« nement, et commettra un rapporteur. Dans le cas où le dé-
« fendeur n'aurait pas comparu, le demandeur sera tenu de
« lui faire signifier l'ordonnance du tribunal dans le délai
« qu'elle aura déterminé. »

246 Art. 18. « Au jour et à l'heure indiqués, sur le rapport du
« juge commis, le commissaire du gouvernement entendu,
« le tribunal statuera d'abord sur les fins de non recevoir,
« s'il en a été proposé. En cas qu'elles soient trouvées con-
« cluantes, la demande en divorce sera rejetée; dans le cas
« contraire, ou s'il n'a pas été proposé de fins de non recevoir,
« la demande en divorce sera admise. »

247 Art. 19. « Immédiatement après l'admission de la demande
« en divorce, sur le rapport du juge commis, le commissaire
« du gouvernement entendu, le tribunal statuera au fond. Il
« fera droit à la demande, si elle lui paraît en état d'être
« jugée; sinon, il admettra le demandeur à la preuve des
« faits pertinens par lui allégués, et le défendeur à la preuve
« contraire. »

248 Art. 20. « A chaque acte de la cause, les parties pourront,
« après le rapport du juge, et avant que le commissaire du
« gouvernement ait pris la parole, proposer ou faire propo-
« ser leurs moyens respectifs, d'abord sur les fins de non

« recevoir, et ensuite sur le fond ; mais, en aucun cas, le
« conseil du demandeur ne sera admis, si le demandeur n'est
« pas comparant en personne. »

Art. 21. « Aussitôt après la prononciation du jugement qui
« ordonnera les enquêtes, le greffier du tribunal donnera lec-
« ture de la partie du procès-verbal qui contient la nomina-
« tion déjà faite des témoins que les parties se proposent de
« faire entendre. Elles seront averties, par le président,
« qu'elles peuvent encore en désigner d'autres, mais qu'a-
« près ce moment elles n'y seront plus reçues. »

Art. 22. « Les parties proposeront de suite leurs reproches
« respectifs contre les témoins qu'elles voudront écarter. Le
« tribunal statuera sur ces reproches, après avoir entendu le
« commissaire du gouvernement. »

Art. 23. « Les parens des parties, à l'exception de leurs
« enfans et descendans, ne sont pas reprochables du chef de
« la parenté, non plus que les domestiques des époux, en
« raison de cette qualité ; mais le tribunal aura tel égard que
« de raison aux dépositions des parens et des domestiques. »

Art. 24. « Tout jugement qui admettra une preuve testi-
« moniale dénommera les témoins qui seront entendus, et
« déterminera le jour et l'heure auxquels les parties devront
« les présenter. »

Art. 25. « Les dépositions des témoins seront reçues par
« le tribunal, séant à huis clos, en présence du commissaire
« du gouvernement, des parties et de leurs conseils ou amis,
« jusqu'au nombre de trois de chaque côté. »

Art. 26. « Les parties, par elles ou par leurs conseils, pour-
« ront faire aux témoins telles observations et interpellations
« qu'elles jugeront à propos, sans pouvoir néanmoins les in-
« terrompre dans le cours de leurs dépositions. »

Art. 27. « Chaque déposition sera rédigée par écrit, ainsi
« que les dires et observations auxquels elle aura donné lieu.
« Le procès-verbal d'enquête sera lu tant aux témoins qu'aux
« parties : les uns et les autres seront requis de le signer ; et

« il sera fait mention de leur signature, ou de leur déclara-
« tion qu'ils ne peuvent ou ne veulent signer. »

256 Art. 28. « Après la clôture des deux enquêtes, ou de celle
« du demandeur, si le défendeur n'a pas produit de témoins,
« le tribunal renverra les parties à l'audience publique, dont
« il indiquera le jour et l'heure ; il ordonnera la communi-
« cation de la procédure au commissaire du gouvernement,
« et commettra un rapporteur. Cette ordonnance sera signi-
« fiée au défendeur, à la requête du demandeur, dans le
« délai qu'elle aura déterminé. »

257 Art. 29. « Au jour fixé pour le jugement définitif, le rap-
« port sera fait par le juge commis : les parties pourront en-
« suite faire, par elles-mêmes ou par l'organe de leurs con-
« seils, telles observations qu'elles jugeront utiles à leur cause ;
« après quoi le commissaire du gouvernement donnera ses
« conclusions. »

258 Art. 30. « Le jugement définitif sera prononcé publique-
« ment : lorsqu'il admettra le divorce, le demandeur sera
« autorisé à se retirer devant l'officier de l'état civil pour le
« faire prononcer. »

259 Art. 31. « Lorsque la demande en divorce aura été
« formée pour cause d'excès, de sévices ou d'injures gra-
« ves, encore qu'elle soit bien établie, les juges pourront
« ne pas admettre immédiatement le divorce ; et alors, avant
« faire droit, ils autoriseront la femme à quitter la compa-
« gnie de son mari, sans être tenue de le recevoir, si elle ne
« le juge pas à propos ; et ils condamneront le mari à lui payer
« une pension alimentaire proportionnée à ses facultés, si la
« femme n'a pas elle-même des revenus suffisans pour four-
« nir à ses besoins. »

260 Art. 32. « Après une année d'épreuve, si les parties ne se
« sont pas réunies, l'époux demandeur pourra faire citer
« l'autre époux à comparaître au tribunal, dans les délais
« de la loi, pour y entendre prononcer le jugement défini-
« tif, qui pour lors admettra le divorce. »

DU DIVORCE. 459

Art. 33. « Lorsque le divorce sera demandé par la raison
« qu'un des époux est condamné à une peine infamante,
« les seules formalités à observer consisteront à présenter au
« tribunal civil une expédition en bonne forme du jugement
« de condamnation, avec un certificat du tribunal criminel,
« portant que ce même jugement n'est plus susceptible d'être
« réformé par aucune voie légale. »

Art. 34. « En cas d'appel du jugement d'admission ou du
« jugement définitif, rendu par le tribunal de première in-
« stance, en matière de divorce, la cause sera instruite et
« jugée par le tribunal d'appel, comme affaire urgente. »

Art. 35. « L'appel ne sera recevable qu'autant qu'il aura
« été interjeté dans les trois mois à compter du jour
« de la signification du jugement rendu contradictoirement
« ou par défaut. Le délai pour se pourvoir au tribunal de
« cassation contre un jugement en dernier ressort sera aussi
« de trois mois à compter de la signification. Le pourvoi sera
« suspensif. »

Art. 36. « En vertu de tout jugement rendu en dernier
« ressort ou passé en force de chose jugée, qui autorisera le
« divorce, l'époux qui l'aura obtenu sera obligé de se pré-
« senter, dans le délai de deux mois, devant l'officier de l'état
« civil, l'autre partie dûment appelée, pour faire prononcer
« le divorce. »

Art. 37. « Ces deux mois ne commenceront à courir à l'é-
« gard des jugemens de première instance, qu'après l'expi-
« ration du délai d'appel ; à l'égard des jugemens rendus par
« défaut en cause d'appel, qu'après l'expiration du délai
« d'opposition ; et à l'égard des jugemens contradictoires en
« dernier ressort, qu'après l'expiration du délai du pourvoi
« en cassation. »

Art. 38. « L'époux demandeur qui aura laissé passer le
« délai de deux mois ci-dessus déterminé, sans appeler
« l'autre époux devant l'officier de l'état civil, sera déchu du
« bénéfice du jugement qu'il avait obtenu, et ne pourra re-

« prendre son action en divorce, sinon pour cause nouvelle,
« auquel cas il pourra néanmoins faire valoir les anciennes. »

SECTION II. — *Des Mesures provisoires auxquelles peut donner lieu la demande en divorce pour cause déterminée.*

267 Art. 39. « L'administration provisoire des enfans restera « au mari demandeur ou défendeur en divorce, à moins « qu'il n'en soit autrement ordonné par le tribunal, sur la « demande soit de la mère, soit de la famille ou du commis- « saire du gouvernement, pour le plus grand avantage des « enfans. »

268 Art. 40. « La femme demanderesse ou défenderesse en di- « vorce pourra quitter le domicile du mari pendant la pour- « suite, et demander une pension alimentaire proportionnée « aux facultés du mari. Le tribunal indiquera la maison dans « laquelle la femme sera tenue de résider, et fixera, s'il y a « lieu, la provision alimentaire que le mari sera obligé de lui « payer. »

269 Art. 41. « La femme sera tenue de justifier de sa résidence « dans la maison indiquée, toutes les fois qu'elle en sera re- « quise; à défaut de cette justification, le mari pourra refu- « ser la provision alimentaire, et si la femme est demande- « resse en divorce, la faire déclarer non recevable à continuer « ses poursuites. »

270 Art. 42. « La femme commune en biens, demanderesse ou « défenderesse en divorce, pourra, en tout état de cause, « à partir de la date de l'ordonnance dont il est fait mention « en l'article 10, requérir, pour la conservation de ses droits, « l'apposition des scellés sur les effets mobiliers de la com- « munauté. Ces scellés ne seront levés qu'en faisant inven- « taire avec prisée, et à la charge par le mari de représenter « les choses inventoriées, ou de répondre de leur valeur « comme gardien judiciaire. »

271 Art. 43. « Toute obligation contractée par le mari à la « charge de la communauté, toute aliénation par lui faite

« des immeubles qui en dépendent, postérieurement à la
« date de l'ordonnance, dont il est fait mention en l'arti-
« cle 10, sera déclarée nulle, s'il est prouvé d'ailleurs qu'elle
« ait été faite ou contractée en fraude des droits de la femme. »

SECTION III. — *Des Fins de non-recevoir contre l'Action en divorce pour cause déterminée.*

Art. 44. « L'action en divorce sera éteinte par la réconci- 272
« liation des époux, survenue, soit depuis les faits qui au-
« raient pu autoriser cette action, soit depuis la demande en
« divorce. »

Art. 45. « Dans l'un et l'autre cas, le demandeur sera dé- 273
« claré non recevable dans son action; il pourra néanmoins
« en intenter une nouvelle pour causes survenues depuis la
« réconciliation, et alors faire usage des anciennes causes
« pour appuyer sa nouvelle demande. »

Art. 46. « Si le demandeur en divorce nie qu'il y ait eu ré- 274
« conciliation, le défendeur en fera preuve, soit par écrit,
« soit par témoins, dans la forme prescrite en la section Ire
« du présent chapitre. »

CHAPITRE III.

Du Divorce par Consentement mutuel.

Art. 47. « Le consentement mutuel des époux ne sera 275
« point admis si le mari a moins de vingt-cinq ans, ou si la
« femme est mineure de vingt-un ans. »

Art. 48. « Le consentement mutuel ne sera admis qu'a- 276
« près deux ans de mariage. »

Art. 49. « Il ne pourra plus l'être après vingt ans de mariage, 277
« ni lorsque la femme aura quarante-cinq ans. »

Art. 50. « Dans aucun cas, le consentement mutuel des 278
« époux ne suffira, s'il n'est autorisé par leurs pères et mères,
« ou par leurs autres ascendans vivans, suivant les règles
« prescrites par l'article 7, chapitre Ier du titre *du Mariage.* »

Art. 51. « Les époux déterminés à opérer le divorce par 279

« consentement mutuel seront tenus de faire préalablement « inventaire et estimation de tous leurs biens, meubles et « immeubles, et de régler leurs droits respectifs, sur lesquels « il leur sera néanmoins libre de transiger. »

280 Art. 52. « Ils seront pareillement tenus de constater par « écrit leurs conventions sur les trois points qui suivent :

« 1°. A qui les enfans nés de leur union seront confiés, « soit pendant le temps des épreuves, soit après le divorce « prononcé ;

« 2°. Dans quelle maison la femme devra se retirer et ré-« sider pendant le temps des épreuves ;

« 3°. Quelle somme le mari devra payer à sa femme pen-« dant le même temps, si elle n'a pas de revenus suffisans « pour fournir à ses besoins. »

281 Art. 53. « Les époux se présenteront ensemble et en per-« sonne devant le président du tribunal civil de leur arron-« dissement, ou devant le juge qui en fera la fonction, et « lui feront la déclaration de leur volonté, en présence de « deux notaires amenés par eux. »

282 Art. 54. « Le juge fera aux deux époux réunis, et à chacun « d'eux en particulier, en présence des deux notaires, telles « représentations et exhortations qu'il croira convenables ; « il leur donnera lecture du chapitre IV du présent titre qui « règle les *Effets du divorce*, et leur développera toutes les « conséquences de leur démarche. »

283 Art. 55. « Si les époux persistent dans leur résolution, il « leur sera donné acte par le juge de ce qu'ils demandent et « consentent mutuellement au divorce, et ils seront tenus de « produire et déposer à l'instant, entre les mains des no-« taires, outre les actes mentionnés aux articles 51 et 52,

« 1°. Les actes de leur naissance et celui de leur mariage ;

« 2°. Les actes de naissance et de décès de tous les enfans « nés de leur union ;

« 3°. La déclaration authentique de leurs père et mère ou « autres ascendans vivans, portant que, pour les causes à

« eux connues, il autorisent tel *ou* telle, leur fils *ou* fille,
« petit-fils *ou* petite-fille, marié *ou* mariée à tel *ou* telle, à
« demander le divorce et à y consentir. Les pères, mères,
« aïeuls et aïeules des époux seront présumés vivans jusqu'à
« la représentation des actes constatant leur décès. »

Art. 56. « Les notaires dresseront procès-verbal détaillé 284
« de tout ce qui aura été dit et fait en exécution des articles
« précédens; la minute en restera au plus âgé des deux no-
« taires, ainsi que les pièces produites, qui demeureront
« annexées au procès-verbal, dans lequel il sera fait mention
« de l'avertissement qui sera donné à la femme de se retirer,
« dans les vingt-quatre heures, dans la maison convenue
« entre elle et son mari, et d'y résider jusqu'au divorce
« prononcé. »

Art. 57. « La déclaration ainsi faite sera renouvelée dans la 285
« première quinzaine de chacun des quatrième, septième et
« dixième mois qui suivront, en observant les mêmes for-
« malités. Les parties seront obligées à rapporter chaque fois
« la preuve, par acte public, que leurs pères, mères ou
« autres ascendans vivans, persistent dans leur première dé-
« termination; mais elles ne seront tenues à répéter la pro-
« duction d'aucun autre acte. »

Art. 58. « Dans la quinzaine du jour où sera révolue l'an- 286
« née, à compter de la première déclaration, les époux,
« assistés chacun de deux amis, personnes notables dans
« l'arrondissement, âgés de cinquante ans au moins, se re-
« présenteront ensemble et en personne devant le président
« du tribunal ou le juge qui en fera les fonctions ; ils lui
« remettront les expéditions en bonne forme des quatre
« procès-verbaux contenant leur consentement mutuel, et
« de tous les actes qui y auront été annexés, et requerront
« du magistrat, chacun séparément, en présence néanmoins
« l'un de l'autre et des quatre notables, l'admission du
« divorce. »

Art. 59. « Après que le juge et les assistans auront fait 287

464 DISCUSSIONS, MOTIFS, etc.

« leurs observations aux époux, s'ils persévèrent, il leur
« sera donné acte de leur réquisition, et de la remise par
« eux faite des pièces à l'appui : le greffier du tribunal
« dressera procès-verbal qui sera signé tant par les parties
« (à moins qu'elles ne déclarent ne savoir ou ne pouvoir
« signer, auquel cas il en sera fait mention), que par les
« quatre assistans, le juge et le greffier. »

288 Art. 60. « Le juge mettra de suite au bas de ce procès-
« verbal son ordonnance portant que, dans les trois jours, il
« sera par lui référé du tout au tribunal, en la chambre du
« conseil, sur les conclusions par écrit du commissaire du
« gouvernement, auquel les pièces seront, à cet effet, com-
« muniquées par le greffier. »

289 Art. 61. « Si le commissaire du gouvernement trouve dans
« les pièces la preuve que les deux époux étaient âgés, le
« mari de vingt-cinq ans, la femme de vingt-un ans,
« lorsqu'ils ont fait leur première déclaration, qu'à cette
« époque ils étaient mariés depuis deux ans, que le mariage
« ne remontait pas à plus de vingt, que la femme avait
« moins de quarante-cinq ans, que le consentement mutuel
« a été exprimé quatre fois dans le cours de l'année, après
« les préalables ci-dessus prescrits, et avec toutes les forma-
« lités requises par le présent chapitre, notamment avec
« l'autorisation des pères et mères des époux, ou avec celle
« de leurs autres ascendans vivans, en cas de prédécès des
« pères et mères, il donnera ses conclusions en ces termes,
« *la loi permet;* dans le cas contraire, ses conclusions seront
« en ces termes, *la loi empêche.* »

290 Art. 62. « Le tribunal, sur le référé, ne pourra faire
« d'autres vérifications que celles indiquées par l'article pré-
« cédent. S'il en résulte que, dans l'opinion du tribunal, les
« parties ont satisfait aux conditions et rempli les formalités
« déterminées par la loi, il admettra le divorce, et renverra
« les parties devant l'officier de l'état civil pour le faire pro-
« noncer : dans le cas contraire, le tribunal déclarera qu'il

« n'y a pas lieu à admettre le divorce, et déduira les motifs
« de la décision. »

Art. 63. « L'appel du jugement qui aurait déclaré ne pas
« y avoir lieu à admettre le divorce ne sera recevable
« qu'autant qu'il sera interjeté par les deux parties, et néan-
« moins par actes séparés, dans les dix jours au plus tôt, et
« au plus tard dans les vingt jours de la date du jugement
« de première instance. »

Art. 64. « Les actes d'appel seront réciproquement signifiés
« tant à l'autre époux qu'au commissaire du gouvernement
« près du tribunal de première instance. »

Art. 65. « Dans les dix jours à compter de la signification
« qui lui aura été faite du second acte d'appel, le commissaire
« du gouvernement près du tribunal de première instance fera
« passer au commissaire du gouvernement près du tribunal
« d'appel l'expédition du jugement et les pièces sur lesquelles
« il est intervenu. Le commissaire près du tribunal d'appel
« donnera ses conclusions par écrit, dans les dix jours qui sui-
« vront la réception des pièces ; le président, ou le juge qui
« le suppléera, fera son rapport au tribunal d'appel, en la
« chambre du conseil, et il sera statué définitivement dans les
« dix jours qui suivront la remise des conclusions du commis-
« saire. »

Art. 66. « En vertu du jugement qui admettra le divorce,
« et dans les vingt jours de sa date, les parties se présenteront
« ensemble et en personne devant l'officier de l'état civil,
« pour faire prononcer le divorce. Ce délai passé, le juge-
« ment demeurera comme non avenu. »

CHAPITRE IV.
Des Effets du Divorce.

Art. 67. « Les époux qui divorceront pour quelque cause
« que ce soit ne pourront plus se réunir. »

Art. 68. « Dans le cas de divorce prononcé pour cause dé-
« terminée, la femme divorcée ne pourra se remarier que
« dix mois après le divorce prononcé. »

297 Art. 69. « Dans le cas de divorce par consentement mutuel, « aucun des deux époux ne pourra contracter un nouveau « mariage que trois ans après la prononciation du divorce. »

298 Art. 70. « Dans le cas de divorce admis en justice pour « cause d'adultère, l'époux coupable ne pourra jamais se « marier avec son complice. La femme adultère sera con- « damnée par le même jugement, et sur la réquisition du « ministère public, à la réclusion dans une maison de cor- « rection, pour un temps déterminé, qui ne pourra être « moindre de trois mois ni excéder deux années. »

299 Art. 71. « Pour quelque cause que le divorce ait lieu, hors « le cas du consentement mutuel, l'époux contre lequel le « divorce aura été admis perdra tous les avantages que l'au- « tre époux lui avait faits, soit par leur contrat de mariage, « soit depuis le mariage contracté. »

300 Art. 72. « L'époux qui aura obtenu le divorce conservera « les avantages à lui faits par l'autre époux, encore qu'ils aient « été stipulés réciproques, et que la réciprocité n'ait pas lieu. »

301 Art. 73. « Si les époux ne s'étaient fait aucun avantage, ou « si ceux stipulés ne paraissaient pas suffisans pour assurer « la subsistance de l'époux qui a obtenu le divorce, le tri- « bunal pourra lui accorder, sur les biens de l'autre époux, « une pension alimentaire, qui ne pourra excéder le tiers des « revenus de cet autre époux. Cette pension sera révocable « dans le cas où elle cesserait d'être nécessaire. »

302 Art. 74. « Les enfans seront confiés à l'époux qui a obtenu « le divorce, à moins que le tribunal, sur la demande de la « famille, ou du commissaire du gouvernement, n'ordonne, « pour le plus grand avantage des enfans, que tous ou quel- « ques-uns d'eux seront confiés aux soins soit de l'autre « époux, soit d'une tierce personne. »

303 Art. 75. « Quelle que soit la personne à laquelle les enfans « seront confiés, les père et mère conserveront respective- « ment le droit de surveiller l'entretien et l'éducation de « leurs enfans, et seront tenus d'y contribuer à proportion « de leurs facultés. »

Art. 76. « La dissolution du mariage par le divorce admis en justice ne privera les enfans nés de ce mariage d'aucun des avantages qui leur étaient assurés par les lois, ou par les conventions matrimoniales de leurs père et mère; mais il n'y aura d'ouverture aux droits des enfans que de la même manière et dans les mêmes circonstances où ils se seraient ouverts s'il n'y avait pas eu de divorce. »

Art. 77. « Dans le cas de divorce par consentement mutuel, la propriété de la moitié des biens de chacun des deux époux sera acquise de plein droit, du jour de leur première déclaration, aux enfans nés de leur mariage : les père et mère conserveront néanmoins la jouissance de cette moitié jusqu'à la majorité de leurs enfans, à la charge de pourvoir à leurs nourriture, entretien et éducation, conformément à leur fortune et à leur état ; le tout sans préjudice des autres avantages qui pourraient avoir été assurés auxdits enfans par les conventions matrimoniales de leurs père et mère. »

CHAPITRE V.

De la Séparation de corps.

Art. 78. « Dans les cas où il y a lieu à la demande en divorce pour cause déterminée, il sera libre aux époux de former demande en séparation de corps. »

Art. 79. « Elle sera intentée, instruite et jugée de la même manière que toute autre action civile. Elle ne pourra avoir lieu par le consentement mutuel des époux. »

Art. 80. « La femme contre laquelle la séparation de corps sera prononcée pour cause d'adultère sera condamnée, par le même jugement, et sur la réquisition du ministère public, à la réclusion dans une maison de correction, pendant un temps déterminé, qui ne pourra être moindre de trois mois ni excéder deux années. »

Art. 81. « Le mari restera le maître d'arrêter l'effet de cette condamnation, en consentant à reprendre sa femme. »

Art. 82. « Lorsque la séparation de corps, prononcée pour

« toute autre cause que l'adultère de la femme, aura duré
« trois ans, l'époux qui était originairement défendeur
« pourra demander le divorce au tribunal, qui l'admettra si
« le demandeur originaire, présent ou dûment appelé, ne
« consent pas immédiatement à faire cesser la séparation. »

Art. 83. « La séparation de corps emportera toujours sépa-
« ration de biens. »

M. Treilhard fut nommé par le Premier Consul avec MM. Emmery et Dumas, pour présenter le projet *du Divorce* au Corps législatif, dans la séance du 18 ventose an XI (9 mars 1803), et pour en soutenir la discussion dans celle du 30 du même mois.

PRÉSENTATION AU CORPS LÉGISLATIF,

ET EXPOSÉ DES MOTIFS, PAR M. TREILHARD.

(Séance du 19 ventose an XI. — 10 mars 1803.)

Législateurs, le gouvernement n'a pas dû se dissimuler les difficultés d'une loi sur le divorce; l'intérêt, les passions, les préjugés, les habitudes, des motifs encore d'un autre ordre, toujours respectables par la source même dont ils émanent, présentent, s'il est permis de le dire, à chaque pas, des ennemis à combattre : tous ces obstacles, le gouvernement les a prévus, et il a dû se flatter de les vaincre, parce que son ouvrage ne doit être offert ni à l'esprit de parti, ni à des passions exaltées, mais à la sagesse d'un corps politique placé au-dessus du tourbillon des intrigues, qui sait embrasser d'un coup d'œil l'ensemble d'une institution, et consacrer de grands résultats quand ils offrent beaucoup plus d'avantages que d'inconvéniens.

C'est dans cette conviction que je présenterai les motifs du projet de loi sur le divorce; et, sans en discuter chaque article en particulier, je m'attacherai aux grandes bases.

Leur sagesse une fois prouvée, tout le reste en deviendra la conséquence nécessaire.

Faut-il admettre le divorce? pour quelles causes? dans quelles formes? quels seront ses effets?

Faut-il admettre le divorce?

Vous n'attendez pas que, cherchant à résoudre cette grande question par les autorités, je fasse ici l'énumération des peuples qui ont admis ou rejeté le divorce; que je recherche péniblement s'il a été pratiqué en France dans les premiers âges de la monarchie, et à quelle époque l'usage en a été interdit : je ne dirais rien qui fût nouveau pour vous, et tout le monde doit sentir qu'une question de cette nature ne peut pas se résoudre par des exemples.

L'autorisation du divorce serait inutile, déplacée, dangereuse, chez un peuple naissant, dont les mœurs pures, les goûts simples assureraient la stabilité des mariages, parce qu'elles garantiraient le bonheur des époux.

Elle serait utile, nécessaire, si l'activité des passions et le dérèglement des mœurs pouvaient entraîner la violation de la foi promise et les désordres incalculables qui en sont la suite.

Elle serait inconséquente chez un peuple qui n'admettrait qu'un seul culte, s'il pensait que ce culte établit d'une manière absolue l'indissolubilité du mariage.

Ainsi, la question doit recevoir une solution différente, suivant le génie et les mœurs des peuples, l'esprit des siècles, et l'influence des idées religieuses sur l'ordre politique.

C'est pour nous, dans la position où nous sommes, que la question s'agite; pour un peuple dont le pacte social garantit à chaque individu la liberté du culte qu'il professe, et dont le Code civil ne peut par conséquent recevoir l'influence d'une croyance particulière.

Déjà vous voyez que la question doit être envisagée sous un point de vue purement politique. Les croyances religieuses peuvent différer sur beaucoup de points; il suffit pour le législateur qu'elles s'accordent sur un article fondamental, sur l'obéissance due à l'autorité légitime : du reste, personne n'a le droit de s'interposer entre la conscience d'un autre et la divinité, et le plus sage est celui qui respecte le plus tous les cultes.

La question du divorce doit donc être discutée, abstraction faite de toute idée religieuse, et elle doit cependant être décidée de manière à ne gêner aucune conscience, à n'enchaîner aucune liberté; il serait injuste de forcer le citoyen dont la croyance repousse le divorce, à user de ce remède; il ne le serait pas moins d'en refuser l'usage, quand il serait compatible avec la croyance de l'époux qui le sollicite.

Nous n'avons donc qu'une question à examiner : dans l'état actuel du peuple français, le divorce doit-il être permis?

Nous ne connaissons pas d'acte plus solennel que celui du mariage. C'est par le mariage que les familles se forment et que la société se perpétue : voilà une première vérité sur laquelle je pense que tout le monde est d'accord, de quelque opinion qu'on puisse être d'ailleurs sur la question du divorce.

C'est encore un point également incontestable, que de tous les contrats, il n'en est pas un seul dans lequel on doive plus désirer l'intention et le vœu de la perpétuité de la part de ceux qui contractent.

Il n'est pas, et il ne doit pas être moins universellement reconnu, que la légèreté des esprits, la perversité du cœur, la violence des passions, la corruption des mœurs, ont trop souvent produit dans l'intérieur des familles des excès tels que l'on s'est vu forcé de permettre de fait la rupture d'unions qu'on regardait cependant comme indissolubles de droit; les monumens de la jurisprudence, qui sont aussi le dépôt des faiblesses humaines, n'attestent que trop cette triste vérité.

Telle est notre position; je demande actuellement si l'on

peut raisonnablement espérer, par quelque institution que ce puisse être, de remédier si efficacement et si promptement au désordre, que l'on n'ait plus besoin du remède; si l'on peut trouver le moyen d'assortir si parfaitement les unions conjugales, d'inspirer si fortement aux époux le sentiment et l'amour de leurs devoirs respectifs, qu'on doive se flatter qu'ils ne s'en écarteront plus dans la suite, et qu'ils ne nous rendront plus les témoins de ces scènes atroces, de ces scandales révoltans, qui durent forcer si impérieusement la séparation de deux époux. Ah! sans doute, si l'on peut, par quelque loi salutaire, épurer tout-à-coup l'espèce humaine, on ne saurait trop se hâter de donner ce bienfait au monde. Mais s'il nous est défendu de concevoir de semblables espérances, si elles ne peuvent naître, même dans l'esprit de ceux qui jugent l'humanité avec la prévention la plus indulgente, il ne nous reste plus que le choix du remède à appliquer au mal que nous ne saurions extirper.

Voilà la question réduite à son vrai point : faut-il préférer au divorce l'ancien usage de la séparation de corps? faut-il préférer à l'usage de la séparation celui du divorce? ne convient-il pas de laisser aux citoyens la liberté d'user de l'une ou de l'autre voie?

Écartons, avant tout et avec le même soin, les déclamations que se sont permises des esprits exaltés dans l'un et l'autre parti : la vérité et la sagesse se trouvent rarement dans les extrêmes.

Les uns ont parlé du divorce comme d'une institution presque céleste et qui allait tout purifier; les autres en ont parlé comme d'une institution infernale et qui acheverait de tout corrompre; ici le divorce est le triomphe, là c'est la honte de la raison. Si nous croyons ceux-ci, l'admission du divorce déshonorera le Code; ceux-là prétendent que son rejet laissera ce même Code dans un état honteux d'imperfection : le législateur ne se laisse pas surprendre par de pareilles exagérations.

Le divorce en lui-même ne peut pas être un bien; c'est le remède d'un mal. Le divorce ne doit pas être signalé comme un mal, s'il peut être un remède quelquefois nécessaire.

Doit-il être politiquement préféré à la séparation? C'est la véritable et la seule question, puisqu'il est reconnu que la loi doit offrir à des époux outragés, maltraités, en péril de leurs jours, des moyens de mettre à couvert leur honneur et leur vie.

Le mariage, comme tous les autres contrats, ne peut se former sans le consentement des parties : ce consentement en est la première condition, la condition la plus impérieusement exigée ; sans ce consentement il n'y a pas de mariage.

On ne doit cependant pas confondre le contrat de mariage avec une foule d'autres actes qui tirent aussi leur existence du consentement des parties, mais qui, n'intéressant qu'elles, peuvent se dissoudre par une volonté contraire à celle qui les a formés.

Le mariage n'intéresse pas seulement les époux qui contractent; il forme un lien entre deux familles, et il crée dans la société une famille nouvelle qui peut elle-même devenir la tige de plusieurs autres familles : le citoyen qui se marie devient époux, il deviendra père; ainsi s'établissent de nouveaux rapports que les époux ne sont plus libres de rompre par leur seule volonté : la question du divorce doit donc être examinée dans les rapports des époux entre eux, dans leurs rapports avec les enfans, dans leurs rapports avec la société.

Le divorce rompt le lien conjugal ; la séparation laisse encore subsister ce lien ; à cela près, les effets de l'un et de l'autre sont peu différens : cette union des personnes, cette communauté de la vie, qui forment si essentiellement le mariage, n'existent plus. Les jugemens de séparation prononçaient toujours des défenses expresses au mari de hanter et fréquenter sa femme. Quel est donc l'effet de cette conservation apparente du lien conjugal dans les séparations, et pourquoi retenir encore le nom avec tant de soin, lorsqu'il est évident que la chose n'existe plus? Le vœu principal du mariage n'est-il pas trompé? N'est-il pas vrai que l'époux n'a réellement plus de femme, que la femme n'a plus de mari? Quel est donc, encore une fois, l'effet de la conservation du lien?

On interdit à deux époux, devenus célibataires de fait, tout espoir d'un lien légitime, et on laisse subsister entre eux une communauté de nom qui fait encore rejaillir sur l'un le déshonneur dont l'autre peut se couvrir. Nous n'avons que trop vu les funestes conséquences de cet état, et le passé nous annonce ce que nous devrions en attendre pour l'avenir.

Cependant l'un des époux était du moins sans reproche; il avait été séparé comme une victime de la brutalité ou de la débauche; fallait-il l'offrir une seconde fois en sacrifice par l'interdiction des sentimens les plus doux et les plus légitimes? L'époux même dont les excès avaient forcé la séparation ne pouvait-il pas mériter quelque intérêt? Était-il impossible que, mûri par l'âge et par la réflexion, il pût trouver une compagne qui obtiendrait de lui cette affection si constamment refusée à la première?

Certes, si nous ne considérons que la personne des deux époux, il est bien démontré que le divorce est pour eux préférable à la séparation.

Je ne connais qu'une objection; on la tire de la possibilité d'une réunion : mais, je le demande, combien de séparations a vues le siècle dernier, et combien peu de rapprochemens! Comment pourraient-ils s'effectuer, ces rapprochemens?

La demande en séparation suppose déjà des esprits extraordinairement ulcérés; la discussion, par sa nature, augmente encore la malignité du poison. Le règlement des intérêts pécuniaires, après la séparation, lui fournit un nouvel aliment.

Enfin, chacun des deux époux, isolé, en proie aux regrets,

quelquefois aux remords, éprouvant le désir bien naturel de remplir le vide affreux qui l'environne, et cependant sans espoir de former une union qu'il pourra avouer, forcé en quelque manière de courir après les distractions par le besoin pressant de se fuir lui-même, se trouve insensiblement entraîné dans la dissipation, et dans tous les désordres qu'elle mène à sa suite.

A Dieu ne plaise que je prétende que ce tableau soit celui de tous les époux séparés! je dis seulement que l'impossibilité de former un nouveau lien les expose à toutes les espèces de séductions; qu'il faut, pour résister à des dangers si pressans, un effort peu commun, et dont peu de personnes sont capables, et que l'interdiction d'un lien légitime a souvent plongé, sans retour, nombre de victimes dans les mauvaises mœurs.

J'ajoute qu'il n'y a presque pas d'exemples de réunion entre deux époux séparés, et que ces réunions furent quelquefois plus scandaleuses que la séparation même : l'on a vu au contraire plusieurs fois, dans les lieux où le divorce était admis, deux êtres infortunés, victimes l'un et l'autre, tant qu'ils furent unis, de la violence des passions, former après leur divorce des mariages qui, s'ils ne furent pas toujours parfaitement heureux, du moins ne furent suivis d'aucun éclat ni d'aucun signe extérieur de repentir.

J'en tire cette conséquence que, pour les époux, le divorce est sans contredit préférable à la séparation.

Mais les enfans, les enfans! que deviendront-ils après le divorce? Je demanderai à mon tour, que deviennent-ils après les séparations?

Sans doute, le divorce ou la séparation des pères forment dans la vie des enfans une époque bien funeste; mais ce n'est pas l'acte de divorce ou de séparation qui fait le mal, c'est le tableau hideux de la guerre intestine qui a rendu ces actes nécessaires.

Au moins les époux divorcés auront encore le droit d'inspirer pour leur personne un respect et des sentimens qu'un nouveau nœud pourra légitimer; ils ne perdront pas l'espoir d'effacer par le tableau d'une union plus heureuse les fatales impressions de leur union première; et n'étant pas forcés de renoncer au titre honorable d'époux, ils se préserveront avec soin de tout écart qui pourrait les en rendre indignes.

C'est peut-être ce qui peut arriver de plus heureux pour les enfans. L'affection des pères se soutiendra bien plus sûrement dans la sainteté d'un nœud légitime que dans les désordres d'une liaison illicite, auxquels il est si difficile d'échapper quand on n'a plus droit de prétendre aux honneurs du mariage.

Mais, dit-on, les lois ont toujours regardé d'un œil défavorable les secondes noces : je n'examinerai pas si cette défaveur est fondée sur des raisons sans réplique, ou si, au contraire, dans une foule d'occasions, un second mariage ne fut pas pour les enfans un grand acte de tendresse; j'observe seulement qu'il ne s'agit point ici d'une épouse à qui la mort a ravi son protecteur et son ami, et dont le cœur, plein de ses premiers sentimens, repousse avec amertume toute idée d'une affection nouvelle.

Il s'agit d'époux dont les discordes ont éclaté, dont tous les souvenirs sont amers; qui, éprouvant le besoin de fuir, pour ainsi dire, leur vie passée, et de se créer une nouvelle existence, se précipiteront trop souvent dans le vice, si les affections légitimes leur sont interdites.

Le véritable intérêt des enfans est de voir les auteurs de leurs jours heureux, dignes d'estime et de respect, et non pas de les trouver isolés, tristes, éprouvant un vide insupportable, ou comblant ce vide par des jouissances qui ne sont jamais sans amertumes, parce qu'elles ne sont jamais sans remords.

Quant à la société, il est hors de doute que son intérêt réclame le divorce, parce que les époux pourront contracter dans la suite de nouvelles unions. Pourquoi frapperait-elle d'une fatale interdiction des êtres que la nature avait formés pour éprouver les plus doux sentimens de la paternité? Cette interdiction serait également funeste et aux individus et à la société : aux individus, qu'elle condamne à des privations qui peuvent être méritoires quand elles sont volontaires, mais qui sont trop amères quand elles sont forcées ; à la société, qui se trouve ainsi appauvrie de nombre de familles dont elle eût pu s'enrichir.

Les formes, les épreuves dont le divorce sera environné pourront en prévenir l'abus : espérons que le nombre des époux divorcés ne sera pas grand ; mais enfin, quelque peu considérable qu'il soit, ne serait-il pas également injuste et impolitique de les laisser toujours victimes, de changer seulement l'espèce du sacrifice ? et lorsque l'État peut légitimement attendre d'eux des citoyens qui le défendront, qui l'honoreront peut-être, faut-il étouffer un espoir si consolant?

Toute personne sans passion et sans intérêt sera donc forcée de convenir que le divorce qui, brisant le lien, laisse la possibilité d'en contracter un nouveau, est préférable à la séparation qui, ne conservant du lien que le nom, livre deux époux à des combats perpétuels, et dont il est si difficile de sortir toujours avec avantage.

Il faut donc admettre le divorce.

ch. 5   Mais le pacte social garantit à tous les Français la liberté de leur croyance : des consciences délicates peuvent regarder comme un précepte impérieux l'indissolubilité du mariage. Si le divorce était le seul remède offert aux époux malheureux, ne placerait-on pas des citoyens dans la cruelle alternative de fausser leur croyance, ou de succomber sous un joug qu'ils ne pourraient plus supporter? Ne les mettrait-on pas dans la dure nécessité d'opter entre une lâcheté ou le malheur de toute leur vie ?

300   Nous aurions bien mal rempli notre tâche si nous n'avions pas prévu cet inconvénient : en permettant le divorce, la loi

laissera l'usage de la séparation ; l'époux qui aura le droit de se plaindre pourra former à son choix l'une ou l'autre demande. Ainsi nulle gêne dans l'opinion, et toute liberté à cet égard est maintenue.

Cependant, il ne serait pas juste que l'époux qui a choisi, comme plus conforme à sa croyance, la voie de la séparation, dût maintenir pour toujours l'autre époux, dont la croyance peut n'être pas la même, dans une interdiction absolue de contracter un second mariage. Cette liberté, que la Constitution garantit à tous, se trouverait alors violée dans la personne de l'un des deux époux ; il a donc fallu autoriser celui-ci, après un certain intervalle, à demander que la séparation soit convertie en divorce, si l'époux qui a fait prononcer cette séparation ne consent pas à la faire cesser ; et c'est ainsi que se trouvent conciliés, autant qu'il est possible, deux intérêts également sacrés, la sûreté des époux d'un côté, et la liberté religieuse de l'autre.

Après avoir établi la nécessité d'admettre le divorce, je dois parler des causes qui peuvent le motiver.

Le projet de loi en indique quatre : 1° l'adultère ; 2° les excès, sévices ou injures graves ; 3° la condamnation à une peine infamante ; 4° le consentement mutuel et persévérant des époux, exprimé de la manière prescrite, sous les conditions et après les épreuves requises.

En admettant le divorce, il fallait éviter également deux excès opposés : celui d'en restreindre tellement les causes, que le recours fût fermé à des époux pour qui cependant le joug serait absolument insupportable, et celui de les étendre au point que le divorce pût favoriser la légèreté, l'inconstance, de fausses délicatesses ou une sensibilité déréglée : nous croyons avoir évité les deux excès avec le même soin.

L'adultère brise le lien en attaquant l'époux dans la partie la plus sensible : ses effets sont cependant bien différens chez la femme ou chez le mari ; c'est par ce motif que l'adultère du mari ne donne lieu au divorce que lorsqu'il est accompagné d'un caractère particulier de mépris, par l'établissement de la concubine dans la maison commune, outrage si sensible surtout aux femmes vertueuses.

231 Les excès, les sévices, les injures graves sont aussi des causes de divorce : il serait superflu d'observer qu'il ne s'agit pas de simples mouvemens de vivacité, de quelques paroles dures échappées dans des instans d'humeur ou de mécontentement, de quelques refus, même déplacés, de la part d'un des époux, mais de véritables excès, de mauvais traitemens personnels, de sévices dans la rigoureuse acception de ce mot *sævitia*, cruauté, et d'injures portant un grand caractère de gravité.

232 Les condamnations à une peine infamante motivent également une demande en divorce.

Forcer un époux de vivre avec un infâme, ce serait renouveler le supplice d'un cadavre attaché à un corps vivant.

Ces trois causes sont appelées des causes déterminées; elles consistent en faits dont la preuve doit être administrée aux tribunaux, qui prononcent ensuite dans leur sagesse.

233 La quatrième cause, celle du consentement mutuel, n'est pas susceptible d'une preuve de cette nature; mais on s'en formerait une bien fausse idée, et l'on calomnierait d'une étrange manière les intentions du gouvernement, si l'on pouvait penser qu'il a voulu que le contrat de mariage fût détruit par le seul consentement contraire de deux époux.

La simple lecture de l'article proposé en annonce l'esprit et la véritable intention.

« Le consentement mutuel et persévérant des époux, ex-
« primé de la manière prescrite par la loi, sous les condi-
« tions et après les épreuves qu'elle détermine, prouvera
« suffisamment que la vie commune leur est insupportable,
« et qu'il existe, par rapport à eux, une cause péremptoire
« de divorce. »

Ainsi les conditions et les formes imposées doivent garantir l'existence d'une cause péremptoire : le consentement dont il est question ne consiste pas dans l'expression d'une volonté passagère; il doit être le résultat d'une position insupportable. Les épreuves garantiront la constance de cette volonté ; la présence des pères en garantira la nécessité ; les sacrifices auxquels les époux sont forcés donneront enfin de nouveaux gages de l'existence d'une cause absolue de divorce.

Citoyens législateurs, parmi les causes déterminées de divorce, il en est quelques-unes d'une telle gravité, qui peuvent entraîner de si funestes conséquences pour l'époux défendeur (telles, par exemple, que les attentats à la vie), que des êtres doués d'une excessive délicatesse préféreraient les tourmens les plus cruels, la mort même, au malheur de faire éclater ces causes par des plaintes judiciaires. Ne convenait-il pas, pour la sûreté des époux, pour l'honneur des familles toujours compromis, quoi qu'on puisse dire, dans ces fatales occasions, pour l'intérêt même de toute la société, de ne pas forcer une publicité non moins amère pour l'innocent que pour le coupable ?

p. 33 et ch. 3.

L'honnêteté publique n'empêcherait-elle pas une femme de traîner à l'échafaud son mari, quoique criminel ? Faudrait-il aussi toujours, et nécessairement, pour terminer le supplice d'un mari infortuné, le contraindre à exposer au grand jour des torts qui l'ont blessé cruellement dans ses plus douces affections, et dont la publicité le vouera cependant encore à la malignité publique? L'injustice, sans doute, est ici du côté du public; mais se trouve-t-il beaucoup d'hommes assez forts, assez courageux pour la braver? Est-on maître de détruire tout-à-coup ce préjugé, et ne faut-il pas aussi ménager un peu l'empire de cette opinion, quelquefois injuste, j'en conviens, mais qui peut aussi sur beaucoup de points atteindre et flétrir, quand elle est bien dirigée, des vices qui échappent aux poursuites des lois?

Si le divorce pouvait avoir lieu, dans des cas semblables,

sans éclat et sans scandale, ce serait un bien ; on sera forcé d'en convenir.

Que faudrait-il donc faire pour obtenir ce résultat? tracer un mode de consentement, prescrire des conditions, attacher des privations, vendre enfin, s'il est permis de le dire, vendre si chèrement le divorce, qu'il ne puisse y avoir que ceux à qui il est absolument nécessaire qui soient tentés de l'acheter.

Alors la conscience du législateur est tranquille; il a fait pour les individus, il a fait pour la société, tout ce que l'on peut attendre de la prudence humaine; et, s'il ne peut pas s'assurer qu'on n'abusera jamais de cette institution, du moins il se rend le témoignage suffisant pour lui que l'abus sera infiniment rare, et qu'il a atteint la seule espèce de perfection dont les établissemens humains soient susceptibles.

Quelques personnes ont paru préférer le divorce pour incompatibilité d'humeur au divorce par consentement mutuel : une réflexion bien simple suffira pour les ramener à notre projet.

Si l'allégation d'incompatibilité d'humeur avait été permise à un seul des époux, on se serait exposé au reproche fondé d'attacher la dissolution d'un contrat formé par le consentement de deux personnes au seul repentir de l'un des deux contractans; et, sous ce point de vue, la cause d'incompatibilité était susceptible des plus fortes objections.

Si, au contraire, on veut supposer que, pour être admise, l'allégation d'incompatibilité eût dû être proposée par les deux époux, il est clair que cette cause rentrerait dans celle du consentement mutuel; il n'y aurait que le nom de changé.

On a dit aussi que les vœux du législateur seraient presque toujours trompés, et que le coupable d'excès envers l'autre époux refuserait son consentement : ce refus est possible, il n'est pas vraisemblable.

Une femme convaincue d'adultère ne se trouverait-elle pas

trop heureuse que, par un excès d'indulgence, l'époux consentît à cacher sa faiblesse? Le conjoint coupable d'un attentat n'aurait-il pas le même intérêt? Leur conscience n'est-elle pas leur premier juge? et les proches parens, intéressés aussi à cacher des torts de famille, n'auraient-ils pas toutes sortes de moyens pour vaincre des résistances injustes? Enfin, si le coupable persistait dans ses refus insensés, l'autre époux serait toujours libre de former sa demande pour causes déterminées; il aurait satisfait à tout ce que pouvait exiger de lui sa profonde délicatesse; il pourvoirait ensuite à sa sûreté en recourant à l'autorité des tribunaux.

Il ne me reste plus, sur cette partie, qu'à vous développer les précautions prises contre l'abus possible dans l'application de la cause de divorce pour consentement mutuel.

On a dû craindre la légèreté et l'inconstance, les travers passagers, les effets d'un simple dégoût, l'influence d'une passion étrangère; toutes les dispositions du projet sont faites pour prévenir et pour calmer ces craintes.

D'abord, le consentement mutuel des époux ne sera pas admis si le mari a moins de vingt-cinq ans; et si la femme en a moins de vingt-un, il ne sera pas admis avant le terme de deux ans de mariage; il ne pourra plus l'être après le terme de vingt ans, et lorsque la femme en aurait quarante-cinq.

La sagesse de ces dispositions ne peut pas être méconnue.

Il faut laisser aux époux le temps de se connaître et de s'éprouver : on ne doit donc pas recevoir leur consentement tant qu'on peut supposer qu'il est une suite de la légèreté de l'âge; on doit le repousser encore lorsqu'une longue et paisible cohabitation atteste la compatibilité de leur caractère.

Une garantie plus forte contre l'abus se tire de la disposition qui exige un consentement authentique des père, mère, ou autres ascendans vivans. Lorsque deux familles entières, dont les intérêts et les affections sont presque toujours contraires, se réunissent pour attester la nécessité d'un divorce, il est bien difficile que le divorce ne soit pas en effet indispensable.

297 D'ailleurs les deux époux, dans le cas particulier du divorce pour consentement mutuel, ne pourront contracter un nouveau mariage que trois ans après la prononciation de l'acte qui aura dissous le premier : ainsi se trouve écartée la perspective d'une union avec l'objet de quelque passion nouvelle.

304 Enfin, un intérêt d'une autre nature, mais non moins vif et non moins pressant, vient s'opposer encore à ce qu'on use de la voie du consentement mutuel, si elle n'est pas commandée également à l'un et à l'autre époux par les causes les plus irrésistibles : ils sont dépouillés de la moitié de leurs propriétés, qui passe de droit aux enfans.

Pouvait-on prendre plus de précautions, des précautions plus efficaces, pour s'assurer que le consentement mutuel du mari et de la femme ne sera pas l'effet d'une molle complaisance, d'un caprice passager; mais qu'il sera fondé sur les motifs les plus graves, puisqu'il doit être accompagné de si fortes garanties, et qu'il doit être acheté par de si grands sacrifices? Et supposera-t-on jamais un concert frauduleux entre deux époux, entre deux familles, pour appliquer un remède de cette violence, si en effet le mal ne surpasse pas les forces humaines?

281 à 283 et 285 Les formes de l'instruction augmenteront encore les garanties contre les surprises.

C'est en personne que les époux doivent faire leur déclaration devant le juge : ils écouteront ses observations, ils seront instruits par lui de toutes les suites de leur démarche. Ils sont tenus de produire les autorisations authentiques de leurs père, mère, ou autres ascendans vivans ; ils doivent renouveler leur déclaration en personne, trois fois, de trois mois en trois mois : il faudra représenter à chaque fois la preuve positive que les ascendans persistent dans leur autorisation, afin que les magistrats ne puissent avoir aucun doute sur la persévérance dans cette volonté.

Enfin, après l'expiration de l'année destinée à remplir toutes les formalités, on se représentera devant le tribunal, et, sur la vérification la plus scrupuleuse de tous les actes, le divorce pourra être admis. 286 et suivans.

Je le répète, il était impossible de s'assurer de plus de manières et par des épreuves plus efficaces de la nécessité du divorce, quand il aura pour cause le consentement mutuel.

Je ne dissimule pas que quelques personnes, admettant d'ailleurs cette cause, désireraient qu'elle ne fût pas écoutée quand il existe des enfans du mariage; mais cette exception serait dans le projet une grande inconséquence. On a introduit des formes et prescrit des conditions telles qu'on a lieu d'espérer que leur observation rigoureuse ne permettra pas même le plus léger doute sur l'existence d'une cause péremptoire de divorce. Pourquoi donc fermerait-on la voie du consentement mutuel, lorsque les époux ont des enfans ? Cette circonstance ne change en aucune façon leur position respective, et les motifs donnés pour justifier la mesure ne s'appliquent pas moins directement au cas où il existe des enfans : quel intérêt peuvent-ils avoir plus pressant que celui de sauver d'un éclat fâcheux le nom qu'ils doivent porter dans le monde, pour ne pas y entrer sous de fâcheux auspices ? D'ailleurs, la circonstance des enfans fournit elle-même un nouveau préservatif contre l'abus possible, puisque les époux se trouvent dépouillés de la moitié de leurs propriétés, qui de droit est acquise aux enfans.

En voilà assez, peut-être trop, sur le consentement mutuel. Je me hâte de passer aux formes et aux effets du divorce pour causes déterminées.

Il fallait avant tout indiquer le tribunal où serait portée la demande : à cet égard point de difficulté ; c'est au tribunal de l'arrondissement dans lequel les parties sont domiciliées qu'elles doivent se pourvoir. 234

Un chapitre entier du projet est ensuite destiné à tracer le cours de la procédure.

La marche de l'instruction d'une demande en divorce ne doit pas être confondue avec la marche de l'instruction d'une affaire ordinaire : en général, l'accès des tribunaux ne peut être trop facile, ni la procédure trop rapide ; il n'en est pas de même en matière de divorce : une sage lenteur doit donner aux passions le temps de se refroidir ; le divorce n'est tolérable que lorsqu'il est forcé, et la société gémit de l'admettre lors même qu'il est nécessaire : chaque pas dans l'instruction doit donc être un grand objet de méditation pour le demandeur, et pour le juge un nouveau moyen de pénétrer les motifs secrets, les véritables motifs d'une demande de cette nature, de s'assurer du moins que ces motifs sont réels et légitimes. Toutes les dispositions du projet relatives aux formes ont été rédigées en conséquence.

236 L'époux *en personne* doit présenter sa requête : point d'exception à cette règle ; la maladie même ne saurait en affranchir : le juge, dans ce cas, se transporte chez le demandeur.

237-238 C'est surtout dans ce premier instant qu'il convient de faire sentir toute la gravité et toutes les conséquences de l'action. L'obligation en est imposée au magistrat : il ordonne ensuite devant lui une comparution des parties, et ce n'est qu'après cet acte préliminaire que le tribunal entier peut ac-

240 corder une permission de citer ; encore pourra-t-il suspendre, s'il le juge convenable, cette permission pendant un temps que la loi a dû cependant limiter.

241 Une première audition des époux aura lieu à huis clos ; ce n'est qu'à la dernière extrémité que l'on donnera de l'éclat à la demande, et qu'elle sera renvoyée à l'audience publique : là seront pesées toutes les preuves ; si elles ne sont pas complètes, il pourra en être ordonné de nouvelles. Je crois inutile de vous retracer en détail chaque disposition de cette partie du projet ; je ne crains pas de dire qu'il n'en est pas une seule qui ne doive être regardée comme un bienfait de la

loi, parce que toutes ont pour objet, ou la réunion des esprits, ou la manifestation de la vérité ; et telle a été la crainte d'une décision trop légèrement prononcée, que le tribunal, dans le cas d'action pour excès, sévices ou injures, est autorisé à ne pas admettre immédiatement le divorce quoique la demande soit bien établie, et qu'il peut soumettre les époux à une année d'épreuves pour s'assurer encore plus de la persévérante volonté de l'époux demandeur, et qu'il ne peut y avoir de sa part aucune espérance de retour.

Après cette longue instruction, le divorce pourra être admis. On n'a pas dû refuser le recours des parties au tribunal supérieur. Le projet contient aussi sur ce point quelques articles, dont la seule lecture fait connaître les motifs ; et lorsque le jugement est confirmé, deux mois sont donnés pour se pourvoir devant l'officier civil, à l'effet de faire prononcer le divorce, terme fatal, après lequel on ne peut plus se prévaloir des jugemens ; car, si dans le cours de l'instruction on n'a pu trop ralentir la marche de la procédure, lorsque toutes les épreuves sont faites, les démonstrations acquises, et le jugement prononcé, on ne peut trop accélérer l'instant qui doit terminer pour toujours une affaire de cette nature.

En vous exposant la marche de la procédure, je n'ai pas dit qu'au jour indiqué pour l'audience publique le tribunal devait, avant de s'occuper du fond, statuer sur les fins de non-recevoir qu'aurait proposées l'époux défendeur. La justice, dans tous les temps, accueillit avec faveur cette espèce d'exception contre des demandes qu'elle ne peut entendre qu'à regret.

La réconciliation de deux époux est toujours si désirable ! C'est, sans contredit, le premier vœu de la société. Par la réconciliation, toute action pour le passé doit être éteinte ; mais si de nouveaux torts pouvaient occasioner de nouvelles plaintes, ces griefs effaceraient tout l'effet de la réconciliation, comme elle aurait elle-même effacé les premiers griefs ; et l'époux maltraité, d'autant plus intéressant qu'il aurait montré plus d'indulgence, rentrerait alors dans tous ses droits.

267 Le projet de loi a dû encore s'occuper de quelques mesures préliminaires auxquelles la demande en divorce pourrait donner lieu.

L'administration des enfans nous a paru devoir être provisoirement confiée au mari ; il a pour lui son titre, il est le chef de la famille. Il n'était pas difficile cependant de prévoir que cette règle générale serait quelquefois susceptible d'exceptions ; il faut donc que le tribunal puisse en ordonner autrement sur la demande de la mère, de la famille, ou même du commissaire du gouvernement. Une seule règle est indiquée aux magistrats ; ils doivent consulter le plus grand avantage des enfans ; car, dans ce choc funeste, ils sont peut-être les seuls qui n'aient rien à se reprocher.

268 Il n'était pas possible de forcer une femme à partager le domicile du mari dans le cours d'une action en divorce ; elle est toujours autorisée à prendre une autre résidence ; la décence veut qu'elle ne se retire que dans une maison indiquée par le tribunal : là, et tant qu'elle y restera seulement, elle touchera une provision que le mari sera tenu de lui payer ;
269 si elle quitte cette maison, elle ne sera plus recevable à continuer ses poursuites dans le cas où elle serait demanderesse.

270-271 Enfin la femme pourra, lorsqu'elle aura obtenu l'ordonnance de comparution, faire apposer, pour la conservation de ses droits, le scellé sur les effets de la communauté, et le mari ne pourra plus en disposer, ni par des engagemens, ni par des aliénations.

ch. 4 Voilà tout ce qui concerne la procédure sur le divorce pour causes déterminées. Il me reste encore à vous parler des effets de ce divorce ; déjà vous les connaissez en partie.

Ces effets sont relatifs aux enfans, aux époux, à la société.

302 Quant aux enfans, la règle déjà établie de leur plus grand avantage doit être constamment suivie ; l'époux demandeur qui a obtenu le divorce est présumé sans reproche : c'est donc à lui, en général, que doivent être confiés les enfans ;

mais l'application stricte de cette règle pourrait, dans bien des circonstances, ne leur être pas avantageuse. Il faut donc que le tribunal soit libre de les confier, lorsqu'il le jugera convenable, aux soins de l'un ou de l'autre époux, et même d'une tierce personne : les pères et mères conserveront cependant toujours une surveillance de l'entretien et de l'éducation; ils y contribueront en proportion de leurs facultés ; ils ont cessé d'être époux, ils n'ont pas cessé d'être pères.

Il était peut-être superflu d'exprimer que le divorce ne privait les enfans d'aucun des avantages à eux assurés par les lois ou par les conventions matrimoniales de leurs parens ; ils ne sont déjà que trop malheureux par le spectacle des dissensions intestines de leur famille.

Mais, si le divorce ne doit pas être pour eux une occasion de perte, ils ne doivent pas non plus y trouver une occasion de dépouiller les auteurs de leurs jours ; les droits des enfans ne s'ouvriront que de la manière dont ils se seraient ouverts s'il n'y avait pas eu de divorce.

On ne doit pas confondre l'espèce du divorce pour cause déterminée, dont les motifs sont susceptibles de discussion et de preuves devant les tribunaux, avec l'espèce des divorces par consentement mutuel ; il a fallu, dans ce dernier cas, des garanties particulières, de fortes garanties, contre l'abus qu'on pourrait faire de cette cause : on ne pouvait pas en trouver de plus forte que l'assurance aux enfans de la propriété de moitié des biens des père et mère, et la jouissance de ces biens à l'époque de leur majorité ; cette mesure n'est plus nécessaire, elle serait même très-déplacée dans le cas d'un divorce pour cause déterminée, qui ne doit être prononcé que sur une preuve positive des faits qui le motivent.

Quant aux effets du divorce respectivement aux époux, on a dû distinguer l'époux demandeur, dont les plaintes sont justifiées, de l'époux défendeur, dont les excès sont reconnus constans. Le premier ne peut et ne doit être exposé à la perte d'aucun des avantages à lui faits par le second. Il les conservera dans toute leur intégrité ; la déchéance qu'on prononcerait contre lui serait doublement injuste en ce qu'elle frapperait l'innocent pour récompenser le coupable ; il ne faut pas qu'un époux puisse croire qu'il anéantira des libéralités qu'il regrette peut-être d'avoir faites, en forçant l'autre époux à se sauver de sa fureur par le divorce.

299 L'époux contre qui le divorce a été prononcé doit-il aussi conserver les avantages qui lui avaient été assurés par son contrat de mariage ? Est-il digne de les recueillir ? et lorsqu'il se trouve convaincu de faits tellement atroces que le divorce doit en être la suite, jouira-t-il d'un bienfait qui devait être le prix d'une constante affection et des soins les plus tendres ? Non, il s'est placé au rang des ingrats ; il sera traité comme eux. Il a violé la première condition du contrat ; il ne sera plus reçu à en réclamer les dispositions.

ch. 4. Les autres effets du divorce n'intéressent pas moins la société entière que les deux époux.

Ils pourront contracter de nouveaux nœuds : c'est en ce point surtout que le divorce est politiquement préférable à la séparation. Je ne répéterai pas ce que j'ai déjà dit à cet égard ; mais, en permettant le mariage à des époux divorcés, la loi a dû pourvoir à ce que l'honnêteté publique et l'harmonie des familles ne fussent pas violées.

298 L'époux adultère ne pourra jamais se marier avec son complice ; il ne doit pas trouver dans le jugement qui le condamne un titre et un moyen de satisfaire une passion coupable.

296 Le bon ordre exige aussi qu'une femme divorcée ne puisse pas, en contractant un nouveau mariage immédiatement après la dissolution du premier, laisser des doutes sur l'état des enfans dont elle pourrait être mère. Elle ne se remariera que dix mois après le divorce prononcé.

295 Enfin, nous avons pensé que les époux, une fois divorcés, ne devaient plus se réunir.

Le divorce ne doit être prononcé que sur la preuve d'une nécessité absolue et lorsqu'il est bien démontré à la justice que l'union entre les deux époux est impossible : cette impossibilité une fois constante, la réunion ne pourrait être qu'une occasion nouvelle de scandale.

Il importe que les époux soient d'avance pénétrés de toute la gravité de l'action qu'ils vont intenter; qu'ils n'ignorent pas que le lien sera rompu sans retour, et qu'ils ne puissent pas regarder l'usage du divorce comme une simple occasion de se soumettre à des épreuves passagères, pour reprendre ensuite la vie commune, quand ils se croiraient suffisamment corrigés.

Il faut aussi qu'on ne puisse pas spéculer sur cette action, et que des époux adroits et avides, peu satisfaits des gains assurés par leur contrat de mariage, ne puissent pas envisager le divorce comme un moyen de former dans la suite de nouvelles conventions pour obtenir de plus grands avantages.

Les tribunaux ne sauraient porter une attention trop sévère dans l'instruction et l'examen de ces sortes d'affaires, et la perspective d'une réunion possible entre les époux ne pourrait qu'affaiblir dans l'âme du magistrat ce sentiment profond de peine secrète qu'il doit éprouver quand on lui parle de divorce.

En un mot, le divorce serait un mal, s'il était prononcé, quand il n'est pas démontré que la vie commune est insupportable; et, lorsqu'il est bien reconnu que cette vie commune est insupportable en effet, le second mariage serait lui-même un mal affreux.

On ne se jouera pas du divorce; à Dieu ne plaise qu'on puisse se familiariser avec l'idée qu'il n'est pas prononcé pour toujours! L'espoir d'une réunion qui pourrait présenter d'abord à des esprits inattentifs l'apparence de quelques avantages, entraînerait de fait et à la longue de funestes conséquences, parce qu'elles corrompraient nécessairement l'opinion qu'on doit se former d'une action de cette nature.

Tels sont, citoyens législateurs, les motifs du projet de loi dont je vous ai donné lecture. Ses dispositions ont été long-temps examinées, discutées, mûries, et au Conseil d'État, et dans ces conférences salutaires et politiques qui, réunissant toutes les lumières pour la perfection de la loi, garantissent entre les principales autorités un concert si doux pour les amis du peuple français, si triste pour ses ennemis.

Plus vous examinerez ce projet, plus, je l'espère, vous demeurerez convaincus de la nécessité d'en faire une loi de la République.

Dans les maux physiques, un artiste habile est forcé quelquefois de sacrifier un membre pour sauver le corps entier : ainsi des législateurs admettent le divorce pour arrêter des maux plus grands. Puissions-nous un jour, par de bonnes institutions, en rendre l'usage inutile! C'est par de bonnes lois, mais c'est aussi par de grands exemples que les mœurs publiques se réforment et se purifient : ce n'est pas le langage seul qu'on doit épurer ; c'est la morale qu'il faut mettre en action. Que le mariage soit honoré ; que le nom et le titre d'époux soient respectés ; que l'opinion publique régénérée flétrisse également le séducteur et l'infidèle ; et nous n'aurons peut-être plus besoin du divorce : mais jusque là gardons-nous de repousser un remède que l'état actuel de nos mœurs rend encore et trop souvent nécessaire.

Le Corps législatif arrêta ensuite que ce projet serait communiqué officiellement au Tribunat; et il y fut transmis le 20 ventôse par un message.

COMMUNICATION OFFICIELLE AU TRIBUNAT.

RAPPORT FAIT AU TRIBUNAT, PAR M. SAVOIE-ROLLIN.

(Séance du 27 ventose an XI. — 18 mars 1803.)

Tribuns, la loi que vous avez adoptée sur le mariage place au nombre des causes qui le dissolvent le divorce légalement prononcé.

Le projet de loi que votre section de législation m'a chargé de vous exposer a précisément pour objet de régler l'action du divorce dont vous avez déjà consacré le principe. Ce projet se divise en cinq chapitres : le premier traite *des causes du divorce* ; le second, *du divorce pour cause déterminée, et des formes qui l'opèrent ;* le troisième, *du divorce par consentement mutuel ;* le quatrième, *des effets du divorce ;* et le cinquième enfin, *de la séparation de corps.*

Mais, en recevant dans votre législation le principe du divorce, vous n'avez pas voulu, sans doute, qu'il pût corrompre le principe du mariage, qu'il pût altérer, détruire, ou même affaiblir cette institution fondamentale des sociétés humaines. Ainsi, en adoptant le principe, vous pouvez encore ne pas admettre la loi qui détermine ses diverses applications.

Avant de me livrer à l'examen de ses détails, je dois donc m'arrêter à son ensemble ; je dois considérer ce qu'est le mariage dans la société, quel est le caractère qui lui est propre, quel est celui que les lois lui assignent, et rechercher si ces caractères ne sont point dénaturés par les dispositions du projet de loi qui vous est soumis. Je ne craindrai pas de fatiguer votre attention dans une matière aussi grave. Eh ! de quel sujet plus important seriez-vous frappés ? il intéresse à la fois les pères, les enfans, les époux ; il saisit l'homme tout entier, et dans sa vie intérieure, et dans sa vie publique ; car la famille est le berceau de l'État, et les vertus domestiques sont toutes les vertus du citoyen.

On a cru généralement que l'institution du mariage se réglait par un droit naturel antérieur aux conventions humaines, et que ces conventions n'étaient justes que par leur conformité à ce droit ; mais il est plus aisé de l'invoquer que de le définir. Si l'on entend par lui ces rapports nécessaires entre les hommes, qui dérivent de leur organisation, de leurs sensations, de leur intelligence et de leurs besoins, on n'en donne qu'une idée très-vague, et il est évident, sous ce point de vue, que le droit naturel peut varier à l'infini, selon que les hommes se trouvent dans un état plus ou moins parfait de société. Si l'on prétend, au contraire, que sa source est placée à l'origine des sociétés même, que ses notions les plus exactes se puisent dans l'homme de la nature, je pense que, dans ce système, la liaison des mots a seule formé la liaison des idées : avant, le sauvage, attaché à une peuplade, vivant au milieu des bois, est encore l'homme plus naturel, réduit à un isolement absolu; or, que serait pour lui ce droit naturel qui ne répondrait à aucun être de son espèce, qui ne partirait de lui que pour aboutir à lui? Un droit, comme une progression, n'existe que dans ses termes comparatifs; plus les termes augmentent, plus la progression s'élève; plus les relations réciproques des hommes s'étendent, plus leurs droits se multiplient et se compliquent; enfin, l'homme n'a des droits à exercer et des obligations à remplir, que parce qu'il vit avec ses semblables.

La conséquence de cette observation est que, là où se réunissent deux êtres, là commence la société civile, là commencent les lois qui règlent entre eux leurs droits et leurs devoirs. Que ces lois ne soient pas arbitraires, et qu'elles aient pour fondement les besoins réciproques qui lient des êtres intelligens et sensibles, rien n'est plus vrai; mais, loin d'être préexistantes à la société, elles ne sont que parce qu'elle existe. Comment pourrait-on le nier, lorsqu'on voit que ces lois suivent constamment la progression des lumières acquises dans l'état social ; que, à mesure que cet état se perfectionne, l'intelligence humaine se développe, découvre de nouveaux rapports, et les fixe par des lois nouvelles? Ainsi, dans l'enfance des sociétés, l'union des sexes n'est qu'un attrait fugitif, qui n'a d'empire que pendant l'instant du désir; l'histoire est un continuel témoignage de ces faits; mais c'est elle qui nous apprend aussi que les progrès de la civilisation marchent en raison composée des progrès des facultés morales de l'homme et des institutions qu'elles introduisent : le mariage, à peine connu des peuples errans, prend des formes plus constantes chez les peuples pasteurs, et ne s'élève à la dignité qui lui convient que parmi les peuples entièrement civilisés.

Ce n'est pas au sein de l'ignorance et de la barbarie des premières institutions qu'on a reconnu que le mariage devait être un contrat dont la durée n'avait pour terme que la vie de l'un des époux; cette perfection, qui est tellement essentielle au mariage, que, sans elle, il n'aurait jamais produit les biens immenses qu'il a faits aux hommes, n'a été sentie et sanctionnée que par la raison humaine plus éclairée et plus attentive; ceux-là même en conviennent qui reportent à un droit naturel l'indissolubilité du mariage; car ils avouent que si des lois positives ne contraignaient pas nos passions, ce droit naturel serait dans l'impuissance de garantir ce qu'il prescrit: que signifie cet aveu, si ce n'est que nos penchans naturels sont à la fois de maintenir la perpétuité du contrat et de la rompre? Nous voilà bien éclairés avec ces systèmes qui ne reposent que sur des erreurs de mots! Les facultés des êtres intelligens sont naturelles, sans doute, mais ne sont pas des lois; les lois, pour être bonnes, doivent être conformes à ces facultés; et les peuples font continuellement l'expérience heureuse ou terrible de cette vérité fondamentale; plus les lois sont dans un rapport exact avec ces facultés naturelles, mieux ils sont gouvernés; plus les lois dédaignent de s'en rapprocher, moins ils obtiennent de bonheur.

Je ne considérerai donc le mariage que dans la société instituée; et, par le mariage, je n'entends point le rapprochement fortuit de deux êtres, lors même qu'il se renouvellerait par intervalle, mais un engagement mutuel et continu, un véritable contrat d'après les lois ou les coutumes d'un peuple. Il est clair que la société intime de l'homme et de la femme, que les droits réciproques qu'ils se sont attribués l'un sur l'autre, que leur cohabitation habituelle, que la confusion de leurs biens, que ce consentement universel de la grande société, dans laquelle ils vivent, à respecter et à protéger leur union ; il est clair, dis-je, que tout cela ne peut exister nulle part sans des conventions générales et particulières, qu'elles soient écrites ou qu'elles ne le soient pas : il est évident, enfin, que tel est le mariage ; car je ne sais qu'une manière de le bien définir, c'est de le décrire.

En le prenant donc dans cet état, qu'aperçois-je d'abord ? C'est que les peuples les plus ignorans comme les plus éclairés l'ont soumis à deux ordres de lois bien différens, les lois civiles et les lois religieuses. Il résulte de cet accord étonnant et unanime, que cette institution, du moment qu'elle a eu quelque consistance, a rempli le cœur humain de tant de joie et comblé la société de tant de bienfaits, que les hommes ne se sont point rassurés par leurs propres lois sur la solidité d'un lien admirable ; ils ont invoqué le ciel en témoignage de leur bonheur ; ils l'ont senti trop grand pour croire qu'il ne fût que leur ouvrage.

Et si l'on veut examiner combien le perfectionnement du mariage a lui-même perfectionné les sociétés, qui oserait blâmer la quantité des cérémonies dont on l'environne, et l'intercession de la divinité, pour qu'elle imprime son caractère à l'acte le plus important de la vie ? C'est à lui surtout qu'est dû l'affranchissement de la moitié de l'espèce humaine ; dans cet état grossier de nature où l'on va chercher les plus vives notions du droit naturel, la faiblesse d'un sexe ne pouvait rien opposer à la brutalité de l'autre ; celui-ci trouvait ses droits dans l'effronterie même de ses désirs, et leur sanction dans la puissance de les satisfaire. Le mariage, qui ne se conçoit point sans un accord et des conditions qui le précèdent, a donc été le premier et le plus fort régulateur des affections humaines ; en leur imposant le juste frein qui les contenait sans les détruire, il a rapproché les hommes, il les a distribués en familles, il a préparé dans leur sein, sous l'empire de la magistrature paternelle, le modèle des magistratures publiques ; il a composé l'amour de la patrie du mélange des sentimens les plus délicieux du cœur, et en unissant au titre de citoyen les noms de père, de fils et d'époux, il n'a fait de l'état qu'une famille.

Mais ce n'est ni tout-à-coup ni chez tous les peuple qu'il a créé ces prodiges. Si vous considérez la plupart des peuples qui ont existé ou qui existent, il vous sera facile de remarquer que les différens degrés de civilisation qu'ils ont parcourus sont dans un rapport constant avec les divers degrés de stabilité qu'ils ont accordés à leurs mariages. Vous verrez que, depuis les peuples nomades jusqu'aux peuples les plus avancés de l'Europe, il n'en est aucun qui ne confirme la règle. Et comment cette stabilité est-elle à la fois la condition si essentielle du mariage, et la cause de la prospérité des nations? Ces deux propositions, qui paraissent si éloignées par leurs termes, sont cependant très-immédiates par leurs conséquences : le mariage a partout fondé les familles, et les familles ont fondé les États ; or, comme un tout n'est composé que de ses parties, de même la prospérité générale d'un État ne se forme que du bonheur particulier de chaque famille. La question se réduit donc à savoir si le plus grand bonheur d'une famille dépend de la stabilité du mariage.

J'ai déjà montré qu'elle avait tiré les femmes de l'humiliation et de la servitude; et certes, avant ce grand changement opéré chez les peuples, et si décisif pour leur état social, comment y aurait-il eu de bonheur domestique, puisqu'il n'y avait pas encore de famille ? Mais dès qu'une fois la stabilité du mariage eut pris un commencement, elle a suivi la marche de toutes les institutions qui s'établissent d'elles-mêmes; faible à sa naissance, elle s'est élevée par des progrès insensibles, et, à mesure qu'elle les a confirmés, les liens de famille se sont resserrés davantage, les rapports des époux entre eux, et des époux aux enfans, ont acquis enfin toute l'intensité dont ils étaient susceptibles ; et de tous ces rapports et des jouissances qu'ils ont créées, des besoins qu'ils ont fait naître, des affections innombrables dont ils ont pénétré le cœur humain, sont sortis tous les biens et tous les maux de la vie, selon que les hommes ont usé ou abusé de leurs facultés naturelles ; et cela seul nous explique cette prodigieuse variété d'institutions, semées parmi tant de peuples différens, quoiqu'elles soient toutes provenues de la même source.

Mais ce qui est remarquable, c'est qu'aucun peuple, d'une civilisation commencée ou achevée, n'a méconnu le caractère de perpétuité attaché au mariage, et n'a refusé de l'admettre. Il se retrouve même chez les nations adonnées à la polygamie, qui, malgré le mélange bizarre de faux et de vrai dont elles souillent leurs coutumes, sont forcées de reconnaître le principe qu'elles déshonorent ; et cependant, ce qui n'est pas moins remarquable aussi, c'est que dans cet accord unanime sur la manière d'envisager ce contrat, aucune législation, avant l'établissement du christianisme, soit politique, soit religieuse, n'a assigné au caractère de perpétuité celui d'une indissolubilité absolue. La définition de la loi romaine, que le mariage est un contrat formé par le consentement des deux époux, dans l'intention de s'unir pour la vie, présentait l'opinion de tous les peuples.

Le résultat de cette distinction entre l'intention de la perpétuité et la perpétuité réelle, fut d'entrevoir la possibilité de la rupture du mariage, d'en combiner les moyens, et d'en déterminer les cas : de là s'établit l'acte du divorce, que chaque peuple ensuite accommoda diversement à ses mœurs. Les religions, qui n'intervenaient dans les mariages que comme un majestueux auxiliaire, ou appuyaient elles-mêmes le divorce, ou ne lui opposaient aucun obstacle.

Si l'on examinait, parmi les anciens, quelle influence le divorce eut sur l'institution du mariage, et qu'on ne la cherchât que dans leurs lois, on serait étrangement abusé : elles prirent fort peu de précautions, ou plutôt il faut dire qu'elles n'en prirent aucune pour garantir le mariage des atteintes cruelles qu'une arme aussi dangereuse que le divorce pouvait lui porter ; mais il avait son égide dans les mœurs, et les lois se rassurèrent. En effet, quels maux pouvait causer le divorce au milieu de ces hommes simples, pour qui les occupations domestiques étaient les plus doux plaisirs? Que leur importait qu'on pût répudier une épouse infidèle, quand la chasteté n'était pas un effort, mais une habitude de la vie? Que leur importait qu'on pût rompre un lien par le même consentement qui l'avait formé, quand l'indissolubilité était la croyance du cœur? Ah! lorsque les mœurs agissent, que l'on ne s'inquiète pas de ce que les lois défendent ou permettent. Plus fortes que les lois, les mœurs les suppléent si elles sont insuffisantes, les corrigent ou les effacent si elles sont défectueuses. C'est ainsi qu'à Rome, pendant cinq siècles, la loi du divorce fut voilée par la pudeur publique.

Que si nous osions nous rapprocher de ces temps fabuleux pour nos mœurs, et penser que leurs lois conserveraient parmi nous leur antique innocence, il suffira, pour se détromper, de voir avec quelle affreuse promptitude elles la perdirent dans Rome corrompue. Ces lois, malgré leur facilité extrême à recevoir le divorce, ne satisfirent qu'un moment l'ardeur d'y recourir; elles n'avaient paru qu'inutiles aux bonnes mœurs, elles augmentèrent la corruption des mauvaises : quand on eut épuisé leur indulgence, on les accusa de trop de sévérité; elles firent place à des lois si scandaleuses, et à des passions si conformes à ces lois, que l'institution même du mariage faillit à disparaître d'un empire où, selon l'expression d'un écrivain du temps, les femmes ne se mariaient que pour répudier, et ne répudiaient que pour se marier.

Quelques empereurs romains des derniers siècles retouchèrent la législation du divorce, lui prescrivirent de sages limites; et leur ouvrage subsista jusqu'à cette époque où la religion chrétienne se levant sur la terre, intima des principes nouveaux et plus rigides, et les incorpora dans les lois civiles de toutes les nations qui la reconnurent.

De ce moment, l'indissolubilité absolue du mariage se grava comme un dogme au fond des consciences, les lois civiles s'anéantirent devant la loi religieuse; et le ciel, en imposant seul le serment des époux, en resta seul aussi le juge.

Ce dogme de l'indissolubilité absolue, après avoir traversé sans interruption l'étendue et la profondeur de dix siècles, fut tout-à-coup renversé par un de ces événemens extraordinaires qui ne sont, il est vrai, que l'effet de la méditation du temps, mais qui éclatent toujours comme le tonnerre au milieu des hommes imprévoyans et inattentifs.

Nos lois politiques, en ramenant parmi nous la liberté des consciences, l'assirent sur la base de la liberté des cultes; ces deux principes posés, il en résulta la division du pouvoir civil et du pouvoir religieux; celui-ci devint, à l'exemple de tous les pouvoirs du même genre, l'accessoire du premier, et il cessa d'y être identifié.

Heureuse la France, si elle n'avait pas été emportée au-delà de toutes les limites par le tourbillon impétueux des réformes! C'est en empruntant les maximes et les procédés des tyrans, que d'insensés promoteurs d'une liberté indéfinie rêvaient le despotisme partout où ils ne rencontraient pas la licence, et proscrivaient la liberté des cultes comme un outrage envers la liberté même : mais ne poursuivre un culte que dans ses signes extérieurs était un triomphe imparfait et trop facile; il avait pu se cacher dans les replis des consciences : les mains de la terreur se chargeaient de les ouvrir et de l'immoler dans son dernier asile. Ainsi, tandis que des lois de police attaquaient les croyances religieuses dans les temples, sur les places, au sein des foyers domestiques, d'autres lois les bannissaient avec la même violence de tous les actes importans de la vie civile. La loi du divorce, promulguée en 1792, avait, pour ainsi dire, commencé l'exécution de ce système persécuteur : on la voit, d'un côté, ouvrir de si larges issues à la rupture des mariages, qu'elle a en fait la proie de toutes les passions licencieuses du cœur humain ; et de l'autre, affectant une sévérité inouïe, supprimer d'un trait l'usage des séparations de corps. Quel motif pouvait la pousser à une contradiction si choquante, que celui d'enlever au culte catholique le seul remède qu'il avoue, et de mettre le divorce aux prises avec toutes les consciences, en les opprimant sous le poids de la nécessité?

Le rétablissement solennel du culte catholique ne peut donc s'allier avec une loi qui avait médité sa ruine; il faut donc ou l'abolir ou la modifier. Mais ce qui est essentiel à la liberté d'un culte, l'est nécessairement à la liberté de tous. La plupart des doctrines religieuses répandues en France autorisent le divorce; sous quel prétexte le leur interdiriez-vous? La violence qui forçait un dogme à recevoir le divorce qu'il proscrivait, serait la même violence pour le dogme obligé de proscrire ce qu'il approuve : la justice des lois est dans leur impartialité. Ces considérations ont déterminé le gouvernement à préférer la modification du divorce à sa suppression absolue : il vous a dit *que s'il était inconséquent de l'introduire dans un État qui n'a qu'un seul culte établissant l'indissolubilité du mariage*, il ne le serait pas moins de le refuser à un peuple divisé par des religions diverses, *et dont le pacte social garantit à chaque individu la liberté de sa croyance.* Forcé de se décider entre de si grands intérêts, il a cru les concilier en rendant à la religion catholique la séparation de corps que ses principes admettent, et le divorce aux religions qui ne le prohibent pas.

Placé au centre de toutes les opinions, le gouvernement leur doit une protection commune ; ce n'est point par indifférence qu'il ne demande pas à chaque homme le secret de sa conscience, c'est qu'il n'en a pas le droit; ce n'est point par indifférence qu'il protége également les opinions différentes, c'est que la masse de ces opinions forme une conscience publique qu'il doit, avant tout, écouter. Hommes sensibles! hommes sages de tous les partis! ah! gardez-vous bien de porter l'inquisition dans vos lois! Celles à qui vous auriez l'imprudence d'attacher un tel caractère, parce qu'elles sont aujourd'hui pour vous, demain, dans quelques jours peut-être, se tourneront contre vous avec fureur. Que de hautes leçons de ce genre n'avez-vous pas recueillies pendant douze ans d'expérience! Et puisque du sein des orages, un génie tutélaire en a fait sortir une paix bienfaisante, puisons dans le calme qu'elle nous donne cet esprit de conciliation qui produit les lois modérées, les seules, j'en conviens, qui n'excitent pas les irritations de l'enthousiasme ou de la haine, mais les seules que tous les hommes finissent par aimer.

Les vues et la détermination du gouvernement, citoyens collègues, sont également celles de votre section de législation : la loi sur le divorce, qui règne encore en cet instant, était, à son origine même, contradictoire à nos mœurs, maintenant elle l'est de plus à nos lois ; il faut donc la plier à des réformes que réclament à la fois les mœurs et les consciences : la loi sur le mariage, que le corps législatif vient d'adopter, range le divorce au nombre des causes de sa dissolution ; c'est donc à l'examen de ces causes qu'il faut nous réduire, et considérer si elles ne sont point subversives de l'état du mariage.

J'ai cherché, dans une discussion trop longue peut-être, quel était le caractère propre du mariage, j'ai cru établir qu'il était dans le vœu de sa perpétuité, qu'il portait ce principe en lui-même.

J'ai cherché si les lois des divers peuples lui reconnaissaient ce principe : les faits m'ont appris qu'elles étaient uniformes sur ce point ; les faits m'ont appris que plus les peuples étaient civilisés, plus ce principe acquérait de développement, prenait de la force et augmentait de rigueur : j'en ai demandé la raison, et je l'ai trouvée dans ce fait important, que le mariage est la cause primordiale de la civilisation des peuples.

J'ai cherché enfin quel était l'état de la législation française sous ces divers rapports ; j'ai remarqué deux époques principales, celle de la réunion des pouvoirs civils et religieux, qui avait consacré le principe de l'indissolubilité absolue, et celle de la séparation de ces pouvoirs, qui a ramené parmi nous le principe de l'indissolubilité relative.

La destination du mariage est d'être perpétuel ; voilà donc un principe universellement reconnu ; principe fécond et créateur des sociétés humaines ; principe qui a ravi à la terre tous ses déserts, et la couvre de ces multitudes de nations qui parent et animent son sein !

L'inévitable obligation du divorce est donc de respecter ce principe jusque dans les exceptions mêmes qu'il y porte.

Il respectera ce principe si, 1° les causes du divorce sont évidemment et rigoureusement nécessaires, et il s'ensuivra qu'elles seront bornées à un très-petit nombre.

2°. Si les formes qui environnent le divorce ont dans leur marche cette lenteur salutaire qui donne aux passions le temps de se calmer, qui rende à des cœurs aigris le souvenir de leur affection première, et qui n'applique enfin le remède qu'à des maux que seul il peut guérir.

3°. Si les effets du divorce n'accordent pas aux passions désordonnées qui l'auraient produit la coupable liberté de les satisfaire ; si ces effets ont pourvu au sort des enfans, et s'ils retrouvent dans les lois une partie de la protection paternelle qu'ils ont eu le malheur de perdre.

J'examinerai donc le divorce dans ses causes, ses formes et ses effets ; et en l'examinant ainsi, je vous aurai rendu compte de tout le projet de loi.

Ce projet établit quatre causes de divorce : l'adultère ; les excès, sévices ou injures graves ; la condamnation à une peine infamante ; le consentement mutuel et persévérant des époux.

L'action en divorce pour adultère n'est permise à la femme que dans le cas où l'époux tient sa concubine dans la maison commune. Cette limitation a sa raison évidente dans la différence des obligations imposées aux deux sexes par la nature même du contrat. L'adultère de la femme dissout la famille. La loi cependant ne veut pas méconnaître que la fidélité conjugale ne soit un devoir réciproque ; mais les lois ne sont pas des préceptes, elles sont des commandemens.

Les excès, sévices ou injures graves sont la seconde cause du divorce. La première partie de cet article emploie des termes si formels, qu'ils ne sauraient donner lieu à l'arbitraire des jugemens. Les expressions d'*injures graves* n'ont pas la même précision, mais d'abord leur rapprochement de celles d'*excès* et de *sévices* indique qu'elles sont au moral ce que les autres sont au physique ; les premières sont, si l'on peut ainsi parler, la violence des corps, et les secondes la violence des sentimens. Ensuite, la nature de l'action intentée, son importance morale et civile, la sévérité même de la loi dans son accueil au divorce, avertissent assez du véritable sens attaché à ces expressions.

La troisième cause, la condamnation à une peine infamante, se justifie par son seul énoncé ; elle forme avec les deux précédentes les causes déterminées du divorce.

Le projet de loi, en les réduisant à ce nombre, restitue au mariage la portion de dignité que lui avait enlevée la loi de 1792, qui ajoutait à ces causes l'adultère des deux époux, leur abandon réciproque pendant deux ans, leur absence pendant cinq, et la démence, la folie ou la fureur. De ces causes, les unes violaient le pacte du mariage dans son essence même, comme la mutuelle accusation d'adultère ; les autres, comme l'absence et l'abandon, se prêtaient, par le vague de leur désignation, à toutes les supercheries, à toutes les combinaisons de la fraude et de la dépravation des mœurs, ou bien elles jetaient par avance le trouble et l'amertume dans le cœur de tous ceux que leur état ou leurs affaires engageaient dans des courses lointaines ; et tandis que les droits des absens ont constamment inspiré aux lois une sollicitude paternelle, ici, dans la propriété la plus sacrée de l'homme, la propriété de sa famille, une loi téméraire la compromettait sans pudeur ! Et enfin, en déliant le nœud conjugal pour la folie ou la démence, elle outrageait les sentimens que les hommes les plus étrangers entre eux éprouvent, la bienveillance et la pitié; le mariage, cet état dont la condition et le charme inexprimable sont dans l'étroite communauté des biens et des maux, des plaisirs et des peines, on osait le rompre devant le malheur involontaire ! Son devoir, que dis-je ! sa douceur et sa force sont dans l'allégeance des maux qui, dans toute autre situation de la vie, ne seraient ni supportables ni pardonnés ; et cette loi cruelle punit ceux qu'on ne s'est point attirés ! Ah ! bénissons les hommes qui effacent de nos lois ces affreuses causes du divorce! bénissons-les de ne pas calomnier le cœur humain !

La quatrième cause du divorce est fondée sur le consentement mutuel ; elle est la plus importante du projet de loi ; il ne faut pas même se le dissimuler, toute la loi du divorce est là. Le recours aux causes déterminées ne sera jamais fréquent dans nos mœurs ; elles ne sont pas bonnes, sans doute, mais elles sont polies ; on redoute très-peu les vices, mais on craint le ridicule à l'égal de la mort : ainsi la mauvaise honte, qui est la vertu des mœurs dépravées, empêchera toujours d'odieuses accusations, mais elle recherchera avec ardeur un moyen qui cache tous les maux et les guérisse sans publicité. Cette question mérite donc un sérieux examen.

Dans le système du consentement mutuel, on a avoué d'abord qu'un contrat perpétuel par sa destination devait être à l'abri des dégoûts que de vains caprices enfantent, et qu'il fallait lui donner une force capable de résister aux orages fugitifs des passions ; mais on a distingué ces fièvres accidentelles de l'imagination, de ces antipathies sombres et profondes qui, nées d'une foule d'impressions successives, se sont lentement amassées autour du cœur dans le cours d'une union mal assortie; alors on a examiné l'indissolubilité du contrat; on n'a pu penser qu'elle fût assez absolue pour se transformer en un joug insecouable; on a trouvé naturel que le même consentement qui avait tissu le lien pût le défaire, consentement qui garantissait qu'aucune partie n'était lésée, puisqu'elle avait la puissance du refus. On s'est dit que si les bons mariages remplissaient la vie de bonheur, les mauvais étaient tout à la fois funestes aux époux obligés de les supporter, aux enfans qui en partageaient l'influence, à la société qui en redoutait l'exemple : aucun motif humain ne pouvait donc arrêter la loi civile qu'invoquaient conjointement des époux lassés de leurs fers. Les législateurs n'auraient pas compris l'étendue de leurs devoirs, si leurs lois ne savaient que contraindre et punir : entre ces deux points extrêmes, qu'ils sachent en placer de plus douces qui prêtent un appui au malheur, ouvrent des ressources à la faiblesse et des asiles au repentir! Et quand même l'antipathie des époux serait due à des torts très-graves, ne faut-il pas encore les secourir, si ces torts, ensevelis dans l'intérieur de la vie domestique, sont dénués de témoignages étrangers? Quel sort réserveriez-vous donc à cette victime que vous voyez se débattre dans un lien douloureux qu'elle ne peut ni briser ni souffrir? Songez que la main qui la frappe devait la protéger, que la bouche qui l'injurie lui devait des accens d'amour! Songez que de ce contrat qui l'unit encore à son bourreau, toutes les conditions en ont été violées par lui, et ne subsistent maintenant que contre elle. Une situation si violente et des maux si cruels appellent malgré vous le remède des lois.

On a opposé à ces considérations que le consentement mutuel n'avait que l'apparence d'une liberté mutuelle : en effet, un mari infidèle abreuvera sa compagne de dégoûts et d'humiliations, en échappant lui-même à une si fatale réciprocité; sa sauve-garde sera dans sa force et dans une plus grande indépendance personnelle; d'où il dérive que le consentement mutuel sera presque toujours illusoire, et que la loi offre un moyen qu'elle ne peut pas donner. Par là s'évanouit un des argumens les plus spécieux de ce système. Mais se plaçât-on dans l'hypothèse la plus favorable, celle de la réalité du consentement mutuel, ne voit-on pas qu'il se pénètre de tous les inconvéniens de l'incompatibilité d'humeur si justement proscrite? La légèreté des mœurs, les dissipations de la vie ont porté une funeste indifférence dans la plupart des mariages. Qu'il en coûtera peu à des époux déjà séparés par leurs vices comme par leurs plaisirs, de rompre le faible roseau qui les lie! Qui sait si une fête, si des diamans qu'on refuse ne seront pas le grave sujet d'une querelle et la profonde origine d'un consentement mutuel? Ah! malheur aux lois qui se jouent avec les mauvaises mœurs, et qui en suivent la pente au lieu de la redresser! On parle aussi de déguiser des causes coupables de rupture : et depuis quand donc le ministère des lois est-il de cacher des crimes? Elles font bien lorsqu'elles les punissent, elles font mieux lorsqu'elles les préviennent; mais composer avec eux! y a-t-on sérieusement pensé? Il résulte de ces combinaisons sur le consentement mutuel, qu'il absorbera toutes les causes de divorce; il servira aux époux qu'une antipathie réelle consume; il servira à ceux qui quittent leurs chaînes avec autant de tiédeur qu'ils les ont formées; il servira à l'adultère et à toutes les passions hideuses des âmes corrompues : s'il est vrai qu'il doit faire tout l'office de la loi, pourquoi ne l'a-t-on pas réduite à un seul titre?

On a dit, enfin, que le consentement mutuel avait le droit de dissoudre ce qu'il avait uni : il y a deux vices dans cette proposition : le premier, que le mariage, établi dans la perspective de sa perpétuité, ne doit pas être arbitrairement soumis aux caprices des contractans; le second, que la survenance des enfans complique le contrat et interpose leurs droits parmi ceux des époux.

C'est surtout par cette dernière considération, citoyens collègues, que votre section de législation avait proposé de n'admettre le divorce par consentement mutuel que lorsqu'il n'existerait point d'enfans du mariage. Son opinion n'a pas prévalu.

On a réfuté ses objections par les formes mêmes et les conditions sévères dont on a entouré les consentemens mutuels. Il faut que la détermination grave de délier un engagement qui devait ne finir qu'avec la vie présente tous les caractères d'une évidente nécessité : la loi n'a aucun moyen de sonder les cœurs, mais elle y supplée par des précautions et des épreuves ; la constance qui les surmonte lui donne la mesure des sentimens dont elle émane ; elle apprécie les motifs qui désunissent deux époux, par leur tenacité même à vaincre les obstacles qu'on leur oppose.

275 à 278   Ainsi, elle exige que les deux époux qui veulent divorcer soient mariés depuis deux ans, ou qu'ils ne le soient pas depuis vingt ; que le mari ait vingt-cinq ans et la femme vingt-un, ou qu'elle n'en ait pas quarante-cinq ; qu'ils soient munis l'un et l'autre des autorisations formelles de leurs pères et mères ou autres ascendans vivans.

281-283-
285 et
suivans.   S'ils sont dans les termes de ces conditions préliminaires, ils comparaissent devant le magistrat ; ils exposent leur demande ; ils déposent les pièces qui l'appuient ; on les soumet à une année d'épreuve ; tous les trois mois ils se présentent devant le même magistrat et renouvellent leur déclaration : enfin, l'année expire, ils reparaissent et sont renvoyés devant le tribunal, qui prononce ou rejette le divorce, selon que les formes ont été observées ou négligées.

295-297   C'est à la persévérance des époux dans la longue initiation qu'ils ont subie, que la loi a reconnu la force de leur volonté ; mais peut-être n'a-t-elle dû son origine qu'à des passions coupables qui s'étaient allumées dans leur cœur ! La loi en a conçu la crainte ; et, dans son incertitude, elle leur interdit de se réunir jamais, et ne leur permet de se marier qu'après trois ans.

305   Elle s'occupe ensuite, avec la même efficacité, de l'intérêt des enfans ; elle leur assure la propriété de la moitié des biens

de leurs père et mère, du jour même qu'ils ont fait leur déclaration de divorce, et la jouissance de ces mêmes biens à leur majorité.

Des précautions et des formes d'une autre espèce sont réservées au divorce pour causes déterminées; mais elles sont rédigées dans le même esprit: frapper, dès l'abord, l'époux demandeur du sévère appareil de la loi ; l'obliger à comparaître en personne devant le juge ; ne recevoir sa plainte que comme une confidence; chercher à le rappeler à des sentimens plus modérés ; ne lui permettre de citer l'époux défendeur qu'après ces essais de conciliation ; suspendre ensuite pendant un temps les effets de la citation même ; n'écouter que dans des conférences secrètes les griefs et les défenses des deux époux, ainsi que les dépositions des témoins; ne les livrer à l'éclat de l'audience publique que lorsque tout espoir de rapprochement est éteint : voilà la marche de la procédure; elle est irréprochable ; elle est sage; elle est salutaire.

236 et suivans.

Le jugement du tribunal de l'arrondissement où les parties sont domiciliées est soumis à l'appel et au recours en cassation : lorsque les degrés sont épuisés et si le divorce est admis, l'époux demandeur qui l'a obtenu est obligé de se présenter, dans le délai de deux mois, devant l'officier civil, pour y faire prononcer son divorce; s'il laisse écouler le terme, il est fatal; le jugement de divorce ne recevra plus d'exécution.

262-264 266

La loi, toujours prévoyante, a pensé que la réconciliation des époux pouvait naître, soit depuis les faits propres à autoriser l'action en divorce, soit depuis sa demande ; elle repousse alors l'action du demandeur, ou ne lui permet de la rétablir qu'autant qu'il réunira de nouveaux faits aux premiers.

272-273

Il résulte de la multiplicité des formes qu'une demande en divorce établit, qu'il s'écoule un long intervalle entre l'action et le jugement; il a fallu le remplir par des dispositions relatives aux époux et à leurs enfans.

ch. 2, sect. 2.

268

270-271

267

295

298

296

299-300

302-304

Des époux déjà divisés par le cœur ne voudront pas vivre ensemble durant leurs tristes débats; la femme reçoit de la loi un nouveau domicile; elle peut craindre que ses droits n'éprouvent des dommages; elle est autorisée à faire inventorier les effets de la communauté, et le mari perd la faculté de les aliéner. A l'égard des enfans, ils demeurent sous la tutelle du mari, à moins que le tribunal n'en ordonne différemment sur la demande de la famille, ou sur la réquisition du ministère public.

La loi termine ici la chaîne des formalités dont elle enveloppe la demande en divorce; mais en rendant aux époux leur indépendance, elle les soumet encore à des conditions que l'intérêt des mœurs a dictées.

Elle ôte aux époux désunis la faculté de se rengager dans leurs premiers nœuds; cette prohibition est éminemment morale : le mariage serait bientôt dégradé si, placé comme un jeu au milieu des passions humaines, elles pouvaient le quitter et le reprendre au gré de leurs saillies. La femme adultère n'épousera point son complice; prohibition non moins salutaire que commande l'honnêteté publique, et qui, peut-être, en menaçant d'avance la femme prête à succomber, la retiendra par l'idée affreuse qu'elle ne serait jamais la compagne avouée de celui qui l'a séduite!

L'ordre public, sous le rapport de l'état des enfans, a déterminé la disposition qui ne permet le mariage à la femme que dix mois après la prononciation de son divorce.

Des intérêts moins grands, mais qui sont dans l'esprit de la loi, font distinguer l'époux accusateur de l'époux accusé : le premier conserve les avantages que le second lui avait assurés, et celui-ci perd tous ceux qu'il avait reçus.

Les enfans n'éprouvent aucun changement dans leur fortune; leurs droits subsistent au même titre que si le mariage n'avait pas été dissous. Leur éducation est confiée à l'époux demandeur; si la famille fait entendre des réclamations, le tribunal prononce, et peut même remettre les enfans à des mains étrangères ; précaution extrêmement sage, et qui obvie à tous les inconvéniens, si les époux sont également indignes de recevoir ce précieux dépôt. Dans ces différentes hypothèses, ils conservent cependant l'un et l'autre leur droit de surveillance, et sont tenus de fournir à tous les frais d'éducation.

Enfin, le projet de loi rétablit la séparation de corps, qu'il permet dans tous les cas où il y aura lieu à la demande en divorce pour cause déterminée. Ce chapitre de la loi ne donne lieu à aucune observation.

Je vous ai rendu compte, citoyens collègues, de cette importante loi du divorce : elle n'introduit point, il est vrai, parmi nous une action nouvelle ; mais elle en a changé la plupart des principes, et les conséquences ont dû s'en ressentir. La loi de 1792 avait, pour ainsi dire, lancé le divorce au milieu de la société contre l'institution même du mariage ; elle avait tellement accumulé les moyens de le rompre, et abrégé les formes pour y réussir, que si les mœurs n'avaient pas résisté, le divorce serait devenu une condition nécessaire du mariage. Aussi la loi qui vous est proposée a non seulement à vaincre dans l'opinion la défaveur de son sujet, mais encore celle qu'une loi précédente y a jointe. A-t-elle fait toutes les réformes qu'on désire? A-t-elle, dans ses rapports hostiles avec l'union conjugale, sévèrement respecté les droits qui la fondent? Ces questions pourraient être longtemps agitées sans être résolues ; et cependant un mal existe, que les seuls principes arrêteront encore moins que des lois imparfaites. Vous ne croirez donc pas, tribuns, que celle qui vous est adressée ait manqué son objet en n'accordant point tout ce que d'inflexibles théories pourraient réclamer. Si les passions des hommes n'offusquaient pas continuellement leur raison, il serait possible peut-être d'assimiler l'économie politique à une science exacte, et de n'assujétir ses problèmes qu'à des solutions rigoureuses : mais les passions humaines sont le terrain mouvant sur lequel il faut, malgré vous, asseoir vos édifices. Les voulez-vous inébranlables ? Ce vœu est insensé : le législateur est sans cesse réduit à repousser de ses méditations un stoïcisme de principes qui n'a jamais d'affinité complète avec les épreuves de l'expérience. Lui conseillerons-nous pourtant de briser tous les élans de son âme, et d'étouffer en lui le dessein si généreux d'améliorer le sort de l'espèce humaine, parce qu'on reconnaît des limites à son bonheur ? Non, sans doute ; et loin de nous cette pensée coupable ! Ah ! qu'il s'abandonne sans réserve à l'enthousiasme qu'inspire l'amour des hommes ! qu'il ne désespère point de ses nobles efforts ! et de même que dans la contemplation de la nature, la recherche d'un beau idéal a produit les chefs-d'œuvre des arts, qu'en poursuivant aussi une perfection abstraite dans les lois, il arrive du moins à la perfection pratique dont elles sont susceptibles !

Votre section de législation vous propose de voter pour le projet de loi.

La discussion s'ouvrit, le 28 ventose an XI, devant l'assemblée générale du Tribunat, et M. Carion-Nisas fut le seul qui prit la parole.

OPINION DU TRIBUN CARION NISAS,
POUR LE PROJET.

Tribuns, la France l'a entendu d'une bouche plus éloquente (a) que la mienne ; la vie de la plupart des hommes n'a point de plus grand événement, point de révolution plus complète que celle dont le mariage est l'époque.

En effet, l'homme, jusque là membre et sujet de la famille, n'a pas répondu à la société, ou ne lui a répondu que de lui-même : il peut être cher à l'amour, à l'amitié, aux arts, à la gloire, à la patrie, il n'est pas nécessaire à la so-

---

(a) M. Portalis.

ciété ; c'est, pour ainsi dire, encore un anneau perdu, hors de la chaîne des générations et des êtres.

Une existence toute nouvelle l'attend aux autels ; il y trouve non plus une complice, mais une compagne, auprès de laquelle ses joies désormais sont graves et ses plaisirs austères. A cette insouciance, qui fit le charme et le vide de ses premières années, succèdent les longues pensées de l'avenir : destiné à laisser une trace et des souvenirs parmi les hommes, placé sur la route des siècles, entre le passé et l'avenir, entre les ancêtres et la postérité, il se charge de transmettre à ceux qui vont vivre l'expérience et les enseignemens de ceux qui ont vécu.

Ce n'est plus un simple individu, c'est un chef, c'est un pontife, investi de la magistrature primordiale, du plus antique sacerdoce qui existe parmi les hommes.

Ces considérations ont frappé tous les siècles et tous les peuples ; toutes les nations se sont accordées à entourer cette époque de la vie des plus augustes solennités.

Nulle part on n'a cru que ce fût assez d'un magistrat, d'un homme pour recevoir le serment des époux, pour leur conférer un si grand caractère ; partout la divinité même a été appelée en témoin et en garantie.

Dans les beaux jours de Rome, et sous les lois de Numa, lorsque quelque discorde menaçait d'éclater entre deux époux, ce n'était point au *Forum*, ce n'était point devant le tribunal du préteur que les amis, que les parens, que les enfans, s'il y en avait, entraînaient ces époux malheureux ; c'était au temple, c'était devant les autels de Junon conciliatrice, de Junon qui présidait à l'union conjugale ; c'était à l'aspect de ces mêmes flambeaux qui avaient éclairé les pompes de leur hymen, sous ces mêmes voûtes qui avaient retenti de leurs premiers sermens ; c'était dans ces lieux si propres à faire revivre tant d'heureux souvenirs et de chastes pensées, qu'on les conjurait, au nom de tout ce qu'il y a de saint et de sacré, de se désister du malheureux dessein de séparer ce que la société et la nature, le ciel et la terre avaient uni.

Et certes, sans cette moderne et funeste habitude de comparer éternellement les choses morales aux choses physiques, les choses élevées aux choses viles, nous regarderions comme une espèce de blasphème cette opinion absurde et injurieuse qui ose assimiler la société conjugale aux sociétés ordinaires qui se forment parmi les hommes, aux contrats vulgaires qui les lient.

Quel est le résultat de ces sociétés ordinaires, de celles même dont le produit est le plus brillant!

Ce produit, quel qu'il soit, toujours brut, inanimé, peut-il prendre la parole, et dire aux associés qui se séparent: Pourquoi m'abandonnez-vous?

Mais de l'union conjugale, de cette société unique et merveilleuse, il sort un tiers d'une condition égale à celle des contractans, un tiers dont les droits sont d'autant plus sacrés, que son accession a été moins volontaire.

Ces droits, la loi les prend en main : ceux qui les ont créés ne peuvent, quoi qu'ils fassent, devenir étrangers l'un à l'autre comme époux, que par le plus grand malheur qui puisse leur arriver comme parens.

Mais c'est trop s'appesantir sur les détails insensés d'une si abusive similitude.

Il est plus pressant de faire une déclaration franche, explicite, nécessaire, qui, dissipant plus d'une prévention, calmera peut-être plus d'une alarme.

Il s'en faut de beaucoup que l'éloignement qu'on peut témoigner contre le divorce, comme loi générale dans un état régulier et tranquille, entraîne une intention de blâme ou d'aigres déclamations contre les temps et les hommes qui ont offert à la France les premiers exemples du divorce.

Quoi donc pourrez-vous, dans les temps ordinaires, comparer à ces déchiremens politiques qui séparent les époux, et sèment entre eux la plus violente espèce de haine? quoi, à ces renversemens subits d'état et de fortune qui anéantissent les seules causes d'union et de convenance qui avaient existé? quoi, à ces maladies morales, à cette émigration systématique, par exemple, le plus inconcevable délire qui ait affligé la raison publique?

Gardons-nous de mettre en parallèle les rapides momens qui détruisent toutes les lois, avec cette paisible succession de siècles pour laquelle le législateur doit avoir l'ambition de travailler.

Le passé ne nous appartient plus; respectons tout ce qui a été fait avec l'aveu des lois. Sortis par des miracles des chaos et de l'abîme, il nous est défendu de regarder en arrière, de peur de reperdre encore le bien qui nous a été rendu.

Examinons donc avec sincérité et dans le calme des passions, si le principe du divorce est bon en soi; et, si nous trouvons qu'il est essentiellement funeste, examinons si la loi qu'on nous propose ne le favorise pas beaucoup trop.

J'entreprends de prouver,

1°. *Qu'en général les lois favorables au divorce sont mal combinées avec la connaissance du cœur humain, et le bonheur de l'homme en société.*

2°. *Qu'elles sont également mal combinées avec la prospérité et le bon ordre des empires.*

3°. *Que tous les peuples qui ont admis le divorce dans leurs lois l'ont flétri dans l'opinion et dans les mœurs; qu'il est donc essentiellement mauvais;*

4°. *Qu'en particulier la loi proposée est en contradiction avec l'esprit et l'existence des lois les plus chères au peuple français.*

5°. *Qu'elle est en contradiction avec elle-même et avec le but et les principes avoués de ceux qui la proposent.*

Ire PROPOSITION.

En général les lois favorables au divorce sont mal combinées avec la connaissance du cœur humain et le bonheur de l'homme.

Depuis que les hommes font usage de leur raison, toute philosophie morale se classe en deux systèmes fondamentaux, dont tous les autres ne sont que des modifications qui y rentrent et se confondent comme les nuances se fondent dans les couleurs primitives.

Si de ces deux systèmes, qui se partagent le domaine de l'opinion, je prouve que l'un, toujours contemporain et complice de la décadence des empires, est celui-là même qui favorise le divorce; que l'autre, compagnon inséparable de la prospérité des États, est celui qui le proscrit; je n'aurai pas laissé sans doute d'avancer le succès de ma cause auprès de juges tels que vous.

La théorie se réduit, de part et d'autre, à de courtes maximes, à des préceptes faciles à retenir :

D'un côté, *suis ton plaisir;*

De l'autre, *fais ton devoir.*

Ainsi, de deux écoles, l'une relâche tous les liens de la société par un soin exclusif des jouissances de l'individu.

L'autre, immolant les individus à la masse, tend fortement à l'ordre.

Aussi, tandis que l'une professe (*vir sapiens non accedat ad rempublicam*) que le sage ne doit point avoir de patrie, l'autre prescrit de mourir pour elle.

L'une enseigne à jouir; science vaine.

L'autre instruit à souffrir; véritable puissance de l'homme: *abstine et sustine.*

L'une conduit Aristippe à la cour de Denys, l'autre ramène Régulus dans les prisons de Carthage.

L'une, faisant arriver le sentiment et les idées de la circonférence au centre, nous montre, dans le mariage et dans toutes les choses de la vie, les objets extérieurs comme la source de nos désirs et les moyens de notre bonheur.

L'autre, faisant partir le sentiment et la pensée du centre à la circonférence, ne nous révèle autour de nous que des devoirs, et seulement en nous-mêmes le prix ineffable de leur accomplissement.

L'une, nous montrant le mariage dans un miroir trompeur,

nous le peint comme un état délicieux (quoique pour l'homme *état* et *délicieux* soient deux mots qui impliquent contradiction), et nous provoque éternellement à chercher un être tout aimable que nous ne trouverons jamais.

L'autre, nous offrant un tableau plus fidèle des choses du monde, nous enseigne à nous accommoder d'un être faible et imparfait, parce que nous ne sommes nous-mêmes qu'imperfection et faiblesse.

Ainsi, l'une nous dispose éternellement et partout au mécontentement et à la rébellion; l'autre à la tranquillité et à l'obéissance.

L'une, flattant et irritant sans cesse notre impatience et nos désirs, finit par nous rendre comme ce Sybarite que le pli d'une rose blessait.

L'autre, affermissant notre âme, fait de nous ce juste que la chute du monde n'ébranle pas.

L'une enfin dit orgueilleusement aux époux : Adorez-vous, soyez-heureux ; l'autre, moins fastueuse et plus vraie, se contente de leur dire : Supportez-vous, consolez-vous. Elle ajoute : N'élevez pas entre vous, pour des torts passagers, des barrières éternelles.

Les séparations légales étouffent l'éclat et le scandale ; elles satisfont l'ordre pour le moment, et y tendent pour l'avenir en laissant l'espérance du rapprochement.

Le divorce, tel qu'il est présenté par la loi, anéantit d'abord toute espérance de retour.

Je réclame, au nom de la fragile humanité, contre cette rigoureuse disposition.

Peu d'hommes arrivent au déclin de l'âge, même à travers de graves désordres, sans avoir éprouvé plus d'un poignant regret, plus d'une émotion profonde, au souvenir de celle qu'ils ont reçue les premiers des mains de la pudeur et de la nature.

Peu d'épouses, après le premier enivrement des séductions, peuvent se sentir indifférentes au souvenir de celui-là pour lequel elles ont été ce qu'elles n'ont pu être depuis pour nul autre, surtout si elles en ont reçu l'honneur d'être mères.

Si souffrir est la plus grande force de l'homme, si être pardonné est son plus fréquent besoin, pardonner est son devoir et sa gloire.

Ces systèmes de rémission et d'expiation que le pharisaïsme philosophique réprouve, que la religion consacre, sont tout-à-fait conformes à la nature.

Il y a dans le repentir une beauté plus mâle, une plus solide garantie que dans l'innocence même.

Souvent, dans l'été de la vie, et sous le soleil brûlant des passions, l'un des époux ou tous deux, emportés loin des sentiers du devoir, maudissent leur lien, et semblent l'abjurer pour toujours : mais bientôt l'inanité de leurs poursuites les avertit que leur premier joug était encore le meilleur, qu'il n'y a de repos pour l'homme que dans la vertu ou dans la mort; ils quittent ces routes d'abord fleuries, mais où ils ont trouvé bien des déserts et des lieux arides; ils se rejoignent pour achever ensemble leur traite mortelle. Les joies de la vieillesse sont encore faites pour eux; la paix de l'âme embellit leurs derniers jours; et, semblables à ces époux de l'antique mythologie, s'ils sont rendus à la terre, c'est pour élever ensemble leurs rameaux vers le ciel.

Telle est cependant la consolante perspective que vous voulez ravir aux époux; la loi proposée s'y oppose formellement : par elle le divorce consacre, pour ainsi dire, une erreur momentanée, et en fait un tort irréparable, un malheur constant, soit par un éclat dont il est impossible de revenir, soit par l'ascendant d'une fausse honte, ou par les étreintes d'un lien nouveau que, heureux ou malheureux, il faudrait briser encore avec effort et douleur.

Divorce, nouveau lien, éternelle recherche du bonheur, systèmes décevans, qui jettent l'homme dans une inconstance sans terme et sans fin, et ne produisent, en dernier résultat, que le dégoût et le désespoir.

Que gagne-t-on à se déplacer continuellement, et à déplacer tout, autour de soi, si ce n'est à chaque fois le découragement d'une expérience de plus?

C'est mal connaître l'homme que de craindre de lui imposer des devoirs trop sévères ; cette contrainte le gêne à la fois et le flatte.

Quel mérite, en effet, de céder à l'attrait de la volupté ou à la pointe de la douleur? c'est par là que tous les animaux sont conduits.

L'homme seul, par sa force morale, résiste également à la douleur et au plaisir; c'est le propre de sa nature, c'est sa gloire; c'est par là qu'il est autant élevé au-dessus du reste de la création, que par sa conformation même, et le don de la parole.

Montesquieu remarquait que les cénobites les plus attachés à leur règle étaient ceux-là même dont la règle était la plus dure.

Cette assertion semblait hasardée : nous en avons vu l'expérience pendant la révolution.

Tandis que ceux qui portaient le joug le plus léger s'empressaient de le briser, ceux dont la chaîne paraissait effrayante, insupportable (a), y sont restés liés avec amour, et l'ont traînée avec eux par toute l'Europe.

Ainsi donc ceux-là stipulent d'une manière plus conforme à leur nature, et plus propre à leur bonheur, qui se posent à eux-mêmes ces barrières infrangibles.

Il est beau de voir l'homme imposer lui-même un frein à l'inconstance de sa volonté, et se donner une garantie contre l'instabilité de sa pensée dans la nécessité de son serment.

L'art de vivre, comme tous les autres arts, s'apprend par la patience et le travail sur soi-même.

Ce que l'on prend souvent pour une incompatibilité relative n'est autre chose qu'une insociabilité absolue. Celui qui n'a pu s'accommoder de tel ou tel défaut ne s'accommodera vraisemblablement guère mieux de telle autre faiblesse, de telle autre imperfection.

(a. Les PP. de la Trape.

Voilà pourquoi le célibat par état n'est pas toujours absurde.

Voilà pourquoi aussi celui qui a fait un divorce en fait deux, en fait trois, en ferait vingt s'il en avait le temps.

C'est une chose curieuse que de consulter les registres des divorces : sur trente actes de divorce, on en trouve dix dans lesquels un des époux, ou tous deux, divorcent pour la seconde fois. Au moins tout cela prouve suffisamment que le divorce, au lieu d'être un remède, comme c'est l'intention de ceux qui proposent la loi, n'est réellement qu'un mal de plus; que les lois qui le favorisent ne sont pas heureusement combinées avec les affections, les penchans, avec le bonheur enfin de l'homme en société.

II.

Je passe à ma seconde proposition. *Elles sont mal combinées avec le bon ordre des États.*

Jetons nos regards sur le tableau actuel de l'Europe et du monde, et portons-les en arrière sur l'histoire de tous les siècles et de tous les empires : le passé, le présent, tout nous convaincra que les nations polygames sont toujours et partout les plus faibles, et qu'elles le sont précisément selon le genre et le degré de polygamie qui se trouve établie dans leur sein.

Les nations qui admettent la polygamie simultanée, c'est-à-dire la pluralité des femmes, sont livrées à un despotisme capricieux, aveugle et cruel.

Celles qui ont adopté la polygamie successive, c'est-à-dire le divorce, ont vécu ou vivent, pour la plupart, dans une démocratie de droit ou de fait plus ou moins turbulente, plus ou moins licencieuse, selon que leurs lois donnent plus ou moins de latitude au divorce et à la facilité du changement.

C'est à mesure que les nations s'approchent, par leurs lois ou par leurs mœurs, de la monogamie et de la perfection de la monogamie, qui est l'indissolubilité, qu'elles offrent plus constamment à l'observateur un spectacle d'ordre et de durée, de gloire et de bonheur.

Cela s'explique facilement: les mœurs de la famille finissent toujours par gouverner l'État; l'homme porte dans l'administration de la chose publique les idées et les affections qu'il a contractées lui-même sous le gouvernement domestique.

Or, le despotisme est nécessaire dans la famille, quand il y a plusieurs épouses à la fois ; il faut une autorité aveugle, absolue, pour contenir des caprices et des passions aveugles.

Ce même esprit passe dans l'autorité publique, où il a les mêmes vices et les mêmes inconvéniens à combattre.

D'un autre côté, quand un homme peut posséder successivement plusieurs femmes, il se livre aisément à l'inconstance de ses désirs ; il s'engoue et se dégoûte avec la même facilité : la moindre gêne lui paraît insupportable, son moindre désir s'irrite et s'enflamme avec excès.

Ce même esprit, il le porte dans l'administration des affaires publiques : il voudrait changer de lois, de règlemens, de projets, d'officiers, de magistrats, comme il change de compagne domestique; et c'est ainsi que la licence et l'anarchie s'introduisent dans l'État, après avoir désolé la famille.

Au contraire, dans les législations qui prescrivent ou favorisent puissamment à l'indissolubilité du mariage, la famille se gouverne avec une autorité douce et grave, tempérée d'égalité, d'égards mutuels, d'une justice et d'une tolérance réciproques, consolidée et cimentée par l'idée de la stabilité et de la perpétuité ; et tous ces heureux caractères sont aussi ceux des gouvernemens légitimes, modérés et durables.

Ce que je cherche à développer ici, le peuple français l'a senti, l'a exprimé par un acte plus éloquent que toutes nos paroles.

A mesure qu'on s'est ramené vers l'ordre et les bonnes disciplines de gouvernement, on y a précisément mêlé des idées de mariage et d'indissolubilité.

Cette nation, si long-temps et si cruellement tourmentée

par l'esprit d'innovation et de prétendue perfectibilité, n'a vu de salut et de repos que dans une union perpétuelle, un véritable mariage avec son chef.

Croyez-moi, toutes ces idées se touchent et se tiennent.

Si, lorsque la France vient de serrer ce nœud indissoluble (et que puisse la nature le respecter long-temps!); si, dis-je, vous ne voyez pas dans l'esprit qui a dicté ce serment, une intention, une tendance formelle de censure et de réprobation contre des lois qui favoriseraient l'instabilité domestique; je vous en avertis, vous vous méprenez. L'inconstance ne convient plus dans les familles, quand le changement est proscrit dans l'État : il y a ici, comme dans toutes choses, action et réaction de la famille sur l'État, et de l'État sur la famille.

Enfin, le but de la société, ou, pour mieux dire, son grand moyen de subsister, c'est l'*ordre*.

Il n'en est pas de l'*ordre* comme de la *vertu*, du *bonheur*, sujets d'interminables disputes entre les hommes, mots imposans que chacun définit à sa fantaisie et interprète à son gré.

L'ordre a une beauté qui n'est point équivoque, qui saisit toutes les imaginations, qui frappe tous les yeux, que nul ne peut nier, que rien ne peut rendre problématique.

Il est inutile de faire sentir, et c'est une chose qui se développe d'elle-même, que l'unité et l'indissolubilité du mariage sont essentiellement conformes à l'ordre, tandis que ces changemens et ces déplacemens continuels, ces pères sans enfans, ces veuves qui ont des époux, ces célibataires qui sont mariés, ces êtres isolés qui ont des liens, ces enfans élevés par l'un des parens dans la haine de l'autre, ou loin de tous deux et dans le mépris de tous deux, toute cette confusion détestable choque et détruit l'ordre dans son principe et dans son essence.

Est-ce encore une chose conforme à l'ordre que cette disposition, qui, dans un acte aussi important que la demande en dissolution, donne un droit égal, ou, pour mieux dire, une juridiction éventuelle à l'épouse, qui tourne naturellement en prétention habituelle à l'égalité, et par conséquent en anarchie domestique? N'est-ce pas une contradiction (a) avec le principe posé dans vos prolégomènes, *de la nécessité de donner dans une société de deux individus la voix prépondérante à l'un des associés, et d'attribuer cet avantage à la prééminence du sexe?* Ce sont vos propres paroles, et c'est la vérité même.

En effet, quand un père de famille confie sa fille à l'époux de son choix, il pense lui donner un guide sûr dans les routes de la vie, la soumettre à une douce, mais ferme tutelle; il ne prétend point livrer à son arbitrage, à sa propre juridiction, un sexe qui sans doute est susceptible de tous les genres de vertu et même d'héroïsme, mais qui, fortement armé contre la peine et la douleur, est presque sans armes contre les séductions de la nouveauté ou l'attrait des plaisirs.

La répudiation, loi très-dure, et que le christianisme a proscrite comme tant d'autres lois inhumaines qui appartenaient à l'état imparfait des sociétés, la répudiation, dis-je, est plus conséquente que le divorce; elle maintient l'ordre en choquant l'humanité : au lieu que le divorce, sous prétexte de ménager l'humanité, étouffe l'ordre et réunit les inconvéniens de la polyandrie à ceux de la polygamie.

Mais cet ordre, me dira-t-on, que vous regardez avec raison comme si essentiel à la société, ne peut-il donc pas être troublé par les querelles, les discordes, la révolte de l'épouse, la tyrannie de l'époux, par les torts de tous deux?

La bonne police ne peut-elle pas nécessiter la séparation des époux?

Leur séparation? sans doute, et cet objet est un de ceux dont les lois doivent s'occuper avec le plus d'intérêt.

On profite de cet aveu pour me dire : « Vous convenez

(a) *Discours préliminaire* du Code civil.

« qu'il est quelquefois nécessaire de séparer légalement les
« époux; mais que devient le grand intérêt de la société, le
« but du mariage, la procréation des enfans, la propagation
« de l'espèce, si les époux qui se séparent ne se remarient
« promptement? »

La procréation des enfans, but du mariage, grand intérêt de la société.

Vous prenez l'effet ordinaire du mariage pour son objet.

Le mariage a été institué pour qu'on pût se reconnaître dans la société, pour que les enfans eussent un père avoué qui répondît d'eux, pour que les pères fussent tenus de prendre soin de leurs enfans; il a été institué, en un mot, pour l'ordre : on a même immolé à l'ordre des vraisemblances quelquefois très-fortes, et la loi *is pater est quem justæ nuptiæ demonstrant*, a été partout le pivot de la législation domestique, et par là le fondement de la société elle-même.

Et c'est ici le lieu d'observer combien l'action en adultère qu'on nous propose d'adopter est contraire à l'esprit de toute cette législation domestique et fondamentale, et choque directement son principe.

Comme ce législateur de l'antiquité avait posé en principe que le parricide n'était pas possible, de même partout le législateur domestique, étendant un voile pudique devant le sanctuaire de la famille, supposant que tout ce qui doit être est en effet, déclare implicitement par sa loi qu'il n'y a point d'adultère; et, sur cette fiction si noble, il établit tout l'édifice de la société.

Cet édifice moral, où le génie brille de tous les attraits de la vertu, vous le renversez de fond en comble, si vous admettez, si vous appelez une idée que le législateur repousse avec tant de soin.

Je livre cet objet à vos méditations, il en est digne sans doute; je reviens à ce prétendu principe, que la propagation est le but du mariage.

La société est toujours assez sûre de se perpétuer; elle

n'a jamais assez de garantie contre les passions qui peuvent la troubler.

La propagation peut être le but prochain de deux époux : celui de la société est d'être en paix, de donner un cours légitime aux passions qui menacent l'ordre.

Des sophistes éloquens se sont, de nos jours, efforcés de rajeunir des opinions depuis long-temps décréditées ou d'une application absurde; et, par exemple, ils avaient lu que chez les anciens, où les nations se composaient d'un petit nombre de citoyens et d'une multitude d'esclaves, on avait, pour obvier à une trop grande disproportion, souvent encouragé, par toutes sortes de voies, le mariage des citoyens, et ils ont aussitôt répété des déclamations sans objet dans nos sociétés modernes.

Ils ont été plus loin; ils ont posé comme un principe absolu et victorieux, comme une heureuse découverte, que la population est le thermomètre infaillible de la prospérité et de la force des États.

S'il était vrai, la Chine serait le pays du globe le plus heureux et le plus fort; ce qui est suffisamment démenti par les faits.

Mais tout absurde qu'est ce principe, je l'accepte. Il reste toujours une question entière, et c'est celle-ci :

Le divorce est-il favorable à la population?

La société se forme-t-elle des enfans qui naissent ou des hommes qui se conservent? Et quoiqu'il soit humiliant de compter les enfans des hommes comme les petits des animaux, je vous permets ce calcul. Où trouverez-vous encore les générations les plus nombreuses en même temps que les plus saines et les plus robustes? N'est-ce point dans ces familles pour qui le mariage est un nœud sacré, une religion inviolable?

Dans la classe aisée et polie, le divorce corrompt; dans la classe laborieuse il tue, il produit un abandon meurtrier des enfans, qui moissonne des générations entières. C'est pourquoi il n'est pas absurde de le leur rendre par le fait plus difficile.

Je vous engage à vérifier le calcul des naissances et des morts depuis que le divorce est introduit, et dans les endroits où il est commun. Il naît un plus grand nombre d'enfans, cela est vrai; mais il en meurt, en comparaison de ceux qui naissent, un bien plus grand nombre encore.

Et pour répondre ici à ceux qui pensent que mariage dissoluble effraie moins les citoyens, et par là produit l'heureux effet que beaucoup moins d'enfans naissent hors du mariage, je les renvoie encore au tableau des enfans naturels dans ces dernières années.

Je réfuterai aussi en passant une opinion qui reçoit beaucoup de poids du nom de ses auteurs (*membres du tribunal de cassation*); elle consiste dans cette considération, que le nombre des divorces ira infailliblement en diminuant, et qu'il ne faut pas juger le divorce habituel sur celui des premiers momens. Un fait répond à ce raisonnement. A Paris, dans l'an 9, le nombre des mariages a été de quatre mille environ, celui des divorces de sept cents : en l'an 10, celui des mariages d'environ trois mille seulement, celui des divorces de neuf cents : proportion croissante et décroissante, qui des deux côtés effraie, et qui prouve que le divorce, loin d'être un remède, est, comme je l'ai dit, un mal de plus; et qu'au lieu d'appeler les citoyens au mariage, comme on l'a prétendu, il les en dégoûte, il les en écarte. Tous ces faits, que j'ai vérifiés, convertiront peut-être quelques-uns de mes adversaires, qui se borneront à demander la faculté du divorce quand il n'y aura point d'enfans : restriction irréfléchie.

A Dieu ne plaise que je veuille calomnier la nature humaine! Mais de quoi les passions ne sont-elles pas capables quand elles sont enflammées par l'espérance du succès et par la faiblesse de l'obstacle? et s'il n'y a que la vie d'un malheureux enfant entre la passion d'un époux égaré ou d'une épouse séduite, et le triomphe de cette passion, je tremble pour cette faible et innocente créature ; et cette crainte, ne fût-elle légitime qu'une fois dans un siècle, c'en est assez pour repousser cette modification : la loi ne saurait prévenir le crime d'assez loin, et ce n'est pas au législateur à présumer trop de la bonté de la nature.

Restent donc les époux qui n'ont jamais eu d'enfans.

Raison bien pressante en effet de se remarier, parce qu'une première fois on n'a pas obtenu les résultats qu'on désirait du mariage !

Acte bien sage de tenter une autre union, parce qu'on a été malheureux en union !

Résolution bien sensée, bien conséquente, de se remettre en mer précisément parce que dans une première navigation on a souffert de la tempête, et qu'on s'est brisé contre les écueils !

III.

Passons à la troisième proposition.

Toutes les opinions, dit Cicéron (a), *qui prennent leur source dans les passions momentanées, dans les intérêts fugitifs, passent et périssent avec l'âge qui les voit naître. Si quelque chose, au contraire, est approuvé d'âge en âge chez tous les peuples, malgré la diversité des intérêts et des mœurs, n'en doutez pas, c'est la vérité même.*

Donc, si nous trouvons le divorce flétri de siècle en siècle, négligé et en horreur lors même que les lois le permettent; si l'admiration des hommes est réservée à ceux qui vivent comme s'il n'existait pas; si, quand la pluralité simultanée ou successive est innocente, l'unité est proclamée comme le mérite suprême ; si, dis-je, tout cela est vrai, facile à prouver, nous aurons en quelque sorte fait au divorce son procès par accumulation.

Or, depuis le commencement du monde jusqu'à nos jours, l'identité des opinions frappe, la série des faits accable.

(a) *Opinionum commenta delet dies, naturæ judicia confirmat,* etc. Cic. *Tuscul.*

Je vous ai permis le divorce, disait Moïse aux Juifs, *à cause de la dureté de vos cœurs, et seulement pour vous épargner l'homicide.*

Ce peuple, à qui on reproche (saint Jean Chrysostôme) d'avoir répandu le sang humain comme l'eau, écoutait avec respect, et comme l'expression de la vérité même, ces paroles pleines de l'onction prophétique :

« L'autel pleure sur celui qui a renvoyé sa jeune épouse...
« ne méprisez pas la femme de votre jeunesse; Dieu est in-
« tervenu comme témoin entre elle et vous..... Le Dieu des
« armées dit : Celui qui agit ainsi est couvert d'iniquités. »

Quels sont les noms que la Grèce nous a transmis, accompagnés de son admiration et de son respect ? Ce sont les Artémises, les Pénélopes : tant ce peuple léger a placé lui-même le mérite dans la constance !

« Les premières lois de Rome, dit Denys d'Halicarnasse,
« interdisaient le divorce ; » et il ajoute tout de suite : « Il
« régnait une harmonie admirable entre les époux, produite
« par l'union inséparable des intérêts. Considérant la néces-
« sité inévitable qui les liait, ils abandonnaient toutes les
« vues étrangères à cet établissement. »

Le divorce s'introduisit cependant, mais on fut longtemps sans en faire usage; enfin, à la sollicitation des censeurs, un citoyen (Carvilius Ruga) renvoie une femme qu'il aime, parce qu'elle est stérile. Son action est blâmée, hautement flétrie par le peuple, dont le bon sens discerne mieux que les fausses lumières de ses magistrats que le but du mariage n'est pas une vaine manie de population; et ce premier exemple reste long-temps sans imitateur.

La corruption gagne, mais la même admiration subsiste pour l'unité et l'indissolubilité ; et sur tous les monumens funéraires des femmes, on trouve pour suprême éloge qu'elles n'ont eu qu'un époux : *Conjugi piæ, inclitæ, univiræ*, etc.

Enfin la corruption est au comble, la furie du divorce se

montre à découvert, escortée de tous les maux (a), de tous les ravages, du meurtre même et de l'assassinat : je ne dis pas trop. Quel est le ciment de ces triumvirats, de ces dictatures qui ensanglantèrent Rome et le monde? Le divorce. Les tables de proscription et les libelles de divorce (b) se dressent, se signent dans le même lieu, à la même heure; la famille est déchirée et l'univers désolé; les larmes des épouses et le sang des peuples coulent dans le même temps.

Au contraire, quand Tacite (c) peint les mœurs des Germains pour les opposer à la corruption de Rome, il commence par les séparer et les mettre beaucoup au-dessus de tous les autres barbares, parce qu'ils n'*ont qu'une femme*. « Chez ces vertueux peuples, ajoute-t-il, la jeune fille qui « reçoit l'époux qu'on lui destine ne le reçoit pas comme « un mari seulement, mais *comme le mariage tout entier*. »

L'histoire moderne fournit les mêmes armes; et d'abord je m'arrête épouvanté.

Henri VIII, prince, dit Bossuet, *en tout le reste accompli*, se livre sans frein à l'inconstance de ses désirs; il introduit le divorce. La Providence semble le marquer d'un sceau effrayant. En quelques années, six femmes prétendues légitimes se succèdent dans son lit. Tour-à-tour il offre le spectacle de deux divorces et de deux assassinats juridiques de ses épouses. Quelle affreuse alliance! et quelle est donc cette pente et ce précipice terrible! Aussi, avec quel soin l'Angleterre, libre aujourd'hui des passions de son fougueux réformateur, ne cherche-t-elle pas à restreindre le divorce!

Les pays protestans, qui ont des mœurs domestiques en général très-recommandables, sont loin de rien devoir de ce précieux avantage à la faculté de divorcer, comme quelques-uns ont voulu l'insinuer. L'ingénieux et profond auteur

---

(a) .... *Fœcunda culpæ secula nuptias,*
Primùm inquinavére....... HORAT.
(b) Divorce de Pompée par ordre de Sylla, divorce d'Antoine, etc., etc.
(c) *De Moribus Germanorum.*

du *Divorce considéré au dix-neuvième siècle* a raison de relever cette erreur, et d'ajouter qu'elle ressemble à celle qui ferait honneur de la bonne santé d'un canton à un médecin du voisinage qui n'y serait jamais appelé.

Enfin, c'est peu que de repousser et de flétrir le divorce dans les mœurs. En Angleterre, il y a eu récemment en parlement plus d'un avis grave pour l'abolir entièrement dans les lois.

Et nous, à peine nous croyons-nous assez forts pour l'attaquer, nous chez qui il n'existe que depuis quelques années. Et par qui provoqué !

Que ce dernier exemple couronne bien dignement ceux que je viens de rappeler.

Rappelez-vous l'époque encore récente où le mot de divorce retentit pour la première fois parmi nous! souvenez-vous de la sensation qu'il excita!

Ce mot funeste sortit au milieu des orgies de cette même enceinte, de cette même salle peut-être où je fais entendre aujourd'hui une voix expiatoire!

Qui le prononça? un homme d'autant plus abject dans l'opinion, qu'il avait été plus élevé par la fortune ; un misérable qui, à tous les signes de dégénération dont sa famille entière était malheureusement frappée, joignait les attributs particuliers d'une infamie affichée et d'un opprobre systématique.

Dans le noble usage de cette ancienne république, où l'on voulait que toute proposition même utile, faite par un citoyen avili, se purifiât en passant par l'organe d'un homme de bien, on lui eût imposé silence sans doute; mais qui se fût chargé de sa proposition? Replacez-vous dans ces circonstances, et je vous le demande à tous l'un après l'autre, est-il un d'entre vous qui eût voulu alors la faire?

Toutefois elle n'a eu que trop de succès : alors on voulait dissoudre l'État, il fallait bien commencer par désorganiser la famille.

Aujourd'hui que vous voulez affermir l'État, fondez donc la famille.

L'indissolubilité en est le ciment; ainsi l'a déclaré l'opinion de toute la terre. La voix de l'univers est-elle donc un préjugé? Non, sans doute ; et l'on est tenté de croire qu'il y a quelque chose de surnaturel et de divin dans une opinion que ni le cours des siècles, ni celui des événemens, ni le changement des lois, ni celui des mœurs, n'ont pu faire varier : et comme on a conclu de l'assentiment unanime autant que du sentiment intime, que l'homicide était un grand crime contre la nature, ne pourrait-on pas conclure du même assentiment, que le divorce est en effet un délit fondamental contre la société?

Quel est donc ce découragement fatal qui nous fait désespérer de nous-mêmes, et quelle erreur de penser (a) que les lois qui sont faites pour régler les mœurs doivent participer de leur imperfection?

Chez un peuple neuf, les mœurs valent mieux que les lois; les unes sont pures, les autres insuffisantes.

Chez les peuples vieillis dans la civilisation, les lois doivent s'efforcer de valoir mieux que les mœurs.

Si vous calquez vos lois sur vos mœurs d'aujourd'hui, vous faites des mœurs d'aujourd'hui les mœurs de toujours; ce qui n'est pas désirable.

Ce qu'on ôte en austérité aux lois, on le donne en force, en audace, aux passions qui combattent les lois.

Le législateur d'Athènes s'applaudissait d'avoir donné à son peuple, non des lois parfaites, mais les meilleures qu'il pût supporter ; il ne les supporta même pas ; et l'ouvrage de Solon ne dura pas autant que sa vie.

Le législateur de Sparte se jeta, à la vérité, dans l'excès contraire; mais du moins son ouvrage se maintint.

L'excès est facile à éviter; l'exemple est bon à suivre. Pre-

(a) *Voyez* le discours de M. Treilhard.

miers magistrats des Français, voyez combien les circonstances sont favorables. L'horreur du désordre fait pencher les esprits vers l'austérité plutôt que vers la licence. Vous avez affaire à un peuple qui peut tout ce qu'il veut, et qui, par l'amour qu'il vous porte, pourra tout ce que vous voudrez. Ne craignez donc pas de joindre les fortes propositions aux nobles exemples.

Je me hâte, et je passe à ma quatrième proposition.

IV.

L'ancienne loi civile de France, touchant l'indissolubilité du mariage, avait été dictée par l'esprit de la religion catholique : mais il faut bien remarquer que cette religion n'honore pas seulement l'indissolubilité comme son ouvrage et son dogme, mais comme l'ouvrage de la nature même. Car, et ceci mérite d'être observé, bien que le catéchumène devienne aux yeux de l'Église un homme nouveau, il n'est point dégagé du mariage antécédent ; l'Église l'a constamment reconnu.

Ne nous accusez donc pas de fanatisme ; ce n'est pas notre sanction religieuse que nous prétendons défendre exclusivement, ce qui serait le caractère du fanatisme ; c'est la vérité universelle que nous voulons faire triompher, ce qui est le caractère, au contraire, de la véritable philosophie.

C'est sous ce point de vue qu'il est juste de considérer les nombreux Français à qui le divorce répugne.

On nous a dit hier que la plupart des religions admettaient le divorce. Sophisme ! il ne s'agit pas de la plupart des religions, mais de la religion de la plupart ; ce qui est fort différent.

L'erreur est multiple à l'infini ; la vérité est une.

Malgré l'accession de beaucoup de pays non catholiques, sur cent Français il y en a encore quatre-vingt-dix au moins dont le divorce choque la conscience ; conscience avouée, et en parfaite harmonie avec les lois de l'État.

En leur faveur (on l'annonce), on introduit dans la loi la séparation.

C'est une bonne intention sans doute, mais une mauvaise disposition.

C'est un pas, mais un faux pas vers cette heureuse intelligence qu'il importe d'établir entre les différens pouvoirs qui gouvernent les hommes.

D'abord, c'est toujours un piége malheureux tendu par la loi aux consciences.

Eh quoi, parce qu'un petit nombre peut user sans remords du divorce, vous l'offrez à tous!

Alors, pourquoi n'avez-vous pas permis la polygamie simultanée? car enfin il peut y avoir, il y a des hommes parmi vous à qui leur religion la permet, la prescrit même.

Pourquoi n'avez-vous pas fait des articles réglementaires pour la répudiation, comme à Jérusalem?

Pour l'exposition des enfans, comme à la Chine?

Pour le sacrifice des femmes sur le bûcher de leurs maris, comme dans l'Inde?

Car enfin, vous n'avez pas interdit à ces peuples l'abord sur vos côtes et le domicile sur vos terres.

Ces conséquences sont absurdes, dites-vous; c'est le principe qui est vicieux.

La seule opération raisonnable pour le législateur qui reconnaît plusieurs religions dans un empire, serait peut-être de calquer ses lois civiles sur la religion la plus austère; car alors, il n'ordonne à ceux-ci rien de plus; il ne fait que permettre à ceux-là quelque chose de moins.

Il peut gêner, mais du moins il ne corrompt pas.

Et combien ce raisonnement acquiert de force, quand on remarque, comme nous venons de le faire, qu'ici cette croyance la plus sévère est aussi, dans une incomparable proportion, la plus nombreuse!

Voyez, en effet, législateurs, ce que vous allez mettre dans la balance.

34.

Voici sur cent Français quatre-vingt-dix catholiques que vous allez exposer, de gaîté de cœur, à ce qu'il y a de plus cruel pour le cœur de l'homme, c'est-à-dire à des remords, à des regrets éternels. Et pourquoi? de peur d'exposer dix non-catholiques à ce qu'il y a de plus léger et de plus ordinaire dans la vie, c'est-à-dire à une simple privation.

Mais, dites-vous, n'est-on pas libre d'user ou de n'user pas de la loi du divorce, de se séparer simplement ou de faire suivre la séparation d'un divorce?

Est-ce sérieusement que vous parlez, législateurs?

Trouveriez-vous sage, légitime, qu'un gouvernement reconnût, organisât le duel, ouvrît le champ du combat, parce qu'on est libre, parfaitement libre d'aller ou de n'aller pas s'y couper la gorge?

Où seraient l'humanité, la raison? où est le respect des hommes et de la conscience?

Mais ce n'est pas tout; et je soutiens que les catholiques, ou enfin les sectateurs, quels qu'ils soient, de l'indissolubilité, sont traités par votre loi avec une rigueur qui n'existe pas pour les autres Français; vous organisez pour eux la séparation, mais vous avez soin de dire qu'elle ne pourra avoir lieu que pour cause déterminée, et jamais par le consentement mutuel des époux.

Or, ces causes déterminées sont au nombre de trois : les *sévices* ou *injures graves*, l'*adultère*, les *peines infamantes*; rien de plus.

Ainsi, tandis que la voie du consentement mutuel, voie douce, selon vous, et humaine, sur laquelle vous vous étendez avec complaisance, que vous assurez qu'on préférera, est ouverte aux autres citoyens, elle reste fermée à tout catholique, qui, selon l'expression de l'orateur du gouvernement, ne voudra pas *fausser sa croyance*.

Vous voulez les tirer, et je ne doute pas de la pureté de vos intentions, vous voulez les tirer, dites-vous, de la dure nécessité *d'opter entre une lâcheté ou le malheur de toute leur vie*, et vous les placez précisément dans cette alternative ; car enfin, s'ils veulent se séparer, ils ne sauraient en venir à bout que par les actions vraies ou feintes *en sévices, en adultère, ou par la condamnation à des peines infamantes.*

Est-ce les rendre libres, est-ce faire leur condition égale à celle des autres?

Quel étrange bienfait que cette séparation que les catholiques les plus probes ne pourront acheter qu'en se diffamant, en se calomniant publiquement, tandis que les autres citoyens l'obtiendront, sous le nom de divorce, par des voies qui ménagent la pudeur, la délicatesse, qui laissent un voile officieux sur les arcanes de la vie intime!

A ces plaintes, les jurisconsultes répondent qu'ils ont remis en vigueur l'ancienne séparation, et qu'elle n'existait autrefois que pour des causes déterminées; mais cette loi jadis était pour tous : je me plains aujourd'hui d'une distinction fâcheuse, odieuse même, d'une acception de personnes qui fut toujours un légitime sujet de réclamation.

Sans revenir sur le mérite intrinsèque du divorce en général ou du consentement mutuel en particulier, il est incontestable que si le consentement mutuel est bon pour le divorce, il doit l'être pour la séparation; que, s'il est mauvais pour celui-ci, il doit l'être pour l'autre : toute réponse évasive, sur ce point, tourne évidemment dans un cercle vicieux.

Telles sont les contradictions de la loi proposée avec un état de choses reconnu par d'autres lois et par elle-même ; ce dernier rapport me conduit à ma cinquième proposition.

V.

Je réponds d'abord à un reproche spécieux, mais sans profondeur.

On m'objecte qu'accordant autant que je le faisais aux idées religieuses des catholiques, je ne devais, sous peine d'inconséquence, admettre aucune espèce de divorce, parce que cette croyance n'en admettait point; ceci est purement une erreur de mots facile à démontrer.

Quand les registres civils étaient entre les mains de la puissance religieuse, que le même organe liait et déliait le nœud conjugal dans l'église et dans l'État ; dès que cet organe avait prononcé, tout était dit : le mariage était reconnu, proclamé, et avait tous ses effets. Dans les cas rares, mais très-possibles, de nullité religieuse, le nœud cessait en même temps d'exister sous les rapports de conscience et sous ceux de police : point d'embarras, nulle nécessité d'aucune puissance autre que l'Église, qui était l'État même sur cet article.

Cet état de choses, cette alliance a pu cesser d'exister sans que la religion en fût blessée dans son essence et dans ses dogmes.

Aujourd'hui il peut y avoir contrat civil et nul pacte religieux, pacte religieux et nul contrat civil ; on peut vivre avec la même femme, épouse selon la loi, concubine selon la conscience ; épouse selon la conscience, concubine selon la loi : les deux pouvoirs agissent dans une parfaite indépendance l'un de l'autre.

Or, un époux catholique qui vit à la fois consciencieusement et civilement dans une union légitime, peut voir cesser, dans l'ordre de la conscience, cette légitimité : faut-il qu'il ne puisse pas alors la voir cesser dans l'ordre de la société ?

Ne serait-il pas absurde qu'un lien pouvant être déclaré nul d'un côté, il ne pût être déclaré caduc de l'autre ?

Ces cas sont rares, mais enfin ils existent ; et pour ne citer que des exemples d'une notoriété incontestable, Louis XII a été démarié dans l'ordre de la conscience d'avec Jeanne de France, Henri IV d'avec Marguerite de Valois : eût-il été tolérable que, libres du côté de la conscience, ils eussent resté enchaînés du côté de la loi ?

Il est donc clair que, pour les catholiques, même les plus rigides, il faut un mode de divorce civil ; et il n'y a aucune inconséquence à l'admettre.

Je reprends l'ordre de mes propositions.

Je crois avoir prouvé dans le cours de cette opinion,

1°. Que l'indissolubilité convient mieux au cœur de l'homme que le divorce.

2°. Qu'elle convient mieux à l'ordre des sociétés ;

3°. Que tous les peuples du monde, anciens et modernes, ont flétri le divorce dans leur opinion, et que par conséquent il est essentiellement mauvais ;

4°. Que les lois favorables au divorce choquent des lois chéries et respectées de l'immense majorité des Français.

Mais à quoi serviraient ces démonstrations, si on pouvait me dire : « Nous convenons avec vous de tous ces faits, de
« tous ces principes ; mais est-il un seul principe tellement
« inflexible, qu'il ne demande en plus d'une circonstance à
« être modifié? y a-t-il une seule règle qui n'admette quel-
« que exception? et ne venez-vous pas de démontrer vous-
« même la nécessité d'exceptions civiles pour répondre à des
« cas résultant du Code religieux, même le plus austère?

« Or, ici ce sont des exceptions que nous vous présentons.
« Nous prétendons comme vous que l'indissolubilité est le
« principe, la loi ; nous reconnaissons que *le contrat est per-
« pétuel par sa destination* (a), *que le mariage doit être un état,
« et non pas une situation*. Nous sommes donc d'accord, puis-
« qu'en même temps vous ne voulez pas une règle sans ex-
« ceptions, que vous en admettez même formellement. »

A cela je réponds : « Je vois, en effet, dans vos considé-
« rations préliminaires, ces déclarations et ces principes qui
« sont les miens ; mais par l'effet de votre dispositif tout s'in-
« tervertit, le divorce devient la loi, l'indissolubilité l'ex-
« ception. »

Le divorce n'est-il pas véritablement la loi, quand il est tellement organisé, qu'il peut être prévu, calculé ; quand il dépend du justiciable de dissoudre le lien, et qu'il ne dépend pas du magistrat de le maintenir!

Le mariage est-il autre chose qu'une situation, quand il

(a) *Discours préliminaire du Code civil.*

est au pouvoir des époux de le renverser et d'y substituer un autre lien ?

Or, ici incontestablement des époux sans délicatesse (et c'est pour ceux-là principalement que les lois sont faites), des époux, dis-je, sans pudeur, tiennent dans leur main la loi, la sentence du juge, toute leur destinée.

Ils peuvent se dire à eux-mêmes : moyennant tel procédé, tel jour, à telle heure, je ferai prononcer mon divorce ; tel jour, à telle heure, je me remarierai avec mon adultère, avec ma concubine.

La loi s'y oppose formellement ; on l'éludera, rien n'est plus aisé : l'adultère légal ne sera point le véritable séducteur ; la concubine qui paraîtra dans la procédure sera une mercenaire louée pour ce rôle. Cette prévoyance n'est point un jeu de l'imagination ; ces subtiles turpitudes se passent à sept lieues de nos frontières ; elles se naturaliseront chez nous bien vite ; et plus le divorce même sera difficile par les voies qui respectent la pudeur, et en même temps facile par les voies honteuses, plus les époux d'une moralité équivoque et incertaine se laisseront aller à ces moyens expéditifs qui seront un scandale horrible, une véritable calamité publique.

Mais cette loi qui, sous beaucoup de rapports, est d'une facilité déplorable, dans certaines circonstances elle est de fer, et vous l'allez voir.

J'y lis que le divorce par consentement mutuel ne pourra avoir lieu *après vingt ans de mariage, ni lorsque la femme aura quarante-cinq ans.*

Si l'article disait qu'une femme de quarante-cinq ans, lorsqu'elle en a passé vingt dans le même lien, ne pourra en être répudiée, j'en honorerais l'intention, j'en approuverais la disposition ; mais ici les deux cas sont bien distincts : l'un, quand les deux époux ont vingt ans de mariage, ce qui peut avoir lieu pour tous deux bien avant quarante ans ; l'autre, lorsque la femme a quarante-cinq ans, quelque date qu'ait d'ailleurs le lien.

Or, voici ce qui peut résulter de cet article de la loi. Il ne s'agit plus de délicatesse de conscience : ceci est pour tout le monde.

Un jeune homme de dix-huit ans, moins âgé même, obsédé par des parens que dirigent des vues ambitieuses ou cupides, épouse une femme de plus de quarante ans. Je le suppose de la croyance la plus sévère, à plus forte raison s'il appartient à une croyance plus tolérante. Il se repent; ses parens meurent, ou rougissent de leur tyrannie; l'épouse consent à la dissolution d'un lien qui joint, pour ainsi dire, le mort au vivant. L'autorité religieuse en reconnaît toujours la nullité quand la violence est prouvée, et ici je la suppose. Eh bien! tout cela est vain, tout a prescrit pour eux; leur volonté n'est rien, la loi civile est inflexible : point de rupture du lien par consentement mutuel; mais à la vérité restent les infâmes moyens de causes déterminées que la délicatesse la plus vulgaire interdit. Cette position est-elle juste, est-elle raisonnable?

Mais sortons des détails et des exemples, pour rentrer dans la thèse générale.

Toute la moralité des lois sur le divorce réside, selon moi, dans ce principe simple et fécond, *que la dissolution du lien civil ne soit jamais absolument impossible pour personne, qu'elle soit toujours incertaine pour tous, qu'on n'en puisse jamais calculer l'époque.*

Que la séparation soit uniforme pour tous, qu'elle puisse s'opérer sans scandale; elle est provisoire, elle appartient à l'ordre public, elle convient à tous : nulle conscience n'y répugne.

Mais quant à la *dissolution*, pour lui donner ce caractère d'incertitude qui en fait la moralité, j'invoque un pouvoir discrétionnaire, et j'avoue que je n'en connais point de trop éminent, de trop auguste. Ce n'est pas l'exemple de nos voisins, c'est ma propre conviction à laquelle je me range.

De même que pour le premier lien qui selon vous est, de

sa nature, perpétuel, vous avez exigé le consentement du père, selon la nature ;

De même pour un second lien qui, lorsque le premier n'est pas rompu par la nature, ne peut être qu'une modification de la société, une exception de la loi ; je vous renvoie à vos pères selon la loi, aux patriarches de la grande famille, à ce pouvoir vraiment paternel, qui a tant mérité de la reconnaissance publique, qui, par de si grands actes, a prononcé le mariage du premier magistrat et du peuple, rendu à la grande famille tant de membres errans, et par ce droit de grâce que la France seule entre les peuples s'étonnait de ne pas avoir, a replacé dans la justice humaine cette miséricorde qui en est inséparable.

Voyez combien ce systéme se combine heureusement avec une institution récente, et qui porte un grand caractère d'utilité publique, de moralité, de paternité : je veux dire l'établissement des sénatoreries.

De toutes les parties de la République le Sénat recevrait les demandes des époux séparés par arrêt des tribunaux. Je veux que les demandes soient individuelles ; qu'elles portent seulement le nom, l'âge, le domicile, la profession des époux ; à quelle communion religieuse ils appartiennent ; la date du jugement de séparation : point de plaintes, point de griefs, point d'autres faits.

Les demandes seront classées par arrondissement de tribunaux d'appel.

Lorsqu'un sénateur partira pour aller exercer l'influence bienfaisante de sa magistrature sur cet arrondissement, on lui remettra les requêtes qui en seront venues

On lui dira : «Père conscrit, allez et voyez! Écoutez l'opi-
« nion publique, la véritable opinion, qui se manifeste d'une
« manière bien plus sûre dans les confabulations familières et
« paisibles que dans des enquêtes et des procédés solennels :
« vos rapports éclaireront la conscience du Sénat. »

A son retour, il rendra compte des différens renseignemens

qu'il aura pris sur les différentes requêtes et leurs auteurs.

Celui-ci, dira-t-il au Sénat, est un misérable souillé de tous les vices ; il est bon qu'il ne soit plus en sa puissance de faire des malheureux.

Celui-là est égaré par une passion qui ne peut que faire son malheur : il est bon de le préserver d'un regret certain et éternel.

Celui-ci a des raisons plausibles. Sa croyance religieuse ne s'oppose point au divorce : nous ne le mettrons point aux prises avec sa conscience.

Ce dernier appartient à une communion qui interdit le divorce ; mais l'autorité régulatrice de sa conscience a déclaré que son lien n'existait pas ; nous pouvons sans crainte déclarer qu'il n'existe plus. Dans ces deux derniers cas, un sénatus-consulte sera prononcé : dans les autres, la requête restera au néant sans que rien puisse obliger le Sénat à prononcer.

Tel est en aperçu un système que je ne serais pas en peine de compléter et de justifier dans les détails, si le principe en obtenait quelques suffrages.

Ce système est plus juste et plus conséquent que le vôtre ; car le divorce civil, le seul dont la loi s'occupe, y est toujours absolument et également possible pour tous.

En même temps, il est plus moral, plus politique ; car le divorce y est toujours parfaitement incertain pour tous, et soustrait à tous les calculs, à toutes les spéculations, qui sont la source de toute immoralité, le poison de l'union conjugale, la corruption de la pensée des époux.

Par mon plan, très-peu de demandes en divorce auront lieu, à cause de l'incertitude de l'issue ; bien moins encore de divorces seront prononcés, puisqu'il faudra la solennité d'un sénatus-consulte ; et par un effet non moins certain, il y aura un bien plus petit nombre de séparations, puisqu'il faut compter de moins toutes celles dont le principe serait l'espoir calculé d'un nouveau mariage.

Enfin, ce système simple, grave, silencieux, me paraît

concilier, autant qu'il est humainement possible de le faire, tout ce qu'on doit à l'ordre de la société, tout ce qu'indiquent la connaissance du cœur humain, le respect de la liberté de la conscience, de la pudeur publique.

Il efface cette démarcation toujours odieuse, cette double jurisprudence introduite pour des citoyens d'un même empire dans l'établissement parallèle de la séparation pour les uns et du divorce pour les autres.

L'autorité discrétionnaire appelée à prononcer est élevée fort au-dessus de toute passion, de tout intérêt autre que celui de la patrie; elle sera ce qu'une autorité suprême doit être pour les hommes, une seconde providence.

Je n'ajoute qu'un mot: en Angleterre, quelle que soit d'ailleurs la disparité des procédures, un grand acte national est nécessaire pour un divorce; aussi il n'y en a pas eu deux cents depuis plus de deux cents ans. En France, où les tribunaux le prononcent, dans l'an X seulement Paris seul en a compté près de mille.

C'est ainsi, tribuns, que, dans un noble exercice de la raison, mais dans le silence des passions, tous gouvernés et gouvernans, justiciables et magistrats, différens quelquefois d'opinions, unanimes d'affections et de pensées, nous travaillons avec une sainte émulation à donner au peuple français les meilleures lois.

Serions-nous encore destinés à être distraits de ces utiles occupations?

Quoi! ni la victoire, ni la sagesse, plus grande que la victoire, n'ont pu étouffer, désarmer de jalouses inquiétudes!

Certes, si une nation heureuse et florissante dans ses cités et dans ses campagnes, forte de la sagesse de son administration, brillante de l'éclat des arts, sait apprécier une paix qui double pour elle la jouissance de tant de biens, c'est sans doute la nation française.

Mais aussi, si une nation, invincible dans son courage, innombrable dans ses armées, infatigable dans ses travaux, pleine d'amour et de confiance dans ceux qui la dirigent, exaltée par les souvenirs, et susceptible d'espérances, doit redouter peu la guerre, c'est encore la nation française.

De quoi ne fut-elle pas toujours capable quand à la conscience de sa force elle unit celle du génie et des vertus de ses chefs?

Depuis Henri IV cette harmonie, cette heureuse correspondance n'avait pas existé au même degré : en avez-vous calculé les résultats, rivaux imprudens et jaloux?

Et vous, magistrats suprêmes, poursuivez la route que vous vous êtes tracée. Nous vous remercions d'une fermeté digne de vous; nous vous remercions d'une modération qui, à la tête d'un tel peuple, ne saurait être calomniée. Heureux d'avoir déposé dans cet épanchement solennel l'expression d'une confiance inaltérable et d'un dévouement sans bornes, les organes du peuple poursuivront paisiblement leurs travaux constitutionnels, sous la garde puissante de ceux qui tiennent pour lui l'épée et le bouclier.

Tribuns, par les raisons que j'ai déduites, je pense que la loi proposée sur le divorce ne peut, sans de graves inconvéniens, être adoptée telle qu'on la présente.

Dans la même séance (28 ventose an XI), le Tribunat vota l'adoption du projet de loi, et chargea MM. Savoie-Rollin, Gillet et Pietet de porter son vœu au Corps législatif.

DISCUSSION DEVANT LE CORPS LÉGISLATIF.

DISCOURS PRONONCÉ PAR LE TRIBUN GILLET.

(Séance du 30 ventose an XI.—21 mars 1803.)

Législateurs, quand on parle du divorce, il est trop commun de confondre deux caractères de la loi qui sont essentiellement distincts; savoir : celui de la loi qui *autorise*, et celui de la loi qui *tolère;* la disposition qui *établit*, et celle qui ne fait que *limiter* ce qui déjà subsiste.

Dans le premier cas, le but du législateur est le bien ; dans le second, il s'occupe seulement à diminuer la somme du mal.

Là, il a pour guide la morale : c'est-à-dire ce type régulateur de ce que les mœurs ont de meilleur et de plus utile. Ici, il opère sur les mœurs, telles qu'elles sont, comme ces génies que quelques philosophes nous représentent luttant dans leurs créations contre une matière imparfaite et rebelle.

C'est à cette dernière classe qu'appartient la loi proposée : son objet n'est pas de créer au profit des passions une liberté nouvelle, mais bien plutôt de faire en sorte que la liberté naturelle dont elles abusent ne reste pas indépendante en ses écarts.

Cette distinction nécessaire nous a dirigés dans l'examen de la loi proposée.

Sans doute, à ne contempler dans le mariage que le principe de son institution, la permanence est son état, la perpétuité son vœu, l'indivisibilité entre les deux époux sa condition naturelle.

Mais, à le considérer dans ses effets, tel que la marche de la société nous le présente, tous ne répondent pas à la dignité de ce grand contrat, il est des atteintes qui le brisent, il est des résistances qui en soulèvent tous les fondemens.

Ces atteintes et ces résistances seront-elles comptées pour rien par le législateur? Croira-t-il qu'elles seront sans danger, du moment qu'il aura proclamé qu'elle seront sans remède; et, satisfait d'avoir établi, par une théorie générale, que l'union conjugale est toujours entière, dédaignera-t-il de s'occuper de ce qui altère son intégrité dans la pratique? Conserver par de telles maximes, ce serait détruire. Qui est-ce qui ne voit pas, en effet, que bientôt le mariage serait ainsi livré à l'anarchie de toutes les passions, et que le principe des devoirs entre les époux serait corrompu dès que tous deux, avec le même droit de les exiger, seraient dans la même impuissance de se les faire rendre?

Aussi fut-ce toujours, pour ceux qui présidèrent aux institutions des peuples, un soin important que de régler quelle conduite doit être tenue à l'égard des époux qui manquent aux conditions essentielles du contrat destiné à les unir.

C'EST UNE PENSÉE COMMUNE A TOUS QU'IL FAUT EN CE CAS FAIRE CESSER UNE SOCIÉTÉ QUI N'EST PLUS QU'UNE OCCASION DE DÉSORDRE. Et, véritablement, est-il d'autre moyen par lequel l'autorité soit capable d'opérer sur des passions qui, par leur activité renaissante, et surtout par l'asile domestique où elles se réfugient, échapperaient sans cesse à sa puissance?

Si donc les systèmes diffèrent à cet égard, c'est seulement sur les effets et la durée qui doivent suivre (alors qu'elle devient nécessaire) la cessation de la société conjugale.

Dans les pays où le célibat, placé sous les auspices de la religion, est un état respecté, les mariages étant moins multipliés, l'infortune de ceux qui sont désunis y est aussi moins généralement sentie; et, s'il y arrive que la société conjugale doive cesser, les retraites sacrées, que la même religion protège, offrent à la femme un asile honorable si elle n'est que malheureuse, une sauve-garde pour ses mœurs si elle est coupable : on a donc pu, sans inconséquence, dans un tel ordre de choses, lui interdire la faculté de contracter de nouveaux nœuds; la situation où elle se trouve alors placée est celle *de la séparation de corps*.

Dans les pays, au contraire, ou le mariage a plus de faveur, où la femme hors le mariage ne peut guère prétendre à la considération, s'il arrive qu'elle soit forcée de sortir de la société conjugale qu'elle a contractée, il est convenable de lui permettre d'en former un autre. Sans cela, que serait sa situation dans le monde, sinon une situation toujours équivoque aux yeux du public, inquiétante pour les mœurs et périlleuse pour elle-même? C'est cette faculté d'un second mariage qui lui a été ouverte par *le divorce*.

Le premier de ces systèmes a subsisté chez nous tant qu'ont

subsisté aussi dans toute leur vigueur les autres institutions avec lesquelles il se lie, c'est-à-dire pendant plusieurs siècles; et il conserve encore sur les consciences une grande influence, appuyée par de nombreux et d'éloquens défenseurs : indépendamment des idées religieuses qui le consacrent, on ne saurait disconvenir que l'indissolubilité qu'il maintient dans le mariage ne soit un caractère très-imposant ajouté à sa dignité.

D'un autre côté, le second système est celui d'un grand nombre de familles que la République a réunies dans son sein, et sur lesquelles s'étend aujourd'hui l'empire des lois françaises. Depuis douze ans, il a prévalu dans notre législation, comme mieux approprié à l'ordre actuel des choses, ou la seule ressource décente qui reste aux femmes contre les maux du mariage, c'est le mariage même. Sous ce rapport, il est plus conséquent aussi avec tous les principes favorables à la population; et c'est pour cela, sans doute, que l'immortel auteur de l'*Esprit des lois* a dit que *le divorce a ordinairement une grande utilité politique.*

Entre ces deux doctrines rivales, citoyens législateurs, pourquoi nous mettrions-nous dans la nécessité de choisir? Choisir l'une, ce serait rejeter l'autre; et toutes deux cependant peuvent avoir leurs avantages, suivant les sentimens, les personnes et les circonstances. Il semble même qu'en concourant ensemble elles s'enlèvent mutuellement quelques-uns des inconvéniens qu'elles pourraient avoir dans la pratique, si elles étaient exclusives. D'ailleurs, la loi que vous avez portée sur le mariage a déjà établi le principe du *divorce;* et votre respect scrupuleux pour la liberté des consciences vous avertit de ne point proscrire la *séparation de corps.*

Le Tribunat, en discutant le projet proposé, s'est donc bien moins attaché à examiner lequel des deux moyens était préférable, qu'à voir comment ils avaient été conciliés, dans quels cas et sous quelles conditions l'un et l'autre avaient pu être admis.

La pensée générale qui l'a occupé dans cet examen, c'est que la société conjugale devait être soigneusement conservée, tant qu'il n'était pas évident que ses fondemens principaux était déjà ruinés.

Or, comme le premier de ces fondemens est l'indivisibilité entre les époux, il ne faut qu'en bien approfondir toutes les conséquences, et l'on discernera clairement par quelles infractions le traité se trouve rompu.

Cette indivisibilité est celle de la famille : ainsi la femme adultère rompt le contrat, elle qui trouble par un sang étranger le sang de son époux qu'elle doit transmettre à ses enfans, elle qui altère dans son principe cette affection mutuelle qui doit unir les frères, elle qui comprime jusque dans le cœur de son mari cet abandon au sentiment de la nature, qui est le plus doux charme de la paternité.

Cette indivisibilité est celle de la vie domestique : ainsi le mari adultère rompt le contrat lorsqu'il ose partager sa maison entre la compagne honorable de ses jours et la méprisable complice de ses propres débauches. Malheureux ! qui flétrit, par une concurrence avilissante, la dignité légitime de son épouse, qui convertit en affronts les hommages qui lui sont dus, et qui ose donner lui-même le scandaleux exemple de la foi violée !

Cette indivisibilité est celle des affections, telle, disent quelques doctes, que la femme ne doit pas se montrer différente à l'égard de son mari qu'à l'égard de soi, ni le mari autre envers sa femme qu'il n'est envers lui-même. Ainsi, celui-là des deux rompt le contrat qui, au lieu de l'intérêt que la nature inspire à chacun pour sa propre conservation, ne manifeste envers la moitié qu'il s'est associée que des sentimens destructeurs, soit qu'il attente à sa sûreté par des *excès*, à sa sécurité par des *sévices*, ou à son honneur par des *injures graves*.

Cette indivisibilité est celle de tous les droits sociaux : ainsi celui-là rompt le contrat qui, par sa propre faute, dégrade son existence civile, et tel est le sort de celui qui tombe dans une peine infamante. Lui-même a changé la nature de l'association, lorsqu'au lieu de cette chaîne honorable que les époux doivent porter ensemble, il ne lui laisse plus à partager avec lui que la chaîne honteuse d'un criminel.

Là se trouvent restreintes, par la loi proposée, toutes les causes par lesquelles la société conjugale peut cesser à la demande d'une seule des parties. Et toutes ces causes sont prises de la réciprocité même de leurs obligations.

Que si, dans ces cas divers, le traité perd ses effets, sur la réclamation d'un seul des époux, c'est que l'autre par ses atteintes même a épuisé le droit qu'il avait de concourir à former la volonté commune ; sa conduite est une provocation antérieure à la poursuite, et qui en devient l'aveu. Quand la demande commence, déjà le contrat n'est plus entier, et l'acte définitif qui doit prononcer ne fera qu'étendre par la loi, jusqu'à l'époux qui souffre, un affranchissement où son adversaire avait, par ses propres infractions, osé se placer lui-même.

306. Sur tous ces points divers, le système du divorce et celui des séparations marchent ensemble ; les causes qui motivent l'un sont celles aussi qui motivent l'autre : tous deux exigent une instance juridique ; il n'y a que les formes qui soient différentes.

307. Celles de la séparation n'ont rien qui les distingue des autres actions civiles qui touchent au droit public ; seulement il est aisé de sentir qu'il faudra toujours une preuve solennelle sur les faits allégués, et qu'il ne suffira pas de la reconnaissance et de l'aveu des deux parties ; autrement, la procédure ne ferait que couvrir un consentement mutuel, qu'au moins on a voulu repousser dans cette sorte d'action.

ch. 2 et 3. Les formes du divorce sont infiniment plus compliquées, et l'on y remarque quatre degrés différens.

1°. Une vérification préparatoire et secrète.

2°. Une discussion préliminaire pour examiner si la demande sera admise, ou si elle sera rejetée.

3°. Une instruction publique et décisive.

4°. L'examen du fond et le jugement définitif.

Chacun de ces degrés est rempli par des formalités rigoureuses ; il est prolongé par les intervalles que peut ménager la sage lenteur de la justice ; il n'est accessible qu'autant que la partie demanderesse elle-même assiste à tout ce qui se passe, et garantit au juge par sa présence la sincérité de ses plaintes et la persévérance de sa résolution.

Par ces sages mesures, la liberté du divorce n'en est plus la licence, et notre jurisprudence sur cette matière a des limites nouvelles qu'elle ne connaissait pas depuis la loi de 1792.

En effet, cette loi joignait à des formes moins prévoyantes un plus grand nombre de motifs, pour lesquels un seul des époux pouvait être admis à faire prononcer le divorce ; tels étaient les cas de *démence* ou *fureur*, ceux *d'abandon*, ceux d'*incompatibilité d'humeur et de caractère*. Notre examen sur la loi proposée eût été imparfait, si nous n'eussions pris soin de discuter pourquoi ces causes de divorce, encore existantes aujourd'hui, ont été interdites pour l'avenir.

Sans doute l'époux dont l'esprit s'aliène n'est plus, sous le rapport de l'une de ses facultés les plus essentielles, le même être que celui avec qui l'union avait été contractée. Mais dans cette altération cruelle, il n'y a rien de son fait ni de sa volonté, et l'on ne peut pas dire de lui qu'il a rompu le contrat. Quand il garde sa foi, pourquoi donc celle de son associé serait-elle dégagée? et où serait la sublimité des devoirs du mariage, où serait sa dignité, si, borné à une simple association de plaisir, il n'était pas bien plus encore une assistance généreuse que deux faibles créatures se prêtent contre tous les maux de l'humanité, et un mutuel entre-support dans la carrière douloureuse de la vie ?

L'*abandon* semble un motif plus spécieux, mais ce mot présente une idée complexe : d'abord celle de l'éloignement qui est un fait, et celle du délaissement qui est une inten-

35.

tion. Or, si le fait peut être aisément constaté, il en est autrement de l'intention, qui souvent est contraire, et presque toujours équivoque. De cette ambiguité peuvent naître des prétextes trop faciles pour franchir les engagemens du mariage; les exemples n'en sont pas rares, et peut-être leur multiplicité nous annonce-t-elle assez quelle fut l'intention du législateur. Dans le temps de nos tempêtes politiques, il voulut qu'il restât une planche secourable aux débris des familles enveloppées dans le naufrage. Mais aujourd'hui le calme heureux dont nous jouissons nous permet d'oublier cette ressource comme inutile, et de la repousser comme funeste.

A l'égard de l'*incompatibilité*, Montesquieu dit que *là où la loi établit des causes qui peuvent rompre le mariage, l'incompatibilité est la plus forte de toutes* (a).

Comment donc se fait-il que chez nous elle en ait été tout à la fois la plus frivole et la plus abusive, et d'où vient ce décri public qui la diffame de toutes parts? est-ce le plus profond de nos écrivains politiques, ou bien est-ce l'expérience qui nous a trompés?

Ni l'un ni l'autre, citoyens; c'est de la loi elle-même que vient toute l'erreur.

La véritable incompatibilité, il faut l'avouer, est le plus grand des obstacles dans la société conjugale. Elle ne la rompt pas seulement, elle l'empêche même de naître. En lui laissant toutes les apparences matérielles, elle lui enlève son principal lien, qui est celui des sentimens et des affections. Deux époux qui doivent s'appartenir l'un à l'autre tout entiers demeurent étrangers, ou ennemis par leurs penchans, par leurs habitudes, par toutes les facultés de leur âme. S'il est vrai qu'il n'y a pas de mariage sans consentement, comment pourrait-on dire qu'il existe une société conjugale là où ce consentement est repoussé par la continuité d'une aversion invincible?

(a) Cette idée de Montesquieu est parfaitement conforme à celles que les lois romaines nous donnent du divorce, d'après l'étymologie même du mot; *divortium a diversitate mentium dictum est.*

Mais pour que l'incompatibilité ait tous ces caractères, il faut qu'elle soit constante, qu'elle soit profonde, et surtout qu'elle soit *mutuelle*. Que pourraient en effet sur l'intégrité du contrat les répugnances et les contradictions qui s'élèvent d'un seul côté, lorsque de l'autre l'accord est maintenu par la patience, par la douceur, et par cet esprit de support et d'indulgence que chacun doit aux défauts de ses semblables?

Il suit de là que l'incompatibilité entre les deux époux ne saurait jamais être démontrée que par l'*aveu commun* qu'ils en font l'un et l'autre, et lorsqu'après s'être réciproquement éprouvés avec persévérance, ils sentent que le fardeau d'une vie commune leur est insupportable.

Or, c'est ce qu'on n'observa pas assez lors de la rédaction de la première loi. D'abord on omit d'exiger que l'incompatibilité fût *mutuelle* pour opérer le divorce; et ensuite, par une conséquence nécessaire de cette omission, on fut entraîné jusqu'à dire qu'il suffisait que l'incompatibilité fût, non pas prouvée, mais *alléguée* par l'une des parties. C'est alors que nous avons vu travestir en incompatibilité de caractère les moindres dégoûts, les chagrins les plus légers, les simples contrariétés, et jusqu'aux fantaisies de l'inconstance : ce fut comme une source intarissable où toutes les passions vinrent s'abreuver, et qui inonda la société de scandales.

Le projet de loi proposé préserve désormais nos mœurs 233 d'une telle méprise; l'incompatibilité a cessé d'y être placée parmi les causes qui peuvent faire prononcer le divorce sur la poursuite d'un seul époux; mais la juste pensée de l'auteur de l'*Esprit des Lois* n'en a que mieux été conservée. En effet, elle se trouve retracée dans l'article 233, en termes devenus plus clairs et plus expressément caractéristiques, sous les formes du divorce par *consentement mutuel*.

A cette seule dénomination, il me semble qu'une voix va s'élever de cette enceinte, qui me dira que si le consentement mutuel suffit dans ce traité solennel qui forme le mariage, il ne suffit pas dans l'acte qui doit le dissoudre. L'intérêt des époux n'est pas le seul que le contrat de mariage embrasse ; c'est encore celui des familles, c'est celui de la société toute entière.

Législateurs, ces justes sollicitudes ne nous ont point été étrangères : et nous aussi, nous avons craint que le consentement mutuel ne fût un asile commode où viendraient se réfugier tous ces dégoûts de deux époux qui, las l'un de l'autre, heurtent contre toutes les barrières pour trouver celle qui s'ouvrira aux écarts de leur indépendance.

Mais ces inquiétudes ont cessé à la vue de toutes les précautions dont la loi s'est environnée.

Que le divorce par voie de répudiation puisse être provoqué dans un de ces mouvemens où l'esprit est prompt et l'âme passionnée, sa nature le permet, et les lenteurs de la procédure y mettent seules un obstacle.

Mais le divorce proprement dit, le divorce par consentement mutuel, doit, suivant l'expression de Montesquieu, être une affaire de délibération et de conseil ; et c'est un des caractères essentiels que le projet lui conserve.

Considérez quels sont ceux qui peuvent le demander ; leur volonté passera pour imparfaite, si elle n'est point accompagnée de toutes les circonstances qui rendent parfait le consentement qu'on donne au mariage.

275 Le mari a-t-il moins de vingt-cinq ans, la femme moins de vingt-unans, leur mésintelligence est imputée à la légèreté de leur âge ; ils ne sont pas même entendus.

278 Ont-il des parens, je veux dire de ceux qui, placés dans la ligne directe ascendante, conservent toujours sur leurs descendans l'autorité de l'âge et de l'expérience, il faut que leur autorisation formelle soit rapportée. La loi semble tenir aux deux époux ce langage : « Quand vous vous êtes unis, « vos pères sont intervenus pour me garantir que vous con- « sentiez à l'union ; faites-les comparaître encore devant moi,

« afin qu'ils m'attestent que leur garantie fut une méprise,
« et qu'ils se sont trompés, comme vous, en souscrivant à ce
« grand acte de famille. »

Vingt ans se sont-ils écoulés depuis le mariage, et la femme a-t-elle acquis sa quarante-cinquième année? la loi dit encore aux époux : « Ne dédaignez pas dans la saison de
« l'automne ce qui fit le charme de votre printemps : où
« trouveriez-vous ailleurs une même constance et de com-
« muns souvenirs? Ne rejetez pas le joug auquel vous êtes ac-
« coutumés : il ne vous est pas insupportable, puisque vous
« y fûtes assortis si long-temps. »

Ajoutez à cela toutes ces discussions préliminaires sur les intérêts, si propres à refroidir les passions, et à convertir les fantaisies en attention sérieuse, tous ces délais réitérés, cette nécessité de multiplier ses confidences et ses demandes auprès des ascendans, cette épreuve anticipée de la désunion par la retraite de l'épouse dans une maison convenue, ces formalités judiciaires dont la lenteur s'accorde si mal avec la turbulence des désirs vagabonds ; et vous reconnaîtrez que rien n'a été oublié pour que la maturité de la délibération réponde de la persévérance des volontés.

Mais ni ces formes délicates, ni cette intervention respectable des ascendans, n'auraient encore été une sanction suffisante au consentement mutuel des époux, si les intérêts des enfans n'eussent été conservés avec une prévoyance attentive. Car c'est pour les enfans qu'il importe surtout que l'union des époux ne soit pas fugitive ; non seulement ils sont le fruit du mariage, mais c'est aussi pour les conserver, pour les élever, pour les protéger, que le mariage a été établi comme un contrat durable et comme le principe d'un ordre de succession légitime. Ainsi, quand le mariage est dissous par la mort naturelle, quand il est dissous par la mort civile, la protection paternelle suit encore les enfans, et ouvre en leur faveur les ressources de l'hérédité. La loi proposée n'a pas voulu que ces ressources leur fussent enlevées par le divorce volontaire. Dès le premier jour où les époux déclarent authentiquement l'intention de dissoudre leurs nœuds, la propriété de leurs biens appartient, pour moitié, à leurs enfans. Et alors le terme mis par le consentement des époux à la perpétuité de leur union, qu'est-il pour leurs descendans, sinon une image du terme que la nature y aurait mis elle-même, et des effets qu'auraient produits ses décrets inévitables?

Dans cette disposition, législateurs, est la ferme garantie que jamais le divorce par consentement mutuel n'aura lieu que lorsqu'il sera devenu véritablement un remède nécessaire aux désordres d'une famille déjà désunie.

C'est ainsi que, chez les Romains, celui qui, hormis certains cas déterminés, voulait le divorce, était obligé, par les lois royales, de donner la moitié de ses biens à sa femme, et de consacrer l'autre moitié à Cérès; et ce fut la véritable cause pour laquelle pendant cinq cents ans, nul ne s'empressa d'user d'une faculté si chèrement achetée. Les historiens ont eu à ce sujet, pour les mœurs romaines, une admiration beaucoup trop exagérée. Les nôtres, toutes corrompues qu'on les suppose, auraient pu, au même prix, offrir le même prodige.

233. Cessons donc, législateurs, cessons de craindre que le divorce par consentement mutuel, soumis à de telles conditions, ne devienne un prétexte banal et commode pour les caprices de la légèreté. S'il est entre les époux quelque voie de rupture avouée par l'honnêteté publique, je ne crains pas de dire que c'est celle-là par-dessus toutes les autres. Nous aimons à penser que, dans le malheur des dissensions et des fautes domestiques, il y aura des moyens de laisser subsister le voile qui les couvre, et de ne pas en propager l'exemple et le scandale dans des discussions juridiques. Vainement une sévérité vertueuse réclamerait-elle contre ces ménagemens; vainement dirait-elle qu'il est salutaire d'imprimer à nos vices intérieurs l'ineffaçable sceau de la honte;

vainement s'écrierait-elle qu'en de telles matières la délicatesse est corruption, et la circonspection lâche crainte du ridicule : il faut rendre justice à l'esprit français, à ce principe actif d'honneur et de générosité qui distingue nos procédés et nos mœurs. C'est lui qui fait redouter à l'époux de se rendre le dénonciateur public de sa femme, d'accuser l'amie de sa jeunesse, et de couvrir d'ignominie la mère de ses enfans ; c'est lui qui fait trembler la femme devant l'idée de souiller sa propre pudeur du récit des désordres d'un époux, de diffamer le nom qu'elle a porté, et de traîner devant les tribunaux l'homme qui l'a rendue mère. Si nos mœurs sont dissolues, permettons-leur du moins d'être encore nobles et décentes; et, par respect pour la piété filiale, laissons aux époux, même alors qu'ils sont forcés de se désunir, les moyens d'ensevelir par un consentement mutuel le secret de leurs torts et le souvenir de leurs injures.

Cependant si cette faculté du consentement mutuel a, dans le divorce, un but si nécessaire et si moral, pourquoi donc ne se retrouve-t-elle pas également parmi les moyens de la séparation de corps ? N'est-ce pas établir une choquante inégalité entre ceux dont les opinions religieuses supportent l'idée du divorce, et ceux à qui leur conscience ne permet d'autre voie pour rompre une société malheureuse, que celle de la séparation?

Cette objection s'est élevée dans le Tribunat, et il est convenable de vous dire par quels motifs on n'a pas dû s'y arrêter.

Ils sont puisés d'abord dans la nature même des choses; car, après tout, deux époux qui consentent mutuellement à se séparer ne peuvent-ils pas le faire sans l'intervention de la loi? Ils n'y trouvent aucun obstacle dans l'autorité publique, à moins que des dérèglemens notoires n'appellent sur eux la surveillance. Des formes authentiques n'ajouteraient donc rien aux effets d'une telle séparation, sinon d'opérer aussi la séparation de biens ; or, il est aisé de voir que le consentement mutuel ainsi appliqué deviendrait, envers des créanciers, une trop facile occasion de fraude.

Ensuite, en considérant la séparation sous le rapport des idées religieuses, on sait que ces idées ont leurs règles qui les dirigent, et que ces règles ne comprennent point le consentement mutuel parmi les causes qui légitiment, au fond des âmes, la rupture de la société conjugale (a). Ce n'est donc point gêner les consciences, c'est respecter au contraire tous leurs scrupules, que de laisser subsister dans la loi les limites qu'elles reconnaissent elles-mêmes à leur propre indépendance.

Enfin, la séparation de biens par consentement mutuel deviendrait infiniment plus abusive que le divorce même, parce que dans la pratique elle serait incompatible avec les mêmes restrictions.

En effet, tant que les époux ne feraient que déroger aux clauses principales de leur contrat, sans dissoudre le contrat lui-même, il serait déraisonnable d'exiger d'eux ces conditions d'âge, et ce consentement des ascendans qui ajoute tant de poids à leur volonté, lorsqu'elle a le divorce pour objet.

Il serait également déraisonnable que deux époux qui conservent encore tous leurs droits de famille fussent forcés d'abandonner une partie de leurs propriétés à leurs enfans ; et, par cette seule différence, le consentement mutuel introduit dans le système de la séparation de corps, y perdrait cette garantie principale qui en écarte les inconvéniens et les abus dans le système du divorce.

Il serait surtout déraisonnable d'interdire à ces époux la faculté de se réunir, puisque c'est cet espoir qui fait encore subsister le lien. Ainsi ils pourraient se jouer sans pudeur de

(a) Dans les pays où il y a des cloîtres, il peut exister une séparation canonique par consentement mutuel, lorsque l'un des époux veut, ou que tous deux veulent faire profession monastique ; mais on sent combien une séparation ainsi motivée diffère de celle qui laisserait vivre les deux époux indépendans au milieu du monde.

la société qu'ils ont formée, la quitter et la reprendre au gré de leurs fantaisies; insultant également à la dignité du mariage par le scandale de leurs divisions, par les désordres de leur isolement, et par l'avilissement qui accompagnerait leur réconciliation même : tandis qu'au contraire le divorce, soumis aux sages conditions que le projet de loi lui impose, rend une seconde union impossible entre ces mêmes époux; et tous deux, prêts à consommer leur rupture, sont encore arrêtés par cette idée, qu'une telle rupture est irrévocable, et que leur adieu mutuel est un adieu pour toujours.

Mais ce qui est digne surtout de considération, c'est qu'une certaine force de l'opinion publique et la salutaire influence des idées religieuses sont encore, pour un grand nombre, un contre-poids qui leur fait supporter la société conjugale, plutôt que de recourir au divorce, par lequel ils pourraient la dissoudre. Au contraire, la séparation de corps, qui concilierait tout à la fois les honneurs du mariage avec l'attrait d'une vie indépendante, qui laisserait subsister tous les droits d'épouse sans imposer d'autres devoirs envers le mari que celui de porter son nom; qui permettrait de tirer vanité de la fidélité religieuse, lors même qu'il n'y aurait plus de fidélité conjugale; la séparation, dis-je, deviendrait bientôt une mode perverse, dont le torrent entraînerait tout ce qui est sur le penchant de la licence.

Cette licence, législateurs, verra tarir, par le projet qui vous est soumis, l'une de ses sources les plus fécondes. Heureux les époux, si toutes les précautions dont vous allez environner le divorce, les avertit assez qu'il est moins une faculté qu'un remède, et que tout remède suppose toujours un mal lorsqu'il n'en est pas un lui-même! Plus heureux si, voyant dans la loi le tableau des écarts qui portent atteinte à la société conjugale, ils en conçoivent assez d'aversion pour entretenir avec constance l'union à laquelle ils ont attaché leur commune existence!

Le Tribunat a voté pour l'adoption de ce projet.

SECOND DISCOURS PRONONCÉ PAR M. TREILHARD,
APRÈS CELUI DU TRIBUN.

Législateurs, quelque impression qu'ait dû faire sur vos esprits le discours de l'orateur qui vient de vous présenter le vœu du Tribunat pour l'admission du projet de loi sur le divorce, quoiqu'il ne puisse rester aucun doute sur la nécessité de sanctionner ce projet par votre suffrage, je me permettrai cependant encore quelques observations sommaires, mais qui me paraissent décisives.

Et d'abord je remarquerai que vous venez, par une loi récente, de placer le divorce au nombre des causes qui peuvent dissoudre le mariage. Nous n'avons donc plus à examiner s'il faut ou non admettre le divorce : la loi a parlé, et le divorce est admis. Ainsi s'écartent, en un mot, tous les raisonnemens vagues qui frappent, non sur quelque disposition particulière du projet (seul objet qui puisse être mis en discussion), mais sur l'institution en elle-même, dont la nation a déjà reconnu la nécessité par l'organe du Corps législatif.

Il ne doit plus être question devant vous de systèmes, de théories, et de tous ces lieux communs sur le mariage et sur le divorce, dont on pourrait peut-être, sans inconvénient, grossir des ouvrages de philosophie et de morale, mais qui peuvent être fort dangereux quand on s'occupe de lois, non pour un monde imaginaire, mais pour les hommes tels que les a formés la nature.

Je dois donc me circonscrire rigoureusement dans l'examen du petit nombre d'objections que la publicité du projet a fait éclore sur quelques-uns de ses articles.

Tout ce qu'on a pu dire frappe nécessairement sur les causes du divorce, sur ses effets, ou sur l'instruction de la procédure.

Je ne dirai rien sur ce dernier article, celui de la procédure. On n'a pas prouvé, on n'a pas même prétendu que la marche n'en fût pas assez lente, assez embarrassée, telle enfin que doit être la marche d'une action toujours admise avec regret, mais admissible cependant quand elle est nécessaire.

Quant aux causes du divorce, il paraît que celles de l'adultère et du consentement mutuel ont été combattues. ch. 1er.

On ne voudrait pas que l'adultère fût placé au nombre des causes du divorce, non qu'on méconnaisse la légitimité de cette cause, mais on craint le scandale d'une discussion, et l'on trouve plus moral et moins dangereux de supprimer dans ce cas l'action, que de l'admettre : on propose d'imiter la sagesse des Romains, qui n'avaient pas prononcé de peines contre certains crimes, parce qu'ils les regardaient comme impossibles. 229-230

Je conviendrai sans détour que si l'adultère était aussi inouï parmi nous que le parricide chez les Romains, à l'époque dont on parle, leur exemple serait d'un grand poids.

Mais ce n'est pas avec l'imagination qu'on fait de bonnes lois, c'est avec la raison. Les législateurs ne sauraient fermer les yeux sur tout ce qui les entoure ; ils ne peuvent pas supposer que des maux trop réels n'existeront plus, parce qu'ils auront affecté de ne pas les apercevoir. Quelles fatales conséquences pourraient résulter de la suppression de la cause d'adultère ! On ne peut, sans frémir, penser à l'union *forcée* de deux époux, dont l'un porte le crime dans le fond de son cœur, dont l'autre porte le désespoir et le ressentiment du plus vif des outrages, c'est-à-dire de deux époux qui renferment en eux-mêmes le principe de tous les désordres et de tous les crimes. Voilà cependant ce que produirait la suppression de la cause d'adultère.

On a aussi attaqué le divorce pour consentement mutuel. 233 Je crois cependant que les motifs qui vous ont été développés sur cette disposition n'ont reçu aucune atteinte ; et si je vous entretiens encore de cette cause de divorce, c'est moins pour l'impression qu'a pu produire ce qu'on a dit, que pour la nature même d'une objection qu'on s'est permise, et que le rapporteur au Tribunat a déjà combattue avec succès, puisqu'il a fait voter l'adoption du projet.

Vous pensez, me dit-on, que le divorce par consentement mutuel pourra déguiser des causes coupables de rupture : *mais depuis quand est-ce le ministère des lois de cacher des crimes ?*

Il est impossible de se taire sur un reproche qui a pour objet de représenter la *loi comme composant avec le crime.*

Mais vous, qui osez adresser ce reproche au projet de loi, dites-moi dans quel Code vous avez trouvé que la loi forçait une personne outragée, assassinée, à porter sa plainte devant les tribunaux, quelle est la religion qui a défendu de faire remise d'une offense personnelle, ou de se contenter d'une réparation qui met à couvert une victime sans exposer la tête du coupable? Et si le coupable est un époux, un fils, un père, dites-moi s'il existe dans le monde entier une législation assez barbare pour forcer le père, le fils, l'époux, à se traîner mutuellement sur l'échafaud, parce que la loi leur aura interdit tout autre moyen de pourvoir autrement à leur sûreté?

Sans doute un crime donne lieu à une action publique et à une action particulière. Que l'action publique ait son cours lorsque le crime a éclaté, voilà ce qu'exige l'ordre social : que la personne attaquée puisse remettre son injure, qu'elle ait le droit de couvrir d'un voile épais l'offense qui lui fut personnelle, voilà ce que la morale avoue, ce que l'intérêt social n'a jamais défendu.

Dira-t-on qu'il est beau de remettre entièrement son injure, mais qu'il ne doit pas être permis à la personne capable de cet acte de générosité de se précautionner pour l'avenir, que la morale ne lui laisse d'autre ressource pour préserver ses jours que celle de faire tomber la tête du coupable, parce que se taire dans de pareilles circonstances, c'est *composer avec le crime ?*

Non, citoyens législateurs, cette morale de sang ne fût jamais celle d'aucun peuple : elle ne sera jamais la vôtre ; l'action publique sera exercée dans toute sa rigueur, lorsque le crime sera connu ; mais la loi ne forcera jamais une victime à rendre plainte ; jamais elle ne regardera comme complice, comme composant avec le crime, celui qui sera capable d'un pardon généreux ; jamais il n'existera d'opposition pareille entre les règles de notre droit et celles de la morale. Je pourrais aller plus loin, et dire que ce pardon généreux est peut-être un devoir sacré pour les époux ; et qu'elle serait atroce la loi qui empêcherait, qui ne faciliterait même pas la pratique de ce devoir ; mais je m'arrête : ce n'est pas devant vous que pourront trouver grâce des sophismes tels que ceux que je viens de combattre.

Mais pourquoi, me dit-on encore, pourquoi admettre le divorce par consentement mutuel quand il y a des enfans ? Pourquoi ? parce que si cette cause est quelquefois admissible, elle est bien plus nécessaire quand il y a des enfans.

Ce n'est pas alors son honneur personnel seul que l'époux doit ménager, c'est encore l'honneur de ses enfans. Quelle perspective affreuse pour eux, si l'un des auteurs de leurs jours ne peut se soustraire à la barbarie de l'autre sans le conduire à l'échafaud !

D'ailleurs, l'existence des enfans fournit elle-même de nouvelles garanties contre l'abus du consentement mutuel, puisque les époux sont forcés, dans ce cas, de se dépouiller, de la moitié de leurs propriétés.

Je ne sache pas qu'on ait combattu les motifs de cette partie du projet autrement que par des généralités, qu'il est si facile d'amonceler contre toute espèce de disposition, mais qui, dans la réalité, ne détruisent aucun raisonnement, et ne laissent dans les esprits qu'un grand vide.

L'article qui défend aux divorcés de contracter ensemble un nouveau mariage a aussi éprouvé des contradictions ;

c'est, dit-on, fermer la porte au repentir : cette disposition n'est ni juste, ni morale.

Il me semble, au contraire, citoyens législateurs, qu'il vous a été démontré que cet article était juste, moral, et surtout politique.

Il ne faut pas que l'opinion puisse s'affaiblir sur la nature d'une action en divorce : elle est un remède à un grand mal, mais elle n'est qu'un remède, et un remède qu'on ne saurait appliquer avec trop de réserve.

Ceux qui ont médité sur les formes, sur les entraves dont cette action se trouve embarrassée, doivent être nécessairement convaincus qu'il est presque impossible qu'un divorce soit admis sans une cause absolue, c'est-à-dire lorsqu'il n'existera pas une démonstration complète de cette vérité que la vie commune entre les époux est insupportable.

Je le demande actuellement : lorsque la conviction profonde de cette triste vérité est acquise, quel serait le but d'un second mariage? ne serait-il pas plus orageux que le premier, et les législateurs qui l'auraient permis ne deviendraient-ils pas en quelque manière complices des maux dont la réunion pourrait être suivie?

Quel serait au surplus l'effet d'une loi qui autoriserait les époux divorcés à se réunir? pour peu qu'on y réfléchisse, on sera bientôt convaincu que l'opinion publique sur la nature de l'action en divorce serait par là tôt ou tard corrompue. Une demande qu'on s'accoutumerait à regarder comme une épreuve se hasarderait avec bien plus de facilité. Des témoins manqueraient moins de complaisance pour favoriser un succès qui ne serait pas sans retour; les juges eux-mêmes n'éprouveraient plus au fond de leur cœur, pour une mesure qui ne serait que passagère, ce sentiment pénible dont ils doivent être pleins quand il faut prononcer un divorce, et enfin on finirait par abuser du divorce comme on avait jadis abusé des séparations, car telle est malheureusement la marche de l'esprit humain.

On a dû prévoir le mal ; on l'a prévenu. Les époux sauront que c'est pour toujours que sera dissous le lien qui les unit ; ils ne pourront plus regarder le recours au divorce comme une épreuve, comme un moyen de réformer de premières conventions matrimoniales dont ils ne seraient pas satisfaits ; et c'est déjà un grand bien, car ainsi se trouveront prévenues beaucoup de demandes en divorce.

Les tribunaux ne pourront pas se méprendre sur l'objet de la loi, sur la sévérité qui doit en diriger l'application ; ils sauront qu'ils vont prononcer sur le sort des époux pour toute leur vie, et cette grande considération entretiendra dans le cœur des magistrats une religieuse frayeur, qui ne leur permettra d'accueillir des demandes en divorce que lorsque l'absolue nécessité en sera bien démontrée.

J'ai donc eu raison de vous dire que la prohibition de se remarier après le divorce était également sage et politique.

Enfin, on s'est plaint de ce que le consentement mutuel n'était pas rangé parmi les moyens de séparation de corps : on trouve le consentement mutuel de trop parmi les causes du divorce ; on se plaint de ne pas le voir au nombre des causes de séparation. Je me dispenserais de répondre à cette objection, si l'on ne la présentait pas comme une espèce d'inconséquence dans le projet ; il est facile de se laver de ce reproche.

La loi sur le divorce est une loi toute politique. Le divorce est admis comme étant politiquement préférable à la séparation. Il me semble qu'on n'a pas détruit, qu'on n'a pas même abordé ce qui avait été dit à cet égard dans les motifs.

La séparation de corps est proposée pour ceux dont la croyance religieuse repousserait le divorce : il ne fallait pas les exposer sans ressource aux malheurs d'un joug trop insupportable, et les laisser entre le désespoir et la mort.

Mais que les effets de ces deux actions sont différens !

Le divorce rompt le lien conjugal, la séparation le laisse subsister. Déjà vous embrassez d'un coup-d'œil les diverses conséquences qui doivent résulter de deux actions si différentes.

Le divorce rompt le lien conjugal.

Il a donc fallu soumettre une action de cette importance à une procédure lente, longue, embarrassée de difficultés et de sacrifices, qui offre aux juges de puissans moyens pour rapprocher les esprits, pour démêler les causes secrètes qui font mouvoir les époux, pour faire tomber enfin une action qu'on ne doit pas accueillir s'il n'est pas démontré qu'elle est nécessaire : tout est calculé dans cette marche de manière que chaque pas offre une garantie réelle contre l'abus du consentement mutuel.

Mais la séparation laisse subsister le lien conjugal : il ne fallait donc pas surcharger cette action des embarras et des sacrifices imposés à l'action bien plus grave du divorce; et personne ne s'est plaint de la diversité des procédures dans les deux espèces. L'action en séparation est une action ordinaire qui se poursuit comme toutes les autres; par conséquent, l'on n'a ni pu ni dû ranger le consentement mutuel au nombre des causes de séparation, parce que l'instruction ne pourrait présenter aucune espèce de garantie contre l'abus de cette cause. Le consentement mutuel dans le cas des séparations serait une large porte entièrement et toujours ouverte au caprice, à la légèreté, à l'inconstance, sans aucune espèce de préservatif contre leurs effets ; et comme la séparation de corps entraîne de droit la séparation de biens, deux époux de mauvaise foi trouveraient encore dans leur consentement mutuel un moyen infaillible de ruiner tous leurs créanciers.

Ainsi, nulle inconséquence à reprocher au projet, et c'est dans la nature même des deux actions que vous trouvez la raison de la différence des causes qui y donnent lieu.

Je ne crains pas de le dire, citoyens législateurs, plus vous y réfléchirez, plus vous serez convaincus de la sagesse et de la nécessité du projet qui vous est présenté.

Je ne suis pas surpris des combats qu'on lui a livrés ; il

n'est pas de matière sur laquelle les préjugés, les passions, l'esprit de parti, aient dû s'agiter avec plus de violence. Mais vous êtes placés au-dessus de toutes ces agitations, et c'est à votre raison que le projet est présenté : il n'a été attaqué par aucune objection fondée et insoluble contre ses détails; il n'est combattu que par des déclamations vagues qui frappent principalement sur le divorce en lui-même. Ce n'est pas telle ou telle disposition du projet qui blesse, c'est le divorce dont on ne veut pas : et comme vous avez converti en loi le principe, dans l'impossibilité de l'attaquer aujourd'hui directement et avec succès, on rattache comme on peut aux détails tous les lieux communs qu'on avait rassemblés contre le fond de l'institution.

On abusera du divorce! Eh! de quoi n'a-t-on pas abusé? quelle institution pourrait subsister, si la possibilité de l'abus suffisait pour la faire proscrire?

Il y a eu mille divorces l'année dernière! Je n'en sais rien. Qu'est-ce que cela prouve? que la loi sous laquelle nous vivons depuis dix ans n'est pas bonne, ce dont tout le monde convient; mais cela prouve aussi qu'il y a une grande inconséquence à vouloir prolonger l'empire d'une loi qu'on reconnaît mauvaise par le rejet d'une loi qu'on est forcé de reconnaître bien meilleure.

A-t-on proposé des dispositions plus parfaites pour remplacer celles qu'on attaque? Certes, il est bien évident qu'une loi quelconque sur le divorce n'obtiendra pas un assentiment universel, parce que cette matière est le champ de bataille de divers partis.

Mais vous n'examinez pas si tout le monde approuve ce qui vous est présenté; vous examinez si l'on improuve par des raisons graves et sans réplique : je n'en ai pas entendu de cette nature; et, s'il faut le dire, les objections qui ont été faites dans des sens bien différens sont elles-mêmes de sûrs garans que le projet n'a flatté aucune passion ni aucun parti.

Ceux qui ne voulaient pas du divorce trouvent qu'on en a rendu l'usage trop facile; tout est perdu si nous voulons les croire, et tout le monde divorcera.

Ceux qui voulaient l'abus du divorce s'écrient qu'on a embarrassé la marche de difficultés insurmontables; tout est perdu suivant eux, et personne ne divorcera.

De ces reproches si opposés, je me crois en droit de conclure que le gouvernement, dans une matière si délicate, n'a pas franchi une juste mesure, et qu'il s'est tenu dans les bornes que la sagesse lui prescrivait. C'est à vous, citoyens législateurs, qu'il appartient de sanctionner son ouvrage.

Le Corps législatif décréta de suite la loi, et la promulgation eut lieu le 10 germinal suivant (31 mars 1803.)

FIN DU NEUVIÈME VOLUME,
4ᵉ DES DISCUSSIONS.

www.ingramcontent.com/pod-product-compliance
Lightning Source LLC
Chambersburg PA
CBHW060801230426
43667CB00010B/1657